“十二五”高等学校电子商务专业规划教材编委会名单

“十二五”高等学校电子商务专业规划教材

电子商务营销

青虹宏　主编

刘四青　孟　伟　焦国强　副主编

中国铁道出版社

CHINA RAILWAY PUBLISHING HOUSE

内 容 简 介

现代商业中的网络营销活动，其安身立命的根本体现在电子商务平台这个基础架构上，企业的营销活动如何在这个以新技术为支撑的平台上得到长久的可持续发展是商家及相关从业人员需要重点关注的问题。基于这种考虑，本书提出了电子商务营销的观点，即在电子商务和市场营销理论的基础上，从电子商务流程的角度来思考如何实施企业的市场营销策略。

全书注重教材内容的新颖性、科学性和实用性，将教材分为4部分来进行讲解：理论篇——基于电子商务和整合营销理论进行介绍，通过构建电子商务营销模型来阐述其4个营销决策步骤；管理篇——从电子商务营销的战略与计划、电子商务营销管理及电子商务客户关系管理3方面阐述了企业人员在实施电子商务营销过程中各个相关对象及环节的管理；技术篇——从电子商务营销的技术和方法两个方面介绍了电子商务营销所需掌握的知识；实践篇——从电子商务营销的策划、网站建设、网站优化和营销推广4个实际操作方面介绍了电子商务营销实践者所需掌握的技能。

本书既可作为高等学校电子商务专业、营销专业、经贸专业本科及专科学生的教材，也可作为从事电子商务、市场营销等专业人员的参考书。

图书在版编目（CIP）数据

电子商务营销 / 青虹宏主编. —北京:中国铁道出版社,2012.5

“十二五”高等学校电子商务专业规划教材

ISBN 978-7-113-13886-8

Ⅰ. ①电… Ⅱ. ①青… Ⅲ. ①电子商务－市场营销学－高等学校－教材 Ⅳ. ①F713.36

中国版本图书馆 CIP 数据核字（2011）第 234821 号

书　　名： 电子商务营销
作　　者： 青虹宏　主编

策　　划： 刘宪兰　　**读者热线：** 400-668-0820
责任编辑： 王占清　贾淑媛　　**特邀编辑：** 李新承
编辑助理： 巨　凤
封面设计： 一克米工作室
责任印制： 李　佳

出版发行： 中国铁道出版社（100054，北京市西城区右安门西街8号）
网　　址： http://www.51eds.com
印　　刷： 北京昌平百善印刷厂
版　　次： 2012年5月第1版　　2012年5月第1次印刷
开　　本： 787mm×1092mm　1/16　**印张：** 19.5　**字数：** 471千
印　　数： 1～3 000册
书　　号： ISBN 978-7-113-13886-8
定　　价： 36.00元

总序

2011年，我国电子商务的发展进入一个崭新的阶段。随着国家有关电子商务政策、法规等的相继颁布，电子商务行业开始从以往的市场推动、企业自主发展为主逐步演变和上升为国家战略新兴产业，并在政府、产业、高校、研究和应用五路纵队的合力推动下，其应用从东部扩展到中部、再到西部；新模式、新概念从企业扩展到行业、再到产业；B2B、B2C、团购、移动的发展规模迅猛增长；支付、物流、信用、综合服务、人才培养等环境和生态支撑条件发生着革命性的变化……所有这一切，都极大地促进了中国电子商务的全方位发展。

2005年，国务院办公厅发布的《关于加快电子商务发展的若干意见》（国办发〔2005〕2号）从国家经济社会发展的战略高度提出了推动中国电子商务发展的大政方针。2011年3月，国家发改委、商务部等五部门联合发布了《关于开展国家电子商务示范城市创建工作的指导意见》并提出，通过创建国家电子商务示范城市，来推动电子商务在重点区域和特色领域的创新应用，推广典型经验，形成示范效应，带动电子商务健康快速发展。2011年4月6日，工信部、科技部、财政部等五部委也联合印发了《关于加快推进信息化与工业化深度融合的若干意见》，意见中提出，推动信息化带动工业化，工业化促进信息化，并强调发展电子商务的重要性。

在这一新形势下，为满足国家电子商务示范城市建设、两化深度融合等电子商务发展趋势对培养大批电子商务复合型专业人才——尤其是大批应用型人才的需求，组织编写与时俱进的电子商务系列教材就成为当前较为迫切和至关重要的任务。因此，我们把编写这套"'十二五'高等学校电子商务专业规划教材"的构想，定为我们新形势下的工作目标之一。

为了促进目标的实现，本套教材得到了国家信息化专家咨询委员会专家们的支持和悉心指导，得到了高等学校电子商务教学指导委员会相关专家的鼎力支持和积极参与，成立了教材编委会。在编委会的组织和领导下，选择并组织了一批优秀的中青年学者和骨干教师担任系列规划教材中各本教材的第一作者，同时遴选其他优秀中青年教师参编，以规范、有序地开展编写工作。

本套规划教材参照电子商务专业最新的培养目标和计划，内容涵盖电子商务的核心课程及重点选修课；读者对象以应用型人才为主，包括高等学校电子商务及经管类专业的本科生及高职高专院校相关专业学生，以及对电子商务感兴趣的工作人员。

本套规划教材内容主要包括《电子商务导论》、《电子商务经济学》、《电子商务网站开发》、《电子商务网页设计》、《电子商务安全》、《电子支付与结算》、《电子商务物流》、

《电子商务管理》、《电子商务营销》、《电子商务客户关系管理》、《电子商务案例分析》、《电子商务创业与实训》、《移动商务》、《网络贸易》、《电子商务法律与案例》、《电子商务服务》、《电子商务系统分析与设计》等。其主要特点包括：①为新形势下顺应电子商务发展的新需求而设计——整套教材的内容衔接合理、大纲设计完善、内容组织具有新意；②内容涵盖电子商务基础、电子商务支撑体系、电子商务服务和应用三大层面，知识体系符合电子商务专业的培养目标；③突出对应用型人才培养的特色，从书目的选取、到大纲的制定，再到具体编写过程都强调以学生“易理解、易操作”为原则，在编写中较多地采用了案例讨论、实验指导等方法；④在内容逻辑、形式和体例上力求科学、合理、严密和完整，使之系统化和实用化。

自该套规划教材编写工作启动以来，在编委会各位专家、各本教材第一作者以及参编人员的共同努力下，在中国铁道出版社的支持下，本套教材将陆续面世。在此，我们对参与各项工作和在各项工作中给予支持的各位领导、专家、教师和朋友们表示最衷心的感谢！

我们深知，虽然我们对本套规划教材的组织和编写倾注了最大努力，但离读者对我们的期望仍有距离，在此，也衷心希望各位读者不吝赐教，促使本套教材真正成为受读者欢迎的精品教材！

“十二五”高等学校电子商务专业规划教材编委会

2011-08-11

前　言

以因特网为核心的信息技术，正在对人类社会的发展、进步及繁荣起着越来越重要的作用。在现代商业领域中，电子商务已进入了务实发展阶段。人们通过网络开展营销活动，利用丰富的网络媒体进行个性化交流，提供客户支持，将在线和离线的数据结合起来解读消费者行为，通过供应链管理和客户关系管理的整合来优化库存管理，利用网络预测投资回报，以及改进公司内部的绩效考核，等等。

可以说，网络信息技术在商业领域得到了广泛应用，并帮助众多公司获取了大量的市场份额，使之形成了一个快速增长的网络市场，如淘宝网、当当网和携程网等。因此，鉴于当下企业积极依靠网络信息技术开展产品和服务创新活动，对于如何创造有效的网络营销形式来开展现有的业务，企业在交易过程中如何通过创造顾客价值和提升顾客满意度来与顾客建立关系，以及思考新信息技术环境下的营销概念、理论和模型等显得更加重要。

本书所阐述的电子商务营销正是基于挖掘网络营销的潜力，从网络营销模式中找到创新性营销思维。电子商务营销是将电子商务流程作为企业开展营销活动的一个纽带，把“交易前吸引顾客、交易中满足顾客需求、交易后创造忠诚的顾客”这 3 个关键的营销阶段连接起来，实现整合营销效果、深度演绎营销信息和有效管理盈利性的顾客。电子商务营销在借助网络新媒体加深对顾客深入了解的基础上，营销活动由“企业导向”向“顾客导向”转移，挖掘和利用交易全程信息资源，以产品/服务价值为核心，以企业品牌为向导，在与消费者的每一个接触点开展营销，形成多维度的、跨阶段的营销体系，把产品/服务信息传递给顾客与公众。同时，电子商务营销强调企业的每一个部门及员工都负有与社会大众沟通的责任，它将所有的网络营销手段协调统一起来，向目标受众传达统一的营销信息，从而在企业与“利益相关者”之间建立起独特的关系，塑造高度一致的企业形象，建立企业社会公信力。

1．本书的主要特点

（1）理论适量合理。本书结合应用人才培养目标，突出电子商务营销的方法和实践，理论适量，符合当前教学改革和课程改革的精神。

（2）学习目标明确。在每章开头都列出本章的学习目标，希望学生在完成该章的学习后，能够达到预期的目标。

（3）案例生动真实。在每章开头以“引例”的形式介绍一个企业的成功案例。希望通过这些案例激发学生的学习兴趣。

（4）强调实践环节。第 4 篇是实践指南，通过一系列实际操作演练，帮助学生加深对相关知识的理解，并能在实践中得以应用。

（5）构建教学环境。购买本书的读者可以进入教学实践网站（http://edu.diipo.cn）中，对所学知识进行巩固和强化。其中有：

① 教师手册：本书配有参考课件和学习指导，需要密码才能获得，教师们可与出版社的相关代表取得联系，以获取所需的密码。

② 讨论群荟：针对书中的问题组建讨论群荟，以微群、微博等多种形式发表自己的观点、查找相关问题和开展讨论。

③ 创建班级：组建在线教学班级、师生互动、课堂讨论、在线提交作业等。实现并倡导跨班级、跨学校及跨地区的交流与讨论。

2. 本书的主要内容

全书共分为 4 部分，以全程电子商务理论、市场营销过程及整合营销方法为基础，将企业实施全程电子商务交易前、交易中和交易后的营销环境、营销方法、营销技术及营销实践的结构组织起来，阐述了电子商务营销的内涵及应用（见下图），主要内容如下：

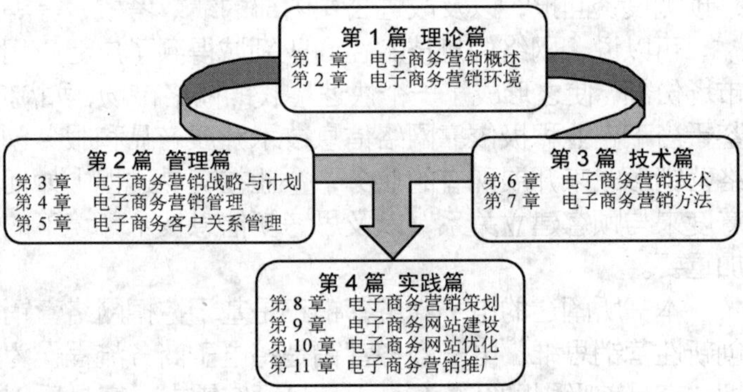

第 1 篇 理论篇，主要是对电子商务和整合营销理论的介绍，阐述了电子商务营销概念，以及电子商务营销的基础和特点，并分析了电子商务营销的宏观环境和微观环境。同时，通过构建的电子商务营销模型阐述了其 4 个营销决策步骤。第 2 篇 管理篇，主要从电子商务营销的战略、计划、管理和客户关系管理等几个方面阐述了如何制订企业的电子商务营销战略规划和电子商务营销计划，介绍了企业人员在实施电子商务营销过程中各个相关对象及环节的管理知识，分析了电子商务营销赢利要素及收入模式。第 3 篇 技术篇，主要介绍了电子商务营销所涉及的相关技术，阐述了营销活动与信息技术有机结合所形成的电子商务营销方法体系。第 4 篇 实践篇，主要从电子商务营销实际操作方面介绍了电子商务营销实践者所需掌握的知识与技能，并结合网络营销工具的使用讨论了营销的推广方法。

3. 本书的编写情况

本书由青虹宏担任主编，刘四青、孟伟、焦国强担任副主编。各章编写情况为：第 1、2、11 章由青虹宏老师编写；第 3、5、8 章由刘四青老师编写；第 6、7、9 章由孟伟老师编写；第 4、10 章由焦国强老师编写。青虹宏老师负责全书结构的策划和最后的统稿。

在这里，要感谢所有的编写人员，感谢为本书提供诸多帮助的学者及研究人员，感谢对本书所参考过的书籍和资料的作者。另外，中国铁道出版社的编辑们也为本书的出版付出了大量心血，在此表示最衷心的感谢！

由于写作时间仓促及作者水平有限，本书难免存在疏漏之处，恳请各界专家及学者不吝赐教，多提宝贵意见，以使其日臻完善。

编　者

2011 年 10 月于南山书院

目　录

第1篇　理论篇

第2篇 管 理 篇

第3篇 技术篇

第 4 篇 实践篇

第1篇

理论篇

第1章

电子商务营销概述

学习目标

1. 了解电子商务营销的内涵，掌握电子商务营销的本质。
2. 了解电子商务营销的基础。
3. 了解电子商务营销的特点。
4. 把握电子商务营销的发展趋势。

引例　百事可乐整合营销传播

目前在中国市场上，百事可乐已成功地将整合营销传播理论实践在各个传播方式中，无论是广告传播中的“酷”，公共关系中的“亲”，跨媒体传播中的“潮”，还是网络传播中的“新”，都能体现百事可乐所推崇的品牌理念——“渴望无限”，树立“年轻、活泼、时代”的完美品牌形象，实现了整合营销传播理论的成功应用，这正是百事可乐在中国市场成功树立品牌形象、与最大竞争对手分庭抗礼的关键。

百事可乐在网站上对网页制作的页首、页眉、背景、配色都延续了百事可乐品牌的一贯风格，口号的提出也都秉承着百事可乐的一贯精神。这种做法保持了品牌的延续性，达到了很好的营销效果。它的“百事我创，全民上罐”活动，通过广大网民上传受众者自己的照片，用网络票选方式决出 10 名最终的百事罐身明星，将其照片登上百事纪念包装。利用这种创意大赛的方式，宣扬了百事可乐“新”的理念，同时，由于公众直接参与比赛，增加了品牌形象与公众的直接沟通，达到交互式沟通的完全渗透，树立了百事可乐完整的“新”品牌形象。

百事可乐在网络传播的过程中尤其注重整合营销传播要与品牌形象相结合的思想，传播方式和内容的选择都始终围绕树立品牌形象而进行。在百事可乐的传播方式中，无论是具体内容，还是选用的背景板、主色调和口号，都紧密围绕着百事可乐“年轻、活泼、时代”品牌形象及其“渴望无限”的理念展开，主色调红、白、蓝色贯穿始终，品牌标志随处可见，完美地将整合营销传播在品牌上的“战术的连续性”发挥到了极致。

饮料行业向来竞争惨烈，尤其是百事可乐与可口可乐之间，产品品质本身的差异微乎其微，在这种情况下，找到品牌的差异点就至关重要。百事可乐在基于网络的整合营销传播过程中，加大了向消费者传达企业精神及品牌理念的力度，从而使百事可乐更加深入人心，加大了品牌与市场竞争者的差异，并且利用这种差异性影响消费者的购买决策，进而带动销量，达到公司的营销战略目标。通过网络的整合营销传播，百事可乐从广告传播中的“酷”、公共关系中的“亲”、跨媒体营销中的“潮”和网络营销中的“新”四个方面向消费者传达了“喝百事就是年轻”的理念，使其主要受众群体在选择产品时不由自主地将这个理念带入购买决策中，这种“年轻”的差异就是消费者选择百事可乐的原因，也就成为提高百事可乐销售量的基础。

百事可乐在整合营销传播中，选用尽量多的传播形式，特别是近几年来兴起的社交网络和互动工具，比如新浪微博和年轻人大量聚集的人人网，都被百事可乐设为登录网站的入口，达到了更好的整合营销传播效果。百事可乐利用网络将广告传播、公共关系、跨媒体营销和交流互动等传播形式进行有机整合，高效地、立体化地树立了品牌形象，丰富了品牌内容，提升了消费者对品牌形象的认同度。

（本文由作者根据网络资料改写）

1.1 电子商务内涵

电子商务营销是建立在电子商务和市场营销理论的基础上，从电子商务流程的角度来思考企业如何实施整合营销策略的方法与实践。电子商务营销是指企业在整个电子商务交易流程中，运用互联网和相关数字技术对贯穿企业整个电子商务交易活动的过程进行管理。电子商务营销是社会化媒体营销的必然产物，具有深厚的社会基础，由许多要素组成。研究这些要素的形成与变化，是我们学习电子商务营销的重要基础。

在 20 世纪最后的 25 年中，3 个独立的进程同时到来：灵活化的管理与资本，全球化的生产和贸易，以及开放和自由的互动与交流。这 3 个进程推动着以互联网为主要基础的新社会结构的发展，形成了人类经济活动的新形式——业务流程与任务执行的紧密协调、决策与分工的紧密协同，以及个人表达与全球信息资源的紧密相连。在这样的背景下，商业利用互联网作为基本的通信及信息处理的媒介，依托网络作为企业新的组织形式，电子商务应运而生。

1.1.1 电子商务概念

1997 年 11 月，国际商会在法国巴黎举行了世界电子商务会议，全世界商业、信息技术及法律等领域的专家和政府部门的代表，共同探讨了电子商务的概念问题，对 E-Commerce 给出了定义：整个贸易活动的电子化。

1. 电子商务属性特征

从狭义上看，电子商务即电子交易，是指各种具有贸易活动能力的实体（生产企业、商贸企业、金融机构、政府部门和个人等）利用网络和先进的数字化传媒技术进行的各项商业贸易活动。从广义上看，电子商务是计算机网络化的结果，与世界经济一体化的发展趋势一致，即电子化已经成为世界经济一体化的体现形式。

（1）电子商务是商务活动的新生产力，具有以下几个明显的生产力特征：

① 强调生产工具为系统化、现代化的新技术工具，即互联网技术、计算机网络技术和数字通信技术等。

② 劳动者是掌握了现代信息技术、商务规则和经营技巧的知识复合型人才。

③ 劳动对象不仅是传统商务中的实物产品，还包括虚拟化的商品、基于网络开展的各类服务等。

（2）电子商务是依托网络来开展的商务活动，具有以下几个特殊性质：

① 跨越时空。建立在互联网上的电子商务不受交易时段和地域的局限，超越了时空。

② 动态性。电子商务超越了时空，并随着时空运转，所有的交易信息构成一个动态的、不断变化的信息流，并带动着交易中的物流和资金流的高速运转，具有强大的生命力。

③ 交互性。随着网络技术的快速发展，基于互联网的互动交流工具层出不穷，营销人员与顾客的沟通贯穿整个电子商务流程，最大程度地满足了顾客的个性化需求。

④ 系统性。企业基于网络的商业活动参与主体包括消费者、供货商、运输商、海关、保险公司、商检部门和银行等，这些参与主体各为独立的子系统，但在电子商务流程中，通过网络组成一个相互依赖、协同处理的开放系统，以保证电子商务流程高效、有序的运行。

⑤ 社会性。电子商务不是孤立于网络中的一个企业或区域而存在的。在互联网这个大环境中，电子商务活动依托于众多环境因素，如社会经济、政策法规和公众群体等。只有通过全社会的努力和整体的实现，才能最终体现电子商务的优越性。

⑥ 层次性。电子商务根据其应用于不同行业或社会范畴所具有的系统架构而分为不同的层次，如依据对象的不同分为 B2B、B2C 等。

2. 电子商务活动要素

电子商务是随着社会生产力的发展而变化的。企业依靠网络与相关机构和合作伙伴结为网络组织，构成一种相互依赖的经济活动，围绕着特定的商业项目而运作，这些商业项目则在其各自的网络中完成。因此，电子商务活动具有以下几个要素：

（1）电子商务活动的领域拓宽。随着社会经济的发展和社会分工的专业化，可以进入市场的商品领域越来越广。随着信息技术在电子商务活动中的深入推进，基于网络的交易变得更加快捷、方便和低成本，从而拓宽了电子商务活动领域。

（2）电子商务活动的范围扩大。互联网的快速发展推进了全球经济的一体化，使得电子商务活动的国际化程度日益加深。商务贸易由一个地区、一个国家扩展到全球范围的大市场、大流通、大经贸之中已成为世界经济贸易的发展趋势。

（3）电子商务活动的规模增大。商品供求关系的变化加剧了企业间的竞争活动。企业在电子商务活动中围绕着企业的战略目标，在各种联网策略的整合中不断演变，以求扩大经营规模，获得竞争优势。

（4）电子商务活动的模式增多。电子商务模式是利用互联网的特性来获利的，它无一不带有明显的互联网特征：破坏原有的商务运作模式，创造新的模式。电子商务活动的模式，如利润点的选取、价值、规模、收入来源、定价和关联活动等，都充分利用了互联网的优点。而且这些模式随着信息技术在互联网上的演进而不断发展变化。

（5）电子商务活动的科技含量增加。由互联网、计算机网络和通信技术给予推动的电子商务活动高度依赖着新技术。正是由于广泛采纳新技术，才使得基于互联网的商务活动变得更加低成本和高效率。因此，电子商务活动中的技术含量日益增高，以求开拓更大的市场潜力。

3. 电子商务业务范畴

企业在其电子商务业务运行中，能够充分利用互联网所提供的低成本、高效率的交互活动来有效解决交易者之间的信息不对称问题，从而使整个交易过程更顺畅。这种基于网络的交互活动，其运行像一个分销渠道网络，对企业开展电子商务业务有着重大影响。归结起来企业的电子商务业务范畴有如下几个方面：

（1）信息传递与交换。

（2）交易前、交易中、交易后与顾客及时互动交流，提供全程信息服务。

（3）网上交易。

（4）网上支付。

（5）企业内部事务管理和企业外部业务流程管理。

图 1-1 所示为电子商务业务单元。

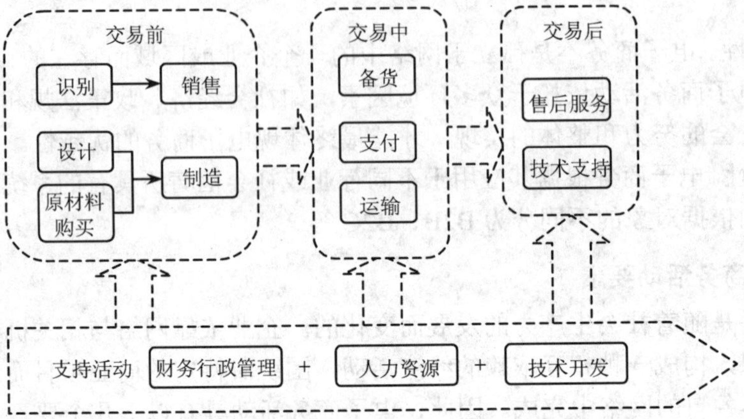

图 1-1　电子商务业务单元

1.1.2　电子商务信息

信息经济的研究使人们开始重新审视信息、信息流，以及它们在人类经济生活中的地位。电子商务的兴起填补了信息技术的应用盲点，使信息和信息系统从经济生活的后台走到了前台，成为更直接的经济效益生产者。

1．信息技术的商业价值

信息技术帮助人们构建精致的技术框架和企业信息模型，用来指导企业的发展。信息技术的价值从效率的提高转变为创新的源泉，它不断推动新的商业模式的诞生和创新。在现代价值网中，随着信息技术从最初的辅助工具逐步演变为重要的商务平台，信息资源无限性和共享性的自身优势不断得到强化，这充分证明了信息本身就具有经济功能。

信息经济活动中很重要的一部分是以企业活动的形式展开的。企业的运作是从资源的投入开始，在企业内部进行转换，将其加工成新的、对社会有价值的商品，然后输出，并从这个过程中获取利润。

在传统的商务活动中，信息和实物不分离，信息伴着实物走，为此，国内生产总值 1/3 的财富消耗在建造商场、库房和搬运货物等方面上。由于信息交流的不及时，交易双方时常因为信息不对称而产生矛盾，从而影响交易的正常进行。而在电子商务活动中，保证交易顺利进行的最关键一点就是把有关产品和服务的信息与其实体本身区分开，并通过计算机管理和整合，经由互联网的便捷通道，向商业伙伴或顾客实时有效地传递信息，从根本上解决交易过程中的信息不对称问题。

电子商务所提出的信息流、资金流、物流和商流的分离协同，使交易双方可以通过信息协同对信息流进行处理，实时监督其他信息流的流动路径，最大限度地降低成本，提高效率。图 1-2 所示为电子商务中的几大主流与信息流的关系。

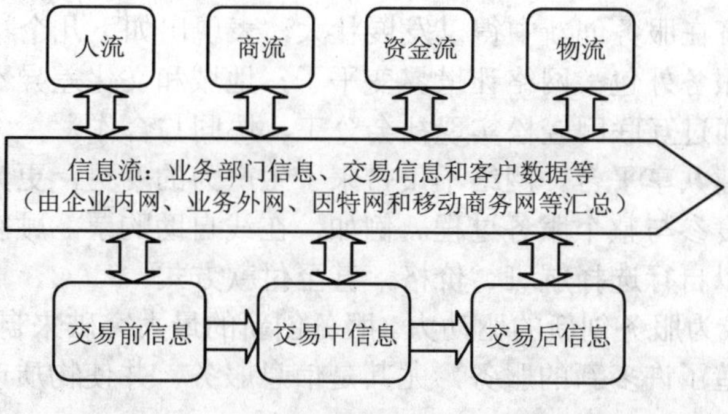

图 1-2　电子商务信息流与几大主流的关系

解释如下：

（1）商流，是指流通（交换）过程中与商品所有权转移相关的各种购销活动，即商品的价值运动。

（2）物流，是企业的基本活动，包括原材料采购、各道加工工序间半成品的流转、运输、储存和发送等。

（3）资金流，是指在营销渠道成员间随着商品实物及其所有权的转移而发生的资金往来流程。

（4）人流，是指在电子商务活动中参与者相互间的交流与互动。

（5）信息流，从商流、物流、资金流和人流实体中分离出来，负责协调企业中的各个部门和业务流程中的各个环节；规划和调节资金流及物流的数量、方向、速度和目标，使其按照一定的规律运动；沟通并协调商流和人流，减少信息不对称和业务滞留现象，提高经济效益。

目前，由信息流推动企业业务流程的模式在各个行业部门的管理、生产及分配方面得以广泛应用。例如，美国加利福尼亚圣马特奥有一家名为 Webcor 的建筑公司，通过在网站上公布每个项目的相关信息，以便建筑师、工人、供货方及客户能够及时在建筑过程中产生互动的方法，成为世界建筑行业的领先者；威斯康星州一家金属门生产商 Weyerhauser 公司，把所有的商业活动都建立在互动的网络之上，降低了运送与分配的成本，降低了出错率，收入也得以翻番；通用汽车公司、福特汽车公司及戴姆斯·克莱斯勒公司之间建立了紧密的合作关系，他们共同开展汽车零部件供应商的网上信息交流，组成一个庞大的虚拟电子商务企业，其在 2002 年的收入就高达 69 亿美元。

2．基于信息的服务创新

服务创新来自对市场和消费者的深入了解，就服务创新的本质而言，它所体现的是人性关怀。只有在信息技术广泛应用于商业领域的前提下，企业才能真正了解顾客的需求，才能提供以顾客为中心的服务。例如，人们习惯上认为音像制品是压缩封装的光盘，然而，当网上出现可以下载的音像产品时，产品便成为了服务。正如美国哈佛大学社会学教授丹尼尔·贝尔早在 20 世纪 70 年代时所指出的那样，“人类社会的经济形态正在由商品生产转向（信息）服务”。

信息技术创造了一个全新的世界平台，企业从一个垂直的价值创造模式转移到一个更为水平的模式。生产者的队伍迅速扩大，信息技术的出现降低了提供和改善服务的成本。因此，服务经济在服务创新中得以发展壮大，表现出如下几个特点：

（1）全球化与服务外包。网络让世界变平了，地域和文化差异不再成为合作和竞争的障碍，人们可以通过互联网轻松实现社会分工、协同与合作。

（2）与顾客共建共享平台。网络不仅带来了生产力的变更，更为个人创造了无限的空间。顾客可以深度参与整个服务过程。例如，在线自助购票，顾客似乎在扮演航空公司的售票员，还可以自行选择航班、价格，甚至付款方式。

（3）信息技术成为服务创新的驱动力。服务创新的最大突破来自对技术能力的认识，技术的发展已经创造了许多新的服务，尤其是信息服务，并使物质产品具有更多的服务增值能力。

（4）网络构建便捷服务管道。企业依据其营销战略构建的网络，具有在全球范围内进行互动、信息吸收，以及信息分配的能力，这种能力促成了顾客定制方式的出现，并降低了生产成本，提升了品质和效率，最重要的是满足了顾客需要。

3. 信息社会的生产力系统

人类社会经济发展的历史表明，社会生产是从低级阶段向高级阶段发展的，在生产力层次上，主要是通过先进技术的产业化形成新的产业，以及先进技术对原有产业的改造来实现的。信息经济的形成和发展也是如此：一方面，它依靠信息技术与信息生产或服务的产业化，逐步发展形成信息产业；另一方面，它也依靠其他传统产业的信息化。传统产业在生产、管理和设计等各个环节全方位地应用信息技术，使这些产业降低能耗，提高效率，增加收益。劳动者应用信息技术采集、处理和使用信息，在一定程度上替代了对物质资本的投入，提高了物质资本的使用效率。信息技术对社会生产力系统所起的重要作用，主要表现在以下几个方面：

（1）通过优化其他要素的结构和配置、改进生产关系及上层建筑的协调性来施加对生产力的影响。

（2）整个劳动过程依靠信息技术的支持和信息导向而运行，成为一个自动化、智能化的系统。劳动者不再位于生产过程中，而是位于生产过程之外，对生产过程进行管理和监督。信息技术将劳动者从原有的简单而繁重的生产过程中解放出来，从事富有创造意义的劳动和学习，以发展为更高水平的社会生产力。

（3）信息直接创造财富，实现经济效益放大的功能。信息技术建立了一个虚拟空间，将劳动对象和劳动者划分开来，使劳动者可以通过控制和操作信息来控制和改造物质世界。

在信息技术的应用历史上，电子商务是最具划时代特征、最具创新代表性的信息应用技术。电子商务将信息技术的应用从企业内部拓展到企业外部，将其应用范围拓展至人类可以触及的任何角落，并不断创造出新的商务模式，最大程度地实现了信息技术的商业价值。

1.1.3 电子商务系统

电子商务系统是包括政策法规和技术标准两大支柱环境，以及网络基础设施、信息传播基础设施、电子商务服务基础设施和电子商务应用等多个领域的大协调。它由政府、企业、网络服务商和消费者等多个参与者构成。图1-3所示为电子商务系统结构。

如图1-3所示，电子商务是一个需要全社会参与的系统工程。

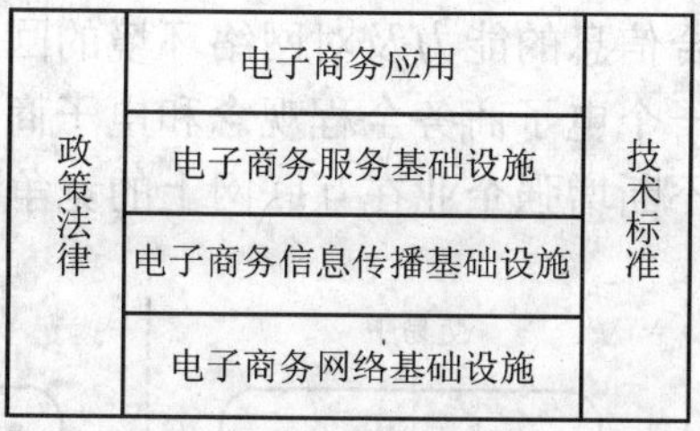

图 1-3　电子商务系统结构

它具有如下特点：

（1）整体性。在全球范围内开展的电子商务，首先需要政策法规的保障。由于电子商务活动主要依托于互联网进行，所以需要计算机网络技术和通信技术平台做支撑；各个行业的电子商务流程在实施过程中需要变革商流、物流和资金流的流转方式，因此，系统的各个层次和子系统之间需要同样的技术标准。

（2）关联性。电子商务由多个子系统构成，它们通过网络形成一个复杂的统一体，各个子系统之间又存在着有机的联系。它们相互作用、相互依赖、相互协同，以保证电子商务正常运行。例如，商品订货系统和支付系统的关联、交易系统与安全系统的关联等。

（3）动态性。基于网络技术和数字技术构建的电子商务系统是一个不断更新的系统。各个子系统的动态数据时刻都在更新变化，供求信息、订购信息和资金信息在互联网上不停地变化，买卖双方的互动交流信息高速流动赋予了电子商务系统强大的生命力。

（4）层次性。电子商务系统是一个独立、完备的整体。应用于各个行业的企业电子商务系统具有各自的独立性，并按其功能和使用区域分为不同的等级，具有明显的层次性。例如，按企业的业务经营范围划分，有国内贸易级和国际贸易级：国内贸易从层次上只涉及基本网络、产品展示和货款支付等；国际贸易则涉及海关、保险公司、商检部门、国际货运和跨境支付等业务。

1.1.4　电子商务流程

企业电子商务活动根据其业务开展顺序，从流程上分为交易前、交易中和交易后。这 3 个流程体现了交易的全过程，贯穿了企业的营销战略思想，融合了企业的经营理念和企业文化。

（1）交易前。这一阶段的主要任务是开展网络营销，提供行业资讯，辅助网络推广，获得交易信息，以及支持比价和谈判等。

（2）交易中。这一阶段的主要任务是基于交易前的信息进行业务处理，实现采购、销售、生产、配货、物流、财务管理及支付结算等。

（3）交易后。这一阶段的主要任务是基于成交信息的汇总、分析和追踪，包括报表查询、分析、客户关系管理和供应商管理，以及进行供应链优化等。

图 1-4 所示为电子商务流程。由图 1-4 可见，在电子商务流程中，每个阶段的信息都贯穿于整个交易过程，企业在实现营销目的的过程中，一方面要注重企业内部流程的信息汇总与梳理，另一方面还需注重信息对外部环境的互动与响应，以及企业上下游供应链信息的快速交流。随着互联网的进一步发展，企业基于网络的内外平台界限逐渐模

糊，对企业电子商务系统整合信息的能力及对网络环境的回应能力日益提高，这就要求企业在实施营销战略时要有一个电子商务全程观念和电子商务整体视野，这样才能适应高速发展的网络技术环境，不断增强企业在互联网上的竞争力。

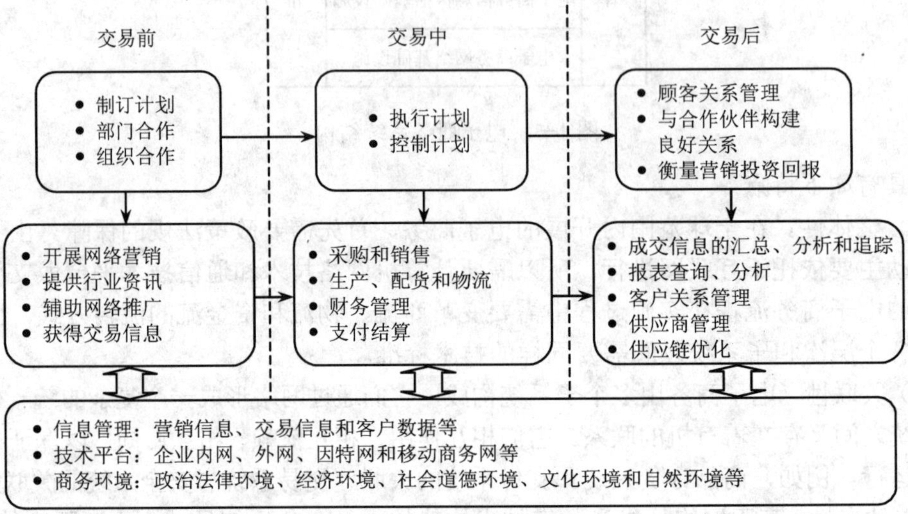

图 1-4 电子商务流程图

1.2 市场营销过程

作为一门综合性和应用性很强的学科，营销学产生至今已有 90 多年的历史。它始于 20 世纪 20 年代西方资本主义国家爆发经济大危机时代，之后，随着资本主义经济的恢复和发展，营销学得到了理论界和企业界的重视。与此同时，经济学和管理学理论研究也有了长足发展，并对营销学的渗透逐步加深，现代营销学的理论和结构也基本成型并逐步完善。目前，最基本的营销学原理可以概括为营销观念、需求与购买行为、营销环境、市场细分与选择，以及市场战略与营销组合这几个方面。早期的营销理论与方法集中体现在促销活动的策略与技巧上。如今，营销学已经成为管理科学中的一种核心思维方式。

企业的营销活动是在某种经营思想指导下进行的，在不同的生产力水平和不同的经济体制中，企业从事营销活动的指导思想并不相同。即便具有相同的经营指导思想，企业的营销行为也存在着某些差别。尽管如此，与企业的其他公司职能相比，营销活动的独特之处在于它是与顾客打交道的。因此，市场营销从本质上讲就是通过为顾客创造价值而建立盈利性的顾客关系，并获得价值回报的过程。

图 1-5 所示为市场营销过程模型。在市场营销过程的 4 个步骤中，企业致力于了解顾客需求，创造顾客价值，构建稳固的顾客关系，最后企业收获创造卓越顾客价值的回报。通过为顾客创造价值，企业相应地以销售额、利润和长期顾客资产等形式从顾客处获得价值回报。本节将对市场营销的过程做完整介绍。

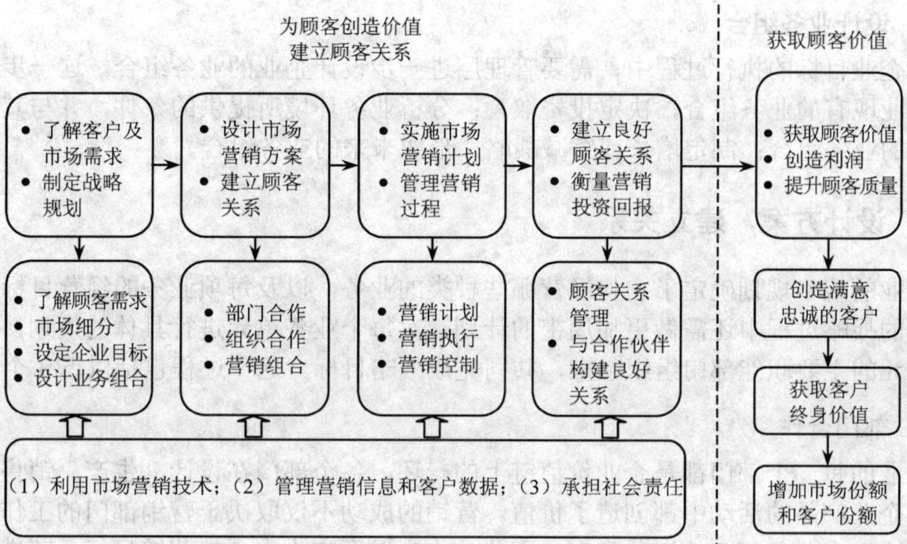

图 1-5　市场营销过程模型

1.2.1　了解需求，制定规划

作为企业实施营销战略的第一步，市场营销人员首先要了解消费者的需要、欲望和他们开展营销活动的市场环境。这一部分包括以下 4 个方面的内容：

1. 了解消费者需求

消费者的需求是由产品、服务、信息和体验组合而成的。消费者面对种类繁多的可以满足某种特定需要的产品和服务，首先需要这类产品和服务所传递的价值和满意度达到了消费者预期要求，然后才会购买。为此，市场营销企业要竭尽全力了解顾客的需要，并谨慎设定适当的顾客预期要求，这样才能使顾客满意。

2. 市场细分

市场由不同类型的顾客、产品和需求组成。市场细分即根据地理、人口统计、心理和行为等因素将顾客进行分类并为之提供服务。企业进行了市场细分后，便可在评价各个细分市场的基础上选择目标市场。企业的目标市场应该是它能提供最大顾客价值并长时间保持盈利的细分市场。同时，当企业确定了目标市场后，还必须决定如何差异化每个目标市场的市场供给物，以及占据目标市场的何种位置，这就是企业的市场导向。在定义企业的市场导向时，要避免定义得过于狭隘或过于宽泛，它应该与市场环境变化相适应。

3. 设定企业目标

企业需要将企业的营销目标转化为每个管理层面的具体支持性目标，每个管理者都应该明确自己的目标使命并对此负责。这一广泛的使命产生了一个目标层级体系，它包括业务目标和营销目标。这些具体化的企业目标可以帮助企业开发出更好的产品与服务，建立更牢固的盈利性顾客关系。

4．设计业务组合

在企业目标的执行过程中，需要管理层进一步设计企业的业务组合。这一步骤包括分析企业现有的业务组合，决定投资取舍；分析业务环境所提供的条件，并与其形成最佳搭配的业务组合；制定增长或缩减战略，形成未来的业务组合。

1.2.2　设计方案，建立关系

企业的战略规划确定了它将经营哪些种类的业务，以及每项业务的经营目标。在具体实施的战略过程中还需做更加周密的计划，对每个业务单元进行具体的规划，将每个业务单元的主要职能部门组织起来，共同完成战略目标。这一过程包括以下 3 个内容：

1．部门合作

企业的每一个部门都是企业价值链上的一环，各个部门在设计、生产、销售、配送和支持企业产品的活动中都创造了价值。营销的成功不仅取决于营销部门的工作绩效，而且取决于企业各部门的活动配合。因此，作为以顾客为中心的营销目标，营销人员必须让企业所有部门都能做到以顾客为中心，并形成一条顺畅运作的价值链。营销经理需要和其他部门经理密切配合，制定出一个职能规划体系，部门间相互合作，协同完成企业的整体战略目标。

2．组织合作

企业的市场营销是为顾客创造价值并建立盈利的顾客关系管理过程。在创造顾客价值的过程中，企业需要超越自身，将供应商、分销商和最终顾客的价值链进行统筹考虑，共同传递超高的顾客价值。在这一过程中，企业间的竞争已不再是两个单独竞争者之间的较量，而是这些竞争者创造的整个价值链传递网络的角逐。

3．营销组合

营销组合是企业的目标市场所需要的营销工具的组合，它包括企业营销的产品或服务所需要的所有战略，这些战略可归纳为 4 组变量，称为 4P 组合，即产品（product）、定价（price）、分销（place）和促销（promotion）。产品是指企业供给目标市场的产品或服务的集合；定价是指顾客为获得产品必须支付的货币；分销包括企业将产品送达目标顾客手中的所有活动；促销是指沟通产品优点并劝说目标顾客购买的活动。

1.2.3　实施计划，管理营销过程

管理营销过程包括 4 个营销管理职能：计划、执行、控制和分析。企业开展市场营销活动，首先要制定整体战略，然后将其具体分解为各个部门、产品和品牌的营销计划。通过执行计划，企业将其战略思想转化为行动。在行动中，需要对其进行控制，以保障在需要的时候采取正确的行动。最后，营销分析根据所有营销活动的信息对其进行评估。

1．营销计划

通过制定的战略规划，企业决定如何处理每个业务单元。营销计划是帮助企业达成整体目标的营销战略。每个业务、产品或品牌都需要具体的营销计划。营销计划的主体

是对目前的营销情况和潜在机会、威胁进行具体的 SWOT 分析，并陈述品牌的主要目标及营销战略的具体细节。

2．营销执行

为实现战略性营销目标而将营销战略和计划转变为营销活动的过程就是营销执行。营销计划表明了营销活动的内容和原因，营销执行规定了执行者、地点、时间和方式。计划和执行共同决定着企业的竞争优势。在一个联系越来越密切的世界里，营销系统各个层次的人都必须通力合作来执行营销战略和计划。而成功的营销执行取决于企业将它的员工、组织、决策、报酬体系及企业文化整合为一个和谐的行动方案。

3．营销控制

在执行营销计划的过程中会出现很多意想不到的情况，因此，营销部门必须进行持续的营销控制。营销控制是测量并评价营销战略和计划的成效，并采取正确的行动以确保目标实现的过程。营销控制测量营销战略和计划的步骤包括：①设定具体的营销目标；②衡量组织在市场上的表现；③评估实际绩效与期望绩效之间存在差距的原因；④由管理层采取适当的行动弥补这个差距。营销控制通过营销审计来评估营销战略和计划，即通过对企业营销环境、目标、战略和活动进行全面、系统、客观和定期的审查，为改善企业营销绩效提供有价值的参考信息。

1.2.4　建立顾客关系，衡量投资回报

建立良好的顾客关系是指从顾客处获取价值作为投资回报，其形式可能是当期或未来的销售额、市场份额和利润。通过创造超额的顾客价值，公司获得了高度满意的顾客，他们对企业忠诚并重复购买。对公司来说，这意味着更长久的收入回报。对于如何衡量和管理营销投资回报，企业往往以衡量营销投资收益率作为基本方法。一个企业可以根据标准的营销绩效参数，比如品牌认可度、销售量/销售额或市场份额，来评估营销投资效益。

目前，许多企业将衡量营销投资收益率的方法纳入了营销操纵板，用来监控战略营销绩效指标。然而，在标准的营销绩效参数之外，营销者也越来越倾向于使用以顾客为中心的指标作为衡量绩效的标准，即获得顾客、保有顾客和顾客终身价值。这种衡量方法是将营销花费视为以获取具有盈利性顾客关系为形式的回报投资。营销投资的结果是获得更高的顾客价值和顾客满意，反过来，更高的顾客价值和顾客满意又增加了顾客吸引力和顾客保有率，这样做增加了个人顾客的顾客终身价值和企业整体的顾客资产。进而增加了的顾客资产，与营销投资成本相关联，共同决定了营销投资收益。

1.3　整合营销理论

1992 年，整合营销传播理论在《整合营销传播》一书中被首次提出，这本由美国西北大学教授唐·舒尔茨，以及其合作者斯坦利·田纳本和罗伯特·劳特朋共同撰写的书中，第一次将整合营销传播的概念带给大众：以整合企业内外部所有资源为手段，再造企业的生产行为与市场行为，充分调动一切积极因素，以实现企业统一的传播目标。在日后的实践中，整合营销传播“整合”、“统一”地宣传企业及其产品的核心价值与理念观特点，被越来越广泛地应用于各个领域的营销活动当中，也逐渐成为企业制定营销策略的基本理论。

1.3.1　整合营销的含义

整合营销具有以下 3 个方面的含义：

1. 传播咨询的统一性

企业以统一的传播咨询向消费者传达信息，消费者无论通过哪种媒体，所获得的信息都是统一、一致的，其目的是充分调动和协调各种不同的传播手段，使其发挥出最佳、最集中统一的作用，最终实现在企业与消费者之间建立长期、双向、维系不散的关系的目的。

2. 互动性

消费者可与公司展开有意义的交流，可以迅速、准确、极具个性化地获取信息和反馈信息。如果说传统营销的座右铭是“消费者请注意”的话，那么整合营销所倡导的格言则是“请消费者注意”。这两个词之间位置的转换，反映出消费者在营销过程中的地位发生了根本性的改变，营销策略已从消极、被动地适应消费者向积极、主动地与消费者进行沟通和交流的转化。

3. 营销目标

企业的一切营销活动都应围绕企业目标来进行，实现跟随商务流程的全程营销。

1.3.2　整合营销主张的观念

整合营销已从理论上离开了在传统营销理论中占中心地位的 4P 理论，而逐渐转向以 4C 理论为基础和前提。其所主张的观点如下：

（1）先不急于制定产品策略（product），而以研究消费者的需求和欲望（consumer wants and needs）为中心，不要再卖企业所生产、制造的产品，而卖消费者想买的产品。

（2）暂时把定价策略（price）放到一边，转而研究消费者为满足其需求所愿付出的成本（cost）。

（3）忘掉渠道策略（place），着重考虑怎样给消费者提供方便（convenience），以使其方便、快捷地购买到所需的商品。

（4）抛开促销策略（promotion），着重加强与消费者的沟通和交流（communication）。

1.3.3　整合营销理论的特点

整合营销传播理论具有以下两个基本特点：

1. 战术的连续性

战术的连续性是指在所有营销传播中的创意元素要有一贯性，包括物理的连续性和心理的连续性两个方面。物理的连续性是指在所有营销传播中的创意元素要连续一贯，如在宣传中使用一致的标语、口号、品牌符号，甚至包括各种营销传播中的色彩搭配等方面；心理的连续性是指要使消费者形成对该企业及其品牌的一贯印象，可以通过各种营销传播中统一的主题、形象或语言语调，使消费者建立一个具有具体外表和性格的品牌立体形象。

2. 战略的导向性

战略的导向性是指营销传播的设计要以完成公司的战略性目标为导向。营销传播创意无论多么精彩，如果不符合公司的营销战略目标，就不能称之为好的营销传播。因此，营销传播的设计和媒体的选择一定要立足于公司实际的营销战略目标，如销售量市场份额及利润目标等。

从传统营销 4P 理论到整合营销 4C 理论使我们认识到，客观现实和技术基础是现有市场营销理论赖以形成和发展的根基。网络强大的通信能力和电子商务系统便利的商品交易环境，改变了原有市场营销理论的根基。在电子商务交易流程中，信息的需求和传播模式发生了很大的变化，信息的传播由单向的传播模式逐步演变成一种双向的、交互式的信息需求和传播模式，即在商家用所营建的信息源积极地向用户展示各类商品信息时，用户也在积极地向商家索要自己需要的信息。同时，市场的性质也发生了深刻的变化，即生产厂商和消费者可以通过网络直接进行商品交易，从而避开某些传统的商业流通环节，原有的以商业为主要运作模式的市场机制将部分被基于网络的电子商务模式所取代，市场将趋于多样化和个性化，并实现彻底的市场细分化。这需要我们以一种全新的视角来观察全程电子商务的营销模式——电子商务营销。

1.4　电子商务营销

电子商务营销是建立在电子商务和市场营销理论的基础上、从全程电子商务的角度来思考企业如何实施其整合营销策略的方法与实践。电子商务营销包括营销环境、营销方法和营销技术，贯穿电子商务交易前、中、后的业务流程，实现全程电子商务信息资源共享、产品/服务品牌挖掘、企业社会公信力的建立。为了更直观地理解电子商务营销与市场营销、交易流程的架构关系，本书提出一种新的电子商务营销模型，如图 1-6 所示，以求阐述在电子商务营销过程中企业怎样去创造、传递和获得价值的基本原理。

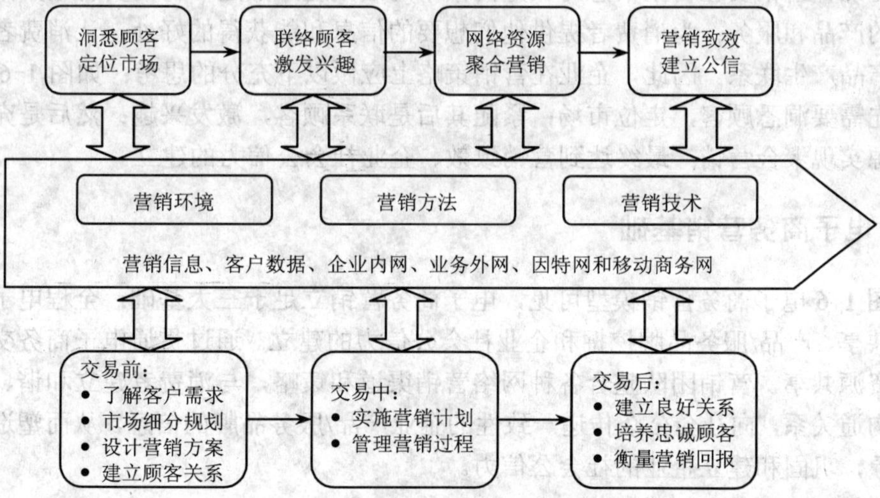

图 1-6　电子商务营销模型

1.4.1 电子商务营销模型建构

图 1-6 所示的模型由三大部分组成：电子商务流程、交易全程信息整合、营销决策步骤。

1，电子商务流程

它是企业实施营销的纽带。在新信息技术环境下，企业充分利用了互联网所提供的低成本、高效率的工具有效解决了交易双方的信息不对称问题，从而使整个交易过程顺畅、快捷。与此同时，企业的营销活动也随之有机融入交易的各个环节中，以最大限度地满足顾客的需求。如图 1-6 所示：企业实施营销时首先需要在交易前了解客户需求，做好市场细分规划，设计营销方案，建立顾客关系；然后需要企业在交易中实施营销计划，管理营销过程；最后企业要达到其营销目的，即在交易后与顾客建立良好关系，培养忠诚顾客，并衡量营销回报。

2，交易全程信息整合

它是企业实施营销的基础。随着信息技术的高速发展，电子商务交易的环境、技术和方法亦在发生着改变，信息的整合与分享功能日益增强。企业不仅获得了更好的基于网络的交易工具，同时也面临努力提升交易信息的利用价值的挑战，以求获得更大利润。如图 1-6 所示，企业在把握营销环境的前提下，采纳新的营销技术与方法，通过网络对全程电子商务的信息进行整合，并共享给企业相关部门，有效管理顾客关系，使企业的营销活动不仅仅是营销部门成员的行为，而真正成为企业全体人员的义务和责任，全面实现企业营销战略。

3，营销决策

它是企业实施营销的核心。随着社会化媒体营销的兴起，越来越多的企业已经意识到社会化媒体营销要在自主信息时代走向繁华的最关键三点是：让消费者最大限度地了解企业的产品和服务；为消费者提供他们想要的信息和能获得的好处；让消费者与你的品牌或产品产生联系。因此，企业在营销策略上应做以下充分的思考：如图 1-6 所示，企业首先需要洞悉顾客，定位市场；紧随其后是联系顾客，激发兴趣；然后是充分利用网络资源实现聚合营销；最终达到营销致效、企业社会公信力的建立。

1.4.2 电子商务营销基础

由图 1-6 电子商务营销模型可见，电子商务营销立足于三大基础：全程电子商务信息资源共享、产品/服务品牌挖掘和企业社会公信力的建立。通过贯通电子商务交易全程的信息资源共享，营销团队整合各种网络营销渠道和策略，与消费者建立和谐、共鸣、对话和沟通关系，向社会公众传递一致性的企业产品/服务品牌的信息，从而塑造清晰的企业形象，巩固和建立企业的社会公信力。

1. 全程电子商务信息资源共享

消费者因出生和成长的时代背景不同，有着不同的价值观和生活方式，形成不同的消费观念和消费行为特征。作为营销人员，唯有了解消费者所属时代潜藏的价值观所形成的消费动机，才能为消费者量身定做产品和服务。电子商务营销在交易的前、中、后阶段，可以通过多种网络工具与消费者沟通，全面了解他们的需要、兴趣和渴望，并把相关的消费者信息进行归纳、整理和分析，与企业相关部门共享，有效管理顾客关系。

2．产品/服务品牌挖掘

营销活动是以企业的产品/服务为核心的价值传递。贯穿交易全程的电子商务营销凭借其完整的交易信息数据库，以及对消费者的交易轨迹全程追踪，构造了产品/服务的内在逻辑。同时，它可以充分挖掘消费者心理和产品/服务品牌的差异性，从而改进企业的产品/服务品牌策略，保护企业品牌的健康发展，塑造完全受众导向型的品牌。

3．企业社会公信力的建立

贯穿于交易全程的电子商务营销是使传统营销的“企业导向”向“消费者导向”转移，它是建立在对消费者的深入了解基础上的营销方式。它强调企业的每一个部门及员工都负有与社会大众沟通的责任，它将所有的网络营销手段协调统一起来，向目标受众传达统一的说服性信息，从而在企业与“利益相关者”之间建立起独特的关系，塑造高度一致的企业形象，建立企业的社会公信力。

1.4.3　电子商务营销策略步骤

根据图 1-6 这一模型，电子商务营销决策基于以下 4 个步骤进行：

1．基本营销决策

这一步骤包括洞悉顾客和定位市场。当今时代，互联网得到了极大的普及。网络媒介使人们主动获得精确信息成为可能。在这样的环境下开展营销活动，首先要洞悉顾客的网络行为，解构顾客的真实动机；同时，要依据市场细分挖掘与企业产品/服务品牌最为契合的目标消费群体，根据顾客的心理选用最为有效的营销策略。

2．实施营销决策

这一步骤包括联络顾客和激发兴趣。主要任务是利用目前的网络工具与客户进行多种渠道、多种形式的互动与交流，通过向顾客传递企业品牌信息，建立产品/服务与顾客之间的价值交流，确立一个具有延展性地激发顾客兴趣的营销创意基点，进而确定网络整合营销的基本方向，为实施营销策略提供基础保障。

3．整合信息决策

这一步骤包括利用网络资源，聚合营销。在实现产品/服务品牌告知顾客引发兴趣的基础上，顾客开始分流为普通消费者、潜在消费者和核心消费者。普通消费者是指目前没有需求或没有考虑企业产品/服务的群体，营销信息对他们而言只是形成了初步的品牌认知，但还不足以改变其购买行为。核心消费者是指企业产品/服务的忠诚拥护者，营销信息引起了他们的关注并使其产生了购买行为。潜在消费者是这 3 种消费者中最为庞大的群体，同时也是企业开展营销活动要说服的主要群体。基于整个交易流程的顾客信息资源为促成潜在消费者的转化提供了一个很好的营销支持。营销人员可以准确分析这 3

类消费者的行为特征，通过网络整合营销活动进一步影响他们对企业产品/服务的决策，扩大核心消费者群体。

4．聚合营销决策

这一步骤包括营销致效和建立企业的社会公信力。在前面3个步骤的基础上，根据目标顾客在交易全程中的活动轨迹和接受信息习惯，构建全方位的营销组合便成为可能。它包括两部分主要内容：强调效果的网络营销组合和企业承担社会责任建立社会公信力。营销致效是指通过强调效果的网络营销组合达成顾客与企业产品/服务有限沟通的渠道，其手段包括目前在互联网上已有的信息传播和交流手段。建立企业的社会公信力是指企业通过网络平台开展公共关系活动，即以企业顾客群体为主要受众，并扩展到社会公众，开展关于企业社会责任的内容营销，在网络平台上实现企业产品/服务品牌的广泛传播，强化企业的市场公关执行力。它不仅承担了企业产品/服务品牌信息的深度营销，并通过企业品牌的网络舆情引导和优化企业的社会形象，建立企业的社会公信力。

1.4.4　电子商务营销特点

由图1-6模型，可归纳出电子商务营销具有四大特点：全程营销、协同营销、个性营销和互动营销。

1．全程营销

电子商务营销的核心是以满足消费者需求为中心，这决定了企业不可能以满足消费者的一次性需求为终极目标。电子商务营销是在交易全程中持续关注消费者的变化，从而灵活调整企业的市场经营和营销策略的全程营销。

2．协同营销

电子商务营销是贯穿整个交易流程的营销活动，它与消费者的每一个接触点进行产品的价值传递，形成多维度、跨阶段的营销行为。电子商务营销通过营销团队的相互配合和协同合作，根据消费者的特点和在交易流程中的接触点，将最恰当的产品/服务信息传达给消费者。

3．个性营销

随着社会化大生产的发展，社会产品的同质化程度日益加深，在物质需求高度满足的市场环境下，消费者的消费层次从“产品消费”向“个性消费”提升。电子商务营销在交易全程中与顾客开展产品的价值交流，让顾客作为产品受众参与到产品互动和营销活动中来。通过这种价值交流，为顾客的产品消费行为提供一个简洁的理由，挖掘产品在满足消费者功能需求的基础上带给消费者的精神满足。

4．互动营销

电子商务营销强调营销者与顾客实现双向沟通，因此对洞察消费者的态度和行为变化更为便捷。同时，营销团队在交易全程中向消费者传递一致的产品价值信息，让消费者对产品品牌产生信任，并且在交易的前、中、后阶段一直维系这种信任，使其长久存在于消费者的心智空间中，以利于企业创造满意、忠诚的顾客，获取顾客价值。

本章小结

本章主要介绍了电子商务概念、市场营销过程和整合营销理论，在此基础上引出电子商务营销概念，构建了电子商务营销模型，阐述了电子商务营销的基础、特点，以及开展电子商务营销决策的步骤。电子商务营销是基于电子商务流程开展的营销活动，电子商务营销是将电子商务流程作为企业开展营销活动的一个纽带，把“交易前吸引顾客、交易中满足顾客需求、交易后创造忠诚的顾客”这 3 个关键的营销阶段连接起来，通过整合营销效果和深度演绎营销信息，有效地管理盈利性的顾客。

核心概念： 电子商务　市场营销　整合营销　电子商务营销

本章习题

1. 什么是电子商务营销？
2. 试述电子商务营销的基本框架结构。
3. 电子商务营销的基础是什么？
4. 电子商务营销的特点有哪些？

第2章

电子商务营销环境

学习目标

1. 了解电子商务营销的宏观环境。
2. 了解电子商务营销的微观环境。
3. 了解各种环境因素对电子商务营销的影响。

引例　比亚迪携手我乐网——世界杯视频营销

2010 年 6 月，民族新锐汽车品牌——比亚迪，与中国最大的视频分享网站——我乐网（56.com），携手展开了一场大规模的世界杯视频营销活动。

作为与奇瑞、吉利并驾齐驱的国内三大汽车品牌，比亚迪在利用因特网营销方面下了一番工夫：从 2008 年开始，比亚迪开始尝试博客、BBS 和搜索引擎等新媒体营销方式，并在自己的网站上建立了比亚迪俱乐部，开辟了比亚迪社区，吸引会员 13 万余人，极大增强了比亚迪车主和潜在消费者的用户黏性。比亚迪在对世界杯期间的营销主要体现在其独家冠名了“我乐网”与《最体育》联合自制的国内网络视频行业首个原创体育直播品牌节目“翔世界”（http://sport.56.com/sp/xsj）。“翔视界”是视频网站中独有的高端品牌体育栏目，也是“我乐网”在世界杯期间主打的原创策划类节目，该节目的嘉宾权威专业，如黄健翔（中国著名体育评论员）、颜强（《体坛周报》副社长）、颜晓华（《最体育》总编）和妙红（《东方体育早报》首席足球记者）等。每期节目选择世界杯重要的时间结点，并结合当下热点，匹配《最体育》世界杯特刊推出世界杯策划专题。凭借着“我乐网”的娱乐、分享和互动等属性，以及 6 000 万注册用户数的强大人气基础，再通过对“翔视界”站内与站外的多维度推送，引起了用户对“翔视界”视频内容的关注，从而达到视频内容的二次和多次衍生传播，对比亚迪品牌产生了主动传播和多次传播，深化了比亚迪产品与体育人群之间的联系，将对黄健翔的好感平移至比亚迪，增加了品牌美誉度，最大化地体现了网络分享的新媒体价值。

针对比亚迪的目标受众和消费群体，“我乐网”对网站的用户群体和属性做了详细的分析。“我乐网”的用户主要集中在 18～35 岁之间，与比亚迪的目标用户具有高度一致性，这成为双方合作的出发点。如南非世界杯就出现了不少自驾改装车观看世界杯的事例，体现出一种对自由和时尚的追求。在当今新时代的大背景下，作时尚、个性的年轻一族，他们有追求完美，渴望自由空间，关注社会生活和安全保障的价值，以及渴望提高生活质量等内在需求。“我乐网”认为，这样的群体在消费心理上有着非常强的品牌意识和品牌价值的选择。通过在线问卷调查，“我乐网”用户中有 40.8%的用户有购车计划，40.1%的用户购车预算在 15 万元以下，与比亚迪价格区间相吻合。如此，以“翔视界“为载体，使得各色体育名流与比亚迪品牌和黄健翔形成了联想，极大地加强了用户与品牌之间的关联。

这是新锐品牌汽车和新媒体营销的精彩结合，充分体现了分享互动的价值——热点赛事的营销、传媒的持续关注和网民的关注参与，增加了视频的曝光量，使比亚迪和我乐网的品牌知名度及影响力都得到了很好的提升。

（本文由作者根据网络资料改写）

2.1　企业电子商务营销的宏观环境

众所周知，环境会影响组织开展业务的方式。电子商务是在依托互联网及计算机网络技术平台为基础构建的环境中开展的商务活动。随着信息技术的高度发展，产生了很多新的环境情况，这在很大程度上影响着企业营销战略的建立，所以，营销人员必须给予充分的考虑。

企业和所有其他市场参与者都在一个给企业带来商机和挑战的宏观环境中从事经营活动。图 2-1 描述了企业电子商务宏观环境的 6 种主要因素，即人口环境、经济环境、技术环境、社会政治法律环境、自然环境和公众环境。本节将从这 6 个方面来考查它们是如何影响企业电子商务营销活动的。宏观环境对企业的短期利益可能影响不大，但对企业长期的发展具有很大的影响。

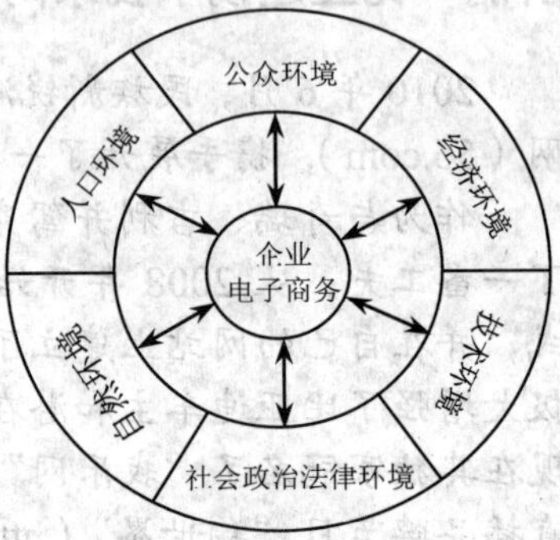

图 2-1　企业电子商务宏观环境

2.1.1　人口环境

人是企业电子商务营销活动的直接和最终对象。人口是市场的第一要素，在其他条件既定或相同的情况下，人口规模决定着市场容量和潜力。人口结构影响消费结构和产品构成，人口组成的家庭、家庭类型及其变化对消费品市场也有明显的影响。

1. 人口年龄结构变化

根据《全国人口普查条例》和《国务院关于开展第六次全国人口普查的通知》，我国以 2010 年 11 月 1 日零时为标准时点进行了第六次全国人口普查（以当时数据为准）。其主要数据如下：全国总人口为 1 370 536 875 人。其中：普查登记的 31 个省、自治区、直辖市和现役军人的人口共 1 339 724 852 人；香港特别行政区人口为 7 097 600 人；澳门特别行政区人口为 552 300 人；中国台湾地区人口为 23 162 123 人。在 31 个省、自治区、直辖市和现役军人的人口中，0～14 岁人口为 222 459 737 人，占 16.60%；15～59 岁人口为 939 616 410 人，占 70.14%；60 岁及以上人口为 177 648 705 人，占 13.26%，其中 65 岁及以上人口为 118 831 709 人，占 8.87%。同 2000 年第五次全国人口普查相比，0～14 岁人口的比重下降 6.29 个百分点，15～59 岁人口的比重上升 3.36 个百分点，60 岁及以上人口的比重上升 2.93 个百分点，65 岁及以上人口的比重上升 1.91 个百分点。

不同时代出生的人具有不同的购物习惯，了解他们的购物习惯可精确进行市场细分获取商机。例如，20 世纪五六十年代出生的群体认为口碑异常重要，他们所经历的时代让他们形成了更为谨慎的经济展望，比较多疑；他们关心环境并对履行社会责任的企业态度友好；他们追求成功，但不太功利；他们珍惜经历而不是获得；他们是谨慎的浪漫主义者，想要更好的生活品质，对工作的满意度更感兴趣；他们对只说好话的宣传手册毫无兴趣。而 20 世纪七十年代后出生的群体，年纪大的可达 42 岁，这些逐渐成熟的一代人，随着他们达到收入和花费的双顶峰，他们构成了金融服务、购置新房和房屋装修、旅游和娱乐、外出就餐，以及健康和健身等几乎所有产品的可盈利市场。同时，由于他们大都具备较好的教育背景，他们还创建了大量的用以交流信息的网络社区，使信息交流备受重视，甚至比任何营销宣传的影响力都大。

2. 家庭结构变化

31 个省、自治区和直辖市共有家庭户 401 517 330 户，家庭户人口为 1 244 608 395 人，平均每个家庭户的人口为 3.10 人，比 2000 年第五次全国人口普查的 3.44 人减少 0.34 人。在中国，30 年前，为了遏制快速增长的人口数量，政府通过了计划生育政策。结果这些家庭的独生子女备受重视，养成了“六兜综合症”，即 6 位大人（父母、爷爷、奶奶、外公和外婆）对独生子女的各种购买冲动都尽量满足。从儿童产品到金融服务、饭店和奢侈品，这些小到初生婴儿、大到 30 岁左右成人的独生子女对市场产生了全方位的影响。独生子女的父母将其 40%的收入都花在了视如珍宝的孩子身上，这为儿童教育产品创造了巨大的市场机会。这些年轻的一代几乎都具有较好的新技术视野和基础，熟悉并习惯使用互联网。同时，由于家庭中缺乏同龄人沟通，他们更需要通过便捷的网络与他人交往互动，这大大促进了社交网络的发展，同时也加快了电子商务的进程。

尽管独生子女人群目前自身的购买能力还不强，但这个市场具有极大的发展潜力。淘宝商城率先抓住了这个商机，以相对价廉物美的商品吸引了众多年轻用户。目前，淘宝商城又主动“一分为三”，即沿袭原 C2C 业务的淘宝网（taobao.com）、平台型 B2C 电子商务服务商淘宝商城（tmall.com）和一站式购物搜索引擎一淘网（etao.com）。并在淘宝商城举办“镇店之宝”评选活动，引导消费者从淘便宜、淘方便到淘个性，与时俱进地伴随着年轻消费者市场的成长而发展。

3. 地域性人口迁移

在 31 个省、自治区、直辖市和现役军人的人口中，居住在城镇的人口为 665 575 306 人，占 49.68%；居住在农村的人口为 674 149 546 人，占 50.32%。同 2000 年第五次全国人口普查相比，城镇人口增加 207 137 093 人，乡村人口减少 133 237 289 人，城镇人口比重上升 13.46 个百分点。人口的流动情况为：在 31 个省、自治区和直辖市的人口中，居住地与户口登记地所在的乡镇街道不一致且离开户口登记地半年以上的人口为 261 386 075 人，其中市辖区内人户分离的人口为 39 959 423 人，不包括市辖区内人户分离的人口为 221 426 652 人。同 2000 年第五次全国人口普查相比，居住地与户口登记地所在的乡镇街道不一致且离开户口登记地半年以上的人口增加 116 995 327 人，增长率为 81.03%。

从农村和郊区搬来的流动人口为城市地区带来了诸多好处，如工作、餐馆、娱乐和社区服务机构等；而人口拥挤、交通堵塞等问题也困扰着在城市地区生活工作的人们。于是，就有不少人口向小都市和城郊地区迁移，这带来了工作地点的变化，造成了“远程办公者”数量的迅速增加。该趋势转而创造了一个蓬勃发展的自由办公市场，许多营销者正积极开发盈利性自由办公市场中的细分市场，以求获取更多商机。

4. 人口受教育程度

在 31 个省、自治区、直辖市和现役军人的人口中，具有大学（指大专以上）文化程度的人口为 119 636 790 人；具有高中（含中专）文化程度的人口为 187 985 979 人；具有初中文化程度的人口为 519 656 445 人；具有小学文化程度的人口为 358 764 003 人（以上各种受教育程度的人包括各类学校的毕业生、肄业生和在校生）。

同 2000 年第五次全国人口普查相比，每 10 万人中具有大学文化程度的由 3 611 人上升为 8 930 人；具有高中文化程度的由 11 146 人上升为 14 032 人；具有初中文化程度的由 33 961 人上升为 38 788 人；具有小学文化程度的由 35 701 人下降为 26 779 人。

在 31 个省、自治区、直辖市和现役军人的人口中，文盲人口（15 岁及以上不识字的人）为 54 656 573 人，同 2000 年第五次全国人口普查相比，文盲人口减少 30 413 094 人，文盲率由 6.72%下降为 4.08%，下降 2.64 个百分点。

由此可见，中国人的受教育程度提高了。随着受教育人口数量的增加，优质产品、图书、杂志、旅行、个人计算机和网络个性化服务的市场需求更大。

5. 人口异质构成

在 31 个省、自治区、直辖市和现役军人的人口中，汉族人口为 1 225 932 641 人，占 91.51%；各少数民族人口为 113 792 211 人，占 8.49%。同 2000 年第五次全国人口普查相比，汉族人口增加 66 537 177 人，增长率为 5.74%；各少数民族人口增加 7 362 627 人，增长率 6.92%。

中国少数民族有 56 个，来自不同民族的异质群体融为单一的、较同质的一个整体。但是，随着少数民族人口数量的增长，异质性所具有的种族传承属性使企业营销者面临着异质性市场的挑战。不少企业开始着眼于针对一个或多个群体提供特别设计的产品、广告和促销。

另一个需要关注的异质性细分市场是中国约 8 300 万的残障人士，残疾人士喜爱并希望获得商家专门为他们设计的产品。Inclusive Technologies 公司的总裁、专门的无障碍产品专家吉姆·托拜厄斯（Jim Tobias）解释："这些残障人士通常会成为他们所钟爱产品品牌的传教士。普通消费者一般会向 10 个朋友赞美一件他所喜欢的产品，而残疾人则可能会将这些话向 10 倍于此的朋友说。"

随着中国人口变得越来越异质化，成功的营销者将使其营销计划多样化，以利用这些迅速增长的细分市场中的机会。

2.1.2　经济环境

形成市场不仅需要人，还需要购买力。经济环境由影响消费者购买力和支出模式的因素构成。经济环境与企业电子商务营销活动所面临的各种经济条件、经济特征和经济联系等客观因素息息相关。

1. 消费者收入的变化

中国改革开放 30 多年来，受收入增长、股票市场膨胀、房产价值激增，以及其他经济繁荣的影响，中国消费者处于一个消费狂热期。以福建省为例，根据福建省统计局提供的相关信息，改革开放 30 年来，福建省消费市场规模不断扩展。2007 年全省社会消费品零售总额为 3 187.85 亿元，是 1978 年 30.56 亿元的 104 倍，年均增长率为 17.4%；2007 年人均消费额为 8 902 元，是 1978 年 125 元的 71 倍。从行业结构看，批发和零售业零售额由 1978 年的 27.14 亿元增加到 2007 年的 2 733.75 亿元，年均增长率为 17.3%；住宿和餐饮业零售额由 0.97 亿元增加到 398.25 亿元，年均增长率为 23.1%。

当然，在过去的 30 多年中，社会出现了收入的贫富悬殊现象，如此收入分配形成了一个层级式市场。不少企业积极定位于富人市场，但更多的企业则定位于中等收入者。还有一些企业，它们通过调整其营销提供物占领从富裕到不太富裕消费人群的多个市场。

例如，现在许多高端时尚设计师将其产品以天价卖给那些能买得起的人群，同时又将产品以普通大众负担得起的价格销售。对于这种针对不同消费群体的个性化市场，基于互联网的、具有整合碎片市场功能的电子商务，更有了施展其特长的空间。

2．消费者支出模式的变化

大部分的家庭收入用于支付食品、住房和交通，但不同收入水平的消费者的支出模式也有所不同。德国统计学家厄恩斯特·恩格尔（Ernst Engel）在 100 多年前就注意到了其中的某些差异，他对人们随收入增加而形成的支出变化方式进行了研究，发现随着家庭收入的增加，食品支出的比重逐渐下降，住房支出的比重基本不变（燃气、电力和公共服务等公共产品除外），但存款和其他类型的支出比重多数会增加。恩格尔法则（Engel's laws）得到了后人研究的进一步证明。

收入、生活成本、利率、存款与借款模式等主要经济变量的变化也会对市场环境产生重大影响。企业通过经济预测对这些变量进行观察，这样才能有效制定营销策略。当然，企业不一定会因经济衰退而破产，或因繁荣而迅速壮大，但企业可以通过相对完善的经济预测，以及利用经济环境的变化，为企业寻找到更好的生存发展之路。例如，随着中国 IT 业的快速发展，近年来，中国网民数量陡增，人们用于通信网络消费的比例也日益增长，为电子商务的发展打下了良好的基础。

2.1.3　技术环境

科学技术是影响企业营销活动各因素中最直接、力度最大、变化最快的因素。科技进步不仅改变生产力和生产方式，推动产品开发，影响生产要素的功能和利用率，同时也影响中间消费者和最终消费者。

1．为企业创造新的市场和机会

新科技能创造新的市场和机会。随着互联网、计算机网络、通信和信息技术的快速发展，IT 业迅速向社会各个领域渗透，并在其中扮演着越来越重要的角色。信息技术在商业中的广泛应用已引起了产业结构、市场结构和商业模式的重要变革。例如，从事电子商务的 B2B 组织，它可以通过网络营销绕过分销商，直接与顾客交易，同时也有机会通过网络开辟新的 B2B 市场接触顾客。与此同时，新技术取代旧技术也会给企业的发展带来损害。例如，晶体管损害了真空管产业，静电复印机损害了复写纸业务，光盘损害了唱片，数码相机损害了胶卷业务。这提醒人们，如果旧产业反抗或忽视新科技，其业务量就会减少。因此，企业营销者应密切关注技术环境的变化，否则，不能持续采用新技术的企业将会因产品过时而错过新的产品和市场机会。

2．为企业改善经营管理提供了有力的技术保障

科技发展不仅为企业经营管理提出了更高的要求，也为企业改善经营管理提供了物质条件。随着 IT 技术在企业经营管理中的应用日益深入，企业电子商务系统日益完善，安全问题、支付问题和管理效率问题都得到了妥善的解决。同时，企业基于互联网实施电子商务营销的新技术变革倾向于提高顾客的在线体验和增加顾客忠诚度的沟通交流，成功解决了企业在电子商务流程的各个阶段中与顾客即时沟通交流的问题，使企业获得竞争优势。

3. 创造出许多新的商务模式

由于网络技术的应用，互联网为实现买卖双方的交易提供了众多的网上工具和方式。目前，除了人们常使用的个人计算机上网方式，还有两种正被广泛使用的以个人计算机为基础的互联网访问平台——移动或无线访问设备和交互式数字电视。这些平台灵活实现了3种交互方式，即：传送交互，使用者控制传送内容，比如按需定制电视节目；信息交互，使用者可以选择不同的信息；参与活动，在接受信息的过程中，使用者可以选择不同的方案，如在一场足球比赛中选择不同的拍摄角度来观看或者选择不同的新闻频道。这些交互技术为企业设计新的商务模式提供了良好的基础。

2.1.4　政治法律环境

政治法律环境是由政府机构、公众意识、消费者压力群体和基于工业的组织共同形成的。政治法律环境包括国家政治体制、政策的稳定性、国际关系和法制体系等。政治环境是建立一个能够保障私人利益的法律的一个驱动，它对企业开展电子商务营销活动的影响主要表现在保障作用和规范作用。

政府机构采取政治行动控制因特网上商业应用的行为包括以下几个方面：

（1）提高消费者和公司的网络收益，以改进国家的经济前景。

（2）资助能够指导企业实践的研究。

（3）发布法令以规范环境。

（4）网络监管。

（5）确定税收及税收权限。

值得企业注意的是，在国家和国际政治法律体系中，相当一部分内容直接或间接地影响经济和市场，例如某些方面的政治制度和法律条款禁止、限制或鼓励某些经济和市场行为。在国际经贸关系中，国与国之间的政治制度及法律体系的异同，也会对有关国家产品的进出口、投资等国际营销活动有相当大的制约和影响。

2.1.5　社会道德环境

书面的法规不可能涵盖所有潜在的企业营销问题，而且在快速发展的网络技术环境中，现有的法律通常难以执行。企业除了应遵守书面的法律法规外，还要受职业道德和社会规范的制约。

1. 企业的社会责任

为了遵守法规，明智的企业还会鼓励管理者考虑更多问题，为社会的良性发展做贡献。这些有社会责任感的企业积极寻找保护消费者长期利益和保护环境的方法。在中国，发生在2010年的蒙牛公关事件和腾讯与360之争，引发了人们对互联网的商务环境的担忧，引起了人们对道德和社会责任的新关注。尤其值得注意的是，几乎所有的企业营销活动都涉及这些问题，遗憾的是，由于这些问题经常涉及利益冲突，在一定情况下善意的人们可能会对行为的正确性表示反对。对此，许多行业和职业的贸易协会和团体提议采用道德规范。例如，阿里巴巴提出“建立网规”，以维护网络商业环境。现在越来越多的企业正积极制定营销准则，以处理复杂的社会责任问题。

2. 企业的善因营销

为了履行社会责任，树立良好的企业形象，许多企业正将自己和有意义的善因联系在一起。例如，发生在2008年的“王老吉地震事件营销”、“喝农夫山泉为奥运捐一分钱”等。善因营销已成为企业捐赠的主要形式，这使企业通过将购买企业产品与服务的行为与为有意义的善因捐款或慈善组织联系起来，以“为善而富”。有些批评者担心，善因营销更多的是一种销售战略，而不是施舍战略，即善因营销实际上是“善因—牟利”营销。因此，不少采用善因营销的企业发现：一方面，企业因善因营销而增加盈利，企业形象也获得改善；另一方面，企业面临牟利指责。然而，如果企业处理得当，善因营销仍然会给企业和善因带来巨大利益。同时，企业可以获得一个有效的营销工具，并建立更积极的公共形象。

2.1.6 自然环境

自然环境是指作为营销投入所需要的，或会受到营销活动影响的自然资源。自然环境主要包括自然资源、气候、地形地质和地理位置等。自然环境对企业经营活动的影响主要表现为：自然资源日益减少、能源成本提高、环境污染日益严重，以及政府对自然资源管理的干预不断加强等。所有这些都直接或间接地给企业的生产经营带来威胁和机会。同时也让企业认识到良好的生态环境和健康的经济之间的联系。

企业营销者应关注自然环境领域的以下几个变化趋势：

第一个变化趋势是原材料短缺加剧。空气和水可能看似用之不竭，但不少人已注意到了其长期危险。空气污染使世界上许多大城市的人们呼吸困难，而水污染已经成为中国和世界部分国家地区的主要问题。科学家预计，到2030年，全世界2/3的人将出现饮水困难。可再生资源，如森林和食物，必须合理利用。不可再生资源，如石油、煤炭和各种矿产，面临着严峻的问题。以这些短缺资源作为生产原料的企业正面临着成本剧增的问题，即便那些目前还比较丰富的原料也是如此。

第二个变化趋势是污染加剧。工业在未来仍将是破坏自然环境质量的主要因素。例如，化学废料和核废料的处理；海洋中汞含量超标的危险程度；土壤和食品中化学污染物的数量；各种不可降解的容器和其他包装材料的随处乱扔。

第三个变化趋势是政府对自然资源管理的干预增加。为保证自然环境的清洁，各国政府都在积极地追求环境质量。尽管中国属于一个人口众多的发展中国家，但每年国家仍投入大量的经费用于环境保护。中国政府积极倡导企业开发可循环使用或降解的包装，可循环利用的原料和部件，以及能更好地控制污染和提高能源利用率的设施。例如，目前中国各大家电市场上推行的“以旧换新”模式，就是强制旧电器的循环利用。

正是由于自然资源的有限性，促使人们更热衷于互联网上的信息资源及沟通交流的无限性，从而极大地促进了电子商务的快速发展。

2.2 企业电子商务营销的微观环境

微观环境是企业面临的直接营销环境，它由企业及其周围的活动者组成，包括企业内部环境、产品供应商、社会公众、营销中介商、顾客或用户，以及竞争对手等。图2-2描述了企业电子商务微观环境的6种主要因素。

2.2.1　企业内部环境

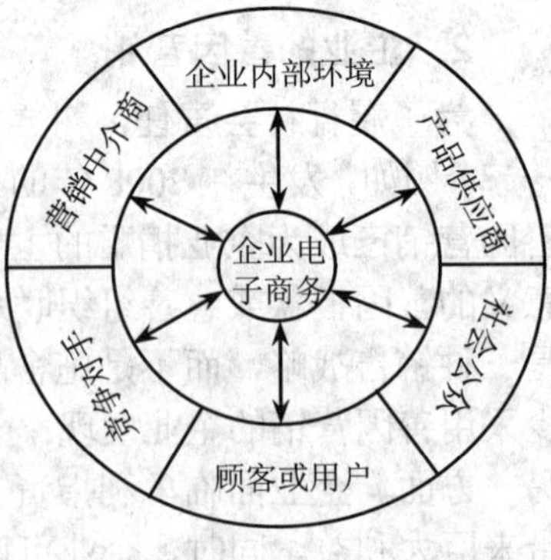

图 2-2　企业电子商务微观环境

企业营销管理的职责是通过创造客户价值和满意度与客户建立关系。企业内部环境是指企业组织在制定营销计划和营销管理的过程中，各个部门的关系及协同合作。所有这些相互关联的群体构成了内部环境。企业内部环境包括以下几个方面：

（1）战略：实现企业组织目标的方法。

（2）结构：管理企业营销活动的组织结构、变革及组合。

（3）系统：企业营销的运营程序或业务流程。

（4）风格：企业文化和形象，以及采用新技术创造新的业务模式的相关尝试。

（5）员工：企业各个部门员工的配置。

（6）技术：企业现行技术，以及采用新技术的相关人员的培训。

（7）目标：企业所追求的更高目标，企业高管及员工共同承担的使命。

高级管理层设定企业使命、目标和整体战略；营销经理以高级管理层制定的战略和规划为指导制定决策；各个部门按照企业运营程序相互协同合作，为顾客提供优越的产品和服务，实现企业经营目标。

企业内部环境的要素主要有 3 个方面：组织结构的快速应变能力是企业电子商务营销的保障；人才是电子商务营销的必要条件；企业内部的管理信息化和网络化是电子商务营销的基础。

2.2.2　产品供应商

产品供应商是企业顾客价值传递系统的重要一环，他们为企业提供生产产品和服务所需的资源。产品供应商对企业营销的影响重大，主要表现在以下几个方面：

（1）供货的稳定性与及时性。

（2）供货的价格变动。

（3）供货的质量水平。

产品供应量不足或供应短缺，都会影响企业按期完成交货任务。而供货的价格直接影响企业的成本，供应货物的质量将直接影响到企业产品的质量。因此，现在很多营销者将产品供应商视为创造和传递顾客价值的伙伴。例如，世界著名的零售企业沃尔玛竭力与其供应商合作，它帮助供应商在商店进行新产品测试；其供应商发展部出版了《供应商申请指导》，维护供应商专用网站，帮助供应商了解沃尔玛复杂的采购过程。沃尔玛清楚地知道，与供应商结成好的伙伴关系并管理好这种关系将实现它与供应商的共赢。正如一位沃尔玛的供应商主管所说："沃尔玛很挑剔，要求很高，但它也会帮助你走向成功。"

2.2.3　营销中介商

营销中介商帮助企业完成促销和销售，将产品分销至最终顾客。营销中介商包括经销商、实体分销企业、营销服务机构和财务中介。经销商是帮助企业发现顾客或与顾客达成交易的分销渠道企业，包括购买和转售商品的批发商和零售商；实体分销企业是帮助企业实现产品从起点到终点的储存和运输；营销服务机构由帮助企业选择目标市场，并向正确的市场促销产品的营销调研企业、广告机构、媒体公司和营销咨询企业组成；财务中介包括帮助企业达成金融交易，或为与购买或销售产品相关的风险承包的银行、信用公司和保险公司等企业。营销中介商也是企业价值传递系统的一个重要组成部分。企业在实施营销过程中，不仅要重视自身绩效，还要与营销中介商有效合作，使企业的整个营销活动取得最佳绩效。

在互联网范畴内，营销中介商也包括特定的独立网站。这些网站把购买者和销售者集中在了一起，例如，百度推广、当当网等，就是 B2B、B2C 中介商的实例。这种网站通常通过一种附属的安排来运作，中介商凭借它从每一次因访问他们的网站而促成的销售中获得佣金。虚拟市场或虚拟贸易社区则是一种更新型的营销中介商。例如，阿里巴巴、京东商城等，这些形式在 B2B 市场中非常重要。这种营销中介商不仅提供了企业销售他们产品的新渠道，同时也为企业开展基于因特网的营销活动拓展了与合作伙伴和消费者沟通交流的管道，为企业全面实施电子商务营销提供了广阔的空间。

2.2.4　顾客或用户

顾客或用户是企业直接或最终的营销对象，是最重要的环境因素。在电子商务营销活动中，企业最需要了解顾客或用户在互联网上的行为习惯等，充分掌握影响目标市场顾客的因素，并采取行动来消除与顾客沟通交流的障碍，通过互联网发现顾客、吸引顾客、满足顾客需求、留住顾客，并与顾客建立稳固的关系。

以下 5 种因素可以指导企业了解互联网上的顾客市场：

（1）上网成本。家庭计算机及入网费用是需要了解的首要问题。如果顾客认为上网成本高，他们会放弃选择网上产品或服务。

（2）价值主张。顾客需要感受上网的需求，访问供应商信息，比较网上商品的价格。

（3）方便使用。顾客是否认为上网了解商品信息、选择商品或服务很便利。

（4）交易安全。顾客是否完全信任网上支付系统，从而放心地提交个人资料或信用卡信息。

（5）未知担忧。许多人会对新技术和新媒介心存顾虑，担忧个人隐私被侵害或被欺诈等。

考虑到以上 5 个因素，电子商务营销者可以从 3 个方面来对顾客进行比较，即“访问→选择→购买”，通过采集这些数据，帮助营销者分析目标市场中的顾客特性，加强与顾客的互动交流，有效地改善营销方法。

2.2.5　竞争对手

分析竞争对手或监控竞争者，用电子商务营销来获得和保留顾客是特别重要的。网络环境下的竞争者主要包括以下几种类型：

（1）愿望竞争者。指提供不同产品以满足消费者不同需求的，并与电子商务营销企业构成竞争关系的企业。例如，新浪、优酷和淘宝等网站就存在这样的关系。

（2）平行竞争者。指提供不同产品以满足人们同种需求的，并与电子商务营销企业构成竞争关系的企业。例如，当当网与卓越网就是这样的关系。

（3）产品形式竞争者。指提供满足统一需要不同形式的产品的企业之间的竞争关系。例如，腾讯的 QQ 与阿里巴巴的旺旺就存在这种关系。

（4）品牌竞争者。指提供满足同一需要的同种形式不同品牌产品的企业之间的竞争关系。例如，网易、雅虎和 gmail 的邮件服务等。

由于网络媒介具有动态的特征，所以，企业首先要开展以互联网为基础的竞争对手的基准核查，分析竞争对手的竞争优势和市场地位，明确自己的企业在市场竞争中的地位，采取不同的营销策略，以取得竞争优势。

2.2.6 社会公众

企业的营销环境还包括各种公众。由于因特网的无限开放性，网络公众群体对企业实现营销目标具有较大的影响力。企业常把社会公众分为以下 6 类：

（1）媒体公众，指在各个媒体、专题和社交网站发表言论的群体。

（2）政府公众，指在官方或权威机构网站发布正式言论的公众。

（3）市民公众，指在各个论坛、新闻评论和个人博客等网站发表言论的群体。

（4）本地公众，指在企业所在地区的网络群体。

（5）内部公众，指企业内部的管理者、员工等网络群体。

（6）金融公众，指影响企业获取资金能力的网络群体，例如，银行、投资公司和股东等群体。

企业在电子商务营销过程中，如果希望从某些特定公众群体获得支持和赞誉，企业可针对这些公众群体制定营销策略，以增强企业对微观环境的适应为和利用力。

本章小结

中国是世界上最大的新兴经济国家。中国经济的高速增长使中国市场极具吸引力，根据权威统计数据表明，中国即将拥有世界上最多的互联网用户、手机用户及宽带用户。网络应用和网络购物越来越普及，企业的电子商务营销活动也显得更加重要。分析企业电子商务营销的宏观环境和微观环境，对企业制定营销战略有着极其重大和深远的意义。本章从企业实施电子商务营销的宏观环境和微观环境入手，系统分析了影响企业实施电子商务营销的各个因素。企业和所有其他市场参与者都在一个给企业带来商机和挑战的宏观环境中从事经营活动。宏观环境主要包括 6 种主要因素，即人口环境、经济环境、技术环境、社会政治法律环境、自然环境和公众环境。微观环境是企业面临的直接营销环境，它由企业及其周围的活动者组成，它包括企业内部环境、产品供应商、社会公众、营销中介商、顾客或用户，以及竞争对手等。

核心概念：电子商务营销宏观环境　电子商务营销微观环境

本章习题

1. 试述电子商务营销的宏观环境。
2. 试述电子商务营销的微观环境。
3. 企业如何有效地利用社会化媒体实施电子商务营销？
4. 因特网接入成本的降低是怎样影响电子商务营销的发展的？

第2篇

管理篇

第3章

电子商务营销战略与计划

学习目标

1. 了解电子商务营销战略的含义和思想。
2. 理解网络目标战略和竞争性网络营销战略。
3. 应用电子商务战略规划。
4. 分析电子商务营销战略规划的思路和内容。

引例　生活信息互动平台——搜搜客

2006 年 11 月，《搜搜客》获得 D&H Capital 和 Asian Groove HK 基金旗下的 Powerway 公司 1.2 亿元的投资，随后它又开展了订餐服务。

搜搜客是翰荣传媒集团旗下的网络平台，集团旗下有国内最大的分类广告运营商——智高广告，以及国内最大的人才类媒体经营公司——得胜传媒，这两家公司在上海就占据了当地传统分类广告领域 80%以上的市场份额。风险投资之所以斥重金押宝，也是看中其身后强大的传统资源优势。

然而，搜搜客在拿到风险投资后却并没有做好传统媒介资源与网络的整合，而是单兵深入餐饮市场开展订餐服务。在上海这个餐饮服务竞争尤为激烈的市场，大众点评网等传统订餐品牌已经占据了相当大的市场份额，并拥有成熟的网站产品线规划，在资源整合推广上具有深厚的市场基础。面对严峻的市场挑战，单兵深入的搜搜客不仅缺乏成熟的网站战略规划，更没有发挥集团资源的价值，在推出了"易商通"、"订餐宝"等几个失败的网络产品之后就逐步退居三线。

像搜搜客这样的企业在发展电子商务营销的时候，其屡屡受挫的根源就是没有考虑清楚第一要务是什么？就是必须根据企业自身的资源优势来决定如何选择及利用网络化手段，合理地开展电子商务营销活动。而成功的关键就在于，要真正理清企业自身的资源优势，并将优势与网络化手段进行合理整合。

（本文由作者根据网络资料改写）

3.1　电子商务营销战略

在动态的环境中生存和发展，企业要扬长避短，利用市场中的机会积极主动地适应不断变化的市场。这就要求企业要对其未来的长期发展做出必要的全面规划，即战略规划。由于并不存在一个对所有企业来说都是最好的战略，因此电子商务企业必须掌握制定合理有效的营销战略方法，并能够加以实施和控制。

电子商务营销战略是指企业为了实现其整体经营战略目标，在充分把握企业外部环境与内部环境的基础上，对企业全局性和长期的电子商务营销所做的计划。要制定企业的电子商务营销战略，首先应了解电子商务营销的含义，并对其做战略性分析。

3.1.1　电子商务营销战略的含义

1. 电子商务营销战略的含义和特征

早期，"战略"（strategies）一词的含义主要指"指挥军队的艺术和科学"，最早应用于军事领域，发展到现代社会和经济生活中，则广泛用于描述一个组织想要如何实现其目标和使命，即企业战略。

企业战略用于指导一个企业组织如何根据现有环境或变化了的环境，结合企业自身的优、劣势对环境做出反应，通过合理安排和利用企业的各项资源，达成组织目标和使命。即了解环境——对环境做出评价——找出机会和威胁——分析企业的优、劣势——决定对策——制定和实施行动方案——实施控制和结果反馈。所以，企业战略至少要具有以下特征：

（1）全局性。以企业全局为研究对象，通盘考虑企业的各项资源和能力，并对企业的总体目标进行制定，规定企业的总体行动，追求企业总体效果。

（2）纲领性。战略规定企业总体的发展目标、发展方向和重点、基本方针和步骤，以及重大措施等，是对企业未来的一种粗线条设计。

（3）竞争性。企业制定战略的目的是为了使企业在同环境和行业竞争者的对抗中，获得生存和发展的机会。所以从这个层面来看，竞争是推动企业发展的根本动力。

（4）长期性和相对稳定性。战略是企业在相当长一段时期的总的指导方针和行动纲领，规划的是企业的未来，是一项长远的规划；同时，由于战略通盘考虑了多方面因素之间的互动和影响关系，所以战略一旦被制定，就会使得这些关系保持相对稳定，直到原系统要素发生了变化或者新要素出现。

（5）风险性。任何事业的开展都面临着风险，尤其是战略规划，战略规定了企业发展的总体目标、发展方向和重点，基本方针和步骤等。如果企业在战略规划方面稍有失误，就会导致“全盘皆输”的结局，所以在做战略规划时要注意规避风险，更重要的是要提高企业承担更大风险的能力。

需要注意的是，战略和战术是有本质区别的。所谓“战术是当你有事可做时做的事情，战略是你无事可做时做的事情”。具体来说，战略是关于企业在何处的选择，包括地域、产业和部门选择的决策；战术是关于企业战略实施如何具体执行的决策，包括有关职能部门的各种事情，如管理、科研、生产、营销和会计等。可以这么说，凡是为了适应环境和条件的变化所确定的长期基本不变的目标和实施方案，都属于战略范畴；针对当前形势或情景，灵活适应短期变化，解决局部问题的方法和措施，就是战术。战略与战术要有先后的顺序，通常来讲，战略要先定，在有了大的框架及宏观的想法的前提下，才有进一步具体去实现这个战略的战术。

电子商务营销战略就是战略思想在电子商务营销领域的运用，具体表现为在电子商务营销环境下，企业针对环境中存在的威胁和机会，确定总体的发展思想和目标，统筹规划各项资源，充分发挥特长，以在竞争中取胜的过程。由于电子商务营销的具体环境和特征存在特殊性，所以在具体规划和实施电子商务营销战略的时候，要将这种特殊性体现出来。

2. 电子商务营销战略的层次

根据企业战略层次的划分，电子商务营销战略一般分为以下3个基本层次：

（1）总体战略，它是企业最高层的战略，也称公司战略，是指企业根据其使命，选择企业参与竞争的业务领域，合理配置资源，确保各项业务单位相互支持和协调。总体战略的任务主要是回答企业应该在哪些领域活动、选择何种经营范围和如何合理配置资源等问题。比如企业是否进入房地产行业，具体选择房地产的哪个领域，是中介服务还是实业公司，以及在资金和人力的安排上遵循怎样的思想等。

（2）经营战略，又称经营单位战略或竞争战略，是战略经营单位（strategic business units，SBU）或者有关事业部及子公司的战略。经营战略涉及各战略经营单位的主管及辅助人员，他们的主要任务是将公司战略所包括的企业目标、发展方向和措施具体化，形成本业务单位具体的竞争与经营战略，如推出新产品或服务、建立研究与开发设施等。

（3）职能战略，又称职能层战略。该战略层涉及生产制造与采购、财务、人力资源，以及研究与开发（R&D）等职能领域。这些职能部门能够更加清楚地认识本部门的任务、责任和要求，通过最大化资源产出来实现公司或事业部的目标和战略。

3.1.2　电子商务营销战略分析

战略分析是战略管理的基础。在了解了电子商务营销战略的含义、特征和战略层次之后，首先要对电子商务营销的战略进行具体的分析。电子商务营销战略分析就是使保证企业在现在和未来始终处在良好状态的那些关键性影响因素形成一个概观。

目前战略分析的方法很多，尹隆森在其《战略管理分析方法》一文中提出了 4 种战略分析的方法，即 PEST 分析、竞争因素分析、BCG 矩阵分析和 SWOT 矩阵分析。

1．PEST 分析

PEST 分析，即总体环境分析，该分析包括政治环境（politics）、经济环境（economic）、社会环境（society）和技术环境（technology）4 个方面。通过对企业面对的四大环境进行全面的分析、衡量和评价，最终决定企业的发展方向。在政治环境和经济环境都好的情况下，就应该发展；在政治环境和经济环境都不理想的情况下，就不能发展；环境一个好、一个不太好时，就要适当考虑，可以发展，也可以不发展。PEST 分析通常用于企业外部环境分析。

2．竞争因素分析

如果企业想要进入某一个新的行业，或者老企业想要进入一个新的产品领域，就要分析会遇到哪些竞争因素，主要有来自以下 4 个方面的竞争：

1）替代产品

是指在需求上有替代效应的产品。比如，当一个人感到口渴的时候，他可以选择喝水或者喝饮料，水和饮料在满足消费者解渴这种需求上就具有替代效应。又比如原来柯达主要经营传统的照相业务，当市场上出现摄影机和数码相机的时候，就出现了需求的替代，传统的照相业务就会面临危机，因为消费者都喜欢用摄影机或者数码相机了。由于消费者的需求是固定的，但是同一需求的满足物却多种多样，所以无论哪一种产品，都会出现替代产品。当替代产品处于优势的情况下，老产品就会面临威胁。

2）竞争者

包括现有的行业竞争者和潜在的竞争者。一般来说，出现下述情况将意味着行业中现有企业之间竞争的加剧：①行业进入障碍较低，势均力敌的竞争对手较多，竞争参与者范围广泛；②市场趋于成熟，产品需求增长缓慢；③竞争者企图采用降价等手段促销；④竞争者提供几乎相同的产品或服务，用户转换成本很低；⑤退出障碍较高，即退出竞争要比继续参与竞争代价更高。每一个行业同时也面临着很多潜在的竞争者，当行业进入门槛较低的时候，这些潜在的竞争者就很容易转变为现实的竞争者，使得竞争进一步加剧。

3）供应方议价力量

产品上游就是供应商，供应方总在提高自己的利润，他们实际上也是一种竞争力量，也是一种潜在的威胁。供应方主要通过提高投入要素价格与降低单位价值质量的能力，来影响行业中现有企业的盈利能力与产品竞争力。供应方力量的强弱主要取决于他们所提供给买主的是什么投入要素，当供应方所提供的投入要素价值构成了买主产品总成本的较大比例、对买主产品生产过程非常重要、或者严重影响买主产品的质量时，供应方对于买主的潜在讨价还价力量就大大增强。

4）顾客讨价还价能力

顾客在以下情况具有较大的讨价还价的能力：①购买者的总数较少，而每个购买者的购买量较大，占了卖方销售量的很大比例；②卖方行业由大量相对来说规模较小的企业所组成；③购买者所购买的基本上是一种标准化产品，同时向多个卖主购买产品在经济上也完全可行；④购买者有能力实现后向一体化，而卖主不可能实现前向一体化。

3．BCG矩阵

BCG矩阵将产品销售额的增长率和相对的市场份额组成一个矩阵，通过四象限法来分析。如果企业生产很多种产品，那么在市场销售过程中，就要探讨在这些产品中哪些应该继续发展，哪些不需要发展。假设横坐标是相对市场份额，纵坐标是产品销售额的增长率，如果某一产品相对市场份额很大，有大量客户，产品销售额每年增长，这种产品就要发展。如果市场份额小，说明这种产品越来越卖不动，这种产品就不应该再生产了。市场份额比较大，但是销售额增长比较慢；或者增长率较快，但是目前份额还不大，这种产品就应该保持现状或者继续发展。

4．SWOT分析

SWOT分析就是对优势、劣势、机会和威胁四大因素的分析，是战略管理最常用的，也是最有效的方法。在分析企业的内部环境时，可以把它分为两项内容，也就是SWOT分析的前两个内容：一是企业有什么优势，二是企业有什么劣势。对于企业外部环境，我们也把它分成两项，也就是SWOT分析的后两个内容：一项是我们有什么机会，一项是外界对我们有什么威胁。清楚了自己具有的优势和劣势，也明确了自己面临的机会和威胁后，企业就能够扬长避短，找准市场机会，也就更容易取得成功。

战略分析为制定战略提供了基础。同时也要了解企业现行战略和现行目标在方向及发展结果上的一致程度。但是，现行战略不可能与战略分析所描述的结果完全相符合，不符合程度就是战略制定者面临的战略问题。有时需调整的程度较小，有时则需要做出大幅度的变动。

在电子商务营销的环境下，企业面临的环境与传统营销时有很大的区别，具有较强实践性的电子商务营销发展速度很快，企业传统的经营模式很难与电子商务营销进行调和。例如，企业的虚拟性、营销活动的跨时空和全球操作，以及企业和客户及时的信息互动等，通过因特网可以不费吹灰之力就能完成，而用传统营销的方法和手段是难以想象的。因此，企业的营销活动必将进入信息化和网络化。

3.2 电子商务营销战略规划

企业在确定采取电子商务营销战略并对战略进行分析后，就要组织战略的规划和执行。电子商务营销不仅是一种简单的新营销方法，而且它通过采取新技术来改造和改进目前的营销渠道和方法，涉及企业的组织文化和管理各方面。如果不进行有效的规划，制定的战略可能只是一种附加的营销方法，不能体现出战略的竞争优势。在这里，先谈谈电子商务营销战略规划应该遵循的几个原则，再讲述电子商务营销的战略应该如何规划，以及在实施的过程中又应该如何去控制的问题。

3.2.1　电子商务营销战略规划的原则

电子商务营销战略规划的原则有以下 4 个。

1．前瞻性原则

根据战略全局性和纲领性的特点，在企业实施具体行动之前就要先制定战略，用以引领行动的开展。也就是说，战略是一种事前规划，所以在规划战略时，一定要通盘考虑各种要素，充分预测未来，并且还要预见各种可能出现的变数，制定相应的措施加以应对。

2．敏锐性原则

有学者说，所有的企业家（战略家）都应该具有敏锐的洞察事物本来面貌的眼光。这是一种像猫头鹰一样锐利的眼光，能够透过层层迷雾，深入事物的本质，一针见血地发现问题，切中要害。电子商务营销作为一种现代的营销方式，其内外部影响因素错综复杂，并且变化得非常快，所以此原则要求企业在进行电子商务营销战略规划时要能够“以小见大”。

3．可操作性原则

企业在做电子商务营销战略规划的时候，要在信息获得能力的基础上，做出切合自己企业特点的规划，避免流于形式。电子商务营销战略的规划要利于战略目标的实现，各项内容都应该切实可行，符合企业的能力。

4．可分解原则

前面讲述了战略包括总体战略、经营战略和职能战略 3 种层次，战略规划的可分解原则首先体现为这 3 种层次的战略之间层层分解；其次，可分解原则要求这 3 种战略又能具体指导各项策略，用策略来将战略细化，使其得以贯彻实施。

3.2.2　电子商务营销战略规划的内容

电子商务营销战略规划包括以下几个方面。

1．明确战略目标

在进行电子商务营销战略规划之前，首先要明确电子商务营销的战略目标。电子商务营销战略目标就是确定开展电子商务营销后达到的预期目标，以制定相应的步骤和组织有关部门和人员参与。一般电子商务营销目标考虑以下几个类型：

（1）销售型电子商务营销目标。销售型电子商务营销目标是指企业为拓宽网络销售，借助网络的交互性、直接性、实时性和全球性，为顾客提供方便快捷的网上销售点。目前，许多传统的零售店都在网上设立销售点，如北京图书大厦的网上销售站点。

（2）服务型电子商务营销目标。服务型电子商务营销目标主要为顾客提供网上联机服务，顾客通过网上服务人员可以远距离进行咨询和享受售后服务。目前，大部分信息技术型公司都建立了此类站点。

（3）品牌型电子商务营销目标。品牌型电子商务营销目标主要是在网上建立自己的品牌形象，加强与顾客的直接联系和沟通，建立顾客的品牌忠诚度，为企业的后续发展打下基础并配合企业现行营销目标的实现。目前大部分站点属于此类型。

（4）提升型电子商务营销目标。提升型电子商务营销目标主要通过电子商务营销替代传统营销手段，全面降低营销费用，改进营销效率，改善营销管理和提高企业竞争力。目前，Dell、Amazon 和 Haier 等站点属于此类型。另外，混合型电子商务营销目标还想同时达到上面几种目标，如 Amazon 公司通过设立网上书店作为其主要销售业务站点，同时又创立世界著名的网站名牌，并利用新型的营销方式提升企业竞争力，既是销售型，又是品牌型，同时还属于提升型。

2. 确定企业使命

电子商务营销战略的规划始于界定企业的使命。使命反映了企业的目的、特征和性质，明确企业的使命，就是对本企业是干什么的、应该是什么样等进行思考。

界定企业使命应该参考以下几个因素进行：

（1）历史和文化。企业通常都有自己的历史，如过去的目标、政策、成就和公众形象，以及作为这种历史积淀的企业文化。

（2）所有者及管理者的意图和想法。企业的上级主管单位或董事会对企业的发展和未来都会有一定的考虑和打算，企业的高层管理人员也会有自己的见解和追求，这些都会影响企业的目的、性质和特征的界定。

（3）市场和环境的发展。市场和环境的变动会给一个企业提供机会或带来威胁，考虑企业的使命需要顺应时代和潮流。

（4）核心能力和优势。每个企业都能从事很多业务，但是只有它最擅长和肯定优于竞争者的特长才能成为它的优势所在。企业由此扬长避短，更容易取得成功。

对企业使命的思考一般应形成文字，把使命用文字写下来，称为“使命声明”，即使命说明书。一份合格的使命说明书必须包括以下几个要素：

（1）活动领域。说明企业拟在哪些领域发挥作用和参与竞争。一般可从行业范围、市场范围、纵向范围及地理范围等方面加以说明。

（2）主要政策。用以指导企业的各个单位和员工应该如何对待顾客、供应商、经销商、竞争者和一般公众；使整个企业在重大问题或原则上步调一致，在行动上有共同标准以供参照和遵循。有关政策应该尽量缩小个人发挥和任意解释的空间。

（3）愿景和方向。用以揭示和指明今后若干年的企业发展，企业使命既是全局性的，又是长远性的，要有一定的弹性和预见性。

3. 建立战略业务单位

1）企业业务内涵的确认

网络企业在明确了战略目标和企业使命后，就要对企业内部现有的每一项业务进行分析，以确定其未来在公司中的地位和走向，以便进行战略方案的设计和管理。一般来说，企业的业务内涵可以从以下 3 个方面加以确认：

（1）企业所要服务的顾客群体，即市场类型。

（2）企业所要满足的顾客需要。

（3）企业用以满足顾客所需要的技术和方法，即明确适宜的产品类型和产品服务形式。

2）战略业务单位及其特征

由于大多数企业都可能从事或准备经营若干业务，比如一家实力较强的公司原来生产家电产品，后又开发房地产，现在还想制造汽车。界定企业的活动领域只是在大范围上说明了企业经营的总体框架，这时还有必要对其活动领域的各项业务从性质上进行区别，建立战略业务单位。所谓战略业务单位（strategic business unit，SBU），是指具有单独任务和目标，并可以单独制订计划而不与其他业务发生牵连的一个经营单位。一个战略业务单位可以是企业的一个部门或一个部门内的一个产品系列，有时也可以是一种产品或品牌。

战略业务单位具有以下几个特征：

（1）有自己的业务。可能是一项独立的业务，也可能是一组互相联系但性质上可与企业其他业务分开的业务。但是，它们有着共同的任务，所以必须作为一个单位进行管理。

（2）有共同的性质和要求。不论是一项业务还是一组业务，都有它们共同的经营性质和要求，否则将无法为其专门制定经营战略。

（3）手中掌握一定的资源，能相对独立或有区别地开展业务活动。

（4）有竞争对手。这样的战略业务单位才有存在的意义。

（5）有相应管理班子从事经营战略管理，否则战略业务单位形同虚设，没有实际作用。

4. 分析现有业务组合

企业在明确了经营战略任务并根据战略任务的规定确定战略业务单位之后，就需要对企业现在所经营的战略业务单位进行成长性分析和资源分配。企业在一定时期，其拥有的资源是有限的，它必须以有限的资源来保证重点项目，使具有良好市场发展潜力的业务项目，以及由战略任务和目标所规定的要优先发展的业务项目得以实现，这就不得不削减其他一些较弱的业务项目所占用的资源。这便是业务组合分析，即将企业的资源尤其是资金，在各项业务项目之间，按战略任务和目标的要求进行合理分配。

要确定业务投资组合，首先要对企业现在所经营的全部业务单位进行分析，以取得这些业务单位的详尽营销资料，如市场占有率、资金占有量、产出能力、市场盈利率、销售量、竞争实力和品牌形象等，这样才能保证做出正确的投资决策。

电子商务营销企业确定业务投资组合，主要使用以下两种方法。这两种方法都具有对影响资金分配的各项因素进行综合考虑和统筹安排的特点。

1）波士顿咨询集团法（boston consulting group approach，BCG）

该方法是通过分析两维因素——市场增长率和相对市场占有率组成的 4 个象限来判断企业的业务类型和业务组合。所谓市场增长率，一般指某项业务的市场年销售增长率。有时，为了能在各项业务之间进行比较，也可取销售毛利率或利润率。习惯上以 10%的增长率作为高、低增长率的分界点。所谓相对市场占有率，是指本企业现有的市场占有额和在同一市场中的一个具有最大市场占有额的竞争对手的市场占有额的比值。BCG 矩阵区分出以下 4 种业务组合：

（1）问题型业务。问题型业务指处在高增长、低市场份额这个领域中的一些投机性产品，带有较大的风险。这些产品可能利润率很高，但占有的市场份额很小。这往往是一个公司的新业务，为发展问题型业务，公司必须建立工厂，增加设备和人员，以便跟上迅速发展的市场，并超过竞争对手，这些意味着大量的资金投入。“问题”非常贴切地描述了公司对待这类业务的态度，因为这时公司必须慎重回答“是否继续投资发展该业务”这个问题。只有那些符合企业发展长远目标、企业具有资源优势，以及能够增强企业核心竞争力的业务才能得到肯定的回答。这些得到肯定回答的问题型业务适合于采用战略框架中提到的增长战略，目的是扩大SBU的市场份额，甚至不惜放弃近期收入来达到这一目标。因为问题型业务要发展成为明星型业务，其市场份额必须有较大的增长。而得到否定回答的问题型业务则适合采用收缩战略。

（2）明星型业务。这个领域中的产品处于快速增长的市场中，并且占有支配地位的市场份额。但也许会或也许不会产生正现金流量，这取决于新工厂、设备和产品开发对投资的需要量。明星型业务是由问题型业务继续投资发展起来的，可以视为高速成长市场中的领导者，它将成为公司未来的现金牛业务。但这并不意味着明星型业务一定可以给企业带来源源不断的现金流，因为市场还在高速成长，企业必须继续投资，以保持与市场同步增长，并击退竞争对手。企业如果没有明星型业务，就失去了希望，但群星闪烁也可能会闪花企业高层管理者的眼睛，导致做出错误的决策。这时必须具备识别“行星”和“恒星”的能力，将企业有限的资源投入在能够发展成为现金牛的“恒星”上。同样的，明星型业务要发展成为现金牛业务，适合采用增长战略。

（3）现金牛业务。处在这个领域中的产品产生大量的现金，但未来的增长前景是有限的。它是成熟市场中的领导者，是企业现金的来源。由于市场已经成熟，企业不必靠大量投资来扩展市场规模，同时作为市场中的领导者，该业务享有规模经济和高边际利润的优势，因而给企业带来大量现金流。企业往往用现金牛业务来支付账款并支持其他3 种需大量现金的业务。现金牛业务适合采用战略框架中提到的稳定战略，目的是保持SBU的市场份额。

（4）瘦狗型业务。指低增长、低市场份额的业务。该领域中的产品既不能产生大量的现金，也不需要投入大量现金，这些产品没有希望改进其绩效。一般情况下，这类业务常常是微利甚至是亏损的，瘦狗型业务存在的原因更多的是由于感情上的因素。虽然一直微利经营，但就像人养了多年的狗一样恋恋不舍而不忍放弃。其实，瘦狗型业务通常要占用很多资源，如资金、管理部门的时间等，多数时候是得不偿失的。瘦狗型业务适合采用战略框架中提到的收缩战略，目的在于出售或清算业务，以便把资源转移到更有利的领域中。

BCG矩阵的精髓在于把战略规划和资本预算紧密结合了起来，把一个复杂的企业行为用两个重要的衡量指标来分为4种类型，用4个相对简单的分析来应对复杂的战略问题。该矩阵帮助多种经营的公司确定哪些产品宜于投资，哪些产品宜于操纵以获取利润，以及在业务组合中哪些产品宜于剔除，从而使业务组合达到最佳经营成效。

2）通用电气公司的多因素业务组合矩阵（即GE法）

通用电气公司针对波士顿矩阵所存在的问题，于20世纪70年代开发了吸引力/实力矩阵。该矩阵也提供了产业吸引力和业务实力之间的类似比较，但波士顿矩阵用市场增长率来衡量吸引力，用相对市场份额来衡量实力，而GE矩阵使用数量更多的因素来衡量这两个变量。由于该矩阵使用多个因素，通过增减某些因素或改变它们的重点所在，可以很容易使矩阵适应经理的具体意向或某些产业特殊性的要求。

它采用的由行业市场前景和企业竞争能力构成的九宫图，根据业务单元运营所处的相关市场的吸引力程度和业务单元存在市场上的竞争优势这两个方面来对业务单元进行分析。其中，市场吸引力因素通常被视为外生变量，企业无法控制。市场吸引力程度主要考虑市场规模、市场增长率、周期性、竞争结构、进入壁垒、行业利润率和技术等指标；企业竞争能力可视为内生变量，企业可加以控制。竞争能力优势主要考虑市场份额、营销、研发、制造、管理层能力和财务资源等指标。GE 矩阵将市场吸引力的 3 种标准战略对策细化为 9 种对策，然后对企业的每项业务依盈利能力、市场增长率、市场质量和法规形势等行业因素，以及市场地位、生产能力和研究开发能力等企业实力因素做定量化分析，最后综合确定其在矩阵中的位置，分别采取相应对策。

对于那些具有很大增长潜力和竞争优势的业务单元，公司应该继续投资；对于那些最不具备竞争力或没有市场吸引力的业务单元，则应退出；对于处于中间位置的单位，可能较难做出进或退的决策，但这一工具也可以帮我们识别出这些业务单元在矩阵中定位形成的原因和业务今后的走向，并制定出切合自身实际的战略措施。

5．规划新业务发展

由业务组合的分析得出哪些业务单位需要发展，哪些应收获或放弃。同时，企业还要考虑如何发展新业务，以代替萎缩或淘汰的现有业务。一个公司不仅要管理好现有的业务，而且还要考虑通过发展新业务实现公司的成长。有 3 种成长战略可供公司选择：一是密集型成长战略，即在公司现有的业务领域寻找发展机会，有 3 种途径可以实现密集型成长，包括市场渗透战略（设法在现有市场上增加现有产品的市场份额）、市场开发战略（为公司现有产品寻找新市场）和产品开发战略（开发新产品）；二是一体化成长战略，即建立或并购与目前业务有关的业务，包括纵向一体化（又可以区分为前向一体化和后向一体化）和横向一体化战略，其中，前向一体化就是通过兼并和收购若干个处于生产经营环节下游的企业实现公司的扩张和成长，如制造企业收购批发商和零售商，后向一体化则是通过收购一个或若干供应商以增加盈利或加强控制，如汽车公司对零部件制造商的兼并与收购，横向一体化就是对竞争者的兼并与收购；三是多角化成长战略，即寻找与公司目前业务范围无关的富有吸引力的新业务，多角化成长战略包括同心多角化（开发与公司现有产品线的技术或营销有协同关系的新产品）、水平多角化（研究开发能满足现有顾客需要的新产品）和集团多角化（开发与公司现有技术、产品和市场都毫无关系的新业务）。

3.3　电子商务营销战略规划的内容

电子商务营销战略规划的内容包括网络目标战略、竞争性网络营销战略和电子商务营销组合策略。

3.3.1　网络目标战略

从第 3 章对网络消费者的分析中我们可以发现，网络消费者是一个庞大、复杂的群体，由于在消费心理、购买习惯、收入水平、文化程度和地理位置等方面的差别，导致不同消费者的总体需求呈现出很大的不同，并且对同一类产品的需求和购买行为差异也很大。根据这些特点，任何一个企业都无法满足所有顾客的所有需求，只能通过对全部网络市场进行细分，然后结合特定的市场环境和自身条件，选择某些特定的顾客群作为目标市场，有针对性地制定一系列的营销策略。这是网络目标战略的思路，在此基础上，网络目标战略应该遵循以下步骤：

1. 网上市场细分

美国市场学家温德尔·史密斯（WendellR·Smith）在20世纪50年代中期提出了市场细分的概念，将市场细分定义为：按照消费者的欲望和需求把总体市场划分为若干具有共同特征的子市场的过程。细分市场是网络目标营销的第一步。细分市场通常都是按照某些细分变量对总体市场进行细分的，这些细分变量主要有地理变量、人口统计变量、心理变量和行为变量。

1）按地理变量细分

按照消费者所处的地理位置和自然环境来细分市场，包括国家、地区、城市规模、人口密度和气候环境等。根据这些变量可以将整体市场划分为不同的小市场。这样细分的前提是假定不同地理区域的消费者的需求和偏好是不一致的。但是有两点值得我们注意：①处于同一地理位置的消费者需求仍然会有很大差异，比如在一些大城市，外来人口非常多，外来人口本身就构成了一个大市场，与常住人口市场的需求存在很大的区别。②因特网的开放性打破了常规地理区域的限制，使得对某些产品按照地理变量的细分失效，所以这种细分应该针对区域性的产品或者带有文化差异的产品。所以，在进行网上市场细分的时候，简单地以某一地理特征区分市场往往无法真实地反映消费者需求的共性和差异，应该结合其他细分变量予以考虑。

2）按人口统计变量细分

人口统计变量包括年龄、性别、职业、教育程度、收入、种族、家庭状况、社会阶层和国籍等。消费者的需求、偏好和使用频率往往与人口统计变量有着很密切的关系，比如男性通常喜欢购买一些电子产品、汽车和影音用品等，而女性则热衷于购买化妆品、服装和家居用品等。又如只有收入水平较高的消费者才会成为高档服装、名贵珠宝和豪华别墅的常规买主。由于人口统计变量比较容易获取，反映的信息较多，因而成为细分网络市场的重要依据。

3）按心理变量细分

按照地理变量、人口统计变量细分市场，处于同一群体中的消费者对同类产品的需求仍会显示出差异性，这可能是由心理因素造成的。心理因素包括消费者的生活方式、个性、价值观念和生活格调等。

通俗地讲，生活方式是指一个人怎样生活。在有关心理因素的作用下，一个人的生活方式可以分为“传统型”、“新潮型”、“奢靡型”、“活泼型”和“社交型”等。目前很多企业用AIO模式来测评消费者的生活方式：A——活动（activities），指消费者的工作、休闲、购物、运动和社交等；I——兴趣（interests），指消费者对家庭、食品、生活用品、休闲娱乐和专业领域等的兴趣；O——意见（opinions），指消费者对社会生活的各个领域，如经济、社会、文化和政治等的看法。

生活格调是指人们对消费、娱乐和休闲等特定习惯和方式的倾向性，追求不同生活格调的消费者对商品的爱好和需求有很大的差异。服装、化妆品、家具、旅游和住房等行业的企业越来越重视按照人们的生活格调来细分市场。

通常消费者的心理是比较难了解和捉摸的，所以电子商务营销企业可以通过在网站中设立BBS、论坛或者其他网络沟通的途径，让消费者可以相互交流，进而可以知道他们的想法、兴趣和偏好等信息。

4）按行为变量细分

包括消费者的购买时机、使用频率、使用时机、追求利益、品牌忠诚，以及对产品的态度等。很多人认为，行为变量能更直接地反映消费者的需求差异，因而是细分市场的最佳途径。例如，美国一家公司发现，美国80%的啤酒是被50%的客户消费掉的。也就是说，存在着重度消费者。如果能抓住这个市场，就能以最少的资源获取最大的收益。因而该公司放弃了轻度饮酒者，而将重度饮酒者作为目标市场，并进一步了解这个市场消费者的消费习惯和爱好，大大改进其在定价、广告传播等方面的策略。

相对于心理来说，消费者的行为较易观察得到。电子商务营销企业可以通过网站的统计信息了解消费者浏览过网站哪些方面的内容，某一信息的点击率有多高，某种产品的信息有多少人浏览过，最后有多少人对这些信息感兴趣，以及是否有主动询问商品甚至下过订单达成交易等。对这些行为的了解对营销者来说非常重要。

按照以上变量细分完市场之后，要进一步衡量这些细分市场的有效性。有效的细分市场必须符合5个特点：①可衡量性。指细分的市场是可以识别和衡量的，其大小和购买力都能测量。②可进入性。指细分出来的市场，企业能够通过努力使产品进入并对顾客施加影响。③可盈利性。指细分出来的市场的容量或规模要大到足以使企业获利。④可区分性。指细分出来的市场是可以识别的，并且对不同的营销组合因素和方案有不同的反应。⑤可行动性。指企业能系统地制定有效的营销计划来吸引细分市场，并为之服务。

2．评估网上细分市场

将所有市场细分完之后，在选择具体的目标市场之前，要对每个细分市场进行评估，以作为选择的依据。具体是研究所有细分市场在市场规模增长率和市场结构吸引力，再结合企业的目标与资源等方面的情况进行详细评估。

市场足够的规模是保证企业有利可图的重要条件。一般而言，大公司都偏好规模较大的细分市场，而对小规模市场则不屑一顾。相反，小企业由于资源力量的限制，会避开较大规模的细分市场。此外，还要考虑细分市场本身的成长性，也就是增长率问题。如果待选市场的销售量和利润具有良好的上升趋势，则为较好的细分市场。

另外需要指出的是，规模和增长率俱佳的市场往往面临着太多的竞争者，竞争非常激烈，从而使得盈利率难以保障。根据波特的“5种竞争力模型”，每个细分市场都可能面临着各种竞争因素的威胁，主要有行业竞争者的挑战、替代产品和潜在进入者的威胁，以及供应商和消费者讨价还价能力的影响。如果这些竞争因素的威胁较大，细分市场的吸引力就会下降。面对这些情况，电子商务营销者可以采取适当的策略加以应对，如运用整合营销传播创建强势品牌并优化营销成本；通过差异化战略增强企业的服务和形象价值；增强与顾客的交流，提供个性化的服务，以及提高顾客的忠诚度等。

网络企业要选择目标市场，除了考虑以上因素外，还要考虑自身的资源和能力。有些市场非常诱人，但不一定适合企业的发展目标。也就是说，好的不一定是最适合自己的。在舍弃一些市场的同时专注于少数几个细分市场，企业成功的机会更大。

3．选择网络目标市场

经过了细分市场评估之后，企业可能会发现比较多的市场符合进入条件，这时候企业需要采用不同的市场覆盖模式。

（1）密集单一型，这是最简单的目标市场模式。企业选取一个细分市场，生产一种产品，运用一种营销策略，应对单一的顾客群。选用这种模式的企业通常是一些小规模企业。当网络企业的资源比较有限、暂时无力与竞争对手在多个细分市场角逐的时候，企业就需要集中有限的资源于单一的市场。运用这种模式面临着较大的风险，当该单一市场竞争加剧或者消费者发生了变化时，企业就没有别的市场来化解风险。

（2）产品专门化，指企业生产一种产品去满足几个不同市场的需要。比如水公司同时为学校、小区居民、公司和政府提供矿物质水等。这种模式的优点是可以专注于生产某一种或某一类产品，有利于形成生产或技术上的专业优势；但是，一旦该产品面临着技术替代或需求替代、消费者转移偏好等，产品的销售量就会大量下降。

（3）市场专门化，指生产不同的产品去满足同一市场的不同需要，专门针对某个顾客群体的不同需要而服务。比如为女性设计不同的鞋子、衣服、帽子和各种装饰用品，这种模式由于经营的产品众多，在一定程度上分散了风险。但是当该顾客群体的需求下降时，企业也面临着销售量下降的风险。

（4）选择专业化，考虑到前面 3 种模式风险性较大的缺点，选择专业化模式是选取若干具有良好盈利潜力和结构吸引力，且符合企业目标和资源的子市场作为目标市场，每个子市场之间具有异质性。这样做很好地分散了经营的风险，即使某个子市场失陷，仍可从其他子市场获利。另外，这种模式能够生产多种产品满足多个市场，往往导致企业的资源比较分散，所以这种模式一般要求企业具有较强的资源和实力。

（5）完全覆盖型，指企业试图为所有的顾客提供他们所需要的所有产品。采用这种模式要求企业具有相当的规模和实力，在发展到一定阶段的时候使用，往往能促进企业的全球化，如宝洁公司在全球生活日用品市场、通用公司在全球汽车市场等。网上只有那些拥有大型门户网站的企业才比较适合采用这种模式。网上企业选择目标市场的时候主要考虑以下因素：企业的能力、产品同质性、产品生命周期的阶段、市场的同质性和竞争者的战略等，然后确定是采用无差异的营销战略，还是差异性的营销战略，或者集中性的营销战略。

4. 网上市场定位

在选定了目标市场模式之后，网上企业要为目标市场进行定位，以使产品在潜在顾客的大脑中确定一个与众不同的、有价值的位置。这不仅要构建完整独特的产品概念，还要注意实现与目标市场沟通的差异化。定位战略的最后结果是成功地塑造出一个市场导向的价值建议，实质上是向顾客提出一个他们应该购买产品的强烈理由。

网上企业在进行市场定位时，要通过网络渠道确实了解消费者的需要，并且深刻分析消费者动机的情况下，最终确定定位。可供选择的定位战略有以下几个：

（1）产品差异化：产品的品牌、特色、性能质量、耐用性、可靠性、风格和设计等。

（2）服务差异化：订送货及安装、客户培训和咨询、维修，以及附加服务等。

（3）人员差异化：诚实可靠、对顾客需求的反应能力，以及沟通能力等。

（4）渠道差异化：渠道的覆盖面、专业化，以及渠道成员的分享模式等。

（5）形象差异化：标志、文字、气氛和事件等。

无论采用哪种定位战略，企业都是为了制造差异化。有时这些差异化在企业看来很明显，但消费者不这样认为。通常在完成市场定位之后，还要进一步地将定位传播出去。

有营销学者提出定位传播的有效策略就是提炼独特的销售主张（unique selling point，USP）。销售主张一定要是可见的和可识别的，要形象化和具体化，让消费者相信。最后通过整合营销传播将这个定位和主张传达给消费者，使产品真正留在消费者的脑中。

3.3.2 竞争性战略

要了解这些竞争优势如何给企业带来战略优势，以及企业如何选择竞争战略，就必须分析电子商务营销对组织业务提供的策略机会和威胁。企业面临的一系列外部威胁和机会有：新进入者的威胁、供应商要价能力、现有竞争者之间的对抗、消费者要价能力、替代产品或服务威胁。企业必须加强自身能力对付新的进入者、供应者、现有的竞争者、消费者、替代产品或服务带来的问题，改变企业与其他竞争者之间的竞争对比力量。

1．企业常采取的几个竞争战略

（1）成本领先战略。提供低成本的产品或服务，降低与购买者和供应者之间的交易成本。

（2）差异战略。提供与竞争者不同的产品和服务，定位于差异的市场以保持竞争力。

（3）创新战略。开发新产品和服务，拓展新市场，建立新的商业联盟和新的分销网络。

（4）目标聚集战略。采用上述某一种战略优势占领某一细分市场。

2．电子商务营销战略的优势

电子商务营销作为一种竞争战略，可以在以下几个方面加强企业在对抗某一股力量时的竞争优势：

（1）巩固公司现有竞争优势。利用电子商务营销的优势可以对现有顾客的要求和潜在需求有较深入的了解，对公司潜在顾客的需求也有一定了解。制定的营销策略和营销计划有一定的针对性和科学性，便于实施和控制，以便顺利完成营销目标。如美国计算机销售公司戴尔（Dell）公司，通过网上直销与顾客进行交互，在为顾客提供产品和服务的同时，还建立自己的顾客和竞争对手的顾客数据库，数据库中包括顾客的购买能力、购买要求和购买习性等信息。根据信息，戴尔公司将顾客分成四大类：摇摆型的大客户、转移型的大客户、交易型的中等客户和忠诚型的小客户。公司通过对数据库进行分析，针对不同类型客户制定销售策略，对于第一类占公司收入 50%的大客户，加强与客户的直接沟通，利用因特网提供特定服务，并有针对性地定期邮寄有关资料，争取失去的顾客并赢得回头客；对于第二类占公司收入 20%的大客户，可以争取通过与他们加强沟通并增强销售部门力量，使其建立对公司和品牌的忠诚度；第三类客户占公司收入的 20%，可以采取传统的邮寄和电话营销以增强其与公司的联系；最后一类客户占公司收入的 10%，因此只需采取偶尔邮寄的方式来加强其忠诚度即可。

（2）加强与顾客的沟通。电子商务营销以顾客为中心，网络数据库中存储了大量现在消费者和潜在消费者的相关数据资料，公司可以根据顾客需求提供特定的产品和服务，具有很强的针对性和时效性，可极大地满足顾客需求。同时，借助网络数据库可以对目前销售的产品满意度和购买情况做分析调查，及时发现问题并解决问题，确保顾客满意，建立顾客的忠诚度。

（3）为入侵者设置障碍。虽然信息技术使用成本日渐下降，但设计和建立一个完善且有效的电子商务营销系统却是一个长期的系统性工程，需要投入大量的人力、物力和财力。因此，一旦某个公司已经实行了有效的电子商务营销，竞争者就很难进入公司的目标市场。因为竞争者要用相当高的成本建立一个类似的数据库，而且几乎是不可能的。从某种意义上讲，电子商务营销系统是公司难以被模仿的核心竞争力和可以获取收益的无形资产。这也正是为什么技术力量非常雄厚的Compaq公司没有建立起类似Dell公司的网上直销系统的原因之一。建立完善的电子商务营销系统需要企业从组织管理和生产上进行整体配合。

（4）提高新产品开发和服务能力。公司要开展电子商务营销，可以从与顾客的交互过程中了解顾客需求，甚至由客户直接提出要求，因此很容易确定顾客要求的特征、功能、应用、特点和收益。在许多工业产品市场中，最成功的新产品往往是由那些与公司相联系的潜在顾客提出的。对于现有产品，通过电子商务营销很容易获得顾客对产品的评价和意见，从而准确决定产品所需要的改进和换代产品的主要特征。

（5）稳定与供应商的关系。供应商是向公司及其竞争者提供产品和服务的公司或个人。公司在选择供应商时需考虑 3 方面因素：一是考虑生产的需要；二是考虑时间上的需要，即计划供应量要依据市场的需求，将满足要求的供应品在恰当的时机送到指定地点进行生产，以最大限度地节约成本和控制质量；第三，公司还可以了解竞争者的需求量，制定合理的采购计划，在供应紧缺时能预先订购，确保竞争优势，以免出现有的企业老总亲临原料基地、现款提货的尴尬场面。美国的大型零售商沃尔玛公司通过网络将采购计划立即送给供应商，供应商必须适时送货到指定零售店。供应商既不能供货过早，因为公司实行零库存管理，没有仓库；同时也不能过晚，否则会影响零售店的正常销售。在零售业竞争日益白热化的情况下，沃尔玛公司凭借其与供应商稳定协调的关系，将库存成本降到最低，供应商也因其销售额的稳定增长而获利。

3.3.3　电子商务营销组合策略

电子商务营销组合策略包括产品策略、价格策略、促销策略和渠道策略。

1．产品策略

在基于因特网的电子商务营销中，企业的产品和服务要有针对性，其产品形态、产品定位和产品开发要体现因特网的特点。

（1）产品形态。在因特网上，信息产品和有形产品的销售是不一样的。信息产品直接在实体商店销售，而且一般可以试用，而有形产品只能通过网络展示，尽管多媒体技术可以充分生动地展示产品的特色，但无法直接尝试，而且要通过快递公司送货或传统商业渠道分销。因此，电子商务营销的产品和服务应尽量是信息产品和服务、标准化的产品、在购买决策前无须尝试的产品，这样才能有利于在网上销售。

（2）产品定位。在消费者定位上，电子商务营销的产品和服务的目标应与因特网用户一致，电子商务营销所销售产品和服务的消费者首先是因特网的用户，产品和服务要尽量符合因特网用户的特点。在产品特征定位上，因特网用户的收入水平和教育水平都较高，喜欢创新，对计算机产品和高技术产品情有独钟，因此，要考虑产品和服务是否与计算机有关，是否属于高技术。

（3）产品开发。由于因特网所体现的信息的对称性，企业和顾客可以随时随地进行信息交换。在产品开发中，企业可以迅速向顾客提供新产品的结构、性能等各方面的资料，并进行市场调查，顾客可以及时将意见反馈给企业，从而大大地提高企业开发新产品的速度，同时也降低了开发新产品的成本。通过因特网，企业还可以迅速建立和更改产品项目，并应用因特网对产品项目进行虚拟推广，从而以高速度、低成本的方式实现对产品项目及营销方案的调研和改进，并使企业的产品设计、生产、销售和服务等各个营销环节能共享信息，互相交流，促使产品开发从各方面满足顾客需要，以便最大限度地实现顾客满意。

2．价格策略

在网上营销组合中，因特网创造出新的付款方式。网上销售产品的价格是完全公开的，用户在选择商品时，会直接将价格与同行业、同类产品进行比较，这制约了企业通过价格获得高额垄断利润的可能。因此，电子商务营销的价格建立在生产者和消费者之间的交流与互动机制之上，两者共同确定了价格和数量，价格完全随市场供求关系的变化而变化。因此，电子商务营销中产品和服务的定价要考虑以下因素：

（1）国际化。由于因特网营造的全球市场环境，企业在制定产品和服务的价格时，要考虑国际化因素，针对国际市场的需求状况和产品价格情况来确定本企业的价格对策。

（2）趋低化。由于电子商务营销使企业的产品开发和促销等成本降低，企业可以进一步降低产品价格。同时，由于因特网的开放性和互动性，市场是开放和透明的，消费者可以就产品及价格进行充分比较和选择，因此，要求企业以尽可能低的价格向消费者提供产品和服务。

（3）弹性化。由于电子商务营销的互动性，顾客可以和企业就产品价格进行协商，也就是可以议价。另外，企业也可以根据每个顾客对产品和服务提出的不同要求来制定相应的价格。

（4）价格解释体系。企业通过因特网向顾客提供有关产品定价的资料，如产品的生产成本、销售成本等，建立价格解释体系，为产品定价提供理由，并答复消费者的询问，使消费者认同产品价格。

此外，电子商务营销中提供产品和服务的价格依然要根据产品和服务的需求弹性来制定，同时又要考虑电子商务营销的特点。企业在网上可以向顾客提供价格更低的产品和服务，但向顾客提供更多的方便和闲暇时间是不可忽视的重要因素。

3．促销策略

网络促销的目的是使促销更合理，消费者可以通过因特网主动搜索信息，企业可以把注意力更集中在目标顾客上。

（1）企业要为顾客提供满意的支持服务。电子商务营销在提供支持方面具有优越性。通过因特网，全球的消费者也能与企业进行联系和交流，顾客可直接向企业咨询有关产品和服务的问题，同时企业应用文字、图片和视频等向顾客展示产品和服务的内容，解释并答复顾客的咨询，使整个售前和售后服务及时、清晰。

（2）企业要为每个消费者提供不同的产品和服务。通过电子商务营销，企业可以以较低的成本让消费者提出自己的要求，然后根据不同的要求提供不同的产品和服务。虽然每个消费者的需求都存在差异，但企业能分别予以满足，这样做必然能提高顾客的满意程度，从而增加产品和服务的销售量。

（3）企业要与顾客和上下游企业建立伙伴关系。合作是相互的，企业要想从顾客那里获得信息，也应该为顾客提供帮助，不仅要为顾客提供产品和服务，还要帮助顾客实现这些产品和服务的价值。同上下游企业建立伙伴关系，其目的也是促进企业间的合作，开展更大规模的活动，进而为顾客提供更完善、更便利的服务，也给合作的企业带来竞争优势。网络促销的方式有拉销、推销和链销。拉销就是指企业吸引消费者访问自己的 Web 站点，让消费者浏览产品网页，做出购买决策，进而实现产品销售。企业要推广自己的 Web 站点，吸引大量的访问者，这样才有可能把潜在的顾客变为真正的顾客。因而企业的 Web 站点除了要提供顾客所需要的产品和服务，还要生动、形象和个性化，要体现企业文化和品牌特色。推销就是指企业主动向消费者提供产品信息，让消费者了解并认识企业的产品，促使消费者购买产品。

网络推销有两种方法：一是利用因特网服务商或广告商提供的、经过选择的因特网用户名单，向用户发送电子邮件，在邮件中介绍产品信息；二是应用推送技术，直接将企业的网页推送到因特网用户的终端上，让因特网用户了解企业的 Web 站点或产品信息。互动的信息交流强化了企业与顾客的关系，使顾客的满意程度提高是企业开展网络链销的前提。企业使顾客充分满意，满意的顾客成为企业的种子顾客，会以其消费经历为企业做宣传，向其他顾客推荐企业的产品，使潜在顾客成为企业的现实顾客，从而形成口碑效益，最终形成顾客链，实现链销。

4．渠道策略

（1）会员网络。电子商务营销中一个最重要的渠道就是会员网络。会员网络是在企业建立虚拟组织的基础上形成的网络团体，通过会员制，促进顾客相互间的联系和交流，以及顾客与企业的联系和交流，培养顾客对企业的忠诚，并把顾客融入企业的整个营销过程中，使会员网络的每一个成员都能互惠互利，共同发展。

（2）分销网络。根据企业提供的产品和服务的不同，分销渠道也不一样。如果企业提供的是信息产品，企业就可以直接在网上进行销售，需要较少的分销商，甚至不需要分销商。如果企业提供的是有形产品，企业就需要分销商。企业要想达到较大规模的营销，就要有较大规模的分销渠道，建立大范围的分销网络。

（3）快递网络。对于提供有形产品的企业，要把产品及时送到顾客手中，就需要通过快递公司的送货网络来实现。规模大、效率高的快递公司建立的全国甚至全球范围的快递网络，是企业开展电子商务营销的重要条件。

（4）服务网络。如果企业提供的是无形服务，企业可以直接通过因特网实现服务功能。如果企业提供的是有形服务，需要对顾客进行现场服务，因此，企业就需要建立服务网络，为不同区域的顾客提供及时的服务。企业可以自己建立服务网络，也可以通过专业性服务公司的网络为顾客提供服务。

（5）生产网络。为了实现及时供货，以及降低生产、运输等成本，企业要在一些目标市场区域建立生产中心或配送中心，形成企业的生产网络，并同供应商的供货网络及快递公司的送货网络相结合。企业在进行电子商务营销中，根据顾客的订货情况，通过因特网和企业内部网对生产网络、供货网络和送货网络进行最优组合调度，可以把低成本、高速度的电子商务营销方式发挥到极致。

3.4　电子商务营销战略的实施与控制

企业要实施电子商务营销，必须考虑公司的目标、公司的规模、顾客的数量和购买频率、产品的类型、产品的周期，以及竞争地位等，还要考虑公司是否能支持技术投资、决策时的技术发展状况和应用情况等。电子商务营销战略的制定要经历 3 个阶段：一是确定目标优势，分析实施电子商务营销能否促进本企业的市场增长，通过改进实施策略实现收入增长和降低营销成本；二是分析计算收益时要考虑战略性需求和未来收益；三是综合评价电子商务营销战略。

公司在决定采取电子商务营销战略后，要组织战略的规划和执行，电子商务营销通过新技术来改造和改进目前的营销渠道和方法，它涉及公司的组织、文化和管理各个方面。如果不进行有效的规划和执行，该战略可能只是一种附加的营销方法，不能体现战略的竞争优势。策略规划分为：①目标规划，即在确定使用该战略的同时，识别与之相联系的营销渠道和组织，提出改进的目标和方法。②技术规划，即电子商务营销很重要的一点就是要有强大的技术投入和支持，因此资金投入和系统购买安装，以及人员培训都应统筹安排。③组织规划，即实现数据库营销后，公司的组织需要进行调整以配合该策略的实施，如增加技术支持部门和数据采集处理部门，同时调整原有的推销部门等。④管理规划，即组织变化后必然要求管理的变化，公司的管理必须适应电子商务营销的需要。

电子商务营销在规划执行后：一是应注意控制，以评估该战略的竞争优势是否充分发挥，评估是否有改进余地；二是要对执行规划时的问题及时识别并加以改进；三是对技术的评估和采用。

本章小结

战略主要描述企业打算怎样实现目标，具有全局性、长远性、竞争性和相对稳定性等特点。企业战略的层次包括总体战略、经营战略和职能战略。战略规划是企业面对市场竞争，为长期生存和发展进行的谋划和思考。规划战略时首先要明确企业的战略目标，再界定企业的使命，进而区分战略业务单位，规划新业务的发展。在分析营销战略计划时，营销部门要研究市场机会，选择目标市场，进行市场定位，制定和优化营销组合策略等。最后是实施所制定的营销战略，并注意在实施的过程中进行有效的控制。

核心概念： 战略　电子商务营销战略　电子商务营销战略规划　竞争性网络营销战略

本章习题

1. 总体战略、经营战略与职能战略有什么关系？
2. 如何区分不同的战略业务单位？
3. 比较波士顿咨询公司的“市场增长率、市场占有率”矩阵法和通用电气公司的“多因素业务组合”矩阵法的异同。
4. 如何进行网上市场定位？

第 4 章

电子商务营销管理

学习目标

1. 了解电子商务盈利要素的组成。
2. 了解电子商务营销管理体系。
3. 掌握电子商务营销活动中的产品管理、价格管理、渠道管理和关系管理的实施过程。

引例　去哪儿网推出“酒店百宝箱”强化电子商务营销管理

全球最大的中文在线旅行网站去哪儿网（Qunar.com）酒店频道推出的酒店业主管理工具“酒店百宝箱”，是国内首个针对酒店业主推出的电子商务营销综合管理工具。酒店业主可以登录“酒店百宝箱”网址（http://hms.qunar.com/hotel/owner）进行申请，两个工作日内即可登录操作使用。酒店通过该平台可以随时更新自己的基本信息和图片，积极回应消费者点评，及时掌握市场动态，实时监控竞争对手指数，最终达到吸引消费者关注、提升酒店网站流量的目的。

据了解，去哪儿网的“酒店百宝箱”共有三大功能，即酒店点评互动管理、竞争对手数据监测和酒店信息自主管理。酒店业主可以通过去哪儿网“酒店百宝箱”轻松查询用户点评，并提供便捷的点评回应功能，轻松解答消费者的疑问，与更多消费者进行互动，简单便捷地树立酒店口碑，改进酒店自身的服务水平。另外，竞争对手数据监测可以让酒店业主通过去哪儿网“酒店百宝箱”自主设置竞争目标，通过后台系统随时了解自己及竞争对手在消费者中的相关数据，从而获取及时、有效的数据分析结果，提高自身的市场竞争能力。同时，酒店业主可以通过“酒店百宝箱”管理酒店在去哪儿网的基础信息，随时修改和补充酒店的信息，随时上传和修改酒店的最新图片等，帮助酒店做好在线营销。

咨询公司 Epsilon 的调研数据显示，有 2/3 以上的用户在酒店预订过程中都事先浏览了相关网站上的信息，这些信息最终对预订酒店起到了关键性影响。去哪儿网通过打造营销管理平台，强化酒店频道电子商务营销管理的措施，既是对电子商务营销管理的积极尝试，也是深化电子商务营销管理的必然趋势。

（本文由作者根据网络资料改写）

4.1　电子商务营销赢利要素

互联网作为信息传递工具，在发展初期是采用共享和免费策略发展起来的。目前，网上依然存在许多免费的应用项目，如免费邮箱、免费信息、免费视频和免费交易场所（淘宝、易趣）等，这些免费的项目吸引了大量网民的眼球，免费策略对培育和发展网上市场起到了巨大的作用。但是，“天下没有免费的午餐”，免费只是为了吸引眼球、培育市场的策略，企业上网的最终目的还是要盈利。那么，什么是盈利模式呢？

盈利模式是指按照利益相关者划分的企业收入结构、成本结构及相应的利润，它研究和关注的是企业的利润来源、生成过程及产出形式。销售和营销既有区别又有关系，最根本的区别在于：销售关注的是“如何销售商品”，营销关注的是“如何满足市场需求”，而盈利关注的是“如何实现利润”。在实施盈利模式的企业里，产品和服务是基础，品牌是工具，营销是过程，盈利才是根本。

4.1.1　营销利润

利润是电子商务营销的最基础问题，电子商务营销需要树立从盈利出发的商业理念，以“利润最大化”统领电子商务的发展战略、业务规划、市场营销和绩效考核等所有活动。其利润来源可以是多个方面，图 4-1 所示为电子商务营销利润来源。

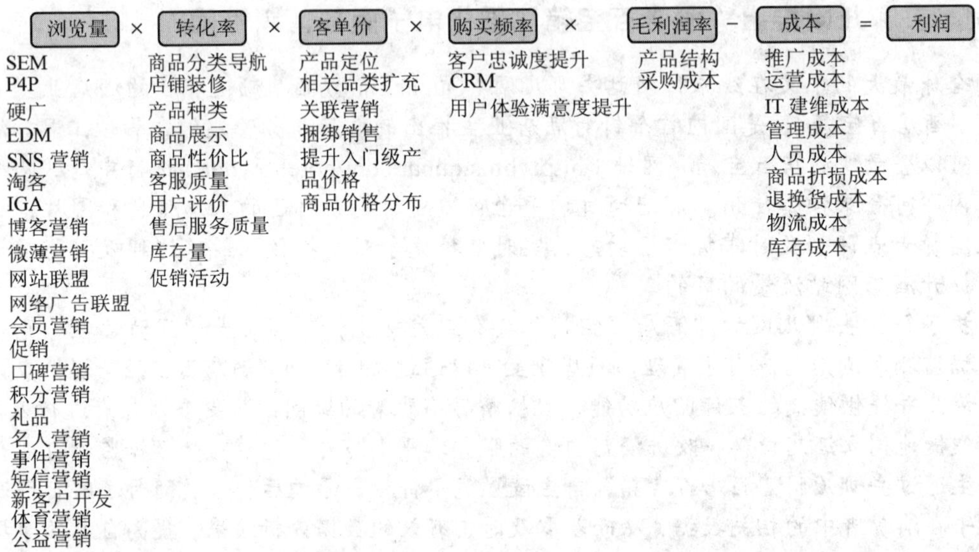

图 4-1　电子商务营销利润来源

这些都是企业通过因特网开展电子商务营销常见的利润来源，企业实施电子商务营销时应结合自身情况，综合应用各种可能的方式来实现项目盈利。下面介绍几种常见的电子商务营销利润来源方式。

1. 网络广告收费

网络广告是电子商务企业产生利润比较普遍的方式，其种类繁多、形式多样，从文字广告、网页广告、Banner（旗帜）、LOGO（图标）广告，到 Flash 多媒体动画、竞价广告等，多种多样。门户网站（如新浪、搜狐）、搜索引擎网站（如百度）等大型网上企业主要依靠网络广告盈利。任何企业的网站都可以把网络广告作为收入来源，其前提是网站要有较高的流量和知名度，最好是具有某一类型的专业浏览群体，这就具备了网络广告收费的条件。

网络广告通常有以下两种收费方式：

（1）CPM（cost per thousand impressions）：按浏览量定价，广告每条显示 1 000 次（印象）为基准的收费模式。其计算公式为：广告费用=（CPM×广告页面的访问次数）/1 000。

（2）CPC（cost per click）：按点击量定价，即根据网络广告被点击的次数收费的定价模式。关键字广告、竞价广告等一般采用这种定价模式。

2．网上销售获利

网上销售是企业或个人转向电子商务最基本的盈利方式，国外的亚马逊、Dell 计算机，国内的当当网等都是通过网上销售盈利的。

网上销售的盈利方式主要体现在两个方面：一是增加收入直接获利，二是降低成本间接获利。具体来分析的话，不同企业网上销售的盈利可能来自于以下一个或几个方面：

（1）通过网上销售，企业的产品可以打破地域的限制，有更多的市场空间和交易机会，能够扩大销售量，为企业获取更多的利润。

（2）通过网上销售，企业用虚拟的店面陈列代替实体商场，可以在不增加经营场地的情况下增加经营品种，拓展经营范围。

（3）利用网上销售可以实现根据业务量按需进货、以销定产，有效地管理企业库存，降低库存成本。

（4）通过网上直销，企业的产品可以直接与消费者见面，由于没有分销商和批发商这些环节，可以大大节省渠道费用。

（5）网上销售使用电子手段管理、电子货币等，大大降低了管理的书面形式的费用。

（6）网上销售能够加快商务周期，使商家提前回笼资金，加快资金周转，单位时间内一笔资金能从事多次交易，从而增加年利润。

3．注册会员收费

这种方式通常是由企业首先建立电子商务服务平台，提供相应的服务，并通过市场运作，吸引大量的企业和个人使用该平台的服务，并收取会员费盈利。阿里巴巴等 B2B 网站、5ljob 等招聘类网站，以及九天等音乐类网站都使用了这种模式。例如阿里巴巴的 B2B 网站可以帮助中小企业了解市场信息，进行贸易洽谈，其会员锁定在商家之中，收取中间供应商和诚信通两种会员费。一般来讲，商家支付的会员费用相对于其所获得的商业利益只是很小的数目，对企业来说就比较容易接受。会员收费取得成功的前提是能为客户提供高于会员费的有价值服务。

4．信息内容收费

信息内容是网络企业为满足客户需要而专门定制的一种专业性很强、有一定的实用性和实效性的电子读本，比如分别针对金融系统、房地产系统，以及汽车、建材、化工和环保等行业编辑的各种参考电子文本，这种文本还可以配合印刷品出现。订阅者一般一次订阅就是半年或者一年，用户付费后方能凭网络媒体所给的网络通行证（密码）浏览或定期收阅信息。这种信息的收费一般都比较高，人民网、新华网等目前都开展了这项业务。

信息内容要想成功收费，必须做到市场定位准确，信息质量高，内容具有特性（即信息内容不是在网上或一般媒体和资料上能找到的），付款机制方便完善，消费者付费观念健全，内容不易被仿冒及复制。

5．软件（或者 MP3 音乐等）下载

软件（或者 MP3 音乐等）下载可以说是网上零售的一部分，只是其销售的产品为软件（或者 MP3 音乐等），可以在线直接下载，而无须物流的运输过程。现在，国内的软

件（或者 MP3 音乐等）下载多为免费的形式，有很多软件公司更是利用因特网的优势进行在线升级服务，这也是促进与用户互动的良好手段。由于消费能力和消费习惯的不同，英文网站的软件（或者 MP3 音乐等）下载大部分都是收费软件，即使是共享也是有使用期限的，这为许多的实用性小软件提供了良好的销售平台。

6．短信、彩信和铃声等移动运营服务

近几年兴起的因特网短信、彩信（MMS）和铃声下载，不仅为手机用户带来了更周到的服务和更精彩的铃声、彩信，也为各大网站提供了一个非常良好的人气赚利润的盈利方式。如果网站拥有较好的流量，也可以通过与专业短信铃声的 SP 提供网站进行合作，获得一些盈利。

7．因特网上网服务

因特网的发展离不开各种上网服务，比如企业网站建设、域名注册、服务器虚拟主机租用服务、网站推广服务（搜索引擎优化）和网站运营咨询服务等。随着因特网应用的普及，将有越来越多的企业需要上网服务。提供因特网上网服务，收取相应服务费用也是可行的盈利方式。

4.1.2　客户价值

客户价值是客户对产品的属性效能及使用效果的感知偏好和评价。根据这个定义，如果电子商务营销所面对的客户通过电子商务网络获得的产品和服务的收益大于所支付的成本，则认为企业开展电子商务营销活动提供的产品或服务是能够为其客户创造价值的；如果电子商务营销为客户创造的价值远远高于传统商务为客户创造的价值，无疑可以赢得大量的网络客户，从而为企业开展电子商务营销活动营造出超凡的竞争优势。也就是说，如果企业能够利用电子商务创造非凡的客户价值，就拥有了维持长期开展电子商务并能受益的基础。要为客户创造价值，可以通过两方面来实现：产品/服务个性化、差别化，产品/服务低成本。

1．产品/服务个性化、差别化

电子商务营销是一种以客户为导向、强调个性化的营销方式。电子商务营销比传统市场营销的任何一个阶段或方式都更能体现客户的“中心”地位。客户拥有更大的选择自由，可以根据自己的个性特点和需求，在全球范围内不受限制地寻找满意的商品。这种方式能够满足客户对购物方便性的需求，提高客户的购物效率。

1）*为客户提供个性化服务体现客户价值*

电子商务营销能够提供个性化的产品和服务，并能满足客户的自由购物方式，使购物过程不再是一种沉重的负担。

（1）在销售之前，通过网络向客户提供丰富生动的产品信息及相关资料，如质量论证、专家品评和用户意见等，并且界面友好清晰，有的甚至充满亲情，客户在不受干扰的环境下可以更为理性地比较同类产品的方方面面，然后做出购买决定。

（2）在买卖过程中，顾客无须花费时间去商场购物，不必为联系送货而与商场工作人员交涉。在网络上，这一切都将会变得简单迅速，身在家中即可到虚拟商店游逛，用电子货币结算，省却了许多麻烦。

（3）用户在购买后若发现问题，可以随时与销售商取得联系，得到来自卖方及时的技术支持和服务，不必为一个小小的问题而专程到商场交涉。

（4）信息化管理系统可以为客户提供更优质的服务，从而体现客户价值。在电子商务环境下，信息技术为企业提供了强大的信息处理与分析能力。企业通过建立数据库，利用数据挖掘技术，对海量信息进行分析，使企业更为准确、迅捷地提取客户需要的信息。从而能向客户提供高附加值的优质服务来实现企业的客户价值，满足客户的个性化需求，保持并发展与客户之间长期稳定的关系，提高客户的忠诚度。

2）以产品个性化、差别化体现客户价值

客户群体的扩大使企业致力于差别化、个性化的产品有了一定的市场，用户不再担心像商场的货柜上摆满的都是同质性的商品。电子商务营销企业可以通过不同的方式为客户提供个性化产品。

（1）产品特性。企业可以通过提供具有竞争者产品所不具有的特性产品来使其产品差别化。例如，芯片生产商可以通过提高芯片的速度使其产品差别化。产品拥有独特的性质大概是最普遍的产品差别化和个性化的形式，使用互联网对公司内外的活动进行较好的协调能够为客户提供更好的产品特性。例如，互联网为根据客户要求制造计算机提供了可能，这能够满足每个客户个人的喜好。

（2）时间选择。时间选择是指产品差别化的时间差异。企业可以通过第一个引入产品来使产品差别化。由于这样的产品是当时市场上唯一的，没有其他产品具有这样的特性，自然而然就使得它差别化了。例如，当两台具有同样物理性能的个人计算机——速度、内存大小、硬盘容量、操作系统和在其上运行的应用软件都相同，一台是最新出产于 2010 年而另一台出产于 2011 年时，这两台计算机是高度差别化的。很明显，2010 年出厂的计算机更具有差别化。互联网增强了协调，使得生产商能够更快地完成产品的设计，将其产品更早地推向市场。

（3）产品组合。企业销售的产品组合也可以成为产品个性化、差别化的方法。希望一次性购物或者喜欢一次购买多种产品的客户会发现这种产品组合是非常有效的，现在商店向购物者提供大量的商品选择机会。另外，保险公司也会针对客户的经济情况及个性需求，为客户制定好量身打造的保险产品组合计划，全面为客户做好各方面风险防范的准备。

（4）功能差别。企业可以在产品上所设置的功能形成联系来达到个性化和差别化。当一个产品的各个功能之间形成联系时，产品就有了更大的竞争力。例如，2007 年 1 月苹果公司发布的 iPhone 手机，支持电邮、移动电话、短信、网络浏览及其他无线通信服务，是一个结合照相、手机、个人数码助理、媒体播放器和无线通信设备于一体的掌上设备，具有其他品牌手机所没有的功能，该产品迅速在市场上占据领先地位。可见，功能的不同能够使产品形成个性化和差别化。

（5）联盟。与其他企业联盟也可以形成差别化。一个初创的网上书店或一家传统书店与当当网联盟后，能够获得那些信任当当网的客户的信任。网络外部性的特性使得 Web 社团越大，其成员关系也就越有价值，与其他社团形成了差别化。

（6）品牌声誉。企业或产品的品牌声誉也可以让客户感到其产品是差别化的。例如，同为购物网站，淘宝网的客户量就比慧聪网的客户量大，这与网民更为认同淘宝网的品牌声誉是有关系的，因此更多的网民对淘宝网更为热衷。

2. 产品/服务低成本

电子商务的特性造就了低价产品的时代，电子商务营销成本的降低使企业能够以更低廉的价格为客户提供产品，从而创造良好的客户价值。低成本意味着企业提供的产品或服务与其竞争者相比更能节省客户的花费，向客户提供产品时花费得更少，企业可以将一部分成本的节约转移到客户身上。

（1）没有店铺租金成本的压力。电子商务营销所需的设备很少，只需一些服务器或租用服务器，比传统营销的花费要少得多。

（2）可以减少商品库存压力。电子商务营销不需要庞大的库存，可实现零库存管理。

（3）电子商务营销渠道降低了中间成本。电子商务营销渠道的特性也使得产品费用大大节约，并且能够利用更好的渠道来销售产品。例如，通过互联网销售产品的软件开发商和将作品公布在网上的音乐家等都节约了分销费用、包装费用和运输费用。

（4）行销成本降低。电子商务营销具有很好的促销效果，其网上商店货架上的商品不仅是广告宣传的样品，而且可利用服务器将多媒体的商品信息存储起来供消费者随时查询和推广。

（5）极低的结算成本。面向消费者的电子商务营销系统允许顾客在互联网上以信用卡或电子货币结算，这不仅使顾客购物更为方便，对于商家来说，也降低了销售成本。

在电子商务营销中，企业通过产品个性化、差别化，服务的个性化、差别化，以及为客户提供低价格的产品，满足客户需求，为客户创造了价值，这是电子商务营销立足和发展的根本，也是企业有效开展电子商务营销的保证。

4.1.3 客户范围

互联网的发展改变了传统的商务模式，逐渐渗透到每个人的生活中，而各种业务在网络上的相继展开也在不断推动电子商务这一新兴领域的昌盛和繁荣。从地域上来讲，电子商务营销的客户范围覆盖了全球的任何角落，只要是接入互联网的消费者都可以成为企业开展电子商务营销的对象。网络的无边界性使企业不再为无法捕捉到地处千里之外的客户而懊悔。从需求上来讲，电子商务的范围涉及人们的生活、生产、工作、学习及消费等各个领域，都可以通过电子商务来满足客户的需要。从行业上来说，电子商务营销的服务和管理也涉及政府、工商、金融及用户等诸多方面。企业要有针对性地开发电子商务市场，可以根据客户的特征来理解电子商务营销的客户范围。根据企业电子商务营销的立足点和经营状况，可以按照不同的方式来界定客户范围。

1. 按照地域界定的客户范围

1）本地客户

本地客户通常是指利用本城市内或本地区内的信息网络针对该区域内的客户为营销对象实现的电子商务活动，客户范围的地域范围较小。本地电子商务营销是利用 Internet、Intranet 或专用网将下列系统联结在一起的网络系统开展的营销活动，客户消费习惯特征明显，企业可以进行深入的市场调研，挖掘市场信息。同时，物流也比较方便，可以在心理上增加消费者购物信任感。

2）远程国内电子商务客户

远程国内电子商务客户是指在本国范围内进行电子商务营销的目标客户，其交易的地域范围较大，对软、硬件技术要求较高，要在全国范围内实现商业电子化、自动化和金融电子化管理，交易各方要求具备一定的电子商务知识、经济能力和技术能力，并具有一定的管理水平和能力等。

3）全球电子商务客户

全球电子商务客户是指在全世界范围内不同国家和地区的客户。针对全球客户开展的电子商务营销活动是需要参加交易各方通过网络进行贸易的活动，它涉及有关交易各方的相关系统，如买卖方国家进出口公司系统、海关系统、银行金融系统、税务系统和保险系统等。全球电子商务业务内容繁杂，数据来往频繁，要求电子商务系统严格、准确、安全、可靠，应制定出世界统一的电子商务标准和电子商务协议，使电子商务得到顺利发展。

2．按照电子商务营销对象界定的客户范围

1）企业客户

企业客户是电子商务营销客户范围内最为重要的客户，目前，企业与企业之间的电子商务是电子商务业务的主体，也是电子商务中历史最长、发展最完善的商业模式，它能迅速带来利润和回报，其每年的交易额约占电子商务营销客户总交易量的 90%。

针对企业客户的电子商务营销目的是减少企业采购成本和物流成本，提高企业对市场和最终顾客需求的响应速度，从而提高企业产品的市场竞争力。企业间的电子商务功能具体包括供应商管理、库存管理、销售管理、信息传递和支付管理等，它整合了企业的上下游产业，利用因特网，以中心供应商为核心，将产业上游（原料和零配件供应商）、产业下游（经销商、物流运输商和产品服务商），以及往来银行结合为一体，构成一个面向最终顾客的完整电子商务供应链。例如，对于一个处于流通领域的商贸企业来说，由于它没有生产环节，电子商务活动几乎覆盖了整个企业的经营管理活动，是利用电子商务最多的企业，商贸企业可以在电子商务营销中更及时、准确地获取消费者信息，从而准确定货，减少库存，并通过网络促进销售，以提高效率，降低成本，获取更大的利益。

2）一般消费者客户

从电子商务的发展来看，一般的消费者客户在电子商务领域占据的位置越来越重要，在国内的大型购物网站中，个人消费者的交易额度屡创新高，越来越多的消费者青睐于网络购物。

企业对一般消费者客户的电子商务基本上表现为网上在线零售形式。企业在网上建立自己的 Web 站点，推销自己的产品、服务，消费者通过访问网上商店浏览商品，进行网上购物或接受服务。例如美国“必胜客”实施的“网上比萨饼”计划，就是 B2C 电子商务的一种。“必胜客”公司是首家将营销扩大到网络市场的快餐食品制作商，想吃比萨饼的美国用户将指令传至堪萨斯州威奇托的“必胜客”总部的中央计算机上，总部计算机又会将指令通过网络传到离客户最近的“必胜客”店的计算机上，该店就会派人将比萨饼送货上门。这种交易过程有效地减少了交易环节，大幅度地降低了交易成本，从而降低了商品的最终价格。互联网提供给企业一个最大的客户范围，这种企业与消费者直接进行交易的商务模式还有利于提高售后服务质量和用户的反馈速度。若用户在使用商品过程中遇到了问题，可以与厂家的技术人员联系，或直接在厂家的主页上找到解决办法。同时，用户还可以方便、迅速地将意见和建议反馈给厂家，使厂家能够及时地调整决策，以适应市场需求。

3）政府客户

政府客户包括政府采购、税收、商检、管理规则发布等，涵盖政府与企业之间的各项事务。例如，政府的采购清单可以通过互联网发布，企业以电子的方式回应。随着电子商务的发展，这类应用将迅速增长。政府在这里有两重角色，它既是电子商务的使用者，进行购买活动，属商业行为人，又是电子商务的宏观管理者，对电子商务起着扶持和规范的作用。在发达国家，发展电子商务往往主要依靠私营企业的参与和投资，政府只起引导作用。与发达国家相比，发展中国家的企业规模偏小，信息技术落后，债务偿还能力低，政府的参与将有助于引进技术、扩大企业规模和提高企业偿还债务的能力。

4.1.4　成本结构

电子商务营销不仅改变了上、下游企业之间的渠道关系，也改变了这一价值链上的成本结构，从而进一步密切了上、下游企业之间的战略联盟。电子商务营销不仅给消费者和企业提供了更多的选择消费与开拓销售市场的机会，而且也提供了更加密切的信息交流场所，从而提高了企业把握市场和消费者了解市场的能力。

1．电子商务营销的成本结构

一般而言，企业的营销活动表现在两个方面：一是对内部的控制和管理，二是对外部市场和客户的宣传和服务。对开展电子商务营销来说，其成本结构可以从内部和外部两个方面进行分析。

1）内部成本结构

电子商务营销能否有效实施，需要一些基本的硬件设施、管理软件和人才资源等，这些构成了企业开展电子商务营销的内部成本。

（1）硬件成本。电子商务营销离不开计算机、计算机网络和各种软件的支持。因此，硬件设备的购置和安装费用，包括实施电子商务营销所必需的计算机辅助设备的购买开支以及服务器、路由器和交换机等，都是企业开展电子商务必不可少的设备，而这些设备的发展和更新换代是十分迅速的，所以硬件的投入和更新是一项经常性、长期性的投资项目。

（2）软件成本。包括系统软件部分和后期开发的应用系统的开发成本。在电子商务营销中，软件是企业成败的关键，网络硬件设备必须依靠软件开发才能发挥作用，这些软件开发费用包括管理软件开发费、独立域名的注册费、空间租用费和网页设计费等，这些都是企业必须投入的成本。并且由于软件的发展速度很快，生命周期较短，使得软件的应用成本相当昂贵。

（3）电子商务营销的运行费用。企业的电子商务网站建立后，需要及时更新网站上的信息，并对软硬件系统进行维护。企业信息技术部门需要倾注大量的精力提供系统维护、信息管理等服务，以确保对业务部门的技术支持，保证网络系统的可靠性、安全性和效益。

（4）人力资源成本。实施电子商务营销需要得到管理信息系统员的支持，同时也需要一批电子商务专业人才的参与和支持，这是电子商务营销成本的一部分，尤其是许多企业由于电子商务人才资源缺乏，就必须加强人力资源培训，这在无形中增加了员工的培训费用。大多数培训在电子商务营销实施前进行，另外还有对员工的在职培训，目的是为了让正在从事电子商务营销的员工进行进修和深造，以了解并学习新技术及有关标准方面的变化和进展。

2）外部成本结构

（1）推广成本。电子商务营销推广的目的是提高企业网站或网页的访问量，以达到营销目标。基于这种前提，网站的经营者应该利用因特网的特性和自己对目标市场的准确定位，让更多的潜在客户关注该网站并成为购买者。采用的方法可以通过在主要搜索引擎注册，向行业网站请求链接及交换链接，以及在访问量较大的网站中做广告，也可以通过传统媒体，如电视、报刊和户外广告等来提高知名度。随着电子商务营销进入微利时代，往往是企业销售额虽不断攀升，但企业却始终难以盈利，其重要原因就是营销推广成本的居高不下。利用大量的广告进行电子商务营销推广，从而拉动销售增长的案例包括曾经风靡一时的男士衬衣购物龙头企业——PPG。

PPG 曾经是国内男士衬衣 B2C 电子商务的龙头企业。PPG 成立于 2005 年，是一家以男士衬衫为主的因特网及目录销售公司。成立之初，PPG 即凭借“轻资产”的电子商务模式对中国传统衬衫零售渠道发起了猛烈冲击。以现代化的网络平台和呼叫中心为依托，配合先进的供应链和配送系统，PPG 省却了复杂臃肿的传统中间销售渠道。再加上铺天盖地的广告宣传推广，仅仅一年多时间，PPG 便实现日销售男士衬衫 1 万多件。

PPG 销售额大幅上升的关键措施是大量投放广告，仅 2007 年，PPG 广告就投放了 3 亿元。巨大的广告投放带动了 PPG 衬衣销量的大幅增长，但是，大量的广告费用给企业经营带来了沉重负担。在 2008 年初，曾经名噪一时的 PPG 突然传出资金链断裂，大量拖欠供货商资金的事情，PPG 也由高峰跌入低谷。

（2）物流配送成本

电子商务营销的最终目的是为电子商务交易的最终完成提供条件，只有通过配送，才能最终使物流活动得以实现，使得交易最终完成。因此，企业在评测企业成本时仍然必须关注配送成本。配送是按用户的订货要求，在物流据点进行分货和配货工作，并将配好之货送交收货人的活动，它是集流通加工、整理、拣选、分类、配货、配装和运送等活动于一体的增值服务。在我国，物流的发展状况远远滞后于电子商务的发展，成为制约电子商务营销发展的瓶颈。目前的现实是：互联网的覆盖范围要远远大于物流配送的覆盖范围，由于物流配送覆盖范围小，导致有效客户少，进一步加大了物流成本。企业的电子商务营销应该选择合理的、有赢利的配送体系，在满足特定的顾客服务水平与配送成本之间寻求平衡。

（3）售后服务成本。由于网络购物通过图片、文字等介绍商品，而非实物销售，所以消费者拿到手的商品和预期比较或多或少都会有差距。再加上一些企业之间残酷的竞争，纷纷承诺一定时间内无条件退、换货或其他售后服务，所以，一般电子商务的售后服务成本比例远远高于传统零售企业。

2. 电子商务营销的成本控制

1）降低采购成本

在传统商务模式里，企业采购原材料往往是一项程序烦琐的工作。企业的电子商务营销通过建立一体化的电子采购系统，可以加强与主要供应商之间的协作关系，将原材料的采购与产品的制造过程有机地结合起来，形成供应链，并利用互联网建立一体化的信息传递和信息处理体系，对供应链进行有效管理，从而可以降低企业的采购成本。此外，企业通过互联网与客户进行联络、了解和洽谈业务，还可以大幅度减少差旅费、传真费和邮寄费等费用。企业也可以摆脱采购的中间环节，向原料产地直接采购原材料，这也有助于降低采购成本。

2）减少库存费用

库存控制历来就是企业管理中的难题，一直受到企业的高度重视。库存费用过大不仅会增加成本，而且占用资金，带来经营风险。电子商务的应用将帮助企业实现“零库存”，即企业按照客户的订单，按需生产，及时销售，降低库存。“零库存”虽然是一种比较难以实现的理论模型，但是企业确实可以利用电子商务营销构建快捷的信息处理和分析通道，提高库存管理水平，从而降低库存和库存费用。

3）节约广告宣传费用

电子商务营销可以帮助企业降低宣传材料费用，所有的宣传信息，如产品特征、公司简介等均为电子化的数字信息，存储在服务器中供顾客随时查询，所有的营销材料都可以直接在线上更新，省去大量印刷、包装、存储、运输和邮寄费用。

此外，电子商务营销还可以节省广告宣传费用。利用互联网发布广告的平均费用仅为传统媒体的 3%，而且在宣传范围的广度和内容深度方面，也都比传统广告媒体优越，并且可在网络上提供全天候的广告及服务而无须增加开支。

4）降低顾客服务成本

传统营销必须投入相当多的人力及其他资源来解答顾客对于产品及服务的相关询问，其中有很多问题是一再重复的。在这一点上，互联网可以以更低的成本做得更好。电子商务营销可以降低企业的顾客服务成本，具体体现在以下几个方面：

（1）企业可以在网页上精心设计 FAQ、“操作流程”等常用服务项目，供顾客全天候查询，几乎不需要多少费用就能把常见的小问题让用户自助解决，并可以省去大量常规服务所需的人力和物力。由于网络通信成本低廉的特点，企业可以以较低的成本来了解顾客的需求，并且以较低的花费向消费者传递产品信息。

（2）企业可以提供更有效的客户支持服务，从而节省大量开支和人员投入。用户在购买产品和服务后，可以随时与厂家取得联系，以得到来自卖方及时的技术支持和服务。例如，美国联邦速递公司通过设立网上咨询服务系统，使客户可以随时跟踪快递包裹的运输情况，客户每次查询将花费公司 0.1 美元，但如果相同的查询工作由接话员通过电话来做的话，客户每次查询将花费公司 7 美元。电子商务营销降低客户服务成本的原理有两点：一是电子商务营销工具即计算机和互联网络的高效率，经过专业设计的计算机软件可以高效地、不间断地全自动处理顾客信息，几乎不需要人工干预；二是服务成本的转移，即“成本的外化”，把本应由企业支付的人工服务成本转嫁给顾客，由顾客自己寻找解决问题的答案，比如由顾客填写订单，寻找支付手段，以及进行商品的比较和选择等，这就减少了企业人力资源的需要和成本。

5）减少市场调研费用

在营销过程中，往往需要进行广泛的市场调查，成本较高，周期也比较长。网上调研可以简化这一过程，调查问卷的印制、邮寄和数据录入过程都可以省略，问卷的制作、发放及数据的回收速度可得到提高。同时也降低了调研实施的附加成本，对于访谈场地及访问场合的要求，均可简单地在网上实现。不必去电视台商谈，或是去报社申请一个版面，只要找到合适的网站就可以了，不但价格便宜，而且在网上保留的时间也长，并且可以随时更改调研的内容或细节，这在“纸张时代”是不可能做到的。在线调查作为一种新兴的调查方式已经受到网民的普遍认同，日益成为一种最为重要的市场调查手段。

由此可见，电子商务营销的实现是一个庞大的系统工程，它的应用推广需要企业对电子商务营销进行有效的成本控制，同时也需要各行各业的有效参与和配合，尤其需要政府部门的积极引导和大力支持，通过基础设施建设，改善大环境，尽可能多地减少企业电子商务营销的外部成本，为企业电子商务营销创造良好的技术和社会环境。

4.2　产品管理

企业在制定经营策略时，首先应考虑的是产品策略问题。产品是联系企业和市场的纽带，企业只有提供适销对路的产品和服务，才能满足消费者的需求，这样企业才能生存和发展。

产品（product）是指能够提供给市场，被人们使用和消费，并能满足人们某种需求的任何东西，包括有形的物品、无形的服务、组织、观念或它们的组合等。因此，现代市场营销思想中的产品概念应该是：产品不仅包括具体的实物，而且还包括为消费者提供的便利和服务。

产品管理是企业或组织在产品生命周期中对产品规划、开发、生产、营销、销售和支持等环节进行管理的业务活动，包括需求管理（user request management）、市场管理（market management）和开发管理（development management）等。

4.2.1　属性

1. 电子商务营销的产品特性

目前，适合在 Internet 上销售的产品通常具有以下特性：

（1）产品性质。由于电子商务营销的产品与传统的商品有所区别，加之网络的独特性，电子商务产品可以包括 IT 业产品、农副产品、信息及各种服务。但是网上用户在初期对技术有一定要求，其上网大多与网络等技术相关，因此，网上销售的产品最好是与高技术，或与计算机、网络等有关。一些虚体产品即无形产品可以通过有形化后在网上销售，如图书、音乐等。还有一些无形产品（如服务）也可以借助网络的作用来实现远程销售，如远程医疗等。

（2）产品质量。由于互联网的虚拟性，使得顾客可以突破时间和空间的限制，实现远程购物和在网上直接购物，但网络购买者在购买前无法体验产品或只能通过网络介绍来体验产品，所以，产品质量是电子商务发展的重要支撑。

（3）产品样式。由于网上消费者的个性化需求，电子商务营销产品的样式必须满足购买者的个性化需求。另外，产品通过 Internet 对全世界的国家和地区进行销售，而不同国家或地区有着不同的风俗习惯、宗教信仰和教育水平，因此产品样式必须具有针对性。

（4）产品品牌。在电子商务营销中，生产商与经营商的品牌同样重要，一方面要在浩如烟海的网络信息中引起浏览者的注意，必须拥有明确、醒目的品牌；另一方面，由于网络购买者可以面对的选择有很多，而且网上购物又无法进行产品体验，所以，品牌魅力对消费者来说极为重要。

（5）产品包装。作为通过 Internet 经营的针对全球市场的产品，其包装首先要考虑网络信息及广告的发布应与实物统一，其次要适合目标市场的偏好，最后还要符合电子商务营销的要求。

（6）目标市场。网上市场是以网络用户为主要目标的市场，网上销售的产品要适合覆盖广泛的地理范围。如果产品的目标市场比较狭窄，宜采用传统营销策略为主，电子商务营销为辅的策略。

（7）产品价格。Internet 作为信息传递工具，在发展初期是采用共享和免费策略发展而来的，网上用户比较认同网上产品的低廉特性；另一方面，由于通过 Internet 进行销售的产品成本低于其他渠道销售的产品，因而在网上销售的产品大多可以采用低价。

2．产品的层次

一般来讲，产品的整体概念可分为 5 个层次，如图 4-2 所示。在电子商务营销中，可以充分发挥电子商务营销的优势，针对产品的不同层次进行营销管理。

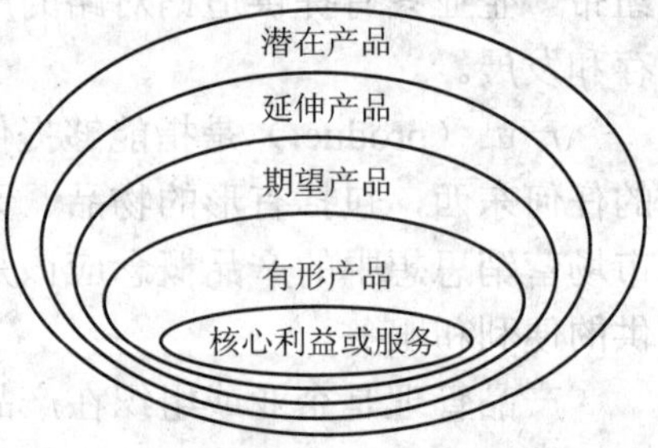

图 4-2 产品概念的 5 个层次

（1）核心利益层次。是指产品能够提供给消费者的基本效用或益处，是消费者真正想要购买的基本效用或益处。如消费者购买计算机是为了学习计算机知识，利用计算机作为上网工具；购买软件是为了压缩磁盘空间、播放 MP3 格式的音乐或上网冲浪等。由于电子商务营销是一种以顾客为中心的营销策略，企业在设计和开发产品核心利益时要从顾客的角度出发，要根据互联网的特性来制定产品的设计开发。需要注意的是，电子商务营销的全球性，企业在提供核心利益和服务时要针对全球性市场，如医疗服务可以借助网络实现远程医疗。

（2）有形产品层次。是产品在市场上出现时的具体物质形态。对于物质产品来说，第一，必须保障产品的品质；第二，必须注重产品的品牌；第三，注重产品的包装；第四，在样式和特征方面要根据不同地区的文化来进行针对性加工。

（3）期望产品层次。在互联网市场中，顾客处于主导地位，消费呈现出个性化的特征，不同的消费者可能对产品的要求不一样，因此产品的设计和开发必须满足顾客这种个性化的消费需求。这种顾客在购买产品前对所购产品的质量、使用方便程度和特点等方面的期望值就是期望产品。为了满足这种需求，对于物质类产品，要求企业的设计、生产和供应等环节必须实行柔性化的生产和管理。对于无形产品如服务、软件等，要求企业能根据顾客的需求来提供服务。

（4）延伸产品层次。是指由生产者或经营者提供的产品能更好地满足购买者的需求，主要是帮助用户更好地使用核心利益的服务。在电子商务营销中，对于物质产品来说，延伸产品层次要注意提供满意的售后服务、送货和质量保证等。

（5）潜在产品层次。是在延伸产品层次之外，由企业提供能满足顾客潜在需求的产品层次，它主要是产品的一种增值服务，其与延伸产品的主要区别是顾客没有潜在产品层次仍然可以很好地使用顾客所需产品的核心利益和服务。在高新技术发展日益迅猛的今天，有许多潜在需求和利益还没有被顾客认识到，这需要企业通过引导和支持来更好地满足顾客的潜在需求。

3. 电子商务营销产品的类型

电子商务营销对企业提出了更高的要求，即其产品还必须适合利用互联网进行推广和销售。从目前国内外的情况看，在网络上销售的商品可以分为两大类：实体商品和虚体商品，其具体品种可分为普通商品、数字化商品和联机服务 3 种，如表 4-1 所示。

表 4-1　电子商务营销产品分类及其营销方式

产品形态	产品种类	营销方式	产品举例
实体商品	普通商品	网上产品目录浏览与订货，卖方送货上门	服装、食品等消费品 部分工业品 计算机及其周边设备
虚体产品	数字化商品	销售数字化服务产品	计算机软件和电子游戏下载 视听产品和电子书籍下载
	联机服务	网上订购服务	航空、列车和影剧院入场券订票 饭店、宾馆和医院挂号预约 电子彩票购买和景点门票预订
		交互式服务	在线计算机游戏 金融证券交易 金融、法律、保险和医疗咨询
		提供信息	金融信息查询和数据库检索 网上新闻和报刊杂志 研究论文和调研报告

1）实体产品

所谓实体产品是指具有具体物理形状的物质产品。与传统的销售渠道不同，通过网络销售实体产品，没有顾客和销售人员的直接接触，顾客了解产品与订购产品的唯一媒介就是网络——顾客可以浏览企业的网页，了解所感兴趣产品的相关信息，当决定购买以后，就可以在网络上填写企业设置的订单进行购买。因为实体产品无法在网上直接消费，在达成交易后，企业还必须按照顾客的要求，将产品送达给顾客，而顾客也不可能在当时立即得到产品，必须等待一定的送货时间。顾客等待时间的长短，会因企业配送能力的不同而不同。

通过网络销售的实体产品，大致可以分为以下 3 种类型：

（1）便利产品。顾客购买这类产品的频率较高，在购买时顾客不会花费太多的时间和精力，同时此类产品的价值都比较低廉，比如洗发水、香皂和牙膏等生活用品。

（2）选购产品。在购买这类产品时，顾客对产品的质量、样式和价格等要反复进行比较后，才最终决定是否购买。通常这类产品的使用时间较长，无须频繁购买，例如手机等产品。

（3）特殊产品。是指具有特殊效益的产品，通常这种产品的销售渠道十分有限，也只有特定的顾客群体才热衷于购买该产品，例如特殊功能的打印机、按需定制的轿车等。

2）虚体产品

所谓虚体产品是相对于实体产品而言的，这种产品一般不具备具体的物理形态，有时也会通过某些介质而反映出某种形态。比如，向航空公司购买机票，所获得的产品是无形的——从甲地到乙地的位移，但这种无形的产品可以通过飞机票这样一种介质表现出来，顾客可以凭借这张机票，作为享受该种服务型产品的凭证。通过网络进行销售的虚体产品有两种：数字类产品和服务类产品。

（1）数字类产品，主要是指计算机软件类产品，以及视听产品、电子书籍等。通过网络来销售数字类产品时，企业可以采取两种方式：一种是由顾客直接从网上下载该产品，这种方式不但免去了企业的实物（保存数字化产品的光盘或磁盘）配送任务，而且也可以免去顾客必须等待送货上门的不便，从而充分体现出网络销售方面的优越性，但是这种方式也存在问题，即当网络下载速度太慢的时候，顾客必须花费大量的时间及过多的金钱来进行下载，导致顾客转向其他的销售渠道；另一种方式与实体产品类似，将无形的数字类产品通过一定的介质（光盘、磁盘等）进行有形化，通过送货上门的方式，送达给网络订购者。当然，无论采取何种方式，企业都可以在网上设置具有一定使用期限的免费试用软件供顾客试用，以吸引他们购买。

（2）服务类产品的分类方法有两种。一种是按照服务产品的性质进行划分：可分为一般服务产品和信息服务产品，一般服务产品是指一些传统的服务，如医疗服务（远程门诊、挂号预定）、旅行服务、音乐会和体育比赛等的门票预定、远程教育等；信息服务产品是指专门提供有关信息、进行咨询的服务，如股市行情分析、金融信息和电子新闻等。另一种分类方法是根据销售方式来划分的：必须进行实物配送的服务类产品和无须实物配送的产品。音乐会、体育比赛等的门票预定，以及车船票预定的服务，必须通过一定的方式将服务类产品的购买凭证送到顾客手中，而绝大多数的信息服务产品和某些一般服务类产品，如远程教育、远程医疗等，可由顾客在网上进行消费，去掉实物配送环节。

4．电子商务营销产品的特征

网上销售的产品通常具有以下两个明显的特征：

（1）无形的服务产品。服务产品和实体产品有着质的差异。绝大多数服务产品的生产过程与消费过程是同时进行的，且一般由消费决定生产。服务产品的交易不存在所有权的转让，即只有服务的交换过程，而无物流过程。服务产品的这些特征非常适合网上交易，因为生产者无须预先备有库存，需求者却可以随时从网上直接获取产品，无须实物交割和中间媒介。因此，服务产品，尤其是信息提供和数字化服务产品，已成为电子商务营销的主体。

（2）标准化商品。所谓标准化商品，是指图书资料、研究报告等知识产品，计算机及其周边设备、软件、视听类的高科技产品，以及各种预约订票、股票投资等产品。标准化商品的特点是消费者只要在网上了解了它们的品牌或内容，即可做出购买决策。无须经过对产品的尝试和直接观察，即商品的物理外表无关紧要，商品的内容和品牌就是其核心决策因素。

除了以上两个主要特征之外，电子商务营销产品还有其他一些共同特征，例如，不可破坏性、可复制性、可先验性、效用评价的主观性、效用的短期性和累积性，以及内容的可变性等。从今后的发展趋势来看，适合于电子商务营销的产品不在于其形态，价格的高低或送货方式，而主要依据两个方面：网上交易的难易程度和电子商务营销对该产品的附加价值。某些商品或服务，由于其自身的特点，若运用传统的经营方式，则交易过程复杂、成本高、消费者获得全面的信息比较困难，或产品信息不对称性问题较突出。例如租房、购车及查询金融信息等，这类商品或服务就比较适合电子商务营销方式。而有些商品和服务，运用传统方式营销本来也非常简单，如书籍、计算机软件、视听产品和订票服务等，若将这类商品和服务搬到网上进行销售，就必须设法增加这些商品的附加价值，如提供更多的选择品种、更低的价格、可靠的质量，以及良好的信誉等，这样才能吸引更多的消费者进行网上购买。

4.2.2　品牌

在电子商务营销中，生产商与经营商的品牌同样重要，一方面要在浩如烟海的网络信息中获得浏览者的注意，必须拥有明确、醒目的品牌；另一方面，由于网上购买者可以面对的选择很多，而且网上销售又无法进行购物体验，因此，品牌魅力对消费者来说极为重要。

1. 品牌的概念

品牌是用以识别不同生产者或经营者所提供的产品或服务的一种标志，通常由文字、标记、符号、图案和颜色等要素组成。品牌是一个集合概念，它包括品牌名称和品牌标志两个部分。品牌名称是指品牌中可以用语言称呼的部分；品牌标志是指品牌中可以被认出、易于记忆，但不能用语言称呼的部分，通常由图案、符号或颜色等构成。

在产品的推广过程中，品牌既能区别不同生产厂家或经营者所提供的产品，还能提升产品价值，它代表着经营者对交付给顾客的产品特征、利益和服务的惯性承诺。久负盛名的品牌就是优秀质量的保证，所以企业在生产经营中都很重视品牌的发展。

2. 网络品牌

网络品牌即是网络与品牌的统一。网络品牌主要指企业注册在通用网址的域名，与企业名称及商标一起构成企业的品牌。简单来说，是通过网络打造企业品牌。在互联网时代，企业不仅要树立传统意义上的品牌形象，更要有拥自己的网上品牌形象。在互联网领域，品牌是企业进行电子商务和参与网上竞争的保证。

1）互联网时代的品牌理念

《电脑世界》杂志主编 P · 吉林说："对传统零售业来说，成功的条件是地段、地段、地段；而对网络零售业而言，则是品牌、品牌、品牌"。互联网时代顾客是否光临网站仅是一键之差，远比现实世界方便。要使顾客坚定地光顾自己的网站，理由只有一个，那就是"品牌"。为了树立第一品牌的地位，Amazon.com 早在 1998 年就已斥资 5 000 万美元进行品牌营销。Amazon.com 每赚 1 美元，便有 0.36 美元用于广告，而传统企业仅用 0.04 美元。

（1）网络品牌的构成。品牌特征是由词语、形象、思想和相关事物组成的框架，这个框架的具体表现就构成了品牌的整体。在互联网领域，品牌同样可以由品牌名称、品牌图案和品牌附属内容构成。这些品牌名称就是域名，或者是域名的主要部分，如 yahoo.com、msn.com 等。

（2）网络品牌的命名。品牌命名是创立品牌的第一步。在传统领域，声名显赫的企业往往可以直接借用原有的品牌，若原有品牌由于各种原因不便直接使用的话，可以考虑使用简洁的缩写，anderson consulting（安达信顾问公司）的域名是 www.ac.com，MerrillLynch（美林证券公司）的域名是 www.m1.com，而惠普公司在网上的域名是 www.hp.com。大量以互联网业务为主业的公司命名了全新的品牌，它们带有互联网时代的高科技前卫特色。现在互联网的服务商越来越认识到创立一个品牌是获得利益的关键，而一个知名品牌的价值无疑是巨大的。

（3）网络品牌的视觉形象。一个品牌不仅仅要有一个响亮的品牌名称，还要有一个亮丽的视觉形象。网络品牌的视觉形象包括传统品牌的标志设计和专用造型，还有独特的主页设计风格。网络品牌的标志设计不但使用了强烈的色彩对比，还广泛应用了多媒体技术，如三维技术、动画技术等，在表现空间上更加广阔，品牌形象传播手段也更为有力。主页的设计风格也是网络品牌的一种体现，有些网站的标志设计比较简单，但是其网页设计有独特风格，给访问者的印象十分深刻，也起到了品牌的效果。另外，在设计技巧上，网络品牌带有强烈的数字时代特征，体现数字时代精神的快节奏使网络品牌标志的风格简练，视觉冲击强烈，信息传递效率成倍提高。

2）网络品牌的价值

网络品牌的出现是近几年的事，还没有机构对此进行全面的评估，我们可以从网络品牌的以下几个方面进行观察：

（1）网络品牌的创建成本。在网络企业的运作中，巨大的投资其实都花在了品牌方面。网络企业在过去的几年里已经花费了风险投资商数以亿计的资金。从会计角度看，依据原始记录，按原始成本进行评估网络品牌的价值是可行的。

（2）网络品牌的市场价值。评价网络品牌的价值当然还要看其美誉度。一个被众多消费者看好和认可的品牌肯定是具有市场价值的。

（3）网络品牌的收购成本。目前，互联网域名实行的是注册在先的原则，只要不能证明是恶意抢注，任何人缴纳 70 美元就能将自己中意的名称注册为域名，全球因此出现了注册高潮。一些有意思的或是热门的域名均被注册，而绝大部分的域名所有者准备伺机而估。有人把这形容为俄克拉荷马圈地运动的再现，当某人准备将自己选定的名称去注册时，发现已经被人捷足先登，如果不愿割爱的话，只能去和别人商议转让了。按照国际会计标准委员会的定义，收购的品牌可以按收购价格核算。因此，在市场上进行交易的网络品牌的交易成本应该可以构成其价值的一部分。

显然，在捷足先登的互联网领域，品牌意味着市场地位、市场份额和生存机会，以及丰厚的市场利润。域名被抢注等于是为他人做嫁衣，意味着市场机会的失去。因此，无论是网上企业还是未进入互联网的企业，都应该重视网络品牌。据不完全统计，被抢注的中国著名企业品牌域名已多达 400 多个，在中央电视台做过广告的所有企业中，仅有 5 家企业的域名在互联网上未被抢注。

3. 网络品牌建设的技巧

互联网的品牌塑造，必须使用一套迥然不同于传统行业的品牌塑造方法。以下介绍互联网品牌建设的几大法则，希望能对一些风险投资的网站有所裨益。

1）把品牌变成可记忆、易于传播的符号

互联网产业不同于传统产业，传统产业都会有具体的产品，因此，传统产业的品牌塑造很大程度上都是在产品基础上形成的，而互联网企业的产品基本上都是无形的，是一种服务，是消费者看不见摸不着的。因此，对于互联网企业，必须创造一个非常强烈的品牌记忆符号，才能让消费者形成实在的感知。

比如百度，其强烈的品牌记忆符号就是每逢特别节日，其网站的 Logo 就会变身，变成节日卡通形象，节日 Logo 已经成为百度品牌文化中重要的一部分。再如腾讯 QQ 的小企鹅，不但成为了腾讯的标志性符号，而且还延伸到服装、礼品等相关性产业中。

2）把产品体验生动化、娱乐化

正是因为互联网的产品都是虚拟的，因此，强化互联网网民对互联网产品的体验尤为重要。比如说把产品的使用过程变成受众可感知的故事，如百度推广其搜索引擎时，就杜撰了一个“小度”和“白依依”的爱情故事，并且让网友自发续写其故事，让网民在续写中感知其产品。再如淘宝网采用大片营销方式进行深度推广，将大片的明星道具全部搬到淘宝网上拍卖，使得淘宝产品在与大片的深度互动中得到很好的体验。

3）要学会借势，不能借势就自己造势

作为互联网企业，要想让自己的品牌迅速成长，一定要学会借势，时刻注意跟踪社会上的文化热点、娱乐热点和体育热点，随时取之为我所用，让紧贴社会热点的品牌传播运动，激起市场和社会的多元化反应，形成多重激荡。这种激荡的效果，将等同于过往在黄金时段投放广告的效应。

4）忘记大众传媒，让网民主动传播

传媒和传播正在发生大变革，每个企业，每个个人都在成为媒体。在不远的将来，每个企业都会变成媒体—— 一个完整的媒体，不管它是做汽水的、卖鞋的，还是做药的。还有，每个人也都是媒体，只要这个人在用手机、在看电视或者上网，都能成为一个媒体。未来不是一个大媒体面对无数受众，而是无数媒体与无数受众的相互交织和交流。未来的广告将走向点播式和主动传播式，控制权完全掌握在消费者手中。

4. 建立和推广网络品牌的途径

网络品牌往往是多种电子商务营销活动所带来的综合结果，其建立和推广的过程同时也是网站推广、产品推广及销售促进的过程。所以，从各种主要的电子商务营销方法入手，从中发现其对网络品牌的特殊作用，冯英健归纳出建立和推广网络品牌的 7 种主要途径。

1）企业网站中的网络品牌建设

企业网站建设是营销的基础，也是网络品牌建设和推广的基础。在企业网站中有许多可以展示和传播品牌的机会，如网站上的企业标识、网页上的内部网络广告、网站上的公司介绍和企业新闻等有关内容。

2）电子邮件中的网络品牌建设和传播

作为市场营销的需要，每天都可能发送大量的电子邮件，其中有一对一的顾客服务邮件，也有一对多的产品推广或顾客关系信息。通过电子邮件向用户传递信息，也就成为传递网络品牌的一种手段。

3）网络广告中的网络品牌推广

网络广告的作用主要表现在两个方面：品牌推广和产品促销。相对于其他网络品牌推广方法，网络广告在网络品牌推广方面具有针对性和灵活性的特点，可以根据营销策略需要设计和投放相应的网络广告。如根据不同节日设计相关的形象广告，并采用多种表现形式投放于不同的网络媒体。利用网络广告开展品牌推广可以是长期的计划，也可以是短期的推广，如针对新年、情人节和企业年庆等特殊节日的品牌广告。

4）搜索引擎营销中的网络品牌推广

搜索引擎是用户发现新网站的主要方式之一，用户通过某个关键词检索的结果中看到的信息，是一个企业或网站网络品牌的第一印象，这一印象的好坏决定了这一品牌是否有机会进一步被认知。可见，网站被搜索引擎收录并且在搜索结果中排名靠前，是利用搜索引擎营销手段推广网络品牌的基础。这也说明，搜索引擎的品牌营销是基于企业网站的营销方法。

搜索引擎营销中的品牌推广是搜索引擎营销层次中的第二和第三个目标层次，即在主要搜索引擎中获得好的排名并且提高用户对检索结果的点击率。在网络品牌的层次中，则属于第二层次——网络品牌的信息传递。搜索引擎营销的层次和网络品牌的层次两者研究的问题侧重点不同，因而表现形式有一定的差异，但两者实质是一样的。搜索引擎营销研究的是信息传递一般过程中的用户行为，而搜索引擎营销中的网络品牌则仅考虑搜索引擎检索与网络品牌之间的关系。

利用搜索引擎进行网络品牌推广的主要方式包括在主要搜索引擎中登录网站、搜索引擎优化和关键词广告等常见的搜索引擎营销方式。这种品牌推广手段通常不需要专门进行，而在制定网站推广和产品推广的搜索引擎策略的同时，考虑到网络品牌推广的需求特点，采用"搭便车"的方式即可达到目的。这对搜索引擎营销提出了更高的要求，同时也提高了搜索引擎营销的综合效果。

5）用病毒性营销方法推广

网络品牌病毒性营销对于网络品牌推广来说同样有效。例如，Flash 幽默小品是很多上网用户喜欢的内容之一，一则优秀的作品往往会在很多同事和网友中相互传播，在这种传播过程中，浏览者不仅欣赏了画面中的内容，同时也会注意到该作品所在网站的信息和创作者的个人信息，这样就达到了品牌传播的目的。除此之外，常见的病毒性营销的信息载体还有免费电子邮箱、电子书、节日电子贺卡、在线优惠券、免费软件和在线聊天工具等。

6）提供电子刊物和会员通信

电子刊物和会员通信都是许可 E-mail 营销中内部列表的具体表现形式，这种基于注册用户电子邮箱传递信息的手段对于顾客关系和网络品牌都有显著的效果。在许可 E-mail 营销原理和方法中，我们已经介绍了内部列表 E-mail 营销的一般方法。研究表明，实际上很多中小企业并没有能力应用这一方法，只有部分电子商务公司和大型企业才能将内部列表的价值充分挖掘出来。

7）建立营销导向的网络社区

网络社区营销已经逐渐成为过时的网站推广方法，但网络社区的电子商务营销价值并没有消失，尤其是建立企业自己的网络社区，如论坛、聊天室等。这里需要指出的是，网络社区建设并不仅仅是一个技术问题，也就是说，建立网络社区的指导思想应明确，是为了建立网络品牌、提供顾客服务，以及增进顾客关系。同时更重要的是，对于网络社区要有合理的经营管理方式，一个吸引用户关注和参与的网络社区才具有营销价值。

除了上述几种建立和传播网络品牌的方法之外，还有多种对网络品牌传播有效的方法，如发布企业新闻、以企业为背景的成功案例和博客等，与网下的企业品牌建设一样，网络品牌不是一蹴而就的事情，重要的是充分认识网络品牌的价值，并在各种有效的电子商务营销活动中兼顾网络品牌的推广。

4.2.3　商标

商标是商品的生产者或经营者在其生产、制造、加工、拣选或经销的商品上，或者服务的提供者在其提供的服务上采用的，用于区别商品或者服务来源的，由文字、图形、字母、数字、三维标志、颜色单组合或者上述要素相互组合，具有显著特征的商业识别标志，是现代经济的产物。商标是一种法律用语。

电子商务营销中的商标管理是一个新的领域。每一个消费者都有自己认同的商标。他们认可了一个商标后，就很有可能坚持购买同一个商标的产品。消费者对一个新商标的认可一般经历了无意识、有意识、感兴趣、获取有关知识、有好感、尝试、再试和采纳的过程。在电子商务营销中，企业通过什么途径来引导消费者认可并采购某种商品，这是商标管理中应该解决的问题。

1. 商标的主要特征

（1）商标是用于商品或服务上的标记，与商品或服务不能分离，并依附于商品或服务。

（2）商标是区别于他人商品或服务的标志，具有特别显著性的区别功能，从而便于消费者识别。商标的构成是一种艺术创造。

（3）商标是由文字、图形、字母、数字、三维标志和颜色组合或者上述要素的相互组合的可视性标志。

（4）商标具有独占性。商标最基本的功能就是识别商品或提供服务的来源，区别相同商品或服务的不同经营者，便于消费者识别。所以，注册商标所有人对其商标具有专用权，受到法律的保护。未经商标权所有人的许可，任何人不得擅自使用与该注册商标相同或相类似的商标，否则，即构成侵犯注册商标权所有人的商标专用权，将承担相应的法律责任。

（5）商标是一种无形资产，具有价值。商标代表着商标所有人生产或经营的质量信誉和企业信誉、形象。商标所有人通过商标的创意、设计、申请注册、广告宣传及使用，使商标具有了价值，也增加了商品的附加值。商标的价值可以通过评估确定。商标可以有偿转让，经商标所有权人同意，许可他人使用。

（6）商标是商品信息的载体，是参与市场竞争的工具。生产经营者的竞争就是商品或服务质量与信誉的竞争，其表现形式就是商标知名度的竞争。商标知名度越高，其商品或服务的竞争力就越强。

2．商标的种类

（1）平面商标和立体商标。平面商标是指由文字、图形、字母、数字、色彩的组合，或前述要素的相互组合构成的商标。立体商标是由产品的容器、包装、外形，以及其他具有立体外观的三维标志构成的商标。

（2）商品商标和服务商标。商品商标是指使用于各种商品上，用来区别不同生产者和经营者的商标，如“长虹”、“海尔”等。服务商标是指使用于服务项目上，用来区别服务提供者的商标。

（3）集体商标和证明商标。集体商标是指以团体、协会或者其他组织名义注册，供该组织成员在商事活动中使用，以表明使用者在该组织中的成员资格的标志。例如，合作社和行业协会注册的商标供合作社成员和协会成员使用。证明商标是指由对某种商品或者服务具有监督能力的组织所控制，而由该组织以外的单位或者个人使用于其商品或者服务上，用以证明该商品或者服务的原产地、原料、制造方法、质量或者其他特定品质的标志。例如国际羊毛局注册并负责管理的纯羊毛标志就是著名的证明商标。

3．商标的界定与域名商标

根据美国市场营销协会（AMA）的定义：商标是一个名字、术语、标志、符号、设计或者它们的组合体，用来识别某一销售者或组织所营销的产品或服务，以区别于其他竞争者。一方面，商标从本质上说是用来识别销售或生产者的工具。依据商标法，商标拥有者享有独占权，单独承担使用商标的权利和义务；另一方面，商标还具有一些附加属性，它可以给消费者传递使用该商标的产品所具有的品质，是企业形象在消费者心理定位的具体依据，可以说商标是企业形象的化身，是企业品质的保证和承诺。

（1）商标内涵与域名的商标特征。域名作为企业在网络市场进行商业活动的唯一标识，它具有独占性。如果对比商标的定义，我们可以将域名描述为：域名是由个人、企业或组织申请的独占使用的互联网上的标识，是对提供的服务或产品的品质进行承诺和提供信息交换或交易的虚拟地址。

从上面的描述中可知，域名不但具有商标的识别企业（组织）功能，还具有传递企业产品或服务的品质和属性的功能，因此域名本质上也是一种商标，它不但具有商标的一般功能，还提供在互联网上进行信息交换和交易的虚拟地址。虽然目前的域名申请规则和法律没有明文规定域名的法律地位和商标特征，但从域名的内涵和商标的范畴来看，完全可以将域名定义为从以物质交换为基础的实体环境下的商标延伸到以信息交换为基础的网上市场虚拟环境下的一种商标，是企业商标外延的拓展和内涵的延伸，它适应新的商业环境的需要。重新认识域名在商业环境中的商业价值和法律地位，对企业的发展是刻不容缓的事情。

（2）域名命名与企业名称和商标的相关性。目前许多商业机构纷纷上网，虽然大多数企业还未能从中获取商业利润，但由于网络是未来的重要商业模式并具有战略意义，这些企业审时度势，依然投资上网，并对上网注册尤其重视。考虑到企业现在的发展和未来的机遇，有的企业为获取一个好的名称而不惜代价，大多数商业机构注册的域名与企业商标或名称有关，如微软公司和 IBM 公司、可口可乐公司等。根据对互联网域名数据库网上信息中心的商业域名的分析，有直接对应关系的占 58%，有间接关系的也占很大比例，因此在实践中，许多企业已经意识到域名的商标特性，为适应现代的企业发展，才采取这种命名策略。

4．域名商标的商业价值

互联上的明星企业网景公司（Netscape）和雅虎公司（Yahoo），由于其提供的 WWW 浏览工具和检索工具享有极高的市场占有率和市场影响力，已成为网上用户访问最多的站点之一，其域名也成为网上著名的域名之一。由于域名和公司名称的一致性，公司的形象在用户中的定位和知名度是水到渠成的，它胜过公司的专门形象策略和计划。域名的知名度和访问率就是公司形象在互联网商业环境中的具体体现，公司商标的知名度和域名知名度在互联网上是统一的、一致的。域名从作为计算机网上通信的识别标志提升为从商业角度考虑的企业商标资源，与企业商标一样它的商业价值是不言而喻的。1995 年，微软公司为宣传其品牌 Win95 操作系统软件曾投入大量资金，使其成为世界上家喻户晓的品牌，而同时期刚刚起步的网景公司借助互联网以放弃收费为代价使其 Netscape 浏览器不费吹灰之力就占领市场高达 70%。由于公司的知名度和潜在价值，公司股票上市当天就从 28 美元狂涨到 75 美元，4 个月后达到 171 美元，公司的创始人也在很短的时间内便成为亿万富翁。可见由于互联网市场容量的非常规增长及消费者群的聚集，域名的商标价值是很难用惯常的模式进行预测的。

5．域名抢注问题

域名作为互联网上一个人性化的符号标识，简化了人与计算机进行交互操作的复杂性，同时简化了互联网上不同使用者之间的识别和信息交换。随着互联网上商业应用的增长和国际化，域名不仅仅是一种计算机交换信息所必需的个人或组织符号，还是互联网上查找和识别组织或个人的一种重要识别标识，它使得交易双方的直接沟通和信息交换成为可能，同时减少了信息交换成本。在互联网日益深化的商业化过程中，域名作为企业组织的标识作用日益突出。虽然目前还不能从中获取商业利润，但越来越多的企业纷纷注册上网（据统计目前在顶级域名.com 下注册的企业占注册总数的 65.2%之多），可见域名的商业作用和识别功能已引起注重战略发展的企业的重视。

由于互联网域名管理机构没有赋予域名以法律上的意义，域名与任何公司名及商标名没有任何关系，但由于域名的唯一性，任何一家公司注册在先，其他公司就无法再注册同样的域名，因此域名已具有与商标和名称类似的意义。在英国，有人在互联网上用一个有名的超级市场名称作为自己的域名，销售自己的产品。由于世界上著名的公司大部分直接以其著名产品注册域名，因此域名在网上市场营销中同样具有商标特性，加之大多数使用者对专业知识知之甚少，很容易被一些有名的域名所吸引，因此一些显眼的域名很容易博得用户的青睐，如美国著名的打火机公司域名为 www.lighter.com。正因为域名的潜在商业价值，许多不法之徒抢先注册一些著名域名，用一些著名公司的商标或名称作为自己的域名进行注册。可见，域名不仅仅是互联网交换信息的唯一标识，还是企业在互联网市场中进行交易时被对方识别的标识，企业必须将其纳入企业商标资源，并进行设计和管理使用。

6. 企业域名商标应用

1）域名商标命名

域名的选取和命名是以英文字母为基础进行的。由于英文字母的有限性，加之域名越短越容易记忆和使用，以及顶级域名的国际标准规定，导致域名的选择具有很大的局限性，加上申请者的广泛，使域名选择重复和类似的概率非常高。此外，企业还面临域名被抢先使用或类似使用障碍，如 www.page.net.cn 与 www.pages.net.cn 就很容易混淆。针对这些被抢注或类似注册的情况，企业必须检索清楚后采取相应策略予以解决。

如果只考虑域名的标识功能，可能认为域名只要符合国际标准和惯例，便于记忆使用即可。但考虑到域名的商标资源特征，域名的命名应与一般商标名选择一样，必须审慎从事，否则就会与一般商标名选择不当一样对企业发展产生不必要的负面影响。域名命名首先要按照国际标准选择顶级域名，还应考虑到以下几个方面：

（1）与企业已有商标或企业名称具有相关性。如能将企业名称与域名统一，就可以营造一个完整立体的企业形象，不但便于消费者在不同环境中都能准确识别，而且两边的宣传可以起到相互补充、相互促进的作用，目前大多数企业都采用这种方法。

（2）简单、易记、易用。域名不但要容易记忆识别，还应当简单易用。因为域名作为一个地址，可以方便消费者直接与企业站点进行信息交换，如果域名过于复杂，则会影响顾客使用域名的积极性。因为顾客可以有很多选择和机会，而企业只有一次。因此，简单、易记、易用的域名更容易获取顾客的选择和访问机会。

（3）多个域名。由于域名命名的限制和申请者广泛，极易出现申请类似的域名，从而减弱域名的识别性和独占性，导致顾客的错误识别，因此企业一般要同时申请多个类似相关的域名以保护自己，如 www.pages.com 和 www.page.com。另外，为了便于用户识别不同服务，也可以申请类似但又有区别的域名，如微软公司的 www.microsoft.com 和 home.microsoft.com，它们提供不同内容的服务。

（4）国际性。由于互联网的开放性和国际性，使用者可能遍布全世界，域名的选择必须能使国外大多数用户容易记忆和接受，以免失去开拓国际市场的大好机会。目前，互联网上的标准语言是英语，因此命名一般用英语单词为佳，如“中国”的拼音 ZhongGuo 可以很容易被中国人识别出来，可是不了解中国文化的人就不知所云，如果用 China 就可以兼顾国内和国外的用户。

2）域名商标注册

域名的申请注册必须向授权组织申请。根据互联网国际特别委员会的报告，将顶级域名分成以下 3 类：

（1）国家顶级域名（nTLD）。国家顶级域名代码由 ISO3166 定义，如.cn 表示中国。

（2）国际顶级域名（iTLD），即 int。

（3）通用顶级域名（gTLD）。

根据 1994 年 3 月公布的规定，有 com（公司企业）、net（网上服务机构）、org（非盈利组织）、edu（教育机构）、gov（政府部门）和 mil（军事部门）等。由于互联网的发展，原来由 InterNIC 单独受理域名申请，现在发展为多个申请注册中心。如果申请通用顶级域名和 com、org、net，则由 InterNIC 负责，但企业也可以根据需要在本国顶级域名下申请，体现企业的国籍，如中国企业可以在顶级域名 cn 注册，如果引起冲突还可以在国内得到妥善解决。

4.2.4　服务

1．电子商务营销服务概述

营销管理大师菲利普·科特勒认为："服务是一方能够向另一方提供的基本上是无形的任何活动或利益，并且不导致任何所有权的产生。它的生产可能与某种有形产品联系在一起，也可能毫无关联。"

由此可知服务包含以下要点：服务提供的大多数是无形的活动，有时也与有形产品联系在一起；服务提供的是产品的使用权，不涉及所有权的转移；服务对购买者的重要性足以与物质产品相提并论，但有些服务不需要直接付款。电子商务营销服务也具有同样的内涵，只是电子商务营销服务通过 Internet 来实现。

2．电子商务营销服务的特点

服务作为无形产品，其主要特点有不可触摸性、不可分离性、可变性、同步性和易逝性等。电子商务营销服务也具有上述特点，但其内涵却发生了很大变化，具体体现在以下几个方面：

（1）增加顾客的感性认识。服务的最大局限在于服务的无形性和不可触摸性，因此在进行电子商务营销服务时，经常需要对服务进行有形化，通过一些有形方式表现出来，以增强顾客的体验和感受。

（2）突破时空的不可分离性。服务的最大特点是生产和消费同时进行，因此服务受到时间和空间的限制。顾客为了寻求服务，往往需要花费大量时间去等待和奔波。而 Internet 的远程服务则可以突破服务的时空限制，如现在的远程医疗、远程教育、远程培训和远程订票等，这些服务通过 Internet 都可以实现消费方和供给方的空间分离。

（3）提供更高层次的服务。顾客的消费需求是有层次的，当一个层次的需求得到满足后，高一层次的需求就产生了。传统服务的不可分离性使得顾客寻求服务受到限制，Internet 的出现突破了传统服务的限制，顾客可以通过 Internet 得到更高层次的服务，顾客不仅可以了解信息，还可以直接参与整个过程，最大限度地满足顾客的个人需求。

（4）顾客寻求服务的主动性增强。顾客通过 Internet 可以直接向企业提出要求，企业必须针对顾客的要求提供特定的一对一服务。而且企业也可以借助 Internet 降低成本来满足顾客的一对一服务需求。当然，企业必须改变业务流程和管理方式，实现柔性化服务。

（5）服务成本降低，效益提高。一方面，企业通过 Internet 实现远程服务，扩大服务市场范围，创造新的市场机会；另一方面，企业通过 Internet 提供服务，可以增强企业与顾客之间的关系，培养顾客的忠诚度，减少企业的营销成本费用。

3. 电子商务营销服务分类

根据服务在业务中所占的比例，企业提供的传统服务可以分为 4 类：纯有形产品的较少服务、伴随服务的有形产品、主要服务伴随小物品和小服务，以及纯服务。对于电子商务营销服务，则可以简单地划分为网上产品服务营销和服务产品营销。

网上产品服务营销主要是指前面两类服务，服务是产品营销的一个有机组成部分；网上服务产品营销是指无形产品，可以通过 Internet 直接进行传输和消费的服务产品的营销活动。对于服务产品营销，除了关注服务销售过程的服务外，还要针对服务产品的特点开展营销活动。根据电子商务营销交易的时间间隔，可以将服务划分成销售前的服务、销售中的服务和销售后的服务。

（1）网上售前服务。从交易双方的需求可以看出，企业电子商务营销售前服务主要是提供信息服务。企业提供售前服务的方式主要有两种：一种是通过自己的网站宣传和介绍产品信息，这种方式要求企业的网站必须有一定的知名度，否则很难吸引顾客注意；另一种方式是通过网上虚拟市场提供商品信息。企业可以免费在上面发布产品信息广告，提供产品样品。除了提供产品信息外，还应该提供产品相关信息，包括产品性能介绍和同类产品的比较信息。为了方便顾客购买，还应该介绍如何购买产品的信息，以及产品包含哪些服务，产品使用说明等。总之，提供的信息要让准备购买的顾客胸有成竹，顾客在购买后可以放心使用。

（2）网上售中服务。网上售中服务主要是指销售过程中的服务。这类服务是指产品的买卖关系已经确定，等待产品送到指定地点的过程中的服务，如了解订单执行情况、产品运输情况等。在传统营销部门中，有 30%～40%的资源是用于应对顾客对销售执行情况的查询和询问，这些服务不但浪费时间，而且非常琐碎，难以给用户满意的回答。特别是一些跨地区的销售，顾客要求服务的比例更高。而网上销售的一个特点是突破传统市场对地理位置的依赖和分割，因此网上销售的售中服务非常重要。所以，在设计网上销售网站时，在提供网上订货功能的同时，还要提供订单执行查询功能，方便顾客及时了解订单的执行情况。

（3）网上售后服务。网上售后服务就是借助 Internet 进行直接沟通的优势，以便捷方式满足顾客对产品安装、技术支持和使用指导，以及使用维护需求的客户服务方式。网上售后服务有两类：一类是基本的网上产品支持和技术服务；另一类是企业为满足顾客的附加需求提供的增值服务。无论是产品服务营销，还是顾客服务营销，服务营销的核心理念都是顾客满意和顾客忠诚，通过取得顾客的满意和忠诚来促进相互有利的交换，最终实现营销绩效的改进和企业的长期发展。

4. 电子商务客户服务需求

（1）了解产品信息的需求。在网络时代，顾客需求呈现出个性化和差异化特征，顾客为了满足自己个性化的需求，需要全面、详细地了解产品和服务信息，以寻求出最能满足自己个性化需求的产品和服务。传统营销很难满足顾客对产品和服务的这类需求。

（2）解决问题的需求。顾客在购买产品或服务后，可能面临许多问题，需要企业提供服务来解决这些问题。顾客面临的问题主要是产品安装、调试、试用和故障排除，以及有关产品的系统知识等。在企业电子商务营销站点上，许多企业的站点提供技术支持、产品服务，以及常见的问题释疑（FAQ）。有的还建有顾客虚拟社区，顾客可以通过 Internet 向其他顾客寻求帮助，或由顾客通过自己学习解决问题。

（3）接触公司人员的需求。对于有些比较难以解决的问题，顾客难以通过网站获得解决方法，希望公司能提供直接支援和服务。这时，顾客需要与公司人员进行直接接触，向公司人员询求意见，得到直接答复或者反馈顾客的意见。与顾客进行接触的公司人员在解决顾客问题时，可以通过 Internet 获取公司对技术和产品服务的支持。

（4）了解全过程的需求。顾客为了满足个性化需求，不仅要通过掌握信息来进行选择产品和服务，还要求直接参与产品的设计、制造和运送整个过程。个性化服务是企业与顾客之间一种双向互动的密切关系。企业要实现个性化服务，就需要改造企业的业务流程，将企业业务流程改造成按照顾客需求来进行产品的设计、制造、改进、销售、配送和服务。顾客了解和参与整个过程意味着企业与顾客需要建立一种"一对一"的关系。Internet 可以帮助企业更好地改造业务流程以适应对顾客的"一对一"营销服务。

上述 4 个层次的需求之间是一种相互促进的作用，只有低层次需求被满足以后才可能促进更高层次的需求，顾客的需求越能得到满足，企业与顾客的关系也越密切。整个过程是一种螺旋式的上升，这既促进了企业对顾客需求的充分了解，也会引起顾客对企业期望的膨胀。

5．电子商务营销服务策略

1）设置网站服务功能

在企业网站中，网上产品服务是网站的重要组成部分。有的企业建设网站的主要目的是提供网上产品服务，提升企业的服务水平。为了满足电子商务营销中顾客不同层次的需求，一个功能比较完善的网站应具备以下一些功能：

（1）提供产品分类信息和技术资料，方便客户获取所需的产品和技术资料。

（2）提供产品相关知识和链接，方便客户深入了解产品，从其他网站获取帮助。

（3）FAQ，即常见问题解答，帮助客户直接从网上寻找问题的答案。

（4）网上虚拟社区（BBS 和 Chat），提供给客户发表评论和相互交流学习的园地。

（5）客户邮件列表，客户可以自由登记和了解网站最新动态，企业及时发布消息。

上述功能是一些基本功能，一方面企业可以向客户发布信息，另一方面企业也可以接收到客户的反馈信息，同时企业与客户还可以直接进行沟通。为了满足顾客的一些特定需求，网站还可以提供一些特定服务。为了实现上述功能，网上顾客服务常用的方法有：FAQ 的设计与使用；电子邮件工具的使用；表单的创建与使用。

2）网上个性化服务

（1）网上个性化服务（customized service），也称定制服务，就是指按照顾客特别是一般消费者的要求提供特定服务。个性化服务包括 3 个方面：一是服务时空的个性化，服务能够在人们希望的时间和地点得到满足；二是服务方式的个性化，能够根据顾客的爱好或特色来提供服务；三是服务内容的个性化，服务不再是千篇一律，千人一面，而是各取所需，各得其所。Internet 可以在上述 3 个方面给用户提供个性化的服务。

伴随个性化服务也会出现相应的问题。首先是隐私问题，个人提交的需求，以及信息提供者掌握的个人偏好和倾向，都是一笔巨大的财富。大多数人不愿公开自己的"绝对隐私”，因此，企业在提供个性化服务时，必须注意保护用户的一些隐私信息，不能将这些隐私信息进行公开或者出卖。侵犯用户的隐私信息，不但会招致用户的反对，而且可能导致用户的起诉甚至报复。其次，提供的个性化服务必须是用户真正需要的。另外，个性化服务还涉及许多技术问题，用户需要做到无论何时何地都可以接收信息，而且接收的信息又是用户所需要的和能够选择的。

（2）网上个性化的信息服务中，最典型的是信息服务。网站是一种影响面广、受众数量巨大的营销传播工具。但是，受众在语言、文化背景、消费水平、经济环境和意识形态，直至每个消费者具体的需求水平等方面存在着的差异就变成一个非常突出的问题了。所以，如何充分发挥 Internet 在动态交互方面的优势，尽量满足不同消费者的不同需求，就成为个性化服务产生的市场动因。目前网上提供的定制服务，一般是网站经营者根据受众在需求上存在的差异，将信息或服务化整为零或提供定时定量的服务，让受众根据自己的喜好去选择和组配，从而使网站在为大多数受众服务的同时，变成能够一对一地满足受众特殊需求的市场营销工具。个性化服务改变了信息服务“我提供什么，用户接受什么”的传统方式，变成了“用户需要什么，我提供什么”的个性化方式。信息的个性化服务，主要有如下一些方案：

① 页面定制。Web 定制使预订者获得自己选择的多媒体信息，只需通过标准的 Web 浏览器。许多网站都推出了个性化页面服务，如“雅虎”推出了“我的雅虎（中文网址 http://cn.my.yahoo．com）”，可让用户定制个性化主页。用户根据自己的喜好定制显示结构和显示内容，定制的内容包括新闻、政治、财经和体育等多个栏目，还提供了搜索引擎、股市行情、天气预报和常去的网址导航等。用户定制以后，个人信息被服务器保存下来，以后访问“我的雅虎”，用户看到的就是自己定制的内容。现在，国内“网易”已推出了类似的服务（http://my.163.com）。

② 电子邮件定制方案。目前中报联与上海热线正在合作推出产业新闻邮件定制服务：专用客户机软件，如股票软件、天气软件等可以传送广泛的待售品和多媒体信息，客户机不需要保持与 Internet 的永久链接。但目前电子邮件定制信息只能定制文本形式的信息。随着越来越多的用户安装了支持 MIME 的软件包，多媒体电子邮件将越来越普遍了。

③ 需要客户端软件支持的定制服务。如网上股票交易，它通过特制的软件包来接收股市行情，完成股票交易。这种软件以类似屏幕保护的形式出现在计算机上，而接收哪些信息是需要用户事先选择和定制的。这种方式的最大特点是信息并不是驻留在服务器端，而是通过网络实时推送到客户端，传输速度更快，让用户察觉不出下载的时间。但客户端软件方式对计算机配置有较高的要求，在信息流动过程中可以借用客户端计算机的空间和系统资源，但是让客户下载是一件麻烦事。

（3）网上个性化服务应注意的问题。虽然网上个性化服务是一种非常有效的电子商务营销策略，但它又是一项系统工作，需要从方式、内容、技术和资金上进行系统规划和配合。所以，企业在提供网上个性化服务时，首先要考虑其针对性和适用性；其次要考虑市场细分，细分的目的是把握目标市场的需求特点，从而使按需提供的产品和服务能为客户广泛接受。因此，细分的程度越高，就越能够准确地掌握客户的需求。

4.3 价格管理

企业是以营利为目的的社会组织，所以产品价格对企业来说至关重要，它既涉及企业的盈利水平，又涉及企业的市场占有率，以及企业与经销商、消费者的利益关系，在营销活动中价格是不可忽略的因素。因此，价格策略是企业营销策略中的重要组成部分，是竞争的主要手段之一。

产品价格的高低既直接影响着企业的盈利水平，又是市场竞争中的一种重要手段，并且对消费者的购买心理有着重要影响，只要产品价格超出消费者的心理界限，消费者就很容易改变已定的购物计划。在网络时代，消费者不用出门，只需坐在计算机前通过鼠标操作，便可通过浏览相应网站以获得有关产品的价格，并进行价格比较。特别是一些新型的信息服务中介，它们在搜寻价格信息和对价格进行比较方面能向顾客提供十分出色的智能代理服务。例如，www.compare.net 可以提供计算机产品的价格比较，www.shopper.com 可以提供 10 万种以上产品的 100 万种不同的价格供用户比较。由于这些服务打破了在企业与消费者关系中企业由于信息的不对称而总是占上风的局面，在完全竞争的市场中，交易的主动权现在正朝着顾客一方偏移，因此，企业为其产品制定一个合适的价格就显得极为重要。

在电子商务市场，由于网络技术的发展使市场资源配置向着最优方向发展，价格与信息之间的联系以多种方式体现出来，消费者能够理性判断预购商品价格的合理性。企业要想制定出科学合理的价格，就必须对成本、顾客品位和竞争活动中不断发生的变化进行及时追踪，确定企业合理的定价目标，从而确定产品的价格。

4.3.1 电子商务营销定价的特点

在工业经济时代，由于信息的不对称，以及受市场空间和时间的隔离，消费者不得不处于一种被动地位，从属于供应方来满足需要。互联网的出现不但使收集信息的成本大大降低，而且还能得到很多免费信息。网络技术的发展使得市场资源配置朝着最优方向发展，由需求引导市场资源配置是网络时代的重要特征。由于网络技术在市场营销中的广泛应用，所以电子商务营销定价具有以下特点：

1．全球化与本地化相互结合

网络市场面对的是开放的、全球化的市场，消费者可以在世界各地直接通过网站进行购买，而不用考虑网站属于哪一个国家或地区。目标市场从过去受地理位置限制的局部市场一下子拓展到范围广泛的全球性市场，使得电子商务营销产品定价时必须考虑目标市场范围的变化给定价带来的影响。企业不能以统一的市场策略来面对差异性极大的全球性市场，必须采用全球化与本地区特点相结合的原则。

2．低价位定价打开市场

由于互联网使用者的主导观念是网上的信息产品是免费的、开放的、自由的，所以在早期互联网的商业应用中，许多网站都想直接从互联网产品销售中赢利，结果证明这是失败的。随着互联网商用推广的发展，网上消费者逐步接受了网上产品付费的事实，并逐步转变了电子商务消费观念，但仍有一种互联网上的信息和产品是低廉的心理期望。因此在现阶段，电子商务营销产品的定价特别是消费品应是低价位进入市场。如果面对的是工业品市场，由于网上顾客对产品的价格不太敏感，主要考虑的是方便、新潮或者满足特定需要，所以这类产品就不一定要考虑低价位定价策略。

3．顾客需求为主导进行产品定价

在网络时代，根据产品成本进行定价逐步被淡化，逐渐发展为以顾客需求为导向进行定价。互联网的发展使需求由过去的被动选择转变为主动选择，顾客的需求引导着企业的生产，消费者可以根据市场信息来选择购买或定制自己满意的产品或服务。

总之，定价是企业营销活动中一个十分敏感又很难有效控制的因素，要综合考虑企业定价的多方面因素。特别是由于互联网是从免费共享资源发展而来的，用户一般认为网上购买商品比通过一般渠道购买商品要便宜，因此，网上销售时定价一般要低于市场价格。另外，在网上公布价格时，要注意区分消费对象，对消费者、零售商、批发商及合作伙伴要有针对性地发布价格信息。还有，因为通过互联网，消费者可以对不同企业的产品进行比较，可以很容易地在网上找到最便宜的商品，所以在网上发布价格时，要注意比较同类站点公布的价格，否则公布价格过高或过低都会起到反作用。

4.3.2　电子商务营销的成本控制

从企业内部来说，企业产品的生产成本总体是呈下降趋势，而且成本下降越来越快。在电子商务营销战略中，可以从降低营销及相关业务管理成本费用和降低销售成本费用两个方面分析电子商务营销对企业成本的控制和节约。电子商务营销对企业职能部门业务节约的成本费用主要体现在以下几个方面：

1．降低采购成本费用

企业在采购过程中之所以经常出现问题，是由于过多的人为因素和信息闭塞造成的，通过互联网可以减少人为因素和信息不畅通的问题，在最大限度上降低采购成本。首先，利用互联网可以将采购信息进行整合和处理，统一从供应商处订货，以求获得最大的批量折扣。其次，通过网络实现库存、订购管理的自动化和科学化，最大限度减少人为因素的干预，同时能以较高效率进行采购，可以节省大量人力，避免人为因素造成不必要损失。第三，通过 Internet 可以与供应商进行信息共享，可以帮助供应商按照企业生产的需要进行供应，同时又不影响生产，并且不增加库存。

2．降低库存

利用 Internet 将生产信息、库存信息和采购信息融合在一起，形成信息化管理系统，实现实时订购。企业可以根据需要订购，最大限度降低库存，实现“零库存”管理。这样做的好处是，一方面减少资金占用和减少仓储成本，另一方面可以避免价格波动对产品的影响。正确管理存货能为客户提供更好的服务并为公司降低经营成本，加快库存核查频率会减少与存货相关的利息支出和存储成本。减少库存量意味着现有的加工能力可以更有效地得到发挥，更高效率的生产可以减少或消除企业和设备的额外投资。

3．生产成本控制

利用互联网可以节约大量生产成本，首先利用网络可以实现远程虚拟生产，在全球范围寻求最适宜生产的厂家来生产产品；另一方面，利用互联网可以大大节省生产周期，提高生产效率。使用互联网与供货商和客户建立联系，使公司能够比从前大大缩短用于收发订单、发票和运输通知单的时间。有些部门通过增值网（VAN）共享产品规格和图纸，以提高产品设计和开发的速度。Internet 的发展和应用将进一步减少产品生产时间，其途径是通过扩大企业电子联系的范围，或是通过与不同研究小组和公司进行的项目合作来实现。

4.3.3　电子商务营销的定价策略

定价策略作为对企业定价行为的全面指导，它涉及企业日常营销活动的一般原则。在制定价格政策时，企业应考虑自己的定价目标，即通过定价要达到什么样的营销目的或效果。企业的总目标当然是实现利润最大化，但并不是说产品的价格定得越高越好，企业追求的应是收益最大化而不是价格最大化。

假如一款软件的定价为 12 元，以这个价格出售，每天售出的可能是 150 次，那么每天该软件的销售总收入为 150×12=1 800 元；如果定价为 5 元一次，每天售出的可能是 400 次下载，那么总收入为 400×5=2 000 元；如果定价为 8 元一个，售出 300 次，那么总收入为 300×8=2 400 元。在边际成本可以忽略不计的情况下，那么定价 8 元就是较好的选择。因此，企业应根据具体情况选择科学合理的定价制定价格。图 4-3 分析了产品销售中不同定价策略的销售量比较。

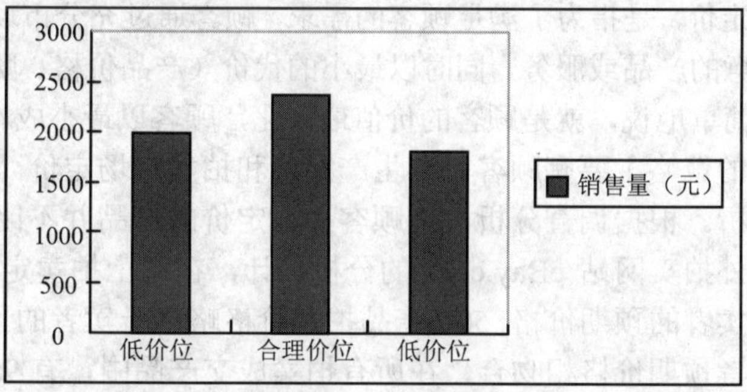

图 4-3　产品销售中不同定价策略的销售量比较

1．电子商务营销定价类型

1）全球性定价

电子商务营销市场面对的是开放的和全球化的市场，用户可以在世界各地直接通过网站进行购买，无须考虑网站是属于哪一个国家或者地区。这种目标市场从过去受地理位置限制的局部市场拓展到范围广泛的全球性市场，使得在对电子商务营销产品制定价格时，必须考虑目标市场范围的变化给定价所带来的影响。

如果产品的来源地和销售目的地与传统市场渠道类似，则可以采用原来的定价方法。如果产品的来源地和销售目的地与原来传统市场渠道差距非常大，定价时就必须考虑这种地理位置差异所带来的影响。如 Amazon 的网上商店的产品来自美国，购买者也是美国人，那么产品定价可以按照原定价方法进行折扣定价，定价也比较简单。如果购买者是中国人或者其他国家消费者，那么采用针对美国本土的定价方法就很难面对全球化市场，影响网络市场全球性作用的发挥。为了解决这些问题，可采用本地化方法，准备在不同市场的国家建立地区性网站，以适应地区市场消费者需求的变化。因此，企业面对的是全球性网上市场，但企业不能以统一市场策略来面对差异性极大的全球性市场，必须采用全球化和本地化相结合的原则进行。

2）低价位定价

互联网是从科学研究应用发展而来，因此互联网使用者的主导观念是网上的信息产品是免费的、开放的、自由的。在早期利用因特网开展商业应用时，许多网站采用收费方式想直接从互联网赢利，结果被证明是失败的。Yahoo 公司是通过为网上用户提供免费的检索站点起步，逐步拓展为门户站点，现在拓展到电子商务领域，一步一步获得成功的，其成功的主要原因是它遵循了互联网的免费原则和间接收益原则。

网上产品定价较传统定价要低，还有着成本费用降低的基础，在上面分析了 Internet 发展可以从诸多方面来帮助企业降低成本费用，从而使企业有更大的降价空间来满足顾客的需求。因此，对于网上产品的定价过高或者降价空间有限的产品，在现阶段最好不要在消费者市场上销售。如果面对的是工业、组织市场，或者产品是高新技术的新产品，网上顾客对产品的价格不太敏感，主要是考虑方便、新潮，这类产品就不一定要考虑低价定价的策略了。

3）顾客主导定价

所谓顾客主导定价，是指为了满足顾客的需求，顾客通过充分市场信息来选择购买或者定制生产自己满意的产品或服务，同时以最小的代价（产品价格、购买费用等）来获得这些产品或服务。简单地说，就是顾客的价值最大化，顾客以最小成本获得最大收益。

顾客主导定价的策略主要有顾客定制生产定价和拍卖市场定价。这两种主要定价策略将在下面详细分析。根据调查分析，由顾客主导定价的产品并不比企业主导定价获取的利润低。根据国外拍卖网站 eBay.com 的分析统计，在网上拍卖定价产品，只有 20% 产品拍卖价格低于卖者的预期价格，50%产品拍卖价格略高于卖者的预期价格，剩下 30% 产品拍卖价格与卖者预期价格相吻合，在所有拍卖成交产品中，有 95%的产品成交价格卖主比较满意。因此，顾客主导定价是一种双赢的发展策略，既能更好地满足顾客的需求，企业的收益又不会受到影响，而且可以对目标市场了解得更充分，企业的经营生产和产品研制开发可以更加符合市场竞争的需要。

4）低价策略

借助互联网进行销售比传统销售渠道的费用低廉，因此网上商品的价格一般来说比传统市场的价格要低。由于网上的信息公开和易于搜索，因此网上的价格信息对消费者的购买起着重要作用。根据研究，消费者选择网上购物，一方面是因为网上购物比较方便，另一方面是因为从网上可以获取更多的产品信息，从而以最优惠的价格购买到商品。低价定价策略常用的有直接低价定价策略和折扣策略，以及有奖销售等促销定价策略。

直接低价定价策略就是在定价时只采用成本加较低的利润，有的甚至是零利润，因此这种定价在公开价格时就比同类产品低。它一般是制造业企业在网上进行直销时常采用的定价方式。采用低价策略的基础是产品成本的降低，通过 Internet，企业可以节省大量的成本费用。

在采用低价定价策略时需要注意的是：首先，由于 Internet 是从免费共享资源发展而来的，用户一般认为网上商品比从一般渠道购买的商品要便宜，因此在网上不宜销售那些顾客对价格敏感而企业又难以降价的产品；其次，在网上公布价格时要注意区分消费对象，通常要区分一般消费者、零售商、批发商和合作伙伴，分别提供不同的价格信息发布渠道，否则可能因低价策略混乱导致营销渠道混乱；第三，网上发布价格时要注意比较同类站点公布的价格及市面产品价格，因为消费者可以通过搜索功能很容易在网上找到更便宜的商品，否则价格信息公布将起到反作用。

5）定制定价策略

在电子商务营销中，按照顾客需求进行定制生产是满足顾客个性化需求的基本形式。根据顾客对象的不同，定制化生产可以分为两类：一类是面对工业组织市场的定制生产，这部分市场属于供应商与订货商的协作问题；一类是面对消费者市场的定制生产，由于消费者的个性化需求差异性大，加上消费者的需求量又少，因此企业实行定制生产要在管理、供应、生产和配送各个环节上都必须适应这种小批量、多式样、多规格和多品种的生产和销售变化。

定制定价策略是在企业能实行定制生产的基础上，利用网络技术和辅助设计软件，帮助消费者选择配置或者自行设计能满足自己需求的个性化产品，同时承担自己愿意付出的价格成本。如 Dell 公司的用户可以通过其网页了解本型号产品的基本配置和基本功能，根据实际需要和在所能承担的价格内配置出自己最满意的产品，使消费者能够一次性买到自己中意的产品。在配置产品的同时，消费者也相应地选择了自己认为价格合适的产品，因此对产品价格有比较透明的认识，增加了消费者对企业的信任。定制定价策略也是个性化定价策略的体现。

6）拍卖竞价策略

网上拍卖是目前发展比较快的领域，经济学认为市场要想形成最合理的价格，拍卖竞价是最合理的方式。网上拍卖是指厂家只规定一个底价，消费者针对这一商品在网上轮流公开竞价，在规定时间内价高者赢得该商品。目前国外比较有名的拍卖站点是 http://www.ebay.com，它允许商品公开在网上拍卖，拍卖竞价者只需在网上进行登记即可，拍卖方只需将拍卖品的相关信息提交给 eBay 公司，经公司审查合格后即可上网拍卖。在我国开展网上拍卖的网站主要是中拍在线 http://www.a123.com。

根据供需关系，网上拍卖竞价方式有以下几种：

（1）竞价拍卖。最常见的是 C to C 的交易，包括二手货、收藏品等，也可以是普通商品以拍卖方式进行出售。如 HP 公司也将公司的一些库存积压产品放到网上拍卖。

（2）竞价拍买。是竞价拍卖的反向过程，消费者提出一个价格范围，求购某一商品，由商家出价，出价可以是公开的或隐蔽的，消费者将与出价最低或最接近的商家成交。

（3）集体议价。在传统营销中，这种方式主要是多个零售商结合起来，向批发商（或生产商）以数量换价格的方式，提出这一模式的是美国著名的 Priceline 公司。互联网出现后，使得普通的消费者也能使用这种方式购买商品。集体竞价模式是一种由消费者集体议价的交易方式，这在目前的国内网络竞价市场中还是一种全新的交易方式。

在拍卖交易关系中，根据交易双方的关系，可以将交易关系形式化为交易模式 X:Y。在交易模式中，X:Y 的含义是达成交易时供需者数量的对比。根据数量对比关系，有以下 4 种模式：

（1）1:1（1 对 1）的交易模式：指大部分的个人交易（C to C）。企业以拍卖方式出售商品，传统拍卖企业所进行的针对单个购买者的拍卖交易，均为这一模式。

（2）1:n（1 对多）的交易模式：指多数企业对个人的交易（B to C）。这一模式中价格的形成，既有供方主导的正向定价法，也有通过集体议价由需方主导的逆向定价法。

（3）m:1（多对 1）的交易模式：当任何一个供应方无法满足需求方的批量要求时，将由多个商家提供商品或服务，这将导致 m:1 的交易模式的使用。

（4）m:n（多对多）的交易模式：当集体议价模式盛行，同时参与集体议价的需方数量又超过了单一供应方的供给能力时，m:n 交易模式将会出现。

上面一些拍卖竞价方式是一种最市场化的方法，随着 Internet 市场的拓展，将有越来越多的产品通过 Internet 拍卖竞价。目前，拍卖竞价针对的购买群体主要是消费者市场，个体消费者是目前拍卖市场的主体。因此，采用拍卖竞价并不是企业目前首要选择的定价方法，因为拍卖竞价可能会破坏企业原有的营销渠道和价格策略。采用网上拍卖竞价的产品大多是企业的一些库存积压产品，也可以是企业的一些新产品，通过拍卖展示起到促销效果。许多公司将产品以低廉的价格在网上拍卖，以吸引消费者的关注。

7）捆绑销售价格策略

捆绑销售这一概念在很早以前就出现了，但是直到 20 世纪 80 年代美国快餐业对其的应用，如麦当劳通过这种销售形式促进了食品的销售量，才引起人们的广泛关注。今天，这种传统策略已被精明的网上企业所应用。网上销售完全可以通过 Shopping Cart 或其他方式巧妙地运用捆绑手段，使顾客对所购产品的价格感觉更满意。

8）品牌定价策略

顾客在网上购物往往会有较多的顾虑，如产品的质量、货物的交付等是否有保证。所以与传统营销相比，企业形象和声誉在电子商务营销中更显重要。企业形象和声誉较好的企业在网上销售的产品价格可以比一般企业的高一些，企业形象和声誉较低的企业在网上销售的产品价格就应比一般企业的低一些。而产品的质量和企业的形象最终都凝结在品牌上，以品牌形象表现出来，知名品牌产品的附加价值较高，这样既能吸引顾客又能为企业增加利润。由于电子商务营销出现较晚，对于本身已具有很大的品牌效应且得到人们认可的产品，在网上定价时，完全可以对品牌效应进行扩展和延伸，利用网络宣传和传统销售的结合，产生整合效应。

9）撇脂定价和渗透定价策略

撇脂定价是指企业为了在短时间内尽快收回投资，以高价位将新产品投放市场的一种策略。它主要应用于有较高技术含量且短期内又不易被模仿的产品。渗透定价是指企业为了迅速开拓市场，抑制竞争者进入，以较低的价格将新产品投放市场的一种策略。它主要应用于那些生产技能容易掌握，生产流程较为简单的产品，如日常生活用品。

上面几种价格策略是企业在利用电子商务营销拓展市场时可以考虑的几种比较有效的策略，并不是所有的产品和服务都可以采用上述定价方法，企业应根据产品的特性和网上市场发展的状况来决定定价策略的选择。无论采用哪种策略，企业的定价策略应与其他策略配合，以保证企业总体营销策略的实施。

2. 电子商务营销免费价格策略

在此专门讲述免费价格策略，是因为其在电子商务营销中影响深远。免费价格就是将企业的产品和服务以零价格形式提供给顾客使用，以满足顾客的需求。免费价格策略是电子商务营销中常用的营销策略，它主要用于促销和推广产品，这种策略一般是短期和临时性的。但在电子商务营销中，免费价格不仅是一种促销策略，还是一种非常有效的产品定价策略。

1）免费价格的产生背景

免费价格策略之所以在 Internet 上流行，是有其深刻的背景的。一方面，由于 Internet 的发展得益于免费策略的实施；另一方面，Internet 作为 20 世纪末最伟大的发明，它的发展速度和增长潜力令人生畏，任何有眼光的人都不会放弃这一发展成长的机会，免费策略是最有效的市场占领手段。目前，企业在电子商务营销中采用免费策略有两个目的：一个目的是让用户免费使用形成习惯后，再开始收费，如金山公司允许消费者在 Internet 下载限次使用的 WPS 2000 软件，其目的是想让消费者使用习惯后，然后掏钱购买正式软件，这种免费策略主要是一种促销策略，与传统营销策略类似；另一个目的是想发掘后续商业价值，它是从战略发展的需要来制定定价策略的，其目的是先占领市场，然后再在市场上获取收益，如 Yahoo 公司通过免费建设门户站点，经过 4 年亏损经营后，通过广告收入等间接收益扭亏为盈，但在前 4 年的亏损经营中，公司却得到飞速增长，这主要得力于股票市场对公司的认可和支持，因为股票市场看好其未来的增长潜力，而 Yahoo 公司的免费策略恰好占领了未来市场，具有很大的市场竞争优势和巨大的市场盈利潜力。

2）免费产品的特性

在电子商务营销中，产品实行免费策略是要受到一定环境制约的，并不是所有的产品都适合于免费策略。Internet 作为全球性开放网络，它可以快速实现全球信息交换，只有那些适合 Internet 这一特性的产品才适合采用免费价格策略。一般说来，免费产品具有以下特性：

（1）产品的数字化。Internet 是信息交换的平台，它的基础是数字传输。对于易于数字化的产品都可以通过 Internet 实现零成本的配送。企业只需将这些免费产品放置到企业的网站上，用户可以通过 Internet 自由下载使用，企业通过较小成本就可以实现产品推广，可以节省大量的产品推广费用。

（2）产品的无形性。通常采用免费策略的大多是一些无形产品，它们只有通过一定的载体才能表现出一定的形态。如软件、信息服务（如报刊、杂志、电台和电视台等媒体）、音乐制品和图书等。这些无形产品可以通过数字化技术实现网上传输。

（3）产品的零制造成本。零制造成本主要是指产品开发成功后，只需通过简单复制就可以实现无限制的生产，如理论研究成果、产品使用说明和产品介绍和指导等。对这些产品实行免费策略，企业只需投入研制费用即可，至于产品的生产、推广和销售，则完全可以通过 Internet 来实现零成本运作。

（4）产品的成长性。采用免费策略的产品一般都是成长性较好的产品，它是想利用产品成长推动占领市场，为未来市场发展打下坚实基础。

（5）产品的冲击性。采用免费策略的产品的主要目的是推动市场成长，开辟出新的市场领地，同时对原有市场产生巨大的冲击。如 3721 网站为推广其中文网址域名标准，以适应中国人对英文域名的不习惯，采用免费下载和免费品牌计算机预装策略，在 1999 年短短的半年时间内迅速占领市场，成为市场标准。

（6）产品的间接收益性。采用免费价格的产品（或服务），可以帮助企业通过其他渠道获取收益。这种收益方式也是目前大多数 ICP 的主要商业运作模式。

3）免费价格的形式

具体地讲，产品的免费价格形式以下几种：

（1）产品和服务实行完全免费。即产品从购买、使用和售后服务的所有环节都实行免费服务。

（2）产品和服务实行限制免费。即企业在一定的时间内免费向消费者提供产品（或服务），或顾客可以在一定的使用次数内免费享受产品，超过一定期限或者次数后，即取消这种免费服务。

（3）产品和服务实行部分免费。企业将产品分为不同的层面，有的产品是免费的，有的产品是要付费的，如一些著名研究公司的网站免费公布部分研究成果，但是要想获取全部成果就必须付款成为公司客户。

（4）产品和服务实行捆绑式免费。即企业向市场提供某产品或者服务时赠送其他产品和服务。

4）免费价格策略实施中应考虑的问题

免费价格策略一般与企业的商业计划和战略发展规划紧密关联，企业要降低免费策略带来的风险，提高免费价格策略的成功性，应遵循下面步骤来思考问题。

（1）商业运转模式。Internet 作为成长性的市场，在市场获取成功的关键是要有一个科学可行的、并能获得成功的商业运作模式，因此，在考虑免费价格策略时，必须考虑是否能与商业运作模式吻合。

（2）市场需求分析。市场需求分析主要是分析采用免费策略的产品能否获得市场认可，也就是企业提供的产品是否是市场迫切需求的。在 Internet 上通过免费策略已经获得成功的公司都有一个特点，那就是它们所提供的产品都受到市场极大欢迎。如 Yahoo 的搜索引擎克服了在 Internet 上查找信息的困难，给用户带来了便利；而我国的新浪网站提供了大量实时性的新闻报道，满足了用户对新闻的需求。

（3）产品导入机会。主要是分析免费产品推出的时机。在 Internet 上的游戏规则是 Win take all（赢家通吃），即只承认第一，不承认第二。因此在 Internet 上推出免费产品是为了抢占市场，如果市场已经被占领或者已经比较成熟，则要审视所推出的产品的竞争能力。

（4）免费价格产品获得的条件。由于免费价格策略本身存在的风险，企业在提供免费价格产品时，一要考虑产品是否适合采用免费价格策略；二要考虑顾客获得免费价格产品的条件。

目前国内外很多提供免费 PC 的 ISP，对用户也不是毫无要求，它们有的要求用户接受广告，有的要求用户每月在其站点上购买一定金额的商品，还有的收取接入费用等。

（5）产品推广策划。产品推广策划主要是策划免费价格产品的推广。Internet 是信息的海洋，对于免费的产品，网上用户已经习惯。因此，要吸引用户关注免费产品，应当与推广其他产品一样有严密的营销策划。在推广免费价格产品时，主要考虑通过 Internet 渠道进行宣传。如 3721 网站为推广其免费中文域名系统软件，首先通过新闻形式介绍中文域名概念，宣传中文域名的作用和便捷性；然后与一些著名的 ISP 和 ICP 合作，建立免费软件下载链接，同时还与 PC 制造商合作，提供捆绑预装中文域名软件。

4.4　渠道管理

营销渠道（marketing channel）是指在制造商的商品或劳务从制造商向消费者转移的过程中，参与这种货物或劳务的所有权谈判的所有企业和个人。在传统的营销渠道中，除了生产者和消费者之外，往往还有大量的独立中间商和代理中间商存在，电子商务营销渠道使最终用户直接向生产者订货成为可能，加强了生产者和消费者之间的沟通和交流。用户可以从网上直接挑选和购买自己所需的商品，通过网络方便地支付款项，明显提高了销售渠道的效率。

渠道管理主要研究解决产品生产出来以后，如何能够高效、低成本地转移到消费者手中。从一定意义上讲，电子商务营销模式的实施是营销管理领域的一次革命，因此必须对整个市场传统的商品供应链系统进行彻底变革，包括从营销的文化理念、战略思维、组织构架、企业业务流程及渠道策略等方面展开。这无疑是一项庞大的系统工程，需要在分析具体环境条件的基础上，确定目标思路，并有针对性地提出策略。

4.4.1　传统营销渠道与电子商务营销渠道的区别

传统的营销渠道是指产品或服务从生产者向消费者转移时所需经过的流通途径。在传统的营销渠道中，除了生产者和消费者外，很多情况下还存在大量的独立中间商和代理中间商。商品或服务通过营销渠道，完成了商品所有权的转移，也完成了商品实体或服务的转移。传统营销渠道的作用是单一的，它仅仅是商品从生产者向消费者转移的一个通道。消费者从广告或其他媒体获得商品信息，通过直接或间接的营销渠道购得自己所需的商品，除此之外他们没有从渠道中获得任何其他东西。

电子商务营销渠道的作用是多方面的，分别如下：

（1）电子商务营销渠道是信息发布的渠道。企业的概况，以及产品的种类、质量和价格等，都可以通过这一渠道告诉用户。

（2）电子商务营销渠道是销售产品、提供服务的快捷途径。用户可以从网上直接挑选和购买自己所需的商品，并通过网络方便地支付款项。

（3）互联网既是企业间洽谈业务、开展商务活动的途径，也是进行用户技术支持和售后服务的理想场所。企业是否开展电子商务，绝不仅仅是标志着一个企业的信息化水平和现代化程度，更重要的是它可以给企业带来实实在在的好处。

4.4.2　电子商务营销渠道的特点

1．虚拟性

从某种意义上讲，Internet 是一个虚拟的世界，在互联网上从事销售活动，企业看不到消费者，消费者也看不到企业员工，没有传统意义上的店铺，有的只是屏幕上眼花缭乱的商品和广告。消费者看不到实物，只能通过网站上的图片、文字等了解产品的价格、规格、特性和已购消费者留下的对该产品的评论，整个购物过程也是人与网站的对话，只要一次鼠标的轻轻按动，就使商品的所有权发生了转移。

2．经济性

电子商务分销可以通过网上商店来实现，网上商店的技术已经很成熟了，与传统店铺比起来，其成本低廉，简单易行。网上商店一经建立，经营上的时空限制就被彻底打破，完全可以做到面向全国、全世界、一天 24 小时经营，这些特点是传统市场中间商所无法做到的。由于网上分销更多的是一种面向最终用户的直销方式，流通环节的成本被节省，库存也被大大减少，使接到订单后的实时生产成为可能。

3．便捷性

电子商务的网上分销使消费者有了新的选择，与传统购物比起来，更能节省时间与精力，为消费者购物带来了益处。制造商因网上分销，对传统中间商的依赖有所减少，流通费用降低，使消费者享受更多的折扣成为可能。网上分销为消费者提供了充分的信息支持，消费者通过浏览网站的说明能明白网络购物流程，按自己的偏好选择付款方式及收货方式，并可享受优厚的会员服务及售后服务。

4.4.3　电子商务营销渠道的构成

电子商务营销渠道的建立，应与传统渠道一样具备实现产品或服务转移过程中的物流、资金流和信息流传递功能。完整的电子商务分销系统应包括 3 个部分：网络前台系统、网络后台系统和外部接口系统。

1．网络前台系统

网络前台系统是指消费者通过网络浏览器可以直接看到的部分，包括以下几个方面：

（1）会员注册：网站提供会员注册功能，一方面可收集消费者的个人信息，以便向其提供有针对性的商品及服务信息；另一方面，会员制方式也被网站用来作为促销的手段，购物时提供给会员一定比例的优惠。比如，当当网上书店就根据会员购物的金额多少，将会员分成普通会员、黄金会员和白金会员，每个级别的会员享受不同比例的商品折扣。

（2）购物区：是网上出售商品的核心区域，一般按商品类别分成不同的区域，当当网上书店的商品分成图书、VCD、DVD、音碟、游戏和软件等主要大类。在购物区采购的一个主要工具就是购物车，可以使网上消费者随时把满意的产品放到里面，消费者可以在购物车里修改商品的数量，或删除不想要的商品。

（3）收银台：该功能为消费者付款提供了方便，目前支持的付款方式一般有货到付款、邮局汇款、银行电汇、支票汇款和网上付款等。提供在线支付业务的银行有招商银行、工商银行和建设银行等。

（4）下订单：消费者填写完个人联系信息如姓名、地址、邮编和电话后，提交订单。系统会产生一个订单号，供消费者查询使用。

（5）送货方式：消费者可供选择的方式有：送货上门，但这种方式往往集中在一些大城市或中心城市；邮局平寄或 EMS 特快专递；对大件物品或量大的采购可使用公路、铁路运输等物流方式。

2．网络后台系统

网络后台系统是消费者通过网络浏览器不能直接看到，但企业必须通过这一平台进行管理的系统，包括客户管理、网站维护、订单处理、款项查询、库存管理和售后服务等内容。这些系统可使用一些信息管理系统，如客户关系管理、产品管理系统等。

3．外部接口系统

外部接口系统是指除在线销售商、消费者之外的独立的第三方，包括网络安全认证中心提供的 CA 接口，用于提供安全性保证及身份确认；银行提供的支付网关接口，用于满足在线支付的需要；物流企业提供的物流配送服务，用于实现分销过程的物流配送。

这 3 个系统是一个有机的整体，可以实现营销渠道的商流、信息流、物流和资金流等功能的实现。消费者通过网络前台的登录注册、购物区购物、提交订单、网上支付，以及选择送货方式等操作，不但传递了信息，支付了货款，也同时实现了商品所有权的转移。企业的后台管理系统在消费者的购物过程中自动回应，向消费者反馈了信息，接受了订单和资金，销售了产品。同时，在消费者与企业这一交互过程中，第三方的参与必不可少，银行的参与使网上支付成为可能，CA 认证机构保证了网上交易的安全性和可信赖性，而物流配送组织，如企业自身的配送部门、邮局、快递公司和运输企业等，则促使商品实体的转移，即最终将商品送到消费者手中，实现营销渠道的物流功能。

4.4.4　电子商务营销渠道的功能

电子商务营销渠道与传统渠道一样，以互联网为支撑的营销渠道也具备传统渠道的功能。所谓电子商务营销渠道，是指借助于互联网，将产品从生产者转移到消费者的所有中间环节。因特网作为一个中间平台，一方面面向消费者传递产品与服务信息，帮助消费者进行购买决策；另一方面通过互联网进行交易，支付货款，并承担产品的实体流通。从这个意义上讲，电子商务营销渠道在实现产品转移过程中具有以下三大功能：

1．订货功能

一个有效的电子商务营销渠道能够为客户提供网上订货的服务功能，可以最大限度地降低库存，减少营销成本。如联想集团公司电子商务订货开通第一天，订货额就高达 8 500 万元人民币。

2．结算功能

电子商务营销渠道实现交易后，要有一个能够实现货款结算的服务功能的结算系统。国外网上结算的方式主要有信用卡、电子货币网上划款等。我国结算方式主要有邮局汇款、货到付款和信用卡。随着网络银行的发展，我国银行也将为网上营销提供高效、优质的结算服务，如招商银行的“一网通”、中国银行的“电子钱包”等。

3. 配送功能

无论是有形产品还是无形产品，都需要借助电子商务营销渠道实现产品和服务从生产者（经营者）向消费者的转移。无形产品（服务、咨询、软件和音乐等）可在网上完成直接配送，如软件产品可在网上免费下载或购买，MP3 格式的音乐可在网上直接下载使用。有形产品的配送可以借助专业的物流配送体系（第三方物流）来完成。在我国，专业性物流配送中心发展滞后，其根本原因在于：一是基础设施建设滞后；二是物流公司的服务理念落后；三是整个社会的配套服务较差。在发达国家，货物的配送主要通过专业的物流配送公司完成，如美国联邦快递公司业务覆盖全球。我国邮政部门开展的“特快专递”也是物流配送成功的典型。

4.4.5　电子商务营销渠道的策略运用

相对于传统的营销渠道，电子商务营销渠道也可分为直接营销渠道和间接营销渠道。无论是直接营销渠道还是间接营销渠道，电子商务营销的渠道结构相对传统营销的渠道来讲都大大减少了流通环节，有效地降低了交易成本。图 4-4 所示为电子商务活动中两种基本的营销渠道模型。

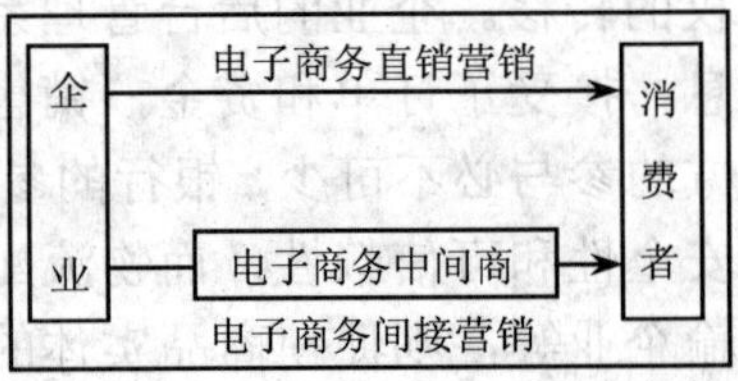

图 4-4　电子商务活动中两种基本的营销渠道模型

1. 影响企业电子商务营销渠道选择的因素

企业选择何种电子商务营销渠道需要根据自身的基本情况而定，可以选择适合自己产品特征和企业实际的方式。具体来讲，影响企业电子商务营销渠道的因素主要有以下几个方面：

（1）成本（cost）。这里的成本是指使用中介商信息服务时的支出。这种支出分为两类：一类是在中介商网络服务站建立主页时的费用；另一类是维持正常运行时的成本。在这两类成本中，维持成本是主要的、经常的，各个中介商之间有较大的差别。

（2）信用（credit）。这里指网络信息服务商所具有的信用度的大小。这一点往往会被忽略，相对于其他基本建设投资来说，建立一个网络服务站所需的投资较少，因而信息服务商如雨后春笋般地出现。目前，我国还没有权威性的认证机构对这些信息服务商进行认证，因此在选择中介商时应注意他们的信用度。

（3）覆盖（coverage）。覆盖是指网络宣传所能波及的地区和人数，即网络站点能够影响的市场区域。对于企业来讲，站点覆盖面并非越广越好，还要看市场覆盖面是否合理、有效，是否最终能够给企业带来经济效益。在这一点上，非常类似于在电视台做广告，如短腿产品（如啤酒）在地区性电视台做广告的效果较好；而长腿产品（如药品）则非常适于在全国性电视台做广告。

（4）特色（character）。每个网络站点受到中介商总体规模、财力和文化素质的影响，在设计和更新过程中表现出各自不同的特色，因而具有不同的访问群。企业应当研究这些访问群，即顾客群的特点、购买习惯和购买频率，进而选择不同的电子商务交易中介商。

（5）连续性（continuity）。网络发展的实践证明，网络站点的寿命有长有短。一个企业要想使电子商务营销持续稳定地运行，就必须选择具有连续性的网络站点，在用户或消费者中建立品牌信誉和服务信誉。企业应采取措施密切与中介商的关系，防止中介商将别的公司的产品放在经营的主要位置。

2. 电子商务直接营销渠道

电子商务直销是指生产厂家通过网络直接营销渠道直接销售产品，目前常见的做法有两种。一种做法是企业在互联网上建立自己独立的站点，由网络管理员专门处理有关产品的销售事务；另一种做法是企业委托信息服务商在其网点上发布信息，企业利用有关信息与客户联系，直接销售产品，虽然在这一过程中有信息服务商参与，但主要的销售活动仍然是在买卖双方之间完成的。电子商务直销的优点表现在以下几个方面：

（1）电子商务直销促成产需双方直接见面，企业可以直接从市场上搜集到真实的第一手资料，合理地安排生产。

（2）电子商务直销对买卖双方都有直接的经济利益。由于电子商务营销大大降低了企业的营销成本，企业能够以较低的价格销售自己的产品，消费者也能够买到大大低于现货市场价格的产品。

（3）营销人员可以利用网络工具，如电子邮件、公告牌等，随时根据用户的愿望和需要开展各种形式的促销活动，迅速达到产品的市场占有率。

（4）企业能够通过网络及时了解到用户对产品的意见和建议，并针对这些意见和建议提供技术服务，解决疑难问题，提高产品质量，改善经营管理。

电子商务直销也有其自身的缺点。由于越来越多的企业和商家在互联网上建站，将用户置于无所适从的尴尬境地。面对大量分散的企业域名，网络访问者很难有耐心一个个地去访问这些大多制作平庸的企业主页。要解决这个问题，必须从两方面入手：一方面需要尽快组建具有高水平的专门服务于商务活动的网络信息服务站点；另一方面则需要从电子商务间接营销渠道中寻找出路。从近几年国外发展情况来看，虽然很多企业在网络上都有自己的网站，但绝大多数的企业仍然委托给知名度较高的企业信息服务商，由于这些信息服务商知名度高、信誉好、信息量大，用户要查找企业信息或商品信息便自然想到利用它们，因此检索访问的人数非常多。

3. 电子商务间接营销渠道

为了克服电子商务直销的缺点，网络商品交易中介机构应运而生。这类机构成为连接买卖双方的枢纽，使得网络间接销售成为可能。以下 4 个原因导致网络商品交易中介机构的存在成为必然：

（1）网络商品交易中介机构的存在简化了市场交易过程。网络商品交易中介机构的存在使每个生产者和消费者都直接通过网络交易中心发生联系，而不再需要一一地建立电子商务直销关系，大大简化了市场交易过程，使生产者和消费者都感到非常方便和满意，效果是十分明显的。

（2）网络商品交易中介机构的存在有利于平均订货量的规模化。对生产企业而言，规模化生产决定了它们必须追求平均订货规模的扩大。而我国现有的商品营销渠道很难适应生产企业的这种要求。这就造成参与流通的商品的流通成本加大，某些情况下还会造成企业生产能力的极大浪费。作为连接生产者和消费者的一种新型纽带，网络商品交易中介机构可以有效地克服传统商业的弊端。一方面它能以最短的渠道销售商品，满足消费者对商品价格的要求，另一方面它能通过计算机的自动撮合功能，组织商品的批量订货，满足生产者对规模经济的要求。这种具有功能集约的商品流转方式的出现，为解决现代工业发展中批量组货与订货的难题创造了先行条件。

（3）网络商品交易中介机构使交易活动常规化。在传统交易活动中，影响交易的因素多得不可胜数，如果这些因素能够在一定条件下常规化，交易成本就会显著降低，从而有效地提高交易的成功率。网络商品交易中介机构在这方面做了许多有益的尝试。网络交易中介系统可以连续运作，避免了时间和时差上的限制，为买卖双方提供了统一、规范的表达，避免了不必要的争议；中介机构所属的配送中心分散在全国各地，可以最大限度地减少运输费用；网络交易严密的支付程序，使得买卖双方彼此增加了信任感。由于网络商品交易中介机构的规范化运作，减少了交易过程中的大量不确定因素，降低了交易成本，提高了交易成功率。

（4）网络商品交易中介机构使买卖双方的信息收集过程更加便利。在传统的交易活动中，买卖双方都被卷入一个双向的信息收集过程。这种信息收集既要付出成本，也要承担一定的风险。信息来源的局限性使得生产者不能确定消费者的需要，消费者则无法找到他们所需的东西。网络商品交易中介机构的出现改变了这种状况，为信息收集过程提供了极大的便利。买卖双方完全可以在不同的地区、不同的时间，在同一个网址上查询不同的信息，方便地交流不同意见。在中介机构的撮合下，匹配供应意愿和需求意愿。

4．企业电子商务营销渠道的最佳选择

在众多企业的电子商务营销活动中，双道法是最常见的方法。所谓双道法，是指企业同时使用电子商务直接营销渠道和电子商务间接营销渠道，以达到销售量最大的目的。在买方市场中，通过两条渠道推销产品比通过单一渠道更容易实现“市场渗透”。

在现代化大生产和市场经济的条件下，大部分企业在自己建立网站的同时，都积极利用网络间接渠道销售自己的产品，通过中介商的信息服务、广告服务和撮合服务来扩大企业的影响，开拓企业产品的销售领域，降低销售成本。对于从事电子商务营销活动的企业来说，必须熟悉并研究国内外电子商务交易中介商的类型、业务性质、功能、特点及其他有关情况，以便能够正确地选择中介商，顺利地完成商品从生产到消费的整个转移过程。

本章小结

本章介绍了电子商务营销中产品的属性、品牌、商标管理和电子商务营销服务等方面的知识，详细介绍了电子商务营销定价的特点、营销成本的控制和电子商务营销的定价策略。在电子商务营销渠道中介绍了传统营销渠道与电子商务营销渠道的区别、电子商务营销渠道的特点、构成和功能，以及电子商务营销渠道的策略运用等内容，并通过分析提出电子商务营销渠道的最佳选择建议。

核心概念：电子商务营销的成本控制　电子商务营销渠道　电子商务营销的客户关系管理

本章习题

1. 在电子商务营销中，可以针对产品的哪些层次进行营销管理？
2. 网络品牌建设的技巧主要体现在哪些方面？建立和推广网络品牌的途径有哪些？
3. 电子商务营销服务的特点主要体现在哪些方面？
4. 电子商务营销对企业职能部门业务节约的成本费用主要体现在哪几个方面？
5. 电子商务营销定价策略包括哪些？
6. 电子商务营销渠道在实现产品转移过程中，具有哪些功能？

第5章

电子商务营销客户关系管理

学习目标

1. 了解客户关系管理产生的背景，以及呼叫中心的构成、流程和主要类型。
2. 掌握客户关系管理的概念、核心管理思想、考核指标，以及客户关系管理与传统客户服务的区别。
3. 理解电子商务环境下的客户关系管理及其手段。
4. 了解客户关系管理的主要内容和企业数据挖掘应用。

引例　沃克斯霍尔全程客户关系管理

沃克斯霍尔（Vauxhall）英国分公司是通用汽车公司在全世界的分支机构中做得最出色的一个，它成功进行了全程客户关系管理规划，通过控制各个关键点为客户创造完美体验，并与经销商建立稳定、共赢的关系网络，有力地支撑了客户价值的传递。当一辆新车到了第一次保养期（6 000 千米或 12 个月），沃克斯霍尔电子营销部门的人员就会给客户打电话，提醒汽车该保养了，问客户是否愿意让经销商打电话安排预约，如果打算预约，什么时间最方便。然后，这些信息和客户电话号码一起被转到经销商的服务部。另外，电子营销部的工作人员也会提醒客户质量保证期将到，问他是否愿意延长；当客户的融资方案到了“节点”（如客户决定改变付款方式或重新融资，一般 3 年）的时候，电子营销部门会给客户打电话，向他提供一整套车贷服务和一辆崭新的借用汽车。如果客户同意，经销商的代表就为客户带来一辆客户自己选的新车，可以试用两天，与此同时，旧汽车将被彻底清洗和重新估价。当代表送还面目全新的旧汽车的时候，会带来一份合同并告诉客户，如果他想继续开那辆崭新的汽车需要支付多少钱（例如，每月只需多付 45 英镑就可以开这辆极好的新车，旧车可以由厂商折价收回）。

由本案例可见，企业在将设定的价值交付传递给目标客户时，需要内外部构建价值网络，将供应商、分销商、合作伙伴、投资方及员工等相关利益者整合起来，共同服务于目标客户，对抗竞争对手。在价值交付和传递的过程中有两条相互连接、彼此依托、一明一暗的主线，明线是与客户接触的过程，它直接影响着客户的感受，是价值传递的最前沿阵地；而另一条隐藏于其后的暗线是维持着整个交付传递系统正常运转的价值战略网络，是客户接触的支撑平台。两者的结合为客户价值准确、及时、有效地进行传递提供了有力的保障。

（本文作者根据网络资料改写）

5.1　客户关系管理概述

随着因特网的迅猛发展和市场的不断成熟，世界经济进入了电子商务时代。以生产为中心、以销售产品为目的的市场战略逐渐被以客户为中心、以服务为目的的市场战略所取代。企业、供应商、分销商及客户连成一体的价值链成为企业之间竞争的核心，以客户为中心的客户关系管理成为电子商务时代制胜的关键。

客户关系管理（customer relationship management，CRM）是一个不断加强与顾客交流，不断了解顾客需求，并不断对产品及服务进行改进和提高以满足顾客需求的连续过程。其内含是企业利用信息技术（IT）和因特网技术实现对客户的整合营销，是以客户为核心的企业营销的技术实现和管理实现。客户关系管理注重的是与客户的交流，企业的经营是以客户为中心，而不是传统的以产品或市场为中心。为了方便与客户进行沟通，客户关系管理可以为客户提供多种交流渠道。

5.1.1　客户关系管理的产生背景

客户关系管理从 1999 年年中开始，得到了诸多媒体和企业的关注。由于企业经营策略和电子商务发展的需要，国内外很多软件商推出了以客户关系管理命名的软件系统，也有一些企业开始实施以客户关系管理命名的信息系统。总体来讲，客户关系管理的兴起与下述 3 个因素有着难以割舍的关系。

（1）需求的拉动。从 20 世纪 80 年代开始，我国很多企业在信息化方面已经做了大量工作，收到了很好的经济效益，然而也有很多企业，其销售、营销和服务部门的信息化程度越来越不能适应业务发展的需要。越来越多的企业要求提高销售、营销和服务的日常业务的自动化和科学化，这是客户关系管理应运而生的需求基础。

下面通过列举销售人员、营销人员、服务人员、顾客和企业经理等在实践中的困惑，来了解对客户关系管理的需求。

① 销售人员。例如，从市场部提供的客户线索中很难找到真正的顾客，但却在这些线索上花费大量时间。出差在外，要是能看到公司计算机里的客户及产品信息就好了。面对一个老客户时，却不知道给他报什么价能留住他。

② 营销人员。例如，在营销方面花费了 2 000 万元，怎样才能知道这 2 000 万的回报率？在产品展览会上，一共收集了 4 700 张名片，怎样利用它们？向 1 000 多人发放了公司资料，这些人对产品的看法怎样？其中有多少人已经与销售人员接触了？应该与哪些真正的潜在购买者多多接触，如何知道谁是真正的潜在购买者？怎么才能知道其他部门的同事和客户的联系情况，以防止重复地给客户发放相同的资料？已有越来越多的人访问过我们的站点了，但怎么才能知道这些人是谁？企业产品系列很多，他们究竟想买什么？

③ 服务人员。例如，很多客户提出的计算机故障都是由于自己的误操作引起的，很多情况下都可以自己解决，但回答这种类型的客户电话占去了工程师的很多时间，工作枯燥而且无聊。怎么其他部门的同事都认为我们的售后服务部门只是花钱而挣不来钱呢？

④ 顾客。例如，从企业的两个销售人员那里得到了同一产品的不同报价，哪个才是可靠的？以前买的东西现在出了问题，这些问题还没有解决，怎么又来上门推销？一个月前，我通过企业的网站发了一封 E-mail，要求销售人员和我联系一下，怎么到现在还是没人回答？我已经提出不希望再给我发放大量的宣传邮件了，怎么情况并没有改变？我报名参加企业网站上登出的一场研讨会，但一直没有收到确认信息。研讨会这几天就要开了，我是去还是不去？为什么我的维修请求都已经提出一个月了，还是没有等到上门服务？

⑤ 经理人员。例如，有个客户半小时以后就要来谈最后的签单事宜，但一直跟单的人最近辞职了，而作为销售经理，对与这个客户联系的来龙去脉还一无所知。有 3 个销售员都和这家客户联系过，作为销售经理，怎么才能知道他们都给客户承诺过什么。现在手上有个大单子，作为销售经理，该派哪个销售员去才放心？这次的产品维修技术要求很高，作为一个新经理，该派哪一个维修人员去呢？

对上面的问题可归纳为两个方面的问题。首先，企业的销售、营销和客户服务部门难以获得所需的客户互动信息。其次，来自销售、客户服务、市场、制造和库存等部门的信息分散在企业内，这些零散的信息使得大家无法对客户有全面的了解，各部门难以在统一的信息基础上面对客户。这需要各部门对面向客户的各项信息和活动进行集成，组建一个以客户为中心的企业，实现对面向客户活动的全面管理。

实际上，正如所有的“新”管理理论一样，客户关系管理绝不是什么新概念，它只是在新形势下获得了新内涵。你家门口的小吃店老板会努力记住你喜欢吃辣这种信息，当你要一份炒面时，他会征询你的意见，要不要加辣椒。但如果你到一个大型的快餐店（譬如，这家店有 300 个座位）时，即使你每天都去一次也不会得到这种待遇了，为什么呢？最重要的原因是，如果要识别每个客户，快餐店要搜集和处理的客户信息量是小吃店的 n 倍，超出了企业的信息搜集和处理能力，而信息技术的发展使得这种信息应用成为可能。

（2）技术的推动。办公自动化程度、员工的计算机应用能力、企业信息化水平，以及企业管理水平的提高都有利于客户关系管理的实现。很难想象，在一个管理水平低下、员工意识落后、信息化水平很低的企业能从技术上实现客户关系管理。现在，在我国的很多企业中，信息化、网络化的理念已经深入人心，很多企业已有了相当的信息化基础。电子商务正改变着企业做生意的方式，通过 Internet，企业可开展营销活动，向客户销售产品，提供售后服务，以很低的成本收集客户信息。

客户信息是客户关系管理的基础。数据仓库、商业智能和知识发现等技术的发展，使得收集、整理、加工和利用客户信息的质量大大提高。在这方面，有一个经典的案例。一个大型的仓储式超市对顾客的购买清单信息的分析表明，刮胡刀和尿布经常同时出现在顾客的购买清单上。原来，很多男士在为自己购买刮胡刀的时候，还要为自己的孩子购买尿布。而在这个超市的货架上，这两种商品离得很远，因此，这个超市重新分布货架，使得购买刮胡刀的男人很容易就能看到尿布。

（3）管理理念的更新。在因特网时代，仅凭传统的管理思想已经不够了。因特网带来的不仅是一种手段，它触发了企业组织架构、工作流程的重组，以及整个社会管理思想的变革。在引入客户关系管理的理念和技术时，不可避免地要对企业原来的管理方式进行改变，变革、创新的思想将有利于企业员工接受变革，而业务流程重组则提供了具体的思路和方法。当前，一些先进企业的重点正在经历着从以产品为中心向以客户为中心的转移。有人提出了客户联盟的概念，也就是与客户建立共同获胜的关系，达到“双赢”（Win-Win）的结果，而不是千方百计地从客户身上谋取自身的利益。

5.1.2　客户关系管理的含义

CRM（customer relationship management，客户关系管理），最早发展客户关系管理的国家是美国。

最早提出 CRM 概念的 Gartner Group 将客户关系管理定义为：为企业提供全方位的客户视角，赋予企业更完善的客户交流能力和最大化的客户收益率所采取的方法。客户关系管理的目的在于建立一个系统，使企业在客户服务、市场竞争、销售及售后支持等方面形成彼此协调的全新关系。

而 IBM 则认为，客户关系管理包括企业识别、挑选、获取、发展和保持客户的整个商业过程。IBM 把客户关系管理分为三大类：关系管理、流程管理和接入管理。

从管理科学的角度来考查，客户关系管理（CRM）源于理论；从解决方案的角度考查，客户关系管理（CRM）是将科学管理理念通过信息技术的手段集成在软件上，使其得以在全球范围内进行大规模的普及和应用。

作为解决方案（solution）的客户关系管理，即电子商务营销客户关系管理（E-CRM）它集合了当今最新的信息技术，它们包括 Internet 和电子商务、多媒体技术、数据仓库和数据挖掘、专家系统和人工智能，以及呼叫中心等。作为一个应用软件的客户关系管理（CRM），凝聚了新的管理理念。销售管理、客户关怀、服务和支持构成了 CRM 软件的基石。

综上所述，CRM 有 3 层含义：①体现为现代经营管理理念；②是创新的企业管理模式和运营机制；③是企业管理中信息技术和软硬件系统集成的管理方法和应用解决方案的总和。

CRM 是指建立一种使企业在客户服务、市场竞争、销售及服务支持方面彼此协调的关系系统，帮助企业确立长久的竞争优势。

5.1.3 客户关系管理的核心管理思想

（1）把客户资源作为企业发展最重要的资源之一。美国在线花费 100 亿美元，亏损 10 年，所得到的财富就是拥有 1 700 万的用户。在企业从“产品”导向时代转变为“客户”导向时代的今天，客户的选择决定着一个企业的命运，而且企业在市场中获胜所需的要素组合中，客户资源是最难为竞争对手所复制的，所以容易形成竞争优势。因而，客户资源已成为当今企业最重要的资源之一。CRM 系统中对客户信息的整合集中管理体现了将客户作为企业重要资源之一的管理思想。

（2）全面管理企业与客户发生的各种关系。企业与客户之间发生的关系，不仅包括单纯的销售过程中所发生的业务关系，如合同签订、订单处理、发货和收款等，而且还包括在企业营销及售后服务过程中发生的关系，如在企业市场活动及市场推广过程中与潜在客户发生的关系；在与目标客户接触过程中，内部销售人员的行为、各项活动及其与客户接触全过程所发生的多对多关系；还包括售后服务过程中，企业服务人员对客户提供的关怀活动、各种服务活动、服务内容和服务效果的记录等。对企业与客户间可能发生的各种关系进行全面管理，将会显著提升企业销售能力，降低销售成本，控制销售过程中可能导致客户抱怨的各种行为。

（3）进一步延伸企业供应链管理。ERP 系统原本是为了满足企业的供应链管理需求，但 ERP 系统的实际应用并没有达到企业供应链管理的目标，这既有 ERP 系统本身功能方面的局限性，也有 IT 技术发展阶段的局限性，最终 ERP 系统又退回为帮助企业实现内部资金流、物流与信息流一体化管理的系统。CRM 技术作为 ERP 系统中销售管理的延伸，借助 Internet Web 技术，突破了供应链上企业间的地域边界和不同企业之间信息交流的组织边界，建立起企业自己的 B2B 电子商务营销模式。CRM 与 ERP 的集成运行才真正解决了企业供应链中下游链管理的问题，将客户、经销商和企业销售全部整合到一起，实现企业对客户个性化需求的快速响应，同时也帮助企业减少营销体系中的中间环节。通过新的扁平化营销体系，使企业缩短响应时间，降低销售成本。

5.1.4　客户关系管理的三种能力

成功实施客户关系管理系统后，企业将会在许多方面取得收益。例如，企业的客户可通过多种方式（电话、传真、Web 和无线接入）访问企业并进行业务往来；任何与客户交往的员工都能够全面了解客户信息，根据客户需求进行交易，了解如何对客户进行交叉销售，并能够对各种销售活动进行追踪；市场人员能够对市场活动进行规划和评估，并对整个活动进行全面透视；销售人员可不受地域和时间限制，随时随地访问企业的业务处理系统并获得客户信息；拥有对市场和销售活动的分析能力；能够从不同角度提供成本、利润、生产率和风险等信息，并对客户、产品、职能部门和地理区域等进行多维分析。

客户关系管理作为一种新兴的管理思想和方法，归纳起来具有 3 种能提高企业经营水平的能力：客户价值能力（customer value）、客户交往能力（customer interaction）和客户洞察能力（customer insight）。客户关系管理为企业带来的收益主要是通过 3 种能力来实现的。

（1）客户价值能力。客户价值能力注重了解客户能为企业带来的价值和怎样使这种价值最大化。包括终身价值管理、客户风险、产品管理与检查、渠道转变、共同品牌计划，以及客户服务。

（2）客户交往能力。客户交往能力强调和客户建立一对一的关系，使客户在与企业交往的过程中感受到个性化和高质量的服务，使企业能够吸引新客户并留住老客户。包括一对一关系、电话交互、Web 互动和电子邮件等。

（3）客户洞察能力。客户洞察能力使企业能识别其目前和将来最有价值的客户，并且决定在与客户的对话中以什么样的方式与客户进行交流，从而使双方的价值都实现最大化。客户洞察能力是 3 种能力中最重要的一种能力，也是前两种能力的基础。

应该指出的是，并非每一种类型的企业都需要同样的 CRM 能力。企业应该根据所处行业的特点、企业自身的情况和客户的特点，在 CRM 的 3 种能力中，决定先发展哪一类能力，在每一类能力中先实施哪些子项，采用什么样的平台。一般来说，客户洞察的价值在产品和服务多样化，以及客户与企业持续交往的行业中体现得更为突出，如金融、保险、电信和网上零售等行业。

5.2　电子商务营销客户关系管理概述

电子商务营销客户关系管理（E-CRM）是指企业借助网络环境下信息获取和交流的便利，充分利用数据仓库和数据挖掘等先进的智能化信息处理技术，把大量客户资料加工成信息和知识，用来辅助企业经营决策，以提高客户满意度和企业竞争力的一种过程或系统解决方案。电子商务营销客户关系管理（E-CRM）是在电子商务活动中，企业利用因特网信息化手段，对客户信息进行分析和挖掘，分析客户行为，预测客户对产品和服务的需求，寻求扩展业务的现代化管理方法。

5.2.1　E-CRM 的产生背景

E-CRM 的产生和发展归功于网络技术的快速发展和普及。Internet 及电子商务为企业关注与客户的及时交互提供了最好的途径，企业可以充分利用基于 Internet 的销售和售后服务渠道，进行实时的、个性化的营销。因特网把客户和合作伙伴的关系管理提高到了一个新阶段。

随着 Internet 的迅猛发展，企业正开始越来越多地将目光转向一些自助服务渠道，如 Web、电子邮件及聊天室等。无论是营销、销售还是服务，均可通过电子沟通的方式管理与客户交互每一个细节。因此，企业正在寻求那些能使客户的网上体验更具个性化的技术与工具。

5.2.2 E-CRM 的驱动因素

在当今全球处于激烈竞争的环境下，客户对“产品与服务的种类，获得的时间、地点及方式”具有了完全支配的权利。随着竞争压力的不断加剧，企业必须以“因特网的速度”听到客户的心声并做出及时回应，这样才能保持好与客户原来的关系。

在这样的背景下，我们可以看到应用 E-CRM 主要的驱动因素包括以下 3 个：

（1）通过网络提升客户体验。

（2）实施自助系统用以提升服务质量，从而能在增加客户满意度和客户忠诚度的同时又能降低营销成本、销售成本和客户服务成本。

（3）为协作型服务质量管理数据库建设，整合各个渠道客户交互的每一个方方面面，其中包括电子化渠道或其他的一些传统渠道，将这些整合的信息汇总到一个集中的数据库，产生一个完整的客户观察数据库。

5.2.3 E-CRM 的三种应用程序结构

在 E-CRM 设计中，还不可避免地要考虑到网络应用程序的结构问题，企业往往在如何最佳地满足 E-CRM 所有用户的程序要求上大费周折。随着网络技术的发展，新一代的网络应用程序结构在为用户分配应用程序上完全可以不再让企业费心去考虑，但在如今的情况下，E-CRM 系统可以采用三种应用程序结构：

（1）程序外挂型（网上型）。应用程序连接到网上主页，适用于在已有 C/S 结构上实现 E-CRM 系统。

（2）浏览器增强型。指利用内置于浏览器的技术，如动态 HTML 来实现更多的程序功能。

（3）网络内置型（网络增强型）。指需要借助操作系统和虚拟机的功能，以及动态 HTML、ActiveX 和 Java 等技术来满足应用程序的要求。

企业只能在系统应用程序内置还是外挂之间做出平衡的选择。优秀的 E-CRM 系统的设计是围绕最终用户展开的。因此在备选方案的过程中，企业是选择由内到外还是由外到内开展 E-CRM 集成，需要慎重考虑。由内到外的 E-CRM 集成的解决方案是在传统的企业内部系统中加上了标准的浏览器界面，向客户提供网络交互渠道，这种系统更适用于公司内部的流程作业；由外到内的 E-CRM 集成是指一方面对客户管理工作开展的“任务替代”，另一方面使客户交互的工作流程自动化和简易化。

5.2.4　电子商务营销客户关系管理的功能

E-CRM 是一种解决方案，集合了当今最新的信息技术，它们包括 Internet、多媒体技术、数据仓库和数据挖掘、专家系统和人工智能，以及呼叫中心等。作为一个应用软件的 CRM，凝聚了新的管理理念。销售管理、客户关怀、服务和支持是构成 CRM 软件的基石。

电子商务营销中的客户关系管理系统应用涉及市场管理、销售管理、客户服务和技术支持等方面。客户关系管理的功能可以归纳为 3 个方面：①对销售、营销和客户服务 3 部分业务流程的信息化；②与客户进行沟通所需的手段（如电话、网络和 E-mail 等）的集成和自动化处理；③对上面两部分功能所积累下的信息进行加工处理，产生客户智能，为企业战略及战术的决策做支持。

客户关系管理的基本功能包括客户管理、联系人管理、时间管理、潜在客户管理、销售管理、电话销售、营销管理、电话营销和客户服务等，有些还包括呼叫中心、合作伙伴关系管理、商业智能、知识管理和电子商务等。

（1）客户管理。主要功能包括：客户基本信息；与此客户相关的基本活动和活动历史；联系人的选择；订单的输入和跟踪；建议书和销售合同的生成。

通过建立并完善客户档案管理系统和客户档案管理规程，以提高营销效率，扩大国际市场占有率，并与企业的交易伙伴建立长期稳定的业务关系。其主要内容包括以下几个方面：

① 客户基础数据资料。建立客户数据库，包括客户的基本情况、企业所有者、企业管理者、资质、创立时间、与本企业的交易时间、企业规模、行业和资产等。

② 客户特征。包括服务区域、销售能力、发展潜力、企业文化、经营方针、企业规模、员工人数、销售额和经营管理特点等。

③ 业务状况。主要包括目前及以往的销售实绩、经营管理者和业务人员的素质、与其他竞争企业的关系，以及与本企业的业务联系和合作态度等。

④ 交易活动现状。主要包括客户的销售活动状况、存在的问题、保持的优势、未来的对策、企业信誉与形象、信用状况、交易条件，以及以往出现的信用问题等。

（2）联系人管理。主要功能包括：联系人概况的记录、存储和检索；跟踪同客户的联系，如时间、类型、简单的描述和任务等，并可以把相关的文件作为附件；客户的内部机构的设置概况。

（3）时间管理。主要功能包括：日历；设计约会和活动计划，有冲突时，系统会提示；进行事件安排，如约会、会议、电话、电子邮件和传真等；备忘录；进行团队事件安排；查看团队中其他人的安排，以免发生冲突；把事件的安排通知相关的人员。

（4）潜在客户管理。主要功能包括：业务线索的记录、升级和分配；销售机会的升级和分配；潜在客户的跟踪。

（5）销售管理。主要功能包括：组织和浏览销售信息、产生各销售业务的阶段报告与给出业务所处阶段、还需的时间、成功的可能性，以及历史销售状况评价等信息；对销售业务给出战术和策略上的支持。

（6）电话营销和电话销售。主要功能包括：生成电话列表，并把它们与客户和联系人建立起业务关联；把电话号码分配到销售员；记录电话工作细节，并安排回电；电话营销内容草稿；电话录音，同时给出书写器，用户可做记录；电话统计和报告；自动拨号。

（7）营销管理。主要功能包括：产品和价格配置器；在进行营销活动（如广告、邮件、研讨会和网站展览会等）时，能获得预先定制的信息支持；把营销活动与业务、客户及联系人建立关联；显示任务完成进度；提供类似公告板的功能，可张贴、查找并更新营销资料，从而实现营销文件、分析报告等的共享；跟踪特定事件；安排新事件，如研讨会、会议等，并加入合同、客户和销售代表等信息；信函书写、批量邮件，并与合同、客户、联系人和业务等建立关联；邮件合并，生成标签和信封。

（8）客户服务。主要功能包括：服务项目的快速录入；服务项目的安排和重新分配；事件的升级；搜索并跟踪与某一业务相关的事件；生成事件报告；服务协议和合同；订单管理和跟踪；问题及其解决方法的数据库。

（9）呼叫中心。主要功能包括：呼入呼出电话处理；因特网回呼；呼叫中心运行管理；软电话；电话转移；路由选择；报表统计分析；管理分析工具；通过传真、电话、电子邮件和打印机等自动进行资料发送；呼入呼出高度管理。

（10）合作伙伴关系管理。主要功能包括：对公司数据库信息设置存取权限，合作伙伴通过标准的 Web 浏览器以密码登录的方式对客户信息、公司数据库，以及与渠道活动相关的文档进行存取和更新；合作伙伴可以方便地存取与销售渠道有关的销售机会信息；合作伙伴通过浏览器使用销售管理工具和销售机会管理工具，如销售方法、销售流程等，并使用预定义的和自定义的报告；产品和价格配置器。

（11）知识管理。主要功能包括：在站点上显示个性化信息；把一些文件作为附件粘贴到联系人、客户和事件概况上等；文档管理；对竞争对手的 Web 站点进行监视，如果发现变化，则会向用户报告；根据用户定义的关键词以 Web 站点的变化进行监视。

（12）商业智能。主要功能包括：预定义查询和报告；用户定制查询和报告；可看到查询和报告的 SQL 代码；以报告或图表形式查看潜在客户和业务可能带来的收入；通过预定义的图表工具进行潜在客户和业务的传递途径分析；将数据转移到第三方的预测和计划工具；柱状图和饼形图工具；系统运行状态显示器；预警能力。

5.2.5　电子商务营销客户关系管理系统构成

E-CRM 的产生和发展归功于网络技术的快速发展和普及。企业关注与客户的及时交互，而因特网为电子商务提供了最佳途径，企业可以充分利用基于因特网的销售和售后服务渠道，进行实时的、个性化的营销。因特网把客户和合作伙伴的关系管理提高到了一个新阶段。E-CRM 是由以下几个互相关联的模块结合而成的：

1．前端整合联络中心

客户希望能够按照自己的方式选择与企业沟通的渠道或时间。对客户而言，他期望在不同渠道所获得的服务水准是相同专业级的，当他在网站上提出问题时，企业可以立即经由电话或网络进行答复。企业的客户服务或销售人员在前端整合联络中心的架构下，可以用单一的界面同时提供客户电话拨入或由网络上提出服务要求，在客户服务人员与客户以一般电话或网络电话对谈的同时，也能够与客户同步浏览客户所在网页或在网上立即传送影像文件。

2. 客户联络资料库

客户联络资料库将所有与客户相关的互动在网上进行即时记录，它包含电话询问、网上浏览或查询，以及 E-mail 询问，甚至包括客户服务人员与客户面对面接触的经验，也会依照不同类别进行分类储存，这样就能提供后台分析人员信息或下次与客户接触时的建议。

3. 客户资料分析

传统的 CRM 通常重视大量资料的统计分析，用以推测客户偏好，这些数量化模式往往使得企业对于开展 CRM 望而却步，因为它的成本极其高，而其准确性又经常受到不同分析模式的影响。最严重的是它的实用性：如何在一对一的环境中发挥网上的即时功用，成了传统 CRM 的致命伤。在网络时代的一对一环境中，关联性是最重要的，也是最没有争议的模式。它通常分析产品与产品间的关联度，以及产品与客户间的关联度，就像在亚马逊买了一本有关电子商务营销的书，它会告诉我们同样买这本书的人通常还会再买哪一本书，这时我们可能会很有兴趣知道其他同行买了什么书，进而也同时买进。另一种常用的是客户价值分析，它可以依照客户某一段时间内的累计消费或企业从个别客户赚得利润，将客户进行分级。对于高价值的客户给予特殊优惠，以争取更多的客户消费占有率，同时也常用不同时段的客户分级，观察客户是否有流失的倾向，进而制定特别的方案来防止客户流失。

4. 后端“一对一”策略研究

网络时代的消费者期望企业能针对个人来设计产品或服务，所以企业要能提供大量定制非同质产品或服务，而不是大量制造同质产品或服务。企业要能在与客户互动的同时，立即在数据库中记录客户的行为与偏好，并随时抽取资料进行产品与客户间的关联分析，以掌握客户的潜在需求。接着依照分析结果制定营销方案，包括定义不同产品的最可能目标客户，这些规划将立即转化为商业法则。这应当是一个网上即时更新的智能型比较技术，当与任一客户再次接触时，就可以立即将客户资料与商业法则进行比较，找出符合者，依照企划人员所制定的商业法则，立即为客户提供建议。同时要有一个回馈机制，让企划人员检查这些商业规则是否应当修正。

5. 与后端其他计算机应用系统的整合

网络时代的客户希望能取得更完整的资讯，而非片段信息，所以企业也必须能有效地将其相关的库存系统、订货系统、供应链系统或其他企业资源规划系统整合，以提供给客户更完整、更即时的服务。

5.2.6　电子商务环境下客户关系管理的实现

1. 数据仓库与数据挖掘技术的应用

在电子商务营销中，数据仓库是集成的、稳定的、随时间变化的数据集合，用以支持管理决策系统的过程。客户数据库是企业实施客户关系管理，完善客户服务的平台系统。详尽完善的客户数据库能为企业准确掌握客户的需求意向并实现客户价值最大化创造条件。

客户信息的收集和集成是客户数据库建立的核心。客户数据库的建立是一个漫长的过程，因为客户信息的收集和集成不可能在短时间内完成。对于一般规模、客户关系较明确的企业来说，花 3～5 年时间建立客户信息库是很正常的。开展电子商务营销应该从业务开始时就应该高度重视客户信息的收集和客户档案的健全，因为此时它更便于收集，操作起来也比较容易，只需在与客户交往的过程中将客户的详细信息收集起来并进行分门别类即可。

客户信息对于企业的作用是巨大的：从短期效用来看，有助于企业分析客户，为企业寻找合适客户提供依据；从长期效用来看，它是建立客户数据库的最可靠的信息资料。从客户数据库建立的过程考查，对于从一开始就建立了客户档案的企业来说，客户数据库的建立只是对原有的客户信息资料根据企业发展的情况进行充实完善的结果。

数据挖掘又称数据库中的知识发现，是指从存放在数据库或其他信息库中的大量数据中自动地发现相关模式，提取有潜在价值的信息，以及挖掘知识的过程。从客户关系管理的角度来看，数据挖掘应用就是从大量数据中挖掘出隐含的、先前未知的、对决策有潜在价值的知识和规则，并能够根据已有的信息对未来发生行为做出结果预测，为企业经营决策和市场策划提供依据。在客户关系管理中应用的数据挖掘模式主要有关联分析、分类、聚类分析、序列分析和孤立点分析等，对于要挖掘的数据，主要来自于企业建立的数据仓库。

2. 客户关系管理系统与 ERP 系统的整合

在电子商务营销中，客户关系管理系统更侧重于因特网客户的管理。客户是企业最重要的资源，ERP 系统作为企业资源计划系统也要对企业的客户做比较全面的管理。因此，一个科学的客户关系管理系统必须与企业 ERP 系统整合后才能发挥更好的效果。

当客户关系管理系统和 ERP 系统完成了有机的整合后，企业不仅可以把自己的资源数据库向客户或供应商延伸，其库存数量将根据其交易伙伴的订单自动更改，每个客户将以最短的时间获得按他的要求所定制的产品。客户关系管理的重点在市场销售等环节，而 ERP 则将重点放在了生产和制造环节。企业开展电子商务营销，其运作必定是环环相扣的。ERP 将客户需求、企业内部制造活动和供应商的制造资源整合在一起，形成一个完整的供应链，因此 ERP 在以供应链管理为核心的管理基础上增加了客户关系管理后，就从根本上解决了企业业务活动与客户需求不一致的问题。

5.2.7　电子商务营销客户关系管理策略

在企业开展电子商务营销时，可以利用先进的网络信息技术，采取一些更有效、更快捷的客户关系管理策略。

1. 对客户的档案管理策略

客户档案包括客户的各种信息，有个别特征信息（如性别、年龄、职业和爱好等）、交易和访问信息等，以此来了解客户的偏好及需求倾向。在传统的客户关系管理中，对客户信息的收集主要通过信件、传真或现场促销等途径发放信息调查表，客户反馈后再由大量人员进行整理和编辑，输入信息系统中。然而在电子商务环境下，通过充分利用网络的资源共享优势，企业可以轻松地为客户建档。通过电子商务客户管理系统，当客户第一次把自己的基本资料输入档案库之后，此数据不但会被永久保存，而且更重要的是它将成为本企业的各个部门都可以共享的资源。这样既能达到企业更新顾客档案的目的，又可以极大地方便顾客，而不会使一些客户由于需要多次输入基本信息而产生反感。在客户随后的每一次登录过程中，系统都会将客户的登录信息、浏览页面和交易信息等储存在客户档案中，从而逐渐丰富和完善客户信息，使企业能够更好地为客户服务。

2．客户细分策略

电子商务环境下的客户细分策略与传统的客户细分策略相似，利用不同的分类标准将客户划分为各种类别，再根据各类别的不同特征采用不同的策略。但是电子商务环境下的客户细分策略可以采取更加先进的网络技术手段，因此可以实现传统的客户细分策略难以实现的效果。客户细分的标准有很多，例如，以职业作为划分标准，那么企业的客户将被具体划分为工程技术人员客户、教育工作者客户和学生客户等。在给客户建立档案时，就可以把客户划分到每一个更加具体的子类别中。当客户再来浏览本企业的网站时，针对不同类别的客户，所展现给他们的主页面也不相同。如果一个学生正在浏览企业的网站，系统可以自动将学生所需的各种参考书、体育用品和娱乐用品等展示在主页面上，以此来吸引客户的第一注意力；而对于工程技术人员则可以首先向其展示工程技术方面的信息。通过客户细分策略，客户不必在网络中独自寻觅，而是由系统自动将与客户关系最大的产品首先推荐给客户，这样将为客户带来极大的方便，提高客户的满意度。

3．对现有客户的需求诱导策略

需求诱导策略是以现有客户为基础，有针对性地开发或刺激其潜在需求，不断开拓市场。例如，在顾客的档案中记载了在 2010 年和 2011 年的 5 月顾客都购买了一份生日礼物，那么就证明此顾客在 6 月左右有一个比较特殊的日子，那么在 2012 年的 5 月左右企业就可以自动发送一封 E-mail，向顾客推荐比较适合的礼物。当客户收到这样的 E-mail 时一定会很高兴，因为客户不用再花费时间去选购生日礼物了。企业以发送 E-mail 等方式向客户推荐产品时，一定要掌握好推荐时机和推荐对象，即向什么样的客户推荐、采用什么样的推荐方式等，不能使客户觉得这些推荐就像垃圾邮件一样，构成对客户的滋扰。

4．客户参与策略

所谓客户参与策略，即企业所提供的产品或服务不再局限于既定统一的产品，而是让顾客利用网络参与产品的设计，获得更加贴近自己兴趣的、满意度高的个性化产品。在电子商务环境下，人们对商品的需求更加个性化，企业首先提供产品的通用模型，顾客在此基础上提出自己的要求，企业在顾客的要求下生产产品，这样一方面可以提高顾客对产品的满意度，另一方面可以节省设计费用。如果同时有许多顾客对产品的某一方面提出了相同或类似的要求，厂家以后可以考虑把这一部分标准化，以提高生产率。例如，戴尔公司从 1996 年开始利用因特网来销售计算机。顾客通过因特网，在公司设计的主页上选择和组合计算机，公司的产品部门根据顾客的要求组织生产，并通过邮政公司邮寄。

5. 连锁效应策略

所谓连锁效应策略，即通过分析顾客正在进行的购买行为来推断顾客的其他需要，以此来提高产品的销售量，同时提高顾客的满意度。顾客对某种商品的购买欲望往往不是孤立的，企业通常可以通过对顾客购买行为的分析来推断顾客对其他相关产品的需求。连锁反应又分为简单连锁和复杂连锁两种，所谓简单连锁即通过简单的联想即可产生的连锁，所谓复杂连锁即通过一定的推理才可以实现的连锁。

例如，一位27岁的女性要购买一个婴儿奶瓶，我们很容易联想到这位女性有一个小宝宝，那么各种婴儿食品、婴儿服装和婴儿玩具等都是该顾客所需要的。当这位顾客点击婴儿奶瓶之后，系统将自动展现出各种婴儿用品，这即是简单连锁效应。又如一位顾客购买了一台iPhone最新款的手机，那么我们可以推断出该顾客应属于高档顾客消费群，经过再次推断，我们还可以知道高档消费品包括数码单反相机、iPad等产品，那么数码相机、iPad等产品就可能在顾客的预计购买范围。当顾客点击iPhone时，系统就可以自动展示出单反相机、iPad等产品，这就是复杂连锁反应。通过连锁反应能够对企业的商品产生很好的宣传作用，而且如果顾客发现在这一网站几乎可以买到所需的全部产品时，以后就会经常浏览该网站。

6. 追踪服务策略

追踪服务策略是指企业对所有的顾客提供追踪服务，而不再仅仅限定某一时间区间。在电子商务环境下，企业通过顾客建档，利用网络的强大优势，对顾客提供终身售后服务。例如，某企业对其开发的某种软件进行完善后已经升级版本，那么根据顾客档案记录，企业系统会自动向所有曾经购买该软件的顾客发送一封E-mail，向其介绍新版本软件的优点，并说明版本的升级方法。

7. 客户自服务策略

所谓客户自服务策略，是指充分发掘客户群体潜力，通过客户之间的互相交流来提高顾客的服务质量。在电子商务环境下，企业可以利用网络资源为顾客提供一个网上交流平台。在这个平台上，所有的顾客都可以参与，顾客可以互相交流产品的功能、需要改进的缺陷，以及产品故障的维修方法，更重要的是通过顾客之间的交流，厂家可以发现自己的产品需要改进的地方，这将非常有利于产品的完善。顾客之间通过互相交流可以了解到自己原来所不知道的产品功能。

5.2.8 电子商务营销客户关系管理效果衡量基本指标

1. 客户份额（客户占有率）

要将小客户发展成更有价值的大客户，企业需要配置多少资源呢？因此，我们必须了解企业在客户业务中所占的市场份额。从财务上看，客户份额是指企业在客户总支出中的渗透水平；从更广义的角度来看，客户份额代表着企业满足客户需要的程度。与市场份额（市场占有率）相比，客户份额指标具有较高的战略价值，至少可以指导企业保留和发展特定的客户群。在大多数案例中，成长性客户具有较高的潜在价值，因为企业有机会从竞争对手手中抢走客户份额。

2．客户响应率（网站点击率）

客户响应率主要反应客户对某种新产品或服务感兴趣的情况，如对某个网络广告或促销的点击。对客户响应率进行分析，可以发现客户对某种互动渠道和网络接触的偏好，能够更加有针对性地面对目标市场，有效降低市场推广费用，达到最小投入。

3．新增客户量（率）

也就是新增加的客户总量。虽然 E-CRM 以一种改革者的姿态出现，可是它在很大程度上并不是对以往 CRM 方式的“革命”，更多的是对传统 CRM 营销思想的完善和补充，因此，新增客户量依然是业绩考核中最重要的内容。

4．保留客户量（率）

客户满意度对于收益率的影响是通过中间变量，如保留率来表现的。

5．客户转换率

“转换率”就是指访问者当中，有多少比例的人进行了某项对网站有利的动作行为。“转换率”主要分成 3 块数量指标：将因特网的流量转换成企业网站的流量；将企业网站的流量转化成第一次购买量；将第一次购买量转化成重复购买量。“转换率”最终还是与“投资回报率”直接关联的，如某企业的电子商务营销部门，其主要责任是吸引一般消费者，找到他们的需求，并引导他们进行某项目行为操作，例如会员注册、购买商品和填写评语等，其中直接增加收入的只有购买商品这一转化，其他的转化则属于间接增加收入。

下面来简单看一下客户转换率与投资回报率的量化关系。*A* 公司在新浪上买了 8 万元的 Banner 广告，吸引了 80 万个点击（或访问者），则每个点击的转换成本为 0.1 元。接下来，在 80 万个点击当中有 50%的点击只访问了 *A* 公司的引导页面就离开了，换句话说，只有一半的人被“引导页面”疏导到网站的其他部分内容去了，或者可以说“第二点击”的转换率为 50%；再接着，在余下的 40 万个点击中只有 2%注册成为会员，即 8 000 个会员；最后 8 000 个新会员只有 10%是有购买行为的，即 800 个付费用户。如果每个付费用户平均一年之内可以给 *A* 公司带来 5 元的利润，则一年内广告回报为 4 万元。显然，4 万元相对 8 万元的广告费来说是不合算的，可以通过更有针对性的 E-CRM，提高各子目标的转换率，进而提升投资回报。

6．流失客户量（率）

流失客户量是指流失的客户总量。

7．升级客户量（率）

不断升级的客户可以给企业带来诸多的好处，因为客户升级也就意味着“客户满意”。客户升级的最终目标是使客户成为企业和品牌的忠实客户，它们愿意与企业建立和保持长期、稳定的关系，愿意为企业提供的产品和服务承担合适的价格，并且义务宣传企业产品和服务。

8. 客户平均盈利能力

客户阶梯给了客户平均盈利能力新的内容，也就是 E-CRM 里面的客户平均赢利能力是“级次”的。另外，在具体操作的时候，如果再加入成本，那么对收入的分析就更明晰。

5.3 呼叫中心

呼叫中心（call center，CC）在国内也称为“客户服务中心”（customer care center，CCC），是一种基于 CTI 技术（计算机网和通信网集成技术）、充分利用通信网和计算机网的多项功能集成，并与企业连为一体的一个完整的新型综合信息服务系统。

5.3.1 呼叫中心的概念

呼叫中心是利用现有的各种先进的通信手段，有效地为客户提供高质量、高效率、全方位的服务。

呼叫中心通过提供各种 CTI（计算机语音集成）中间设备来支持 ACD（自动呼叫分配）/PBX（专用分组交换机），实现计算机电话集成技术与 CRM 业务应用软件之间的整合，通过电话技术进行与客户之间的互动，对来自多个渠道的工作任务和座席代表的任务进行全面管理。乍看起来，呼叫中心好像是企业在最外层加上一个服务层，实际上它不仅仅为外部用户，也为整个企业内部的管理、服务、调度和增值起到非常重要的统一协调作用。

呼叫中心已经在很多方面得到应用，如电话银行，用户可以通过电话进行汇率查询、账户结余查询、转账和代扣公用事业费等。现在的呼叫中心是 CRM 行业的一个重要分支，它是由若干成员组成的工作组，这些成员既包括一些人工座席代表，又包括一些自动语音设备。它们通过网络进行通信，共享网络资源，为客户提供交互式服务。

5.3.2 呼叫中心的构成

20 世纪 90 年代初，呼叫中心开始发展并逐渐兴起，近几年来，随着技术的发展，呼叫中心又融入了 Internet、VOIP（语音技术）、E-mail、WAP（手机无线上网应用协议）和视频等多种交互手段，发展成为一个多媒体的、可为移动用户服务的、智能化的呼叫中心。

典型的呼叫中心由 6 部分组成：程控交换机（PBX）、自动呼叫分配器（ACD）、交互式语音应答（IVR）、计算机语音集成（CTI）服务器、人工座席代表（Agent）和后台业务处理系统。虽然各公司的呼叫中心一般不尽相同，但呼叫中心环境下的基本技术差别不大。

（1）程控交换机（private branch exchange，PBX）。程控交换机为呼叫中心提供内外通道，对外作为与市话局中继线的接口，对内则作为与座席代表话机和自动应答设备（VRU）的接口。但呼叫中心的 PBX 与传统的 PBX 不同，其中继线数大于内线数。至于多出来的中继线如何使用就要涉及自动呼叫分配器（ACD）了。

（2）自动呼叫分配器（automatic call distribution，ACD）。自动呼叫分配器的作用是将外界来电均匀地分配给各个代表。如果没有空闲的座席代表，就将来电放入等待队列，空闲时再转接过去。如果来话在长时间里得不到处理，ACD 可以为客户播放提示信息，包括呼叫者在等待队列中的位置并询问来电者是否愿意继续等待等，以减少客户的挂机比例。随着技术的发展，ACD 将会提供更多的特色服务，如呼叫溢出等，并与其他解决方法更好地结合起来。

（3）交互式语音应答（interactive voice response，IVR）技术。交互式语音应答技术给呼叫中心带来了强大的生命力。IVR 又称自动语音应答（voice response utensil，VRU），它是计算机技术用于呼叫中心的产物。用户通过双音频电话输入信息，IVR 系统向用户播放预先录制好的语音，回答用户的问题。IVR 还具有语音信箱、传真收发等功能。应用了 IVR 技术，有 80%～90%的呼叫不再需要坐席代表的干预就能完成。在 IVR 应用中，语音识别技术将会发挥很大的作用，从而减少语言误解和消息失真。

（4）计算机语音集成服务器（computer telephony integration，CTI）。CTI 对整个呼叫中心进行全面管理，是呼叫中心的心脏所在。它与 PBX 相连，接收来自 PBX 的事件/状态消息，并向 PBX 发出命令。CTI 服务器能够向上提供统一的编程接口，屏蔽 PBX 与计算机间的复杂通信协议，为不同的用户开发应用程序带来了方便。CTI 服务器与 PBX 的连接称为 CTI 链路。CTI 链路在物理上可能是 X.25、ISDN（D 通道）或 TCP/IP 连接中的一种，在软件上是一种专用的应用层协议。目前，CTI 协议缺少统一的标准，于是 CTI 服务器的最大任务就是协调不同交换机厂家的这些协议，使其有一个统一的模式。有人认为，解决这个问题的途径可以是同时支持多种不同的 CTI 链路协议或对这些协议进行编程，但这是不切实际的。一个可行的方法是开发一个运行于 CTI 服务器上的 CTI 中间件，以完成底层的协议操作。

（5）人工座席代表（agent）。通常，呼叫中心的工作人员被称为座席（业务代表），业务代表组成的小组被称为座席组（业务组）。一个呼叫中心可以由几百个甚至几千个业务代表组成，而小企业和大企业的小部门也可以根据需要，非常经济地建立一个只有几个业务代表的小型呼叫中心。

人工座席代表（agent）的工作设备包括话机（数字或专用模拟话机）、耳机、话筒，以及运行 CTI 应用程序的 PC 或计算机终端，对于电话接听、挂断、转移和外拨等工作，座席代表只需通过鼠标和键盘就可轻松地完成。人工座席代表是呼叫中心中的唯一非设备成分，能更灵活地进行呼叫处理。呼叫中心的某些服务，如业务咨询、电话号码查询、故障报告和服务投诉等，必须由座席代表完成。

（6）后台业务处理系统。后台业务处理系统负责整个过程中信息的收集、处理和反馈，利用这些信息，可以更好地为客户提供服务，提升企业的服务水平。

5.3.3　呼叫中心的典型流程

呼叫中心的典型处理流程如下：

（1）呼叫进入中心交换局（center office）。

（2）PBX 应答呼叫，捕获自动号码证实（ANI）或被叫号码证实（DNIS）信息。

（3）PBX 寻找空闲的 VRU 路由，并把该呼叫转至该线路。

（4）PBX 通过 RS232 串行口发送初始呼叫信息给 VRU，包括呼叫转至的端口号及 ANI 和 DNIS 信息。

（5）VRU 播放提示菜单信息给呼叫者，以确定哪类接线员受理比较合适。

（6）VRU 检查接线员队列，若无空闲接线员，则播放消息给呼叫者，告诉其在等待队列中的位置，并询问是否愿意等待等。

（7）接线员空闲时，VRU 通过拍叉簧把呼叫转至该接线员，等待 PBX 发来的拨号音，拨新的分机号。接线员拿起电话后，VRU 自动挂机，处理另一个呼叫。

（8）用数据库的共享或局域网通信工程，VRU 向接线员的 PC 发送 ANI 信息，呼叫到达时，客户信息将会自动显示出来。

（9）呼叫用户或接线员一方挂机时，PBX 检测到断线信号，通过 RS 232 串口发送呼叫记录信息给 VRU。此时，VRU 根据此信息确定刚处理完呼叫的接线员已恢复空闲，可进行下一次呼叫处理。

5.3.4　呼叫中心的类型

呼叫中心可以按照不同的参照标准分成多种类型。分别如下：

（1）按采用的不同接入技术，可以分成基于交换机的 ACD 呼叫中心和基于计算机的板卡式呼叫中心。

（2）按呼叫类型，可以分成呼入型呼叫中心、呼出型呼叫中心和呼入/呼出混合型呼叫中心。

（3）按功能，可以分成传统的电话呼叫中心、Web 呼叫中心、IP 呼叫中心、多媒体呼叫中心、视频呼叫中心和统一消息处理中心等。

（4）按使用性质，可分成自用呼叫中心、外包呼叫中心和 ASP（应用服务提供商）型呼叫中心，其中 ASP 型是指租用其他人的设备和技术，而话务代表是自己公司的类型。

（5）按分布地点，可分成单址呼叫中心和多址呼叫中心。

（6）按人员的职业特点分，有 formal（正式）呼叫中心和 informal（非正式）呼叫中心两种。正式的呼叫中心就是我们通常所说的有专门话务代表处理客户的呼叫，为客户提供服务的呼叫中心；而非正式的呼叫中心是指那些由不是专门的话务代表的人来处理客户的呼叫，比如在证券业有大量的证券经济人，他们利用证券公司的呼叫中心为客户提供交易服务，但他们自己并不是专门的话务员，那这个证券公司的呼叫中心就属于非正式的呼叫中心。

（7）按呼叫中心技术的发展分有两种分法，一个是从大体上把呼叫中心分成传统呼叫中心和现代呼叫中心；另一个是一些设备厂商的分法，就是经常可以见到的第一代、第二代的称谓，现在已经到了第四代。这主要是厂商要强调在新一代的产品中加入了更多的先进技术。

（8）按应用主要分成电信呼叫中心、银行呼叫中心、邮政呼叫中心、民航呼叫中心、企业呼叫中心和政府呼叫中心等。

在实际中，更多的是根据应用的不同情况和场合，将这些分类有机地结合在一起。比如，我们可以将一个呼叫中心描述为基于交换机的、具有 Web 功能的、呼出型多址外包呼叫中心。尽管显得啰嗦，但却是对一个呼叫中心最精确的描述。在呼叫中心产业中，多数企业是按照不同的使用性质进行分类的，所以我们着重介绍一下自营型呼叫中心（in-house call center）、外包型呼叫中心（outsourcing call center）和 ASP（应用服务提供商）型呼叫中心 3 类。

（1）自营型呼叫中心。自营型呼叫中心指企业自身建立的独立的呼叫中心，其运营指标要从以下几个方面来评估：

① 服务级别（service level），即多少呼叫会在一定时间内被接听，是 80/20 还是 90/10，或者是 70/30。

② 呼损率（abandon rate）。

③ 平均通话时间（average speech time）。

④ 后续工作时间（after call work）。

⑤ 转接率（change rate）。

⑥ 单个呼叫成本（cost/call）。

⑦ 人员流失率。

当然，如果呼叫中心还担负着追踪销售线索，维护客户关系的话，还要考察销售成功率和客户挽留成功率等指标。以上只是考核一个呼叫中心运营的基本指标，具体还要根据企业的实际情况来制定。

（2）外包型呼叫中心。外包型呼叫中心是指租用其他方的呼叫中心设备、座席、人员和运营管理，完成客户服务等诸多活动的类型。

外包型呼叫中心的各种业务都可以拆分成外包业务：建设外包、应用外包、系统硬件外包（不含座席代表）、座席外包、运营管理外包和招聘/培训外包等。一些富有经验的外包运营商可以提供全套的一条龙服务。按业务类型的难易程度、时效性、阶段性和企业文化的理解等方面的不同，可将外包分为以下 4 种类型：

① 按座席外包（呼入呼出混合型）。

② 按呼入量外包（呼入型）。

③ 按项目外包（呼入型、呼出型）。

④ 连带 CRM 的外包（综合型）。

（3）ASP 型呼叫中心。ASP（application service provider，应用服务提供商）型呼叫中心是指将各种应用软件安装在数据中心（IDC）或服务器群上，通过网络将应用软件的功能或基于这些功能的服务以有偿的方式提供给使用者，并由 ASP 负责管理、维护和更新这些功能和服务，提供给使用者优质完善的服务。

5.3.5　CRM 与呼叫中心的关系

CRM 是时下管理中的热门，它的实现并不仅仅依赖一个软件，而是依赖企业的优化和改造。对于现阶段的企业来讲，这种改造是长期的、艰巨的、革命性的。从功能上讲，CRM 的解决方案都着力于经营自动化和流程合理性的改进，尤其是在销售、客户服务和支持等前端办公领域。实际上，无论是商品的宣传、销售还是售后服务，本质上都是一个商家与客户进行交互式信息交流的过程，而这种交流恰恰是呼叫中心的特长所在。

自动化和改善面向客户的商业流程是 CRM 的主要目标之一，但 CRM 解决方案拥有的商业智能和分析能力必须基于大量的有关企业用户和潜在用户的广泛信息。只有决策者们充分利用这些信息，才能做出更为明智和及时的商业决策。呼叫中心是最有力的信息采集渠道，能保证商业智能化的实现，所以说，一个成功的战略呼叫中心的业务和管理功能是 ERP 和 CRM 中核心和精华部分功能的实现，同时，呼叫中心又是它们的基础。我们可以通过呼叫中心来完成数据的积累和初步 CRM 功能的实现，当有了客户信息和客户关系管理经验时再运用大型的 CRM 系统，这样就会达到事半功倍的效果。

5.4　电子商务营销客户关系管理手段

为了在与客户的每一个“接触点”上都更加接近客户，了解客户，最大限度地增加利润，E-CRM 在管理手段上集合了当今最新的信息技术，主要包括数据仓库和数据挖掘等。

5.4.1　数据挖掘

数据挖掘是近年来随着人工智能和数据库技术的发展而出现的一种新的数据处理方法，它是从海量的数据中筛选出隐含的、可信的、新颖的、有效的信息的高级处理过程。它不仅能对过去的数据进行查询和遍历，还能找出过去数据之间的潜在联系，从而促进信息的传递。

1．数据挖掘的含义

（1）含义。目前数据挖掘还没有一个完整的定义，许多专家和学者都提出了多种数据挖掘的定义，例如，SAS 研究所（1997）：“在大量相关数据基础之上进行数据探索和建立相关模型的先进方法”；Bhavani（1999）：“使用模式识别技术、统计和数学技术，在大量的数据中发现有意义的新关系、模式和趋势的过程”；Hand et al（2000）：“数据挖掘就是在大型数据库中寻找有意义、有价值的信息的过程”。各种研究机构由于观点和背景的不同，对数据挖掘都有不同的定义。

本书只从与客户关系管理联系紧密程度，分别从技术角度和商业角度加以探讨。

① 从技术角度讲，数据挖掘（data mining）就是从大量的、不完全的、有噪声的、模糊的、随机的实际应用数据中，提取隐含在其中的、人们事先不知道的、但又是潜在有用的信息和知识的过程。这个定义包括好几层含义：数据源必须是真实的、大量的、含噪声的；发现的是用户感兴趣的知识；发现的知识要可接受、可理解、可运用；并不要求发现放之四海皆准的知识，仅支持特定的发现问题。

② 从商业角度看，数据挖掘是一种新的商业信息处理技术，其主要特点是对商业数据库中的大量业务数据进行抽取、转换、分析和其他模型化处理，从中提取辅助商业决策的关键性数据。简而言之，数据挖掘其实是一类深层次的数据分析方法。其可以描述为：按企业既定业务目标，对大量的企业数据进行探索和分析，揭示隐藏的、未知的或验证已知的规律性，并进一步将其模型化的先进有效的方法。

（2）数据挖掘与传统分析方法的区别。

数据挖掘与传统的数据分析（如查询、报表和联机应用分析等）的本质区别是，数据挖掘是在没有明确假设的前提下去挖掘信息和发现知识。数据挖掘所得到的信息应具有未知、有效和可实用 3 个特征。

2．数据挖掘的功能

数据挖掘的任务是从大量数据中发现知识。数据是由原始事实组成的，如企业原材料的采购量、库存量和商品销售量等。

数据挖掘的目标是从数据库中发现隐含的、有意义的知识，主要有以下几个功能：

（1）自动预测趋势和行为。数据挖掘自动在大型数据库中寻找预测性信息，它根据时间序列型数据，由历史的和当前的数据去推测未来的数据。一个典型的利用数据挖掘进行预测的例子就是目标营销，数据挖掘工具可以根据过去邮件推销中的大量数据，找出其中最有可能对将来的邮件推销做出反应的客户。目前，预测方法有经典的统计方法、神经网络和机器学习等。

（2）关联分析。数据关联是数据库中存在的一类重要的可被发现的知识。若两个或多个变量的取值之间存在某种规律性，就称为关联。关联可分为简单关联、时序关联和因果关联。关联分析的目的是找出数据库中隐藏的关联网。有时并不知道数据库中数据的关联函数，即使知道也是不确定的，因此关联分析生成的规则带有可信度。

（3）聚类。聚类如同通常所说的“物以类聚”，是把一组个体按照相似性归纳成若干类别。它的目的是使属于同一类别的个体之间的距离尽可能小，而不同类别上的个体间的距离尽可能大。它反映同类事物共同性质的特征型知识和不同事物之间的差异性质的特征型知识。通过聚类，数据库中的记录可被划分为一系列有意义的子集。聚类增强了人们对客观现实的认识，是进行概念描述和偏差分析的先决条件。

（4）概念描述。概念描述就是对某类对象的内涵进行描述，并概括这类对象的有关特征。概念描述分为特征性描述和区别性描述，前者描述某类对象的共同特征，后者描述不同类对象之间的区别。生成一个类的特征性描述只涉及该类对象中所有对象的共性。生成区别性描述的方法有很多，如决策树方法、遗传算法等。

（5）偏差检测。数据库中的数据常有一些异常记录，从数据库中检测这些偏差很有意义。偏差包括很多潜在的知识，如分类中的反常实例、不满足规则的特例、观测结果与模型预测值的偏差，以及量值随时间的变化等。偏差检测的基本方法是，寻找观测结果与参照值之间有意义的差别。数据挖掘的任务是从大量数据中发现知识。

3. 数据挖掘的过程

数据挖掘的过程如图 5-1 所示，过程中各步骤的大体内容如下：

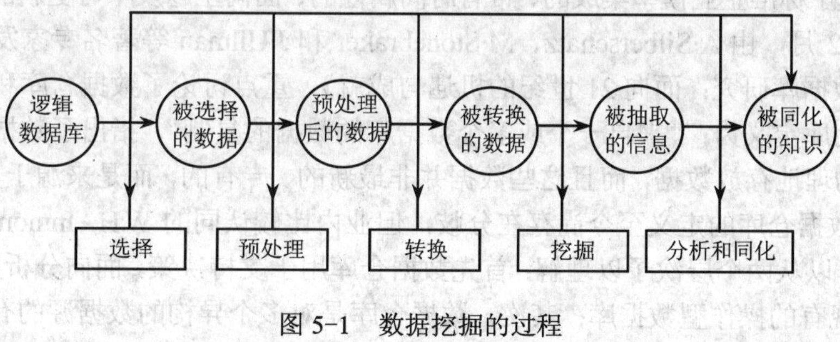

图 5-1　数据挖掘的过程

（1）问题定义。在开始数据挖掘之前，最先的也是最重要的要求就是熟悉背景知识，弄清用户的需求。要想充分发挥数据挖掘的价值，必须对目标有一个清晰明确的定义，即决定到底想干什么。

（2）数据准备。这个阶段细分为 4 步：数据收集、数据选择、数据预处理和数据转换。

① 数据收集：大量全面丰富的数据是数据挖掘的前提，没有数据，数据挖掘也就无

从做起。因此，数据收集是数据挖掘的首要步骤。

② 数据选择：搜索所有与业务对象有关的内部和外部数据信息，并从中选择出适用于数据挖掘应用的数据，从而辨别出需要分析的数据集合，缩小处理范围，提高数据挖掘的质量。

③ 数据预处理：克服目前数据挖掘工具的局限，研究数据的质量，为进一步的分析做准备，并确定将要进行的挖掘操作的类型。

④ 数据转换：将数据转换成一个分析模型，这个分析模型是针对挖掘算法建立的。建立一个真正适合挖掘算法的分析模型是数据挖掘成功的关键。

（3）数据挖掘：利用各种数据挖掘方法对数据进行分析。

（4）结果分析：解释并评估结果。其使用的分析方法一般应针对数据挖掘操作而定，通常会用到可视化技术。根据最终用户的决策目的对提取的信息进行分析，把最有价值的信息区分出来。

（5）知识的同化：将分析所得到的知识集成到业务信息系统的组织结构中去，并且通过决策支持工具提交给决策者。

5.4.2 数据仓库

1. 数据仓库的概念

目前，数据仓库一词尚没有一个统一的定义。“数据仓库之父”William.H.Inmon 在 1993 年时任 Prism Solutions 公司副总裁时，在其著作 *Building the Data Warehouse*（《构建数据仓库》）一书中给出如下描述：“数据仓库（data warehouse）是一个面向主题的（subject oriented）、集成的（integrate）、相对稳定的（non-volatile）、反映历史变化（time variant）的数据集合，用于支持管理决策。”

斯坦福大学数据仓库研究小组给数据仓库下的定义是：“数据仓库是集成信息的存储中心，这些信息可用于查询或分析”、“数据仓库是作为 DSS 服务基础的分析型数据库，用来存放大容量的只读数据，为制定决策提供所需的信息”，以及“数据仓库是与操作型系统相分离的、基于标准企业模型集成的、带有时间属性的、面向主题及不可更新的数据集合。”

1995 年 2 月，由 A·Silberschatz、M·Stonebraker 和 J·Ullman 等著名专家发表的一份权威性报告《数据库研究：面向 21 世纪的机遇与成就》，重点讨论了数据仓库和数据挖掘问题，把数据仓库定义为：“来自一个或多个数据库的数据的复制”，指出了数据仓库最根本的特点，即物理地存放数据，而且这些数据并非最新的、专有的，而是来源于其他数据库。

虽然对数据仓库的定义至今尚存在分歧，但业内比较认同的 W.H. Inmon 关于数据仓库定义，它可以从两个层次予以理解：首先数据仓库用于支持决策，面向分析型数据处理，不同于企业现有的操作型数据库；其次，数据仓库是对多个异构的数据源的有效集成，集成后按照主题进行了重组，并包含历史数据，且存放在数据仓库中的数据一般不修改。

2. 数据仓库的主要特点

数据仓库最根本的特点是物理地存放数据，而且这些数据并不是最新的、专有的，而是来源于其他数据库的。数据仓库的建立并不是要取代数据库，它要建立在一个较全面和完善的信息应用的基础上，用于支持高层决策分析，而事务处理数据库在企业的信息环境中承担的是日常操作性的任务。W.H. Inmon 的数据仓库定义涵盖了几个基本要素，即主题性、集成性、稳定性及时间相关性。以这些基本要素为核心，构成了数据仓库的 4 个主要特点。

（1）数据仓库是面向主题的。操作型数据库的数据组织面向事务处理任务，各个业务系统之间各自分离，而数据仓库中的数据是按照一定的主题域进行组织。主题是一个抽象的概念，是指用户使用数据仓库进行决策时所关心的重点方面，一个主题通常与多个操作型信息系统相关，主题域在数据仓库中表现为一系列相关联的表，共同的关键值将同一主题域内所有数据联系在一起。比如银行中的机构、客户、账号和汇率等即为相应的一批主题域。

（2）数据仓库是集成的。操作型数据库定义的数据难免会出现不同程度的不一致，如编码、命名、属性和键值等。而数据仓库在录入数据时，无论数据来源于何处，都必须按照统一的结构和编码规则进行重组，这也就是对数据进行集成的过程。数据仓库中的信息不是从各个业务处理系统中简单抽取出来的，而是经过系统加工、汇总和整理，保证数据仓库内的信息是关于整个企业的一致的全局信息。

（3）数据仓库的时间相关性。操作型数据库中的数据通常实时更新，数据根据需要及时发生变化。而数据仓库中的某个数据一旦进入数据仓库以后，一般情况下将被长期保留，也就是数据仓库中一般有大量的插入和查询操作，但修改和删除操作很少。包含历史数据是指数据仓库内的信息并不只是关于企业当时或某一时点的信息，而是系统记录了企业从过去某一时点到目前的各个阶段的信息，通过这些信息可以对企业的发展历程和未来趋势做出定量分析和预测。把信息加以整理归纳并及时提供给相应的管理决策人员，是数据仓库的根本任务。

（4）数据仓库的数据是相对稳定的。操作型数据库里的数据一般没有时间元素，数据保存时间通常是 60～90 天，而数据仓库里的数据总是包括有时间元素的，数据保存时间通常是 5～10 年，具备进行历史比较和趋势分析的长期数据基础。

数据仓库是一种中介查询工具，可用来在海量的业务数据中筛选有用信息，这一过程并不改写原始业务数据，因此对现有业务数据并无任何危害。在银行领域，数据仓库技术常被用于客户盈利分析、银行产品分析和市场趋势预测，数据仓库的主要作用是通过访问业务数据来实现信息查询，将隐藏的信息显露出来，作为银行决策的依据。

3．数据集市

1）概念

数据集市（data marts）相当于数据仓库的一个子集，也称为“小数据仓库”，是一个针对某个主题的、经过预统计处理的部门级分析数据库，如销售数据集市、营销数据集市、库存集市和财务集市等。还有一些其他叫法，如报告数据库、部门 DSS 数据库、OLAP 数据库、多维数据库和轻度概括数据库等。数据集市将数据仓库的概念——即联机分析从事务处理系统收集来的销售、库存和其他业务数据引入了中小型企业及大型企业中的各个部门。

数据集市不是在单一的数据库中存放企业的所有数据，而是只包含了公司业务某一方面的数据子集，如财务、库存或员工等方面的数据。实际上，数据集市为某一特定领域提供的数据可能比数据仓库提供的更为详细。目前，数据集市一般理解为企业级数据仓库的主题数据库，是企业级数据仓库的一个子集，是数据仓库管理系统下的一部分。

2）数据集市的类型

数据集市可以分为两种类型。

① 独立型数据集市。独立型数据集市直接从操作型环境获取数据。

② 从属型数据集市。从属型数据集市从企业级数据仓库获取数据。

本章小结

本章在概要介绍客户关系管理产生的背景基础上引出客户关系管理（E-CRM）的含义，其核心管理思想为把客户资源作为企业发展最重要的资源之一，全面管理企业与客户发生的各种关系，进一步延伸企业供应链管理。在此基础上，概述了E-CRM的产生、驱动、功能、结构及其实现和策略，最后谈了效果衡量问题。呼叫中心是E-CRM的产物，是一种基于CTI技术、充分利用通信网和计算机网的多项功能集成，并与企业连为一体的一个完整的新型综合信息服务系统。客户关系管理的主要手段是数据挖掘和数据仓库，数据挖掘是从海量的数据中筛选出隐含的、可信的、新颖的、有效的信息的高级处理过程，它不仅能对过去的数据进行查询和遍历，并且能够找出过去数据之间的潜在联系，从而促进信息的传递；数据仓库是对多个异构的数据源的有效集成，集成后按照主题进行了重组，并包含历史数据，而且存放在数据仓库中的数据一般不修改，主要用于支持决策。

核心概念：客户关系管理　呼叫中心　数据挖掘

本章习题

1. 什么是客户关系管理？
2. 简述呼叫中心的构成。
3. 论述数据仓库和数据挖掘技术对现代企业的管理有什么意义。
4. 举例分析一个企业开展客户关系管理的成败得失。

第3篇

技术篇

第6章

电子商务营销技术

学习目标

1. 了解电子商务营销中所涉及的整套电子商务平台技术解决方案。

2. 了解文本、图形图像、音频、动画和视频等多媒体素材的主流格式，熟悉电子商务营销中广泛使用的各类多媒体格式。

3. 了解网络信息传播的特点与目前网络信息传播的主要渠道。

4. 了解网络信息采集分析技术的原理，掌握其中一种网络信息采集软件的使用方法。

引例　全球电子商务巨头亚马逊，又是全球科技巨头

提到亚马逊（Amazon.com），相信大部分人首先想到的是B2C网上购物模式，亚马逊作为全球最大的电子商务企业，其2011年销售额预计达到约490亿美元。但说到亚马逊最大的竞争对手，曾经是全球最大百货零售商沃尔玛，现在却是谷歌和苹果这两大互联网公司。

谷歌通过搜索打造了人们进入互联网的平台入口，苹果以iPhone、iPad这些大热的电子产品引领了产业潮流。

亚马逊作为一家从硬件、软件、网上商店、云计算全涉猎的科技公司，曾经连续八年亏损，创始人杰夫·贝佐斯（Jeff Bezos）还是一位知名的不愿意迎合华尔街的CEO，却得到了资本市场的青睐，风头最劲时市值曾经是谷歌的两倍。

亚马逊在2007年推出第一代电子书阅读器Kindle，开始销售数字音乐、推出视频点播服务，成为娱乐内容的提供商，并在众多电子书阅读器厂商的激烈竞争环境中脱颖而出，销量遥遥领先。2011年正式推出平板电脑Kindle fire，开始发售后就迅速成为亚马逊和百思买（BestBuy.com）最畅销的产品，引来国内外媒体对其密切关注，多家主流媒体将其形容为苹果iPad的最强劲对手。

亚马逊还是全球最早提出云计算概念，并将云计算应用于中小企业的领导厂商之一。亚马逊推出云计算的初衷是让自己闲置的IT设备变成有价值的运算能力。2010年，亚马逊在云计算领域的营业收入约为5亿美元，虽然在其全年342亿美元的总收入当中并不突出，但却已经拥有包括《纽约时报》、纳斯达克证券交易所在内的40万家企业客户，有着巨大的发展潜力。

亚马逊首席技术官Werner说，贝佐斯当初建立亚马逊时并不是要建一个网上书店，而是“想用互联网来实现其他的方式不能做到的事情”，所以亚马逊本质上是一家技术公司。今天的亚马逊已经是全球最重要的科技公司之一，在互联网企业中市值仅次于谷歌和Facebook。

（本文由作者根据网络资料改写）

6.1　电子商务平台技术

电子商务营销技术涉及电子商务平台技术、网络信息展示技术、网络信息传播技术和网络信息采集分析技术。其核心内容是首先要建立电子商务信息展示的技术平台，并构造合适的电子商务营销信息源，借助合理的网络信息传播渠道将电子商务营销信息有

效地传达给客户。整个营销过程所产生的各类数据通过网络信息采集分析技术收集后再进行进一步分析，用以优化改进各环节，提高电子商务营销的效果。

电子商务平台技术是指建立一个电子商务平台所涉及的各项技术，主要包括网络基础设施、网络硬件系统、网络软件系统、网络服务器、电子商务应用系统和网站主机等相关技术。

6.1.1 网络基础设施

1. 中国网络基础设施发展水平

中国互联网（Internet）服务商主要包括中国电信、中国联通、中国移动、中国科技网、中国教育和科研计算机网、中国国际经济贸易互联网等六大骨干网。

中国国际出口带宽反映了中国与其它国家或地区互联网连接的能力，能在很大程度上体现中国网络基础设施建设状况。在目前网民网络应用日趋丰富，各种视频应用快速发展的情况下，只有国际出口带宽持续增长，网民的互联网连接质量才会得到有效改善。截至 2011 年 12 月，中国的国际出口带宽达到 1,389,529Mbps，较 2010 年同期增加 26.4%，中国互联网国际出口连接能力逐步增强，近几年中国国际出口带宽增长情况如图 6-1 所示。

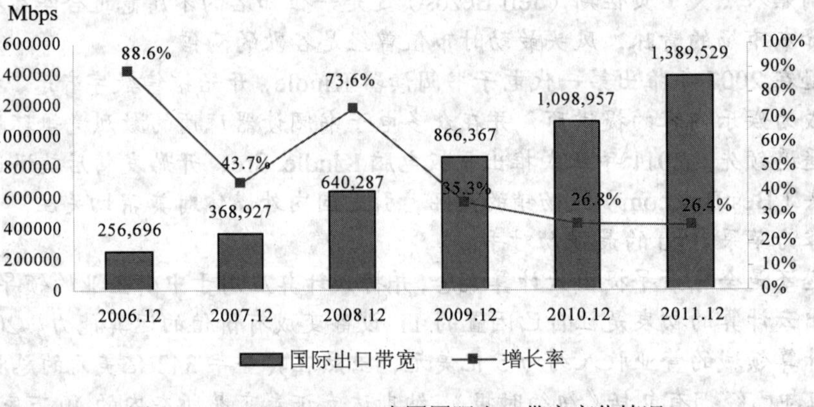

图 6-1 2006.12-2011.12 中国国际出口带宽变化情况

（数据来源：CNNIC 第 29 次中国互联网发展报告）

2. 互联网接入方式

目前可供选择的互联网接入方式主要有 PSTN、DDN、ADSL、Cable-Modem、PON 和 LAN 等。

1）PSTN 接入

PSTN（published switched telephone network，公用电话交换网）技术是利用 PSTN 通过调制解调器拨号实现用户接入的方式。这种接入方式是大家非常熟悉的一种接入方式，最高的速率为 56 kbit/s，已经达到香农（Shannon）定理确定的信道容量极限，虽然这种速率远远不能满足宽带多媒体信息的传输需求，但由于电话网非常普及，用户终端设备 Modem 也很便宜，而且不用申请即可开户，只要家里有计算机，把电话线接入

Modem 就可以直接上网，因此，PSTN 拨号接入方式比较经济，曾经是互联网发展初期的主要接入方式。随着宽带的发展和普及，这种接入方式已逐渐被淘汰，目前主要应用于无法连接宽带的农村或偏远地区，以及部分企事业单位的内网连接。

2）DDN 接入

DDN（digital data network，数字数据网）接入技术俗称“DDN 专线”，是随着数据通信业务发展而迅速发展起来的一种新型网络。DDN 的主干网传输媒介有光纤、数字微波和卫星信道等，用户端多使用普通电缆和双绞线。DDN 将数字通信技术、计算机技术、光纤通信技术，以及数字交叉连接技术有机地结合在一起，提供了高速度、高质量的通信环境，可以向用户提供点对点、点对多点透明传输的数据专线出租电路，为用户传输数据、图像和声音等信息。DDN 的通信速率可根据用户需要在 $N\times64$ kbit/s（N=1～32）之间进行选择，速度越快，租用费用也越高。DDN 的收费一般可以采用包月制和计流量制，这与一般用户拨号上网的按时计费方式不同。DDN 的租用费较贵，主要面向集团公司等需要网络应用的单位。

3）ADSL 接入

ADSL（asymmetrical digital subscriber line，非对称数字用户环路）是一种能够通过普通电话线提供宽带数据业务的技术，也是目前最主流的互联网接入技术。ADSL 素有“网络快车”之美誉，因其下行速率高、频带宽、性能优、安装方便，以及无须交纳电话费等特点而得到快速普及，成为继 Modem 和 ISDN 之后的又一种全新的高效接入方式，已经占据宽度接入市场的主导地位。

ADSL 方案的最大特点是无须改造信号传输线路，完全可以利用普通铜质电话线作为传输介质，配上专用的 Modem 即可实现数据高速传输。ADSL 支持上行速率 640 kbit/s～1 Mbit/s，下行速率 1 Mbit/s～8 Mbit/s，其有效的传输距离在 3～5 km 范围以内，因此不适合距离终端局较远的农村等偏远地区。在 ADSL 接入方案中，每个用户都有单独的一条线路与 ADSL 终端局相连，它的结构可以看做是星形结构，数据传输带宽是由每一个用户独享。

4）Cable-Modem 接入

Cable-Modem（线缆调制解调器）是近几年开始使用的一种超高速 Modem，它利用现成的有线电视（CATV）网进行数据传输，已是比较成熟的一种技术。随着有线电视网的发展壮大和人们生活质量的不断提高，通过 Cable Modem 利用有线电视网访问 Internet，已成为越来越受业界关注的一种高速接入方式。

由于有线电视网采用的是模拟传输协议，因此网络需要用一个 Modem 来协助完成数字数据的转化。Cable-Modem 与以往的 Modem 在原理上都是将数据进行调制后在 Cable（电缆）的一个频率范围内传输，接收时再进行解调，传输机理与普通 Modem 相同，不同之处在于它是通过有线电视 CATV 的某个传输频带进行调制解调的。

Cable Modem 连接方式可分为两种：即对称速率型和非对称速率型。前者的速率和下行速率相同，都在 500 kbit/s～2 Mbit/s 之间；后者的上行速率在 500 Kbit/s～10 Mbit/s 之间，下行速率为 2 Mbit/s～40 Mbit/s。

5）PON 接入

PON（passive optical network，无源光网络）技术是一种点对多点的光纤传输和接入技术，下行采用广播方式，上行采用时分多址方式，可以灵活地组成树形、星形和总线形等拓扑结构，在光分支点无须结点设备，只需要安装一个简单的光分支器即可，具有节省光缆资源、带宽资源共享、节省机房投资、设备安全性高、建网速度快和综合建网成本低等优点。

PON 包括 ATM-PON（APON，即基于 ATM 的无源光网络）和 Ethernet-PON（EPON，即基于以太网的无源光网络）两种应用方式。APON 技术发展得比较早，它还具有综合业务接入、QoS 服务质量保证等独有的特点，ITU-T 的 G.983 建议规范了 ATM-PON 的网络结构、基本组成和物理层接口，中国信息产业部也已制定了完善的 APON 技术标准。

PON 接入设备主要由 OLT、ONT 和 ONU 组成，由无源光分路器件将 OLT 的光信号分到树形网络的各个 ONU。一个 OLT 可接 32 个 ONT 或 ONU，一个 ONT 可接 8 个用户，而 ONU 可接 32 个用户，因此，一个 OLT 最大可负载 1 024 个用户。PON 技术的传输介质采用单芯光纤，局端到用户端最大距离为 20 km，接入系统总的传输容量为上行和下行各 155 Mbit/s，每个用户使用的带宽可以从 64 kbit/s 到 155 Mbit/s 灵活划分，一个 OLT 上所接的用户共享 155 Mbit/s 带宽。

6）LAN 接入

LAN（local area network，局域网）方式接入是利用以太网技术，采用光缆加双绞线的方式对社区进行综合布线。具体实施方案是：从社区机房敷设光缆至住户单元楼，楼内布线采用五类双绞线敷设至用户家里，双绞线总长度一般不超过 100 米，用户家里的计算机通过五类跳线接入墙上的五类模块就可以实现上网。社区机房的出口是通过光缆或其他介质接入城域网。

采用 LAN 方式接入可以充分利用小区局域网的资源优势，为居民提供 10M 以上的共享带宽，并可根据用户的需求升级到 100M 以上。

以太网技术成熟、成本低、结构简单、稳定性和可扩充性好，便于网络升级，还可以同时对楼宇或住宅小区实时监控、智能化物业管理、小区/大楼/家庭保安、家庭自动化（如远程遥控家电、可视门铃等）和远程抄表等，可提供智能化、信息化的办公与家居环境，满足不同层次的人们对信息化的需求，因此获得广泛应用。

6.1.2 网络硬件系统

网络硬件系统主要包括路由器、交换机、服务器、客户机、不间断电源和空调系统等。

1. 路由器（route）

路由器是 Internet 的主要结点设备。路由器通过路由决定数据的转发。转发策略称为路由选择，这也是路由器名称的由来。路由器是一种通信设备，它能在不同路径的复杂网络中自动进行线路选择，在网络的结点之间对通信信息进行存储转发，可以认为路由器也是一个网络服务器，具有网络管理功能。

2. 交换机（switch）

交换机是连接路由器与服务器、客户机的设备。交换机中有一张路由表，如果知道目标地址在何处，就把数据发送到指定地点；如果不知道就发送到所有的端口。这样的过滤可以帮助降低整个网络的数据传输量，提高效率。但是交换机的功能还不止如此，它可以把网络拆解成网络分支，分割网络数据流，隔离分支中发生的故障，这样可以减少每个网络分支的数据信息流量而使每个网络更有效，提高整个网络效率。

3．服务器（server）

服务器包含两种概念，一种概念是指硬件，即用来提供服务的机器，相对于客户机（工作站）来说，性能更好，运行更稳定可靠。另一种概念指软件与服务功能，服务器是指在网络上提供某种资源并对这些资源进行管理的计算机，可以分为 WWW 服务器、E-mail 服务器、数据库服务器和 DNS 服务器等。

4．客户机（client）

客户机是指在网络上使用资源的计算机，相对于提供网络服务的服务器，一般指个人使用的计算机（personal computer，PC）。

5．不间断电源（UPS）

不间断电源是一种含有蓄电池和控制电路，以逆变器为主要组成部分的恒压恒频电源。它的主要作用在于，当计算机等设备遇到外部供电系统发生中断时，可以继续提供一段时间的稳定持久电流，维持用电设备的正常运行，以便用户能够及时处理好未完成的工作。

6.1.3　网络软件系统

1．服务器操作系统

服务器的操作系统主要有 Windows Server 系列、UNIX 系列和 Linux 系列等主流类型。

1）Windows Server 系列

Windows Server 系列操作系统由美国微软（Microsoft）公司开发，目前普遍使用的是 Windows 2000 Server、Windows Server 2003 和 Windows Server 2008 版本。Windows Server 系列版本具有和 Windows 2000 Pro 或 Windows XP 完全一致的界面及操作方法，支持 Intranet（内部网）和 Internet，使用十分方便。

2）UNIX 系列

UNIX 系列操作系统是一种强大的多任务、多用户操作系统。早在 20 世纪 60 年代末，AT&T 贝尔实验室的 Ken Thompson、Dennis Ritchie 及其他研究人员为了满足研究环境的需要，结合多路存取计算机系统（multiplexed information and computing system）研究项目的诸多特点，开发出了 UNIX 操作系统。至今，UNIX 本身固有的可移植性使它能够用于任何类型的计算机：微机、工作站、小型机、多处理机和大型机等。常见的 UNIX 版本有 FreeBSD、Solaris、SCO、HP-UX 和 IBM-AIX 等。

UNIX 操作系统通常被分成 3 个主要部分：内核（Kernel）、Shell 和文件系统。内核是 UNIX 操作系统的核心，直接控制着计算机的各种资源，能够有效地管理硬件设备、内存空间和进程等，使得用户程序不受错综复杂的硬件事件细节的影响。Shell 是 UNIX 内核与用户之间的接口，是 UNIX 的命令解释器。目前，常见的 Shell 有 Bourne Shell（sh）、Korn Shell（ksh）、C Shell（csh）和 Bourne-again Shell（bash）。文件系统是指对存储在存储设备（如硬盘）中的文件所进行的组织管理，通常是按照目录层次的方式进行组织的。

3）Linux 系列

Linux 已经成为一个稳定可靠、功能完善的操作系统。RedHat、InfoMagic 等公司均推出了以 Linux 为核心的操作系统版本，这大大推动了 Linux 的商业化。在一些大的计算机公司的支持下，Linux 还被移植到以 Alpha APX、PowerPC、Mips 及 Sparc 等为处理机的系统上。国外封装的 Linux 以 Red Hat Linux、OpenLinux、SuSE 和 TurboLinux 等较为成功，国内 Linux 发行版主要是红旗和中软两个版本。Linux 的使用日益广泛，其影响力直追 UNIX。

2．数据库系统

电子商务系统中使用的数据库系统主要有 Oracle、Sybase、DB2、SQL Server 和 MySQL 等。

1）Oracle

Oracle 数据库系统是美国 Oracle 公司（甲骨文）提供的以分布式数据库为核心的一组软件产品，是目前最流行的客户/服务器（Client/Server，简称 C/S）或浏览器/服务器（Browse/Server，简称 B/S）体系结构的数据库之一。Oracle 数据库是目前世界上使用最为广泛的数据库管理系统，作为一个通用的数据库系统，它具有完整的数据管理功能；作为一个关系数据库，它是一个完备关系的产品；作为分布式数据库，它实现了分布式处理功能。

2）Sybase

Sybase 数据库系统是客户机/服务器结构的关系数据库系统，是基于 Client/Server 结构的 RDBMS 产品。Sybase 中按权限由高到底，可将用户分为系统管理员（SA）、数据库属主（DBO）、数据库对象属主和其他一般用户。SA 具有整个系统的最高权力，同时被赋予系统管理角色、系统安全员角色和操作员角色，有权执行所有的 SQL 命令，也是数据库 master 的宿主，可以访问所有数据库和数据库对象。

3）DB2

DB2 数据库系统是 IBM 公司的产品，起源于 System R 和 System R*。支持从 Windows 到 UNIX，从中小型机到大型机，从 IBM 到非 IBM（HP 及 Sun UNIX 系统等）的各种操作平台。既可以在主机上以主/从方式独立运行，也可以在客户/服务器环境中运行。其服务平台可以是 OS/400、AIX、OS/2、HP-UNIX 和 Sun-Solaris 等操作系统，客户机平台可以是 OS/2 或 Windows、AIX、HP-UX，以及 Sun Solaris 等操作系统。DB2 数据库核心又称为 DB2 公共服务器，采用多进程多线索体系结构，可以运行于多种操作系统之上，并分别根据相应平台环境作了调整和优化，以便能够达到较好的性能。IBM 提供了许多开发工具，主要有 Visualizer Query、VisualAge 和 VisualGen 等。

4）SQL Server

SQL Server 数据库系统是由微软公司开发的一个关系数据库管理系统，具有强大的数据仓库功能，使得分布在各处的各种不同类型的数据能方便地获取和分析。该系统采用二级安全验证、登陆验证及数据库用户账号和角色的许可验证。

5）MySQL

MySQL 是最受欢迎的开源 SQL 数据库管理系统，它由 MySQL AB 开发、发布和支持。MySQL AB 是基于 MySQL 开发的商业公司，其商业模式结合开源价值和方法论，是一家比较成功的第二代开源公司。MySQL 是一个快速的、多线程、多用户和健壮的 SQL 数据库服务器。MySQL 服务器支持关键任务和重负载生产系统的使用，也可以将它嵌入到一个大配置（Mass-Deployed）的软件中去。

6.1.4　网络服务器

从狭义上讲，服务器专指某些高性能计算机，能通过网络，对外提供服务。相对于普通 PC 来说，在稳定性、安全性和性能等方面的要求都更高，因此在 CPU、芯片组、内存、磁盘系统及网络等硬件方面与普通 PC 有所不同。从广义上讲，服务器是指网络中能对其他机器提供某些网络应用服务的计算机系统（如果一个 PC 对外提供 FTP 服务，也可以称为 FTP 服务器）。在本书中，网络服务器特指提供某项网络应用服务的机器，而用服务器来指代高性能计算机。常见的网络服务器类型有 DNS 服务器、DHCP 服务器、Web 服务器、FTP 服务器、邮件服务器、代理服务器、打印服务器和视频服务器等，均是普通或专用计算机通过安装相应的服务器软件来实现网络服务功能的。网络服务器是实现信息传递的基础平台。

1. Web 服务器

Web 服务器也称为 WWW（world wide web）服务器，其主要功能是提供网上信息浏览服务。常见的 Web 服务器软件有 Apache、微软的 IIS、Tomcat、WebSphere 和 WebLogic 等。

2. FTP 服务器

FTP（file transfer protocol）是文件传输协议的简称，用于 Internet 上控制文件的双向传输，使用 FTP 协议实现文件传输的机器称为 FTP 服务器。用户可以通过 PC 连接世界各地的 FTP 服务器，访问服务器上的大量程序和文档。常见的 FTP 服务器软件有 Serv-U、vsFTP 和 ProFTPD 等。

3. 邮件服务器

邮件服务器通过“存储—转发”的方式为用户传递电子邮件，包含 POP3 和 SMTP 两种类型，分别代表接收邮件服务器和发送邮件服务器。常用邮件服务器软件有 Exchange Server、Sendmail 和 Qmail 等。

4. 数据库服务器

运行在网络中的一台或多台计算机和数据库管理系统软件共同构成了数据库服务器，数据库服务器为客户应用提供服务，这些服务是查询、更新、事务管理、索引、高速缓存、查询优化、安全及多用户存取控制等。

6.1.5　电子商务应用系统

1. 电子商务应用系统分类

电子商务的应用是广泛的、多方面的。如果按照参与商务活动双方对象的范围来划分，可分为企业内部商务、企业对企业间的商务、企业与消费者之间的商务。

1）企业内部电子商务

企业内部电子商务其实就是 Intranet，企业内部通过 Intranet 完成信息共享、工作流程管理和资金调度管理等商务活动。目前，国内大部分企业都有构造 Intranet 的需求和能力，可以说这是国内电子商务应用的开端。

2）企业对企业间的电子商务

企业对企业间的电子商务即所谓的 B2B（business to business）。不同企业之间通过网络连接起来，完成重要的商务交易，包括合同洽谈、购买和资金转账等。这些商务活动传统上是由 EDI 完成的，随着 Internet 的发展，基于 Internet 的电子商务应用会大大降低 EDI 的成本。

3）企业与消费者之间的电子商务

企业与消费者之间的电子商务即所谓的 B2C（business to consumer）。企业通过 Internet 和自己的应用系统为最终用户提供商务服务。通过对客户进行直接的电子商务服务，企业可以获得更多的商业机会，改善对客户的支持和服务。

2．电子商务应用系统整合

当延伸电子商务的涵盖范围时，一般会再把 SCM、ERP 和 CRM 三者包含进来。一般而言，是以 ERP 为核心，整合整个企业内部的资源，以达到信息互通和共享。有了这个稳固内部架构，前端的 CRM 就可以自由地跨部门收集各种信息，交叉分析顾客的资料，以进行体贴的客户关系管理。加上供应链流程全部自动化的 SCM，就可以更加得心应手地进行上下游厂商之间的运筹管理，如图 6-2 所示。

对应上述电子商务应用之间不同形态，这三者可分别隶属于不同应用形态：

企业间电子商务 SCM、企业内部电子商务 ERP、企业对客户电子商务 CRM。

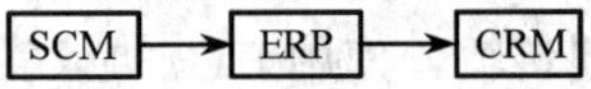

图 6-2　企业电子商务关系图

1）SCM

SCM 即 Supply Chain Management（供应链管理），就是对企业供应链的管理，包括对供应、需求、原材料采购、市场、生产、库存、订单和分销发货等的管理，包括了从生产到发货，从供应商品的供应商到顾客的每一个环节。

2）ERP

ERP 即 enterprise resource planning（企业资源计划），是指在先进的企业管理思想的基础上，应用信息技术实现对整个企业资源的一体化管理。ERP 是一种可以提供跨地区、跨部门，甚至跨公司整合实时信息的企业管理信息系统。它在企业资源最优化配置的前提下，整合企业内部主要或所有的经营活动，包括财务会计、管理会计、生产计划及管理、物料管理，以及销售与分销等主要功能模块，以达到效率化经营的目标。

3）CRM

CRM 即 customer relationship management（客户关系管理），主要含义就是通过对客户详细资料的深入分析来提高客户满意程度，从而提高企业竞争力的一种手段。客户关系管理的核心是客户价值管理，通过“一对一”营销原则，满足不同价值客户的个性化需求，提高客户忠诚度和保有率，实现客户价值持续贡献，从而全面提升企业的盈利能力。

3. 电子商务应用系统解决方案分类

电子商务应用系统解决方案是指用于特定类型的电子商务系统或针对电子商务的某些环节的全套解决方案，通常包括开展电子商务所需的全部软件、硬件、系统集成方案及相关服务。

电子商务解决方案一般建立在对相关行业和某种类型的电子商务应用的专业分析研究和成功经验的基础上，具有很高的专业性、标准性和成熟性。

（1）按复杂程度分，主要有初级电子商务解决方案、中级电子商务解决方案和高级电子商务解决方案。

（2）按模式分，主要有企业对企业电子商务解决方案、企业对消费者电子商务解决方案和消费者对消费者电子商务解决方案等。

（3）按行业分，主要有制造业电子商务解决方案、流通业电子商务解决方案、媒体与互联网行业电子商务解决方案、政府机关电子商务解决方案、电力行业电子商务解决方案和跨行业电子商务解决方案等。

（4）按应用领域分，主要有企业资源规划（ERP）、客户关系管理（CRM）、供应链管理（SCM）、移动商务应用和电子交易电子商务解决方案等。

4. 大型电子商务应用系统解决方案

（1）IBM 公司电子商务总体解决方案。IBM 公司将 E-business 概念用一个公式加以概括：E-business＝Web＋IT＋Business。即在 Web 平台上，通过 IT 技术实现各种 Business 业务。IBM 提出了信息运用（leverage information，LI）、企业重组（business transformation & integration，BTI）、资源管理（manage technology，MT）和组织效率（organization effectiveness，OE）等解决方案和一系列的软硬件产品，以帮助企业顺利地构建自己的电子商务体系。

（2）HP 公司电子商务解决方案。惠普公司的 E-企业数据中心平台主要由三大标准模块构成：技术、合作伙伴关系和实施。惠普公司坚信，E-企业数据中心是唯一能支持和提供真正电子化服务的方式。这一观点的基础是 E-企业数据中心的立刻可用性和立刻容量、立刻连接性、立刻安全性和立刻管理五大属性。

（3）Oracle 公司电子商务解决方案。Oracle 公司是全球主要的电子商务解决方案供应商，也是全球最大的独立软件公司之一，为全球用户提供基于 Internet 计算平台的数据库软件、开发工具、Internet 应用软件产品及相关培训、咨询，以及技术支持服务。特别是收购 Sun 公司后，可提供软硬件一体化的全方位解决方案。

（4）Microsoft 公司电子商务解决方案。微软已成功开发了与电子商务相关的全线产品和技术，实现了微软主要产品 Windows、Office、Exchange Server、SQL Server，以及各种开发工具与 Internet/Intranet 标准的全方位集成。微软公司认为电子商务就是帮助企业在客户和企业合作伙伴之间建立更牢固的关系。微软公司希望通过 3 个要素：平台、门户和企业合作伙伴来传播这一理念，其中每个要素都需要有大量的新技术、产品和服务支持。

（5）Sybase 公司电子商务解决方案。Sybase 近年来重新调整了产品分类，使产品线更加清晰，更加靠近用户的实际需求。目前，Sybase 的产品定位在四个方向：企业解决方案、商务智能、移动和嵌入计算，以及 Internet 应用。

6.1.6　网站主机

1. 虚拟主机

虚拟主机是使用特殊的软硬件技术，把一台网站服务器划分为若干个“虚拟”的主机。每个虚拟主机都可以是一个独立的网站，可以具有独立的域名，具有完整的Internet服务器功能（WWW、FTP及E-mail等）。同一台主机上的虚拟主机之间是完全独立的，而且每一台虚拟主机和一台独立的主机完全一样。

使用虚拟主机方案构建企业网络，网站服务器管理简单，诸如软件配置、防病毒和防攻击等安全措施都由专业服务商提供，大大简化了服务器管理的复杂性。并且相对于购买独立服务器，网站建设的费用大大降低，为普及中小型网站提供了极大便利。

现在主要的虚拟主机服务商都已经实现了整个业务流程的电子商务化，选择适合自己需要的虚拟主机，在线付款之后马上就可开通，非常方便快捷。

对于一些处于发展初期的小型企业来说，网站内容比较少，功能简单，访问量也不大，利用虚拟主机建站方便迅速，服务器管理简单。而且选用虚拟主机方案，也可大大降低小型企业在网站设备、人员、技术、资金和时间等方面的投入成本，并可获得专业的维护和更好的性能，而无须维护人员与昂贵的电源系统支持。此方式也被形象地称为“外包”，目前，全球有80%的企业网站都在使用虚拟主机。

2. 服务器托管

服务器托管通常也称主机托管，是指在专门的服务器托管机房（即数据中心，IDC）里放置一台服务器，或向其租用一台服务器，然后通过远程控制的方式实现服务器的管理。此类方式比较显著的特点就是可以提供自己的硬件服务器，也可选择自行提供软件系统或者由服务提供商来提供，享受专业的服务器托管服务，包括稳定的网络带宽，以及恒温、防尘、防火、防潮和防静电等良好的机房运行环境。此方式也可称为“半自建”。企业拥有对网站服务器完全的控制权限，可自主决定运行的系统和从事的业务。

由于采用专门服务器，使得企业通过此种方式建立的企业网站具有更大、更强的功能，并且在灵活性上也更便于掌控。其实，它的基本形态就是租用专门的服务器托管公司的网络线路，自己选择服务器配置及服务应用软件，然后由专门的服务器托管公司负责维护。

此种方式在服务器的确定上可以采用主机租用和主机托管两种方式。其中，主机租用是由服务提供商提供硬件，负责基本软件的安装和配置，负责服务器上基本服务功能的正常运行；用户独享服务器的资源，并服务其自行开发运行的程序。而主机托管就是用户自备服务器硬件，自己安装软件，由服务提供商负责该机器能够连接到网络上，并在该机器死机时帮助其重启。

对于一些发展中期的中小企业来说，要求企业网站具有较多的功能，具有适合企业的运作机制，但又无法投入更多的人力做后期维护，那么服务器托管的方式将十分适合这类企业选择。此种方式要求企业具有一定的经济实力，能够承担服务器的组建、线路租用及后期维护费用。

3. 自建服务器

自建服务器是企业自己准备硬件资源，自己安装服务软件，并自行维护。这就需要有较高水平的专业技术人员，还要投入较大的资金来购置性能较好的服务器，并且日常维护工作量也非常大。此类方式完整的构建流程包括：申请互联网接入线路、申请网站域名、购置网站服务器，以及安排专门的技术人员管理与维护，可以说其投入成本是相当大的。

虽然此类方式在投入成本方面大大高于虚拟主机及服务器托管，但其体现出的优点也是十分显著的。企业自己组建网站服务器，一方面可以根据企业实际情况配置服务器，安装适合企业运作的管理软件，更快地获得市场商机，加强与客户的沟通；同时，可通过企业网站服务器建立内部局域网，加强员工之间的交流，也方便了企业对员工工作的监控与管理。

6.2 网络信息展示技术

网络信息展示技术是指在开展电子商务营销中采用某种合适的图形（图像）、声音（音频）和视频（动画）等，将营销信息有效地进行展示的相关技术。

6.2.1 网络信息素材类型

多媒体素材是指多媒体应用中可显示给用户的媒体形式。目前，网络信息中常见的媒体素材主要有文本、图形、图像、音频、动画和视频等。

1. 文本（text）

文本是由字符（如字母、数字等）组成的符号串，如句子、段落和文章等。文本可以在文本编辑软件里制作，如写字板、Word 等编辑工具。

在文本文件中，如果只有文本信息，没有其他任何有关格式的信息，则称为非格式化文本文件或纯文本文件；而带有各种文本排版信息等格式信息的文本文件，则称为格式化文本文件。

2. 图形（graphic）

图形一般指计算机生成的各种有规则的图，如直线、圆、圆弧、矩形及任意曲线等几何图和统计图等。在图形文件中只记录生成图的算法和图上的某些特征点，因此也称矢量图。图形的最大优点在于可以分别控制处理图中的各个部分，如在屏幕上移动、旋转、放大、缩小、扭曲而不失真，不同的物体还可在屏幕上重叠并保持各自的特性，必要时仍可分开。因此，图形主要用于表示线框型的图画、工程制图和美术字等。

3. 图像（image）

图像是指由输入设备捕捉的实际场景画面或以数字化形式存储的任意画面。

图像与图形从技术上来说完全不同。同样一幅图，例如一个圆，若采用图形媒体元素，其数据记录的信息是圆心坐标点（x,y）、半径 R 及颜色编码；若采用图像媒体元素，其数据文件则记录在那些坐标位置上有什么颜色的像素点。

因为图像处理软件非常多，所以图像文件格式也有很多种，常用的图像格式有 BMP、TIF、GIF、JPEG、PSD、WMF 和 PNG 等。目前网页中只支持压缩比较高的 GIF、JPEG 和 PNG 等几种格式，其他图形格式只能转换为上述几种格式后才能使用。

4．音频（audio）

音频信息增强了对其他类型媒体所表达的信息的理解，主要分为波形声音、语音和音乐。

1）波形声音

波形声音用一种模拟的连续波形表示。在计算机中，任何声音信号都要先对其进行数字化（可以把麦克风、磁带录音、无线电和电视广播，以及光盘等各种声源所产生的声音进行数字化转换），并能恰当地恢复出来。

2）语音

语音是一种波形声音的文件格式，相对应的文件格式是 WAV 文件或 VOC 文件。

3）音乐

音乐是符号化了的声音，这种符号就是乐曲，乐谱是转化为符号媒体的声音。MIDI 是十分规范的一种形式，其常见的文件格式是 MID 或 CMF 文件。

5．动画（animation）

动画是运动的图画，若一组静态画面连续播放便形成了动画。动画的连续播放既指时间上的连续，也指图像内容上的连续，即播放的相邻两幅图像之间的内容相差不大。计算机设计动画的方法有两种，造型动画和帧动画。

6．视频（video）

若干有联系的图像数据连续播放便形成了视频。视频图像可来自录像带、摄像机等视频信号源的影像，如录像带、影碟上的电影/电视节目、电视和摄像等。

6.2.2 图形（图像）

1．色彩

只要是彩色都可用亮度、色调和饱和度来描述，人眼中看到的任一彩色光都是这 3 个特征的综合效果。

1）亮度

亮度是光作用于人眼时所引起的明亮程度的感觉，它与被观察物体的发光强度有关。

2）色调

色调是当人眼看到一种或多种波长的光时所产生的彩色感觉，它反映颜色的种类，是决定颜色的基本特性，如红色、棕色等就是指色调。

3）饱和度

饱和度是指颜色的纯度，即掺入白光的程度，或者说是指颜色的深浅程度。对于同一色调的彩色光，饱和度越深，颜色就越鲜明或者说越纯。

通常把色调和饱和度通称为色度。亮度用来表示某彩色光的明亮程度，而色度则用来表示颜色的类别与深浅程度。除此之外，自然界常见的各种颜色光都可由红（R）、绿（G）、蓝（B）3 种颜色光按不同比例相配而成。同样，绝大多数颜色光也可以分解成红、绿、蓝 3 种色光，这就形成了色度学中最基本的原理，即三原色原理（RGB）。

2．主要技术指标

1）分辨率

分辨率分为屏幕分辨率和输出分辨率两种，前者用每英寸的行数来表示，数值越大，图形（图像）质量越好；后者用于衡量输出设备的精度，以每英寸的像素点数来表示。

2）色彩数和图形灰度

色彩数用位（bit）表示，一般写 2^n，n 代表位数。当图形（图像）达到 24 位时，可表现 1 677 万种颜色，即真彩色。

灰度也可以认为是亮度，简单地说就是色彩的深浅程度。实际上，在日常生活中，通过三原色色彩深浅的组合，可以组成各种不同的颜色。产品能够展现的灰度数量越多，也就意味着这款产品的色彩表现力越丰富，能够实现更强的色彩层次。例如，三原色 16 级灰度，能显示的颜色就是 16×16×16=4 096 色。不过，目前的产品 256 级灰度已经非常普遍了。

3．图形（图像）格式

一般来说，目前的图形（图像）格式大致可以分为两大类：一类为位图，另一类称为描绘类、矢量类或面向对象的图形（图像）。前者是以点阵形式描述图形（图像）的，后者是以数学方法描述的一种由几何元素组成的图形（图像）。一般说来，后者对图像的表达更加细致、真实，缩放后图形（图像）的分辨率不变，在专业级的图形（图像）处理中运用得较多。

可通过图形文件的特征扩展名来识别常见的图形文件格式如 BMP、PCX、TIF、GIF、JPEG、TGA、EXIF、FPX、SVG、PSD、CDR、PCD、DXF、UFO、EPS、PNG、HDR、AI 和 RAW 等。

1）BMP 文件格式

BMP 是一种与硬件设备无关的图像文件格式，使用非常广。它采用位映射存储格式，除了图像深度可选之外，不采用其他任何压缩，因此，BMP 文件所占用的空间很大。BMP 文件的图像深度可选 lbit、4bit、8bit 及 24bit。用 BMP 文件存储数据时，图像的扫描方式按照从左到右、从下到上的顺序。

由于 BMP 文件格式是 Windows 环境中交换与图有关的数据的一种标准，因此在 Windows 环境中运行的图形图像软件都支持 BMP 图像格式。

典型的 BMP 图像文件由 3 部分组成：第一部分是位图文件头数据结构，它包含 BMP 图像文件的类型、显示内容等信息；第二部分是位图信息数据结构，它包含有 BMP 图像的宽、高与压缩方法；第三部分是定义颜色等信息。

2）TIFF 文件格式

TIFF（tag image file format）图像文件是由 Aldus 和 Microsoft 公司为桌面出版系统开发的一种较为通用的图像文件格式，扩展名为.tif。TIFF 格式灵活易变，它定义了 4 类不同的格式：TIFF-B 适用于二值图像；TIFF-G 适用于黑白灰度图像；TIFF-P 适用于带调色板的彩色图像；TIFF-R 适用于 RGB 真彩图像。

TIFF 支持多种编码方法，其中包括 RGB 无压缩、RLE 压缩及 JPEG 压缩等。

TIFF 是现存图像文件格式中最复杂的一种，它具有扩展性、方便性和可改性，可以提供给各类图像编辑程序。

TIFF 图像文件由 3 个数据结构组成，分别为文件头、一个或多个称为 IFD 的包含标记指针的目录，以及数据本身。

TIFF 图像文件中的第一个数据结构称为图像文件头或 IFH。这个结构是一个 TIFF 文件中唯一的、有固定位置的部分；IFD 图像文件目录是一个字节长度可变的信息块；Tag 标记是 TIFF 文件的核心部分，在图像文件目录中定义了要用的所有图像参数，目录中的每一目录条目就包含图像的一个参数。

3）GIF 文件格式

GIF（graphics interchange format）的原义是“图像互换格式”，是 CompuServe 公司在 1987 年开发的图像文件格式。GIF 文件的数据是一种基于 LZW 算法的连续色调的无损压缩格式。其压缩率一般在 50%左右，目前，几乎所有的相关软件都支持 GIF 图像文件。

GIF 图像文件的数据是经过压缩的，而且是采用了可变长度等压缩算法。所以 GIF 的图像深度从 1 bit 到 8 bit，即 GIF 最多支持 256 种色彩的图像。GIF 格式的另一个特点是其在一个 GIF 文件中可以保存多幅彩色图像，如果把存于一个文件中的多幅图像数据逐幅读出并显示到屏幕上，就可构成一种最简单的动画。

GIF 解码较快，因为采用隔行存放的 GIF 图像，在边解码边显示的时候可分成 4 遍扫描。第一遍扫描虽然只显示了整个图像的 1/8，第二遍扫描后也只显示了 1/4，但这已经把整幅图像的概貌显示出来了。在显示 GIF 图像时，隔行存放的图像会让用户感觉其显示速度似乎要比其他图像快一些，这是隔行存放的优点。

4）JPEG 文件格式

JPEG（joint photographic experts group，联合图像专家组）文件的扩展名为.jpg 或.jpeg，是最常用的图像文件格式，由一个软件开发联合会组织制定，是一种有损压缩格式，能够将图像压缩在很小的存储空间，图像中重复或不重要的资料会丢失，因此容易造成图像数据的损伤。尤其是使用过高的压缩比例时，将使最终解压缩后恢复的图像质量明显降低，如果追求高品质图像，不宜采用过高压缩比例。但是 JPEG 压缩技术十分先进，它用有损压缩方式去除冗余的图像数据，在获得极高的压缩率的同时能展现出十分丰富生动的图像，换句话说，就是可以用最少的磁盘空间得到较好的图像品质。而且 JPEG 是一种很灵活的格式，具有调节图像质量的功能，允许用不同的压缩比例对文件进行压缩，支持多种压缩级别，压缩比率通常在 10:1 到 40:1 之间，压缩比越大，品质就越低；相反，压缩比越小，品质就越好。当然，也可以在图像质量和文件尺寸之间找到平衡点。JPEG 格式压缩的主要是高频信息，对色彩的信息保留较好，适合应用于互联网，可减少图像的传输时间，可以支持 24 位真彩色，也普遍应用于需要连续色调的图像。

JPEG 格式的应用非常广泛，特别是在网络和光盘读物上，都能找到它的身影。目前各类浏览器均支持 JPEG 图像格式，因为 JPEG 格式的文件尺寸较小，下载速度快。

JPEG 2000 作为 JPEG 的升级版，其压缩率比 JPEG 高约 30%，同时支持有损和无损压缩。JPEG 2000 格式有一个极其重要的特征，它能实现渐进传输，即先传输图像的轮廓，然后逐步传输数据，不断提高图像质量，让图像由朦胧到清晰的显示。此外，JPEG 2000 还支持所谓的“感兴趣区域”特性，可以任意指定影像上感兴趣区域的压缩质量，还可以选择指定的部分先解压缩。

JPEG 2000 和 JPEG 相比优势明显，且向下兼容，因此可取代传统的 JPEG 格式。JPEG 2000 既可应用于传统的 JPEG 市场，如扫描仪、数码照相机等，又可应用于新兴领域，如网路传输、无线通信等。

5）FPX 文件格式

FPX 图像文件的扩展名为.fox，是由柯达、微软、HP 及 Live PictureInc 公司联合研制的，并于 1996 年 6 月正式发表。FPX 是一个拥有多重分辨率的影像格式，即影像被存储成一系列高低不同的分辨率，这种格式的好处是当影像被放大时仍可维持影像的像素。另外，当修饰 FPX 影像时，只会处理被修饰的部分，不会把整幅影像一并处理，从而减小处理器及记忆体的负担，使影像处理时间减少。

6）SVG 文件格式

SVG 是可缩放的矢量图形格式。它是一种开放标准的矢量图形语言，可任意放大图形显示，边缘异常清晰，文字在 SVG 图像中保留可编辑和可搜寻的状态，没有字体的限制，生成的文件很小，下载很快，适合用于设计高分辨率的 Web 图形页面。

7）PSD 文件格式

这是 Photoshop 图像处理软件的专用文件格式，文件扩展名为.psd，可以支持图层、通道、蒙版和不同色彩模式的各种图像特征，是一种非压缩的原始文件保存格式。PSD 文件有时容量会很大，但由于可以保留所有原始信息，在图像处理中对于尚未制作完成的图像来说，选用 PSD 格式保存是最佳的选择。

8）CDR 文件格式

CDR 格式是 CorelDRAW 绘图软件的专用图形文件格式。由于 CorelDRAW 是矢量图形绘制软件，所以 CDR 可以记录文件的属性、位置和分页等。但它在兼容度上比较差，所有 CorelDRAW 应用程序中均能够使用，但其他图像编辑软件则打不开此类文件。

9）DXF 文件格式

DXF 是 Drawing Exchange Format 的缩写，扩展名是.dxf，是 AutoCAD 中的图形文件格式，它以 ASCII 码方式存储图形，在表现图形的大小方面十分精确，可被 CorelDRAW 和 3ds Max 等大型软件调用编辑。

10）EPS 文件格式

EPS 是 Encapsulated PostScript 的缩写，是跨平台的标准格式，扩展名在 PC 平台上是.eps，在 Macintosh 平台上是.epsf，主要用于矢量图像和光栅图像的存储。EPS 格式采用 PostScript 语言进行描述，并且可以保存其他一些类型（如多色调曲线、Alpha 通道、分色、剪辑路径、色调曲线等）信息，因此 EPS 格式常用于印刷或打印输出。Photoshop 中的多个 EPS 格式选项可以实现印刷打印的综合控制，在某些情况下甚至优于 TIFF 格式。

11）PNG 文件格式

PNG（portable network graphics）的原名称为“可移植性网络图像”是互联网接受的最新图像文件格式。PNG 能够提供容量比 GIF 小 30%的无损压缩图像文件。它同时提供 24 位和 48 位真彩色图像支持，以及其他诸多技术性支持。

12）AI 文件格式

AI 格式是一种矢量图形文件，适用于 Adobe 公司的 ILLUSTRATOR 输出格式。与 PSD 格式文件相同，AI 也是一种分层文件，每个对象都是独立的，他们具有各自的属性，如大小、形状、轮廓、颜色和位置等。以这种格式保存的文件便于修改，这种格式文件可以在任何尺寸大小下按最高分辨率输出。

6.2.3 声音（音频）

网络信息涉及多方面的音频处理技术，如音频采集、语音编码/解码、文—语转换、音乐合成、语音识别与理解、音频数据传输、音频—视频同步，以及音频效果与编辑等。其中数字音频是一个关键的概念，它是指一个用来表示声音强弱的数据序列，是由模拟声音经抽样（即每隔一个时间间隔在模拟声音波形上取一个幅度值）量化和编码（即把声音数据写成计算机的数据格式）后得到的。计算机数字 CD 及数字磁带（DAT）中存储的都是数字声音。模拟—数字转换器把模拟声音变成数字声音；数字—模拟转换器可以恢复出模拟来的声音。

一般来讲，实现计算机语音输出有两种方法：一是录音/重放，二是文—语转换。第二种方法是基于声音合成技术的一种声音产生技术，它可用于语音合成和音乐合成。而第一种方法是最简单的音乐合成方法，曾相继产生了应用调频（FM）音乐合成技术和波形表（wave table）音乐合成技术。

常见音频格式主要有 WAVE、MOD、MIDI、MP3、RA 系列、VQF、MD、CD、WMA、APE 和 AAC 等。

1．WAVE 文件格式

WAVE 文件作为最经典的 Windows 音频格式，其应用非常广泛，它使用 3 个参数来表示声音：采样位数、采样频率和声道数。

声道有单声道和立体声之分，采样频率一般有 11 025 Hz（11 kHz）、22 050Hz（22 kHz）和 44 100 Hz（44k Hz）3 种。

WAVE 文件所占容量=（采样频率×采样位数×声道）× 时间/8（1 Byte=8 bit）。

2．MIDI 文件格式

MIDI 是 Musical Instrument Data Interface 的简称，它采用数字方式对乐器所奏出来的声音进行记录（每个音符记录为一个数字），然后，播放时再对这些记录通过 FM 或波形表合成。FM 合成是通过多个频率的声音混合来模拟乐器的声音；波形表合成是将乐器的声音样本存储在声卡波形表中，播放时从波形表中取出产生声音。

3．MP3 文件格式

MP3 可谓是大名鼎鼎，它采用 MPEG Audio Layer 3 技术，将声音用 1:10 甚至 1:12 的压缩率进行压缩，采样率为 44 kHz，比特率为 112 kbit/s。

MP3 音乐是以数字方式储存的音乐，如果要播放，就必须有相应的数字解码播放系统，一般通过专门的软件进行 MP3 数字音乐的解码，再还原成波形声音信号播放输出，这种软件就称为 MP3 播放器，如 Winamp 等。

4．RA 系列文件格式

RA、RAM、RM 和 RMVB 都是 Real 公司成熟的网络音频格式，采用了“音频流”技术，所以非常适合网络广播。在制作时可以加入版权、演唱者、制作者、Mail 和歌曲的 Title 等信息。

RA 曾是互联网上多媒体传播的霸主，适合于网络上进行实时播放，是目前在线收听网络音乐最好的一种格式。

5．MD 文件格式

MD（即 MiniDisc）是 SONY 公司于 1992 年推出的一种完整的便携音乐格式，它所采用的压缩算法就是 ATRAC 技术（压缩比为 1:5）。MD 又分为可录型 MD（recordable，有磁头和激光头两个头）和单放型 MD（pre-recorded，只有激光头）。

强大的编辑功能是 MD 的强项，可以快速选曲、曲目移动、合并、分割、删除和曲名编辑等多项功能，比 CD 更具个性化，随时可以拥有一张属于自己的 MD 专辑。

6．CD 文件格式

即 CD 唱片，一张 CD 可以播放 74 分钟左右的声音文件，Windows 系统中自带了一个 CD 播放机，另外多数声卡所附带的软件都提供了 CD 播放功能，甚至有一些光驱脱离了计算机，只要接通电源就可以作为一个独立的 CD 播放机使用。

7．WMA

微软在开发自己的网络多媒体服务平台上主推 ASF（audio steaming format），这是一个开放支持在各种各样的网络和协议上的数据传输标准。它支持音频、视频，以及其他一系列的多媒体类型。WMA 是 Windows Media Audio 的缩写，相当于只包含音频的 ASF 文件。

WMA 文件在 80 kbit/s、44 kHz 的模式下压缩比可达 1:18，基本上和 VQF 相同。而且压缩速度比 MP3 提高一倍，所以它应该比 VQF 更具有竞争力。

8．APE 文件格式

APE 是流行的数字音乐文件格式之一。与 MP3 这类有损压缩方式不同，APE 是一种无损压缩音频技术，也就是说从音频 CD 上读取的音频数据文件压缩成 APE 格式后，再将 APE 格式的文件还原，而还原后的音频文件与压缩前的完全相同，没有任何损失。APE 的文件大小约为 CD 的一半，APE 可以节约大量的资源。

9．AAC 文件格式

AAC 音频（advanced audio coding）的中文解释为“高级音频编码”，出现于 1997 年，基于 MPEG-2 的音频编码技术。由 Fraunhofer IIS、杜比实验室、AT&T 和索尼等公司共同开发，目的是取代 MP3 格式。2000 年，MPEG-4 标准出现后，AAC 重新集成了其特性，加入了 SBR 技术和 PS 技术，为了区别于传统的 MPEG-2，AAC 又被称为 MPEG-4AAC。

6.2.4　视频（动画）

1．动态图像的组成

动态图像包括动画和视频信息，是连续渐变的静态图像或图形序列，沿时间轴顺序更换显示，从而构成运动视感的媒体。当序列中每帧图像是由人工或计算机产生的图像时，常称为动画；当序列中每帧图像是通过实时摄取自然景象或活动对象时，常称为影像视频，或简称为视频。动态图像演示常常与声音媒体配合进行，二者的共同基础是时间连续性。一般意义上在谈到视频时，往往也包含声音媒体。但在这里，视频（动画）特指不包含声音媒体的动态图像。

2. 动画定义

所谓动画，就是通过以每秒15～20帧的速度（相当接近于全运动视频帧速）顺序播放静止图像帧以产生运动的错觉。因为眼睛能足够长时间地保留图像来允许大脑以连续的序列把帧连接起来，所以能够产生运动的错觉。可以通过在显示时改变图像来生成简单的动画。最简单的方法是在两个不同帧之间的反复。另一种制作动画的方法是以循环的形式播放几个图像帧以生成旋转的效果，并且可以依靠计算时间来获得较好的回放，或用记时器来控制动画。

3. 常见视频文件格式

视频信息在计算机中存放的格式有很多，常用的有MPEG/MPG/DAT、AVI、MOV、ASF、WMV、3GP、REAL VIDEO、MKV和FLV等。

1）MPEG/MPG/DAT文件格式

MPEG是Motion Picture Experts Group的缩写。这类格式包括MPEG-1、MPEG-2和MPEG-4在内的多种视频格式。大部分的VCD都是用MPEG-1格式压缩的，使用MPEG-1的压缩算法可以把一部120分钟长的电影压缩到1.2 GB左右大小。MPEG-2则是应用在DVD的制作中，同时在一些HDTV和一些高要求视频编辑和处理上也有相当多的应用。使用MPEG-2的压缩算法压缩一部120分钟长的电影可以压缩到5～8 GB。

2）AVI文件格式

AVI是音频视频交错（audio video interleaved）的英文缩写。AVI这个由微软公司发布的视频格式，是视频领域最悠久的格式之一。AVI格式调用方便，图像质量好，压缩标准可任意选择，是应用最广泛的格式。

3）ASF文件格式

ASF（advanced streaming format，高级流格式）是Microsoft为了与Real公司竞争而开发出来的一种可以直接在网上观看视频节目的文件压缩格式。ASF使用了MPEG-4的压缩算法，压缩率和图像的质量都很不错。因为ASF是以一个可以在网上即时观赏的视频“流”格式存在的，所以它的图像质量比VCD略差，但优于同是视频“流”格式的RAM格式。

4）WMV文件格式

一种独立于编码方式的在Internet上实时传播多媒体的技术标准，Microsoft公司希望用其取代QuickTime之类的技术标准，以及WAV、AVI之类的文件扩展名。WMV的主要优点在于：可扩充的媒体类型、本地或网络回放、可伸缩的媒体类型、流的优先级化、多语言支持，以及扩展性等。

5）3GP文件格式

3GP是一种3G流媒体的视频编码格式，主要是为了配合3G网络的高传输速度而开发的，也是目前手机中最为常见的一种视频格式。简单来说，该格式是“第三代合作伙伴项目”（3GPP）制定的一种多媒体标准，使用户能使用手机享受高质量的视频、音频等多媒体内容。其核心由包括高级音频编码（AAC）、自适应多速率（AMR）、MPEG-4 和 H.263 视频编码解码器等组成，目前大部分支持视频拍摄的手机都支持 3GPP 格式的视频播放。

6）REAL VIDEO 文件格式

REAL VIDEO（RA、RAM）格式一开始就是定位在视频流应用方面，也可以说是视频流技术的始创者。它可以在用 56K MODEM 拨号上网的条件下实现不间断的视频播放，当然，其图像质量要比 MPEG2 和 DIVX 格式略差。

7）MKV 文件格式

MKV 视频可在一个文件中集成多条不同类型的音轨和字幕轨，而且其视频编码的自由度也非常大，可以是常见的 DivX、XviD 或 3IVX，甚至可以是 RealVideo、QuickTime 和 WMV 这类流式视频。实际上，它是一种全称为 Matroska 的新型多媒体封装格式，这种先进的、开放的封装格式已经展示出非常好的应用前景。

8）FLV 文件格式

FLV 是 FLASH VIDEO 的简称，FLV 流媒体格式是一种新的视频格式。由于它形成的文件极小，加载速度极快，使得网络观看视频文件成为可能，它的出现有效地解决了视频文件导入 Flash 后，使导出的 SWF 文件体积庞大，不能在网络上很好的使用等缺点，目前已经成为网络视频的主流格式。

4．视频编码标准

目前被国际社会广泛认可和应用的通用压缩编码标准主要有 4 种：H.261、JPEG、MPEG 和 DVI。

1）H.261

由 CCITT（国际电报电话咨询委员会）通过的用于音频视频服务的视频编码解码器（也称 Px64 标准），它使用两种类型的压缩：帧中的有损压缩（基于 DCT）和帧间压缩的无损编码，并在此基础上使编码器采用带有运动估计的 DCT 和 DPCM（差分脉冲编码调制）的混合方式。这种标准与 JPEG 及 MPEG 标准间有明显的相似性，但关键区别是，它是为动态使用而设计的，并提供高水平的交互控制。

2）JPEG

JPEG 的全称是 Joint Photogragh Coding Experts Group（联合照片专家组），是一种基于 DCT 的静止图像压缩和解压缩算法，它由 ISO（国际标准化组织）和 CCITT（国际电报电话咨询委员会）共同制定，并在 1992 年后被广泛采纳后成为国际标准。它是把冗长的图像信号和其他类型的静止图像去掉，甚至可以减小到原图像的 1%（压缩比 100:1）。当压缩比为 20:1 时，能看到图像稍微有点变化；当压缩比大于 20:1 时，一般来说图像质量开始变坏。

3）MPEG

MPEG 是 Moving Pictures Experts Group（动态图像专家组）的英文缩写，实际上是指一组由 ITU 和 ISO 制定发布的视频、音频和数据的压缩标准。它采用的是一种减少图像冗余信息的压缩算法，它提供的压缩比可以高达 200:1，同时图像和声音的质量还非常高。现在通常有 3 个版本：MPEG-1、MPEG-2 和 MPEG-4，以适用于不同带宽和数字影像质量的要求。它的 3 个最显著优点是兼容性好、压缩比高（最高可达 200:1）和数据失真小。

4）DVI

其视频图像的压缩算法的性能与 MPEG-1 相当，即图像质量可达到 VHS 的水平，压缩后的图像数据率约为 1.5 Mbit/s。为了扩大 DVI 技术的应用，Intel 公司又推出了 DVI 算法的软件解码算法，称为 Indeo 技术，它能将数字视频文件压缩为 1: 5 到 1:10。

6.3　网络信息传播技术

网络信息传播技术主要涉及如何有效地将电子商务营销信息通过网络渠道进行传播，由于网络渠道和传统媒体渠道的差异，网络信息传播有其自身特点，需要针对电子商务营销信息源的特点选择合适的网络信息传播渠道。

6.3.1　网络信息传播特点

1. 交互性

传统媒体将信息单向传递给受众，网络传播则提供一种双向传输的信息渠道。传统媒体的逻辑拓扑结构是星形结构，即中心制作，四面传输。其特点如下：

（1）中心结点，报社、电台和电视台是传播中的唯一信息来源。

（2）单向流动，信息由信息源向终端点“受者”流动。

（3）终端点彼此孤立，没有联系。

（4）中心结点批量复制同样信息，单向传给各终端点。

这种结构使得传统媒体基本上只根据自己的判定决定传播什么样的信息，受众只能照单全收，形成了“我传你受”的传播定势。网络媒体基于完全不同的一个平等交流的信息平台。网络传播的逻辑拓扑结构是网状分布式的，其特点如下：

（1）拓扑结构中无中心结点，每个结点都可向其他结点发送信息，成为信息源。

（2）双向流动，任何结点都可以向发送信息的结点传回反馈信息。

（3）网络各结点之间不是孤立的，任意两点可以通过网络进行双向信息交流。

（4）任意两点间的交流路径不只一条。

采用这种逻辑拓扑结构的网络传播本身就具有双向交流的特点，这使得传受双方较之传统媒体而言，双向交流的发生更为经常也更为深入。

2. 海量性

互联网将全世界的计算机连接起来，从而形成了一个巨大无比的数据库。世界上任一时间、任一地点发生的任一事件都有可能成为网络信息被广泛传播。与传统媒体相比，由于它得天独厚的技术优势，它可以摆脱报纸版面、广播电视固定时段及节目容量等诸多限制。计算机网络时空几乎可以将全世界的新闻信息全部包揽。此外，由于传播主体的多元化，“人人皆可成为信息源”——使得网络信息得以最大限度地源源不断地生成；其次，由于数据库的存在，得以纵向保存历史信息，正是信息集的广度与深度形成了网络传播的海量特点。

3. 多媒体

报纸通过纸质媒介利用文字和图片传递信息，广播以声音发送信息，电视借助视频播放节目。网络媒体则兼容了文字、图表（片）、声音、动画和视频等多种格式保存信息、表现信息并发送信息。网络传播的多媒体特点最大限度地实现了各种传播形式的“兼容并包”，丰富了信息传播的手段。受众也有了众多的自由选择，他们可以根据自己的喜好选择有字无声、有声有像或者图文并茂等多种形式，使各种感官得以充分调动。

4. 即时性

报纸使用纸质媒介传递信息，传递速度受制于交通手段和零售环节；广播电视采用无线电磁信号的形式，由于受到信号传输覆盖面的限制，传输范围之外的地方还需其他手段的帮助来获得信号，增加环节会大大影响传播速度；网络信息传播的载体是光纤通信线路，瞬间可达世界上任何地方，从而在技术环节上保证了网络新闻传播的即时性特点。此外，传统媒介需要制作周期，有截稿时间的限制，而网络信息传播则不受此限，可以随到随发，24 小时不间断发稿，受众可以在第一时间知道所发生的一切。近期全球众多重大事件都是通过微博首先发布充分证明这一特性。

5. 个人化

尼葛洛庞帝在《数字化生存》中曾指出：大众传媒应该重新定义为“发送和接收个人化信息和娱乐的系统”。网络传播的个人化特征非常明显，技术带来的优势可以使得受众从容地利用各种检索工具在各类数据库中“各取所需”；受众还可以自由地选择信息接收的时间、地点，以及媒介的表现形式；与此同时，作为网络传播另一端的传播者也可用一种“信息推送技术”，根据用户的需求为他推送信息的专门化服务。信息的传播在网络中显得个性张扬，特色鲜明。

6. 超文本

与传统媒体不同，网络传播是建构在超文本和超链接之上的全新传播模式。超文本与用字符串来表达、以线性形式进行组织的传统文本信息的处理方式有很大不同。它不是以字符，而是以结点（Node）为单位组织各种信息，一个结点是一个“信息块”，结点内的信息可以是文本、图像、图形、动画、声音或其组合。它的信息在组织上采用网状结构，结点间通过关系链加以链接，从而构成表达特定内容的信息网络。它对信息的存储可以按照交叉联想的方式，从一处迅速跳到另一处，打破了原文本系统只能按顺序和线性存取的限制，可以方便、灵活地进行检索。超文本赋予网络传播许多优势，比如说，形成网状的复杂信息结构，系统能按不同查询条件链接，从而使网络传播拥有强大的检索功能。此外，它有良好的编辑功能，可以进行多窗口编辑，使得网络编辑可以方便地容纳更多元素。

6.3.2　网络信息应用现状

2011 年，中国网民整体互联网信息应用呈现出显著变化，包括新型即时通信、微博等在内的新兴互联网应用迅速扩散，与此同时，一些传统的网络应用使用率明显下滑，显示出互联网发展创新速度之快。具体体现在以下几点：

1．网民的互联网沟通交流方式发生明显变化

2011年中国网民即时通信使用率上升较快，增至80.9%。同时，许多传统交流沟通类应用的用户规模出现萎缩：电子邮件使用率从2010年的54.6%降至47.9%，用户量减少392万人；论坛/BBS则由32.4%降至28.2%，用户量也略有减少。社交网站使用率在今年上半年出现明显下滑后，下半年人数增长情况有所好转，目前使用率止跌回稳，达到47.6%。以上数据显示出网民通过互联网进行交流互动的习惯和方式与以往出现较大不同。

2．娱乐类应用普遍走低，但网络视频用户增幅明显

大部分网络娱乐类应用的使用率在2011年延续下降势头，网络音乐、网络游戏和网络文学用户规模在2011年增长幅度较小，使用率也分别下滑至75.2%、63.2%和39.5%。相比之下网络视频行业的发展势头相对良好，用户规模同比增加14.6%，达到3.25亿人，使用率提升至63.4%。

3．电子商务类应用使用率保持上升态势

电子商务类应用稳步发展，网络购物、网上支付、网上银行和在线旅行预订等应用的用户规模全面增长。与2010年相比网购用户增长3 344万人，增长率达到20.8%，网上支付、网上银行使用率也增长至32.5%和32.4%。另外，团购成为全年增长第二快的网络服务，用户年增速高达244.8%，用户规模达到6 465万，使用率提升至12.6%。

表6-1所示为2010.12—2011.12各类网络应用使用率。

表6-1　2010.12～2011.12各类网络应用使用率

应　用	2011年		2010年		用户规模（万）
	用户规模（万）	使　用　率	用户规模（万）	应　用	
即时通信	41 510	80.9%	35 258	77.1%	17.7%
搜索引擎	40 740	79.4%	37 453	81.9%	8.8%
网络音乐	38 585	75.2%	36 218	79.2%	6.5%
网络新闻	36 687	71.5%	35 304	77.2%	3.9%
网络视频	32 531	63.4%	28 398	62.1%	14.6%
网络游戏	32 428	63.2%	30 410	66.5%	6.6%
博客/个人空间	31 864	62.1%	29 450	64.4%	8.2%
微博	24 988	48.7%	6 311	13.8%	296.0%
电子邮件	24 577	47.9%	24 969	54.6%	-1.6%
社交网站	24 424	47.6%	23 505	51.4%	3.9%
网络文学	20 267	39.5%	19 481	42.6%	4.0%
网络购物	19 395	37.8%	16 051	35.1%	20.8%
网上支付	16 676	32.5%	13 719	30.0%	21.6%
网上银行	16 624	32.4%	13 948	30.5%	19.2%
论坛/BBS	14 469	28.2%	14 817	32.4%	-2.3%
团购	6 465	12.6%	1 875	4.1%	244.8%
旅行预订	4 207	8.2%	3 613	7.9%	16.5%
网络炒股	4 002	7.8%	7 088	15.5%	-43.5%

（数据来源：CNNIC第29次中国互联网发展报告）

6.3.3　网络信息传播的主要渠道

1. 门户网站

门户网站是指通向某类综合性互联网信息资源并提供有关信息服务的应用系统。门户网站最初提供搜索引擎和网络接入服务，后来由于市场竞争日益激烈，门户网站不得不快速地拓展各种新的业务类型，希望通过门类众多的业务来吸引和留驻互联网用户，以至于目前门户网站的业务包罗万象，成为网络世界的“百货商场”或“网络超市”。从现在的情况来看，门户网站主要提供新闻、搜索引擎、网络接入、聊天室、电子公告牌（BBS）、免费邮箱、影音资讯、电子商务、网络社区、网络游戏、免费网页空间，等等。

目前门户网站已经由传统意义上的网络门户网站拓展到各机构、各企业的网络信息门户，如政府门户网站、企业门户网站等，门户网站已经成为各组织、机构对外发布信息的第一渠道。

据国务院发布的《中国互联网状况》白皮书显示，截至 2009 年底，中国已建立政府门户网站 4.5 万多个，75 个中央和国家机关、32 个省级政府、333 个地级市政府和 80%以上的县级政府都建立了电子政务网站，提供便于人们工作和生活的各类在线服务。此外，政府还建设了包括经济、金融、铁道、税务、灾害防御等 12 个国家级政府信息系统。政府门户网站在服务质量稳步上升的同时，也成为政民沟通、公民表达自己意见、提出自己要求的重要渠道。

企业网站及企业网店（网上商铺）是企业利用互联网进行深度应用的体现，根据目前的调查情况，中国中小企业建站（拥有独立网站或网店）的比例也达到了一个较高的水平。截至 2010 年 12 月达到了 43%，其中 27.8%的中小企业建立了独立企业网站。企业拥有网站或网店的比例和企业的规模有很强的相关性，规模较小的中小企业建站比例较低。

不同规模中小企业曾有建站行为的比例如图 6-3 所示。

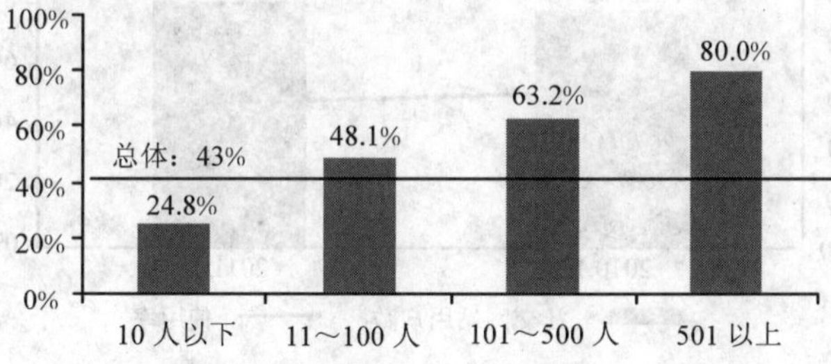

图 6-3　不同规模中小企业曾有建站行为的比例

（数据来源：CNNIC 第 27 次中国互联网发展报告）

2. 即时通信工具

截至 2011 年底，即时通信用户规模达 4.15 亿，比 2010 年底增长 6 252 万人，年增长率 17.7%。即时通信使用率继续提升，增长至 80.9%。

即时通信使用率以及用户数的上涨主要是由于手机即时通信的发展。手机即时通信是移动互联网应用中使用率最高的服务，高达 83.1%，用户量年增长率达 44.2%。即时通信软件手机预装与智能机手机应用市场的发展，为手机即时通信软件的使用带来便利，从而带动了手机即时通信使用率与用户数的增长。而专为智能手机设计的以语音内容、实时拍照、视频、LBS、位置交友、流量统计等功能为特色，且与其他互联网应用互联互通的新型手机即时通信产品，迎合了用户的新需求，进而提升了手机即时通信的用户量。

2010.12—2011.12 即时通信用户数及使用率如图 6-4 所示。

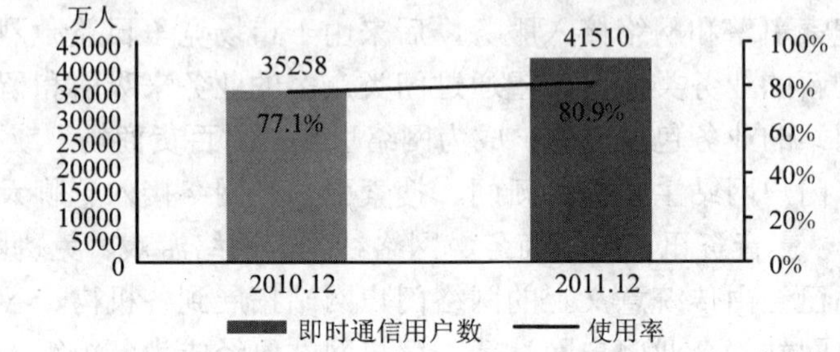

图 6-4 2010.12—2011.12 即时通信用户数及使用率

（数据来源：CNNIC 第 29 次中国互联网发展报告）

3. 社交网站

截至 2011 年底，我国社交网站用户数量为 2.44 亿，相比 2010 年底略有增长。在使用率方面，社交网站用户占网民比例为 47.6%，比上年底回落了近四个百分点。

当前，我国的社交网站正在进行多方面的尝试以解决网站黏性危机，几家主要的 SNS 网站在 2011 年都进行了长期战略上的拓展或调整，比如试图探索社会化分享与网络视频相结合后的潜力，在视频分享上寻找新的增长点；或者进行“实用化”转型，包括实施社会化电子商务、移动互联等战略。

2010.12—2011.12 社交网站用户数及使用率如图 6-5 所示。

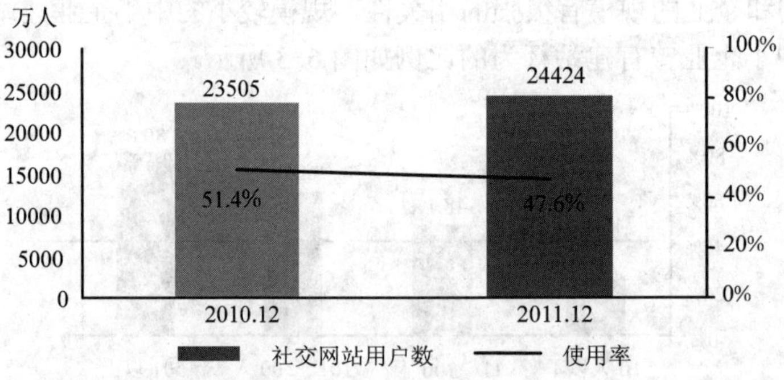

图 6-5 2010.12—2011.12 社交网站用户数及使用率

（数据来源：CNNIC 第 29 次中国互联网发展报告）

4. 视频网站

截至 2011 年 12 月底，中国网络视频用户数量增至 3.25 亿，年增长率达到 14.6%，在网民中的使用率由上年底的 62.1%提升至 63.4%。

2011 年网络视频使用率明显走高，主要由用户习惯养成、宽带环境建设等外围因素的推动以及视频网站自身内容建设与视频的社会化分享等行业内原因促成。首先，2011 年各大视频网站为了取得竞争优势，不断丰富网站内容，一方面大量购买热播影视剧和节目，另一方面积极推出自制内容，目前视频网站不仅能够提供大部分热播电视内容，而且由于政策环境相对宽松，网络视频在题材内容和地域来源上自由度更大。其次，微博、SNS 成为重要的视频传播网站，网民视频分享习惯的养成扩大了网络视频的传播范围，极大的拓展了视频传播平台。这些因素推动网络视频用户规模不断扩大，目前已成为第五大互联网应用。

2010.12—2011.12 网络视频用户数及使用率如图 6-6 所示。

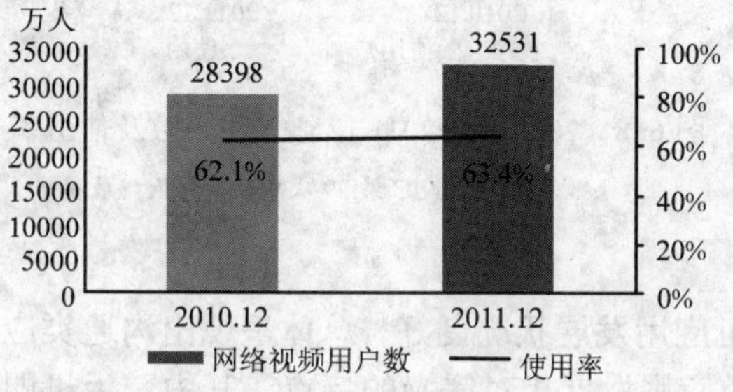

图 6-6　2010.12—2011.12 网络视频用户数及使用率

（数据来源：CNNIC 第 29 次中国互联网发展报告）

5．博客/个人空间

截至 2011 年 12 月底，我国博客和个人空间用户数量为 3.19 亿，较 2010 年底增长 2 414 万，增长率为 8.2%。博客和个人空间的使用率为 62.1%，较上年底下降了 2.3 个百分点。

尽管近年来博客和个人空间用户数量保持增长，但是其使用率在今年出现了下降。作为最早的 Web 2.0 应用形态，博客却越加呈现出传统的信息传播特征，一些名人博客依旧受到关注，是意见领袖们传送信息的重要渠道。对于普通网民来说，在微博和 SNS 等新兴应用的影响下，用户越来越习惯于快速、简单、互动性和社交性强的信息互动方式。因而博客必须通过不断创新来为自己注入新的活力，例如 2011 年出现的轻博客形态就是一种有益的尝试。另外，一些博客和个人空间也在不断强化 SNS 属性。

2010.12—2011.12 博客/个人空间用户数及使用率如图 6-7 所示。

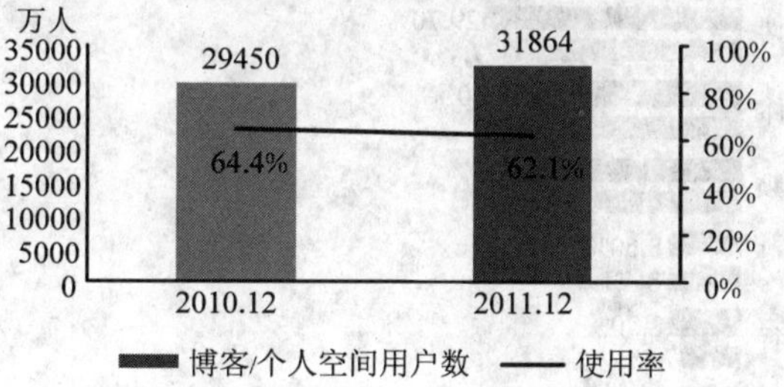

图 6-7　2010.12—2011.12 博客/个人空间用户数及使用率

（数据来源：CNNIC 第 29 次中国互联网发展报告）

6．微博

截至 2011 年 12 月底，我国微博用户数达到 2.5 亿，较上一年底增长了 296.0%，网民使用率为 48.7%。微博用一年时间发展成为近一半中国网民使用的重要互联网应用。

分析微博在 2011 年内的增长情况，其用户的爆发出现在上半年，到下半年用户增速回落至 28.2%，可见在微博使用率步入高位后，已经结束了爆发式的增长。

2010.12—2011.12 微博用户数及使用率如图 6-8 所示。

图 6-8　2010.12—2011.12 微博用户数及使用率

（数据来源：CNNIC 第 29 次中国互联网发展报告）

7. 手机网络

2011 年，总体手机应用发展状况良好。总体呈现出沟通类应用与信息获取类应用领先发展，娱乐与商务类应用发展相对缓慢的特点。其中，手机即时通信和手机微博作为交流沟通类应用的代表，是现阶段推动移动互联网发展的主流应用。

2010.12—2011.12 手机网民网络应用如图 6-9 所示。

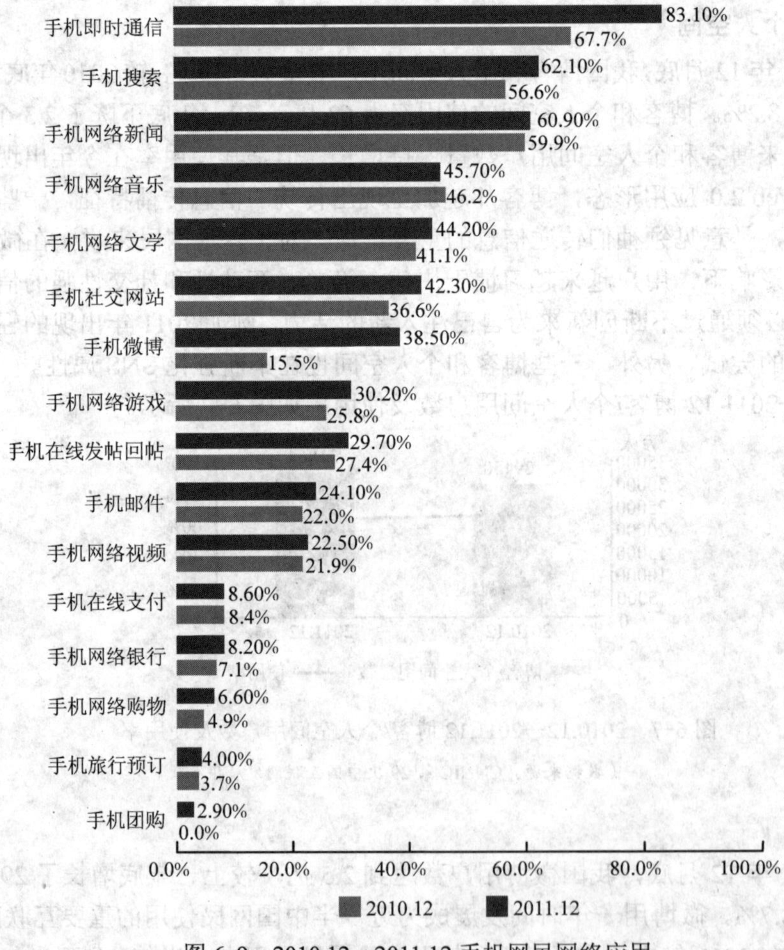

图 6-9　2010.12—2011.12 手机网民网络应用

（数据来源：CNNIC 第 29 次中国互联网发展报告）

1）手机即时通信使用率保持领先

手机即时通信尽管是渗透率最高的手机应用，但在 2011 年其使用率仍然有大幅度的增长，同比增幅达 15.4 个百分点，超过了即时通信在整体网民中的使用率（截至 2011 年 12 月，整体网民的即时通信使用率为 80.9%）。这种状况主要由两方面原因造成：一方面使用即时通信是目前很多手机网民使用手机上网的唯一目的，另一方面手机即时通信工具的使用门槛大幅降低。在即时通信服务商的市场推动下，即时通信已经成为手机终端的标准预置产品，产品预置大幅降低了手机用户、尤其是非智能手机用户使用即时通信工具的门槛，即用户无需下载安装，只要开通无线网络便可直接登录使用。

2）手机微博是增长最快的手机应用

手机微博 2011 年的使用率同比增加了 23 个百分点，是增长幅度最高的手机应用。CNNIC 分析认为手机微博将是继即时通信之后，又一个吸引网民使用移动互联网的关键应用。

首先，手机微博更能体现微博内容的即时性特点。相对计算机来说，大部分人的手机都是随身携带，这使得人们可以随时随地了解最新发生的事情；其次，手机微博更能发挥微博应用的自媒体优势。微博创新的“关注”机制，不仅使得每个用户都成为一个传播中心，更是大大提升了普通用户使用微博的粘性。具有特色的原创内容是能够吸引更多人关注的关键，比如即兴拍摄的图片、视频等，而手机在即兴原创内容方面的能力远远高于计算机；第三，最多 70 个汉字的篇幅，大大降低了屏幕大小对微博体验带来的影响。相对于计算机来说，手机微博的使用并没有给用户带来不友好的阅读体验，相反，随着客户端开发水平的提高，手机微博体验甚至高于计算机微博使用体验。

3）其他沟通类应用和信息获取类应用稳步发展

手机搜索、手机网络新闻、手机发帖回帖、手机社交网站、手机邮件等应用是与手机即时通信一样的传统手机应用，2011 年同比使用率均有小幅度的提升，主要市场推动力为：一方面，随着手机上网逐渐进入智能手机时代，各互联网服务商纷纷开始布局移动互联网，主流的互联网应用均推出了相应的 WAP 版本或客户端，大大提升了手机网民的使用体验；另一方面，手机浏览器市场的激烈竞争，推动提供商加大在手机浏览器产品功能及服务上的投入，进而大幅提升浏览器用户的使用体验，尤其是网民能够通过浏览器轻松访问 Web 网站，提升了网民使用移动互联网应用的深度。

4）娱乐与商务类应用发展缓慢

手机视频作为典型的娱乐类应用，使用率变化不大。短期内手机视频业务发展主要面临以下困难：一方面，无线网络基础设施不能满足用户需求。视频应用需要消耗大量的无线网络流量，现阶段无线网络资费较高，且带宽不稳定，成为阻碍这类应用发展的瓶颈；另一方面，手机视频相应的内容较为缺乏。碎片化使用的特点使得服务商必须提供适合手机视频用户观看的短视频内容，现阶段在无线网络还不成熟的情况下，各视频服务商并没有开始针对手机网民进行战略布局。

电子商务类应用普遍处于发展初期，在手机网民中渗透率较低，主要原因为，一方面，大部分电子商务产品，均需要用户进行比较、咨询后才能完成购买，手机较小的屏幕使得购物体验相对较差；另一方面，大部分用户，还未建立起对手机支付的信任和使用习惯。

8．搜索引擎

2011 年底搜索引擎用户规模达到 4.07 亿，在网民中的渗透率为 79.4%，使用比例基本保持稳定，是 2011 年仅次于即时通信的第二大网络应用。

2010.12—2011.12 搜索引擎用户数及使用率如图 6-10 所示。

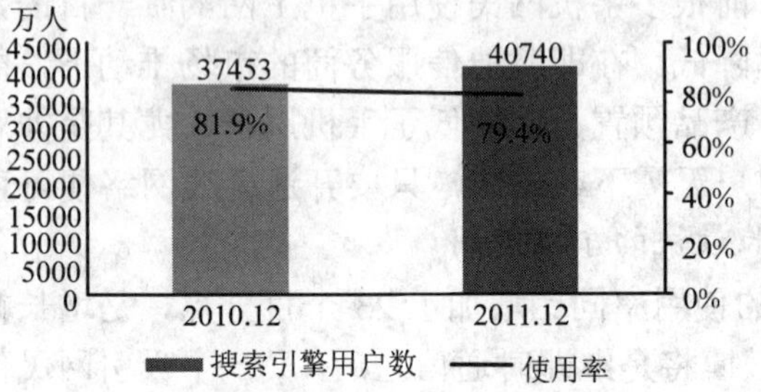

图 6-10 2010.12—2011.12 搜索引擎用户数及使用率

（数据来源：CNNIC 第 29 次中国互联网发展报告）

6.4 网络信息采集分析技术

相比传统营销，开展电子商务营销可以获得更多的数据，比如访问量、浏览量、IP 地址、访问入口和浏览深度等等，为电子商务营销效果评价提供丰富的数据，挖掘这些数据的主要途径就是通过网络信息采集技术获取，并对采集到的数据进行分析，用于支持企业经营决策。

6.4.1 网络信息采集技术和企业网络

网络信息采集是指从互联网共享服务资源中收集、处理和分析网络实体信息的过程。网络信息采集不仅包括对互联网各类信息的查询和存储，还包括对信息的归类、提取和解析，更重要的是在已收集信息的基础上分析数据，并将分析结果用于实际问题的解决。

1．网络信息资源采集途径

目前流行的采集技术主要是人工采集、网站系统抓取及定制信息等。

1）人工采集

互联网世界里，用户接触最多的网络信息是以 Web 页面形式存在的。另外，电子邮件、FTP、BBS、社区论坛和新闻组等也是互联网上获取信息的常见渠道。以学科信息为例，常见的人工获取网络信息的主要方式有以下几个：

（1）通过相关领域的学科主题指南或学科信息门户进行搜索。学科主题指南一般是由学会、大学、研究所和图书馆等学术团体和机构编制的网络学科资源导航目录。学科主题指南经过专业人士的加工和组织，所含的信息切合主题，实用价值较高。

（2）使用搜索引擎采集信息。搜索引擎是最常用的搜索相关信息的工具，使用搜索引擎可采用两种方法，一是利用关键词来检索，二是通过学科分类体系来查找。专业搜索引擎是查找网上某种信息的检索工具，利用专业搜索引擎所查找出来的信息具有学术性强、质量高等优点。

（3）利用专业网站查找。专业网站是获取相关学科信息的一个捷径，它提供与学科有关的电子出版物、专利、标准、会议和专业数据库等信息。

（4）跟踪综合性门户的相关栏目。许多综合性门户都设置有一些学科专业栏目，并定期更新和发布一些重要学科信息，也具有很好的参考价值。

（5）跟踪相关的重要国际组织或机构的网站。重要国际组织或机构的网站本身就是高质量资源，并且质量越高的网站所给出的相关链接质量也可能越高。这些链接往往已经是经过专业人员选择的结果，需要纳入跟踪和搜索的范围。

（6）了解相关学科领域的专家并搜索他们的个人网站。这些网站本身或者其中给出的链接列表都可能是高质量的资源。

（7）搜索和加入相关领域的重要主题性邮件列表。相关领域的重要主题性邮件列表大都以免费订阅的方式将其更新、公告或出版物发送给订阅者，也是一种很有用的信息源。

上面所介绍的通过 IE 浏览器浏览 Web 页面，通过 Outlook 收发电子邮件，以及通过登录 FTP 服务器上下载资料等都是利用客户端软件手工链接到信息源去获取信息，属于人工采集。这种采集方法有一个共同点：用户手工键入一个 URL 或电子邮件地址，这些客户端软件就链接到信息源，用户可以从信息源上获取所需信息。

2）采集器自动抓取信息

随着互联网的迅速发展，仅仅依靠人工采集来整理信息已越来越不能满足实际需要，于是人们开始探索新的信息获取方式，采集技术和推送技术就是应这种需求而产生的。

信息采集技术是目前流行的一种信息获取方式。信息采集技术是在用户设定某些信息源的某类信息后，采集器就自动地定期从这些信息源中取出用户所需的最新信息。这是一种定向收集和定题收集相结合的主动的、跟踪式的多向收集，它的特点是获取信息主动、灵活。

3）定制信息（推送技术）

虽然在信息处理系统中，信息推送属于信息服务提供的手段，但从需要获取信息的用户角度来看，接受信息服务也是一种获取信息的方式。因此信息推送也是一种信息获取技术。这种方式有点类似传统的广播，有人称它为“网络广播”。网络公司通过一定的技术标准或协议，从网上的信息源或信息制作商获取信息，经过加工之后，通过固定的频道向用户发送信息。这种方式的特点是用户获取信息比较被动，只能定制自己的频道，信息的来源及信息的具体内容往往不能灵活地控制。

2．网络信息资源采集策略

网络信息资源采集的策略主要有以下几种：

（1）限制采集的深度。从采集深度考虑，通常情况下，如果用户通过 IE 浏览器手工查找信息，从首页开始，最多点击 3 层，就可以看到所需的所有内容。同样的道理，采集器只要采集 3 层就能得到各个具体的内容，而没有必要采集更深的层次。

（2）限制某些链接。从采集广度考虑，对于那些大家都不感兴趣的链接，完全可以设定不采集这些链接，这样就大大减少了采集工作量，从而也大大地减少了过滤的工作量。这是限制采集广度的一个强有力手段。

（3）限制搜索跳转。作为专业搜索引擎，要采集的信息资源通常集中在几个固定的初始网站内，这样就不希望网站采集器跳转到其他的网站。

（4）限制采集的文件类型。如果用户只想采集或者不想采集具有某些扩展名的文件，就可以对采集的文件类型进行规定或限制。

（5）采集或不采集某些目录下的文件。

用户在设置这样的过滤策略时，必须保证所需的信息在这样的过滤策略下能够获取，这一点要特别注意。因为，这样的设置有可能关闭由首页到所需页面的链接，从而获取不到所需的信息。

除了以上策略外，还可过滤旧的信息、限制采集文件的最大长度，以及限制站点采集的最大页数等。

3．网络信息检索技术基础

1）资源定位检索技术

互联网是以 TCP/IP（传输控制协议/网际协议）和 HTTP（超文本传送协议）为核心而发展起来的。URL（uniform resource locator）俗称网址，是描述网络信息资源的字符串——统一资源定位符，它包括传输协议、信息资源的主机 IP 地址和主机目录，以及文件名的具体地址 3 个部分。网络数据库、网上出版物和网络机构等有固定的 URL。联机数据库检索中心，期刊、报纸等电子出版物，以及图书馆、高校、企业和政府等机构都有唯一明确的网址。利用网络浏览器（如 IE）查找网址，可以快捷、方便地获得针对性极强的“对口”网络信息。

2）“超链接”搜索技术

Web 信息以超文本链接方式组织，基本组织单元是信息结点而不是字符串，信息结点之间通过链接进行联系。超链接是网页必不可少的一个元素，同一主题或相关的信息因超链接构成了庞大的、无形的、跳跃式的信息网。超文本信息检索技术以超文本信息结点之间的多种链接关系为基础，根据思维联想或查找信息的需要，通过链接从一个信息结点转到另一个信息结点。人们可以根据它顺藤摸瓜，在网上自由地浏览信息，边浏览点击边分析筛选，一步一步根据链接跳转查阅，直至获得令人满意的结果。

3）网络搜索引擎技术

搜索引擎（search engine）技术集中体现在 4 个方面：①访问、阅读和整理 Web 信息的信息采集；②建立包含关键词信息的索引数据库；③根据用户请求查找索引数据库相关文档的搜索软件；④为用户提供可视化的查询输入和结果输出界面的用户接口。目前，实现网络信息检索的搜索引擎技术可以分为两类，即网站分类目录技术和全文索引检索技术。

4）Web 挖掘技术

Web 挖掘技术是从 WWW 及其相关的资源和行为中抽取有用的模式和隐含信息，利用 Web 技术中的文本总结技术，可以从文档中抽取出关键信息，以简洁的形式对 Web 文档的信息进行摘要或表示，使用户大致了解 Web 文档的内容，对其相关性进行取舍。

除了以上技术外，知识发现技术、通用信息检索技术和自然语言处理技术等也有了很大的发展。

4．采集软件基本功能

网络信息采集软件是将非结构化的信息从大量网页中抽取出来保存到结构化的数据库中的过程软件。目前常见的网络信息采集软件有网络信息采集专家（webinfo collector）网络信息采集大师（netget）、网络采集、火车采集器（Gocy spider）等。

信息采集软件的开发者从用户角度出发，都具有任务管理、信息采集、数据管理和数据发布等方面的功能。这类软件一般都有比较便捷的任务管理功能，可以随意添加或修改任务，支持批量添加任务；在信息采集方面都可以通过设置实现从网络自动采集信息，显得比较人性化和智能化；在数据管理上各有千秋，一般都支持目前流行的主流数据库，都有很方便、很智能化的数据发布功能。

（1）规则定义。通过采集规则的定义，可以搜索所有网站采集几乎任何类型的信息。

（2）多任务、多线程。可以同时进行多个信息采集任务，每个任务可以使用多个线程。

（3）所见即所得。任务采集过程所见即所得，过程中遍历的链接信息、采集信息和错误信息等都会及时地反映在软件界面中。

（4）数据保存。数据边采集边自动保存到数据库中，并且数据结构能够自动适应，软件可以根据采集规则自动创建数据库，以及其中的表和字段；也可以根据设置，灵活地将数据保存到客户已有的数据库结构中。这一切都不会对数据库和生成造成任何不利影响。

（5）断点续采。信息采集任务可以在停止后从断点处开始继续采集，从此不用担心采集任务的意外中断。

（6）网站登录。支持网站登录，并支持网站 Cookie，即使需要验证码才能登录的网站也能轻松穿过。

（7）计划任务。通过这个功能可以让采集任务定时、定量或者一直循环执行。

（8）信息自动识别。提供诸如 E-mail 地址、电话号码和数字等多种预先定义好的信息类型，用户经过简单的选取即可从浩瀚的网络信息中提取特定的信息。

（9）网页正文提取。可以将正文从网页 HTML 代码中提取出来并进行适当的格式转换，并自动删除无用的 HTML 代码。

（10）结果替换。可以将采集的结果根据规则替换成自定义的内容。

（11）文件下载。可以将采集到的二进制文件（如图片、音乐、软件和文档等）下载到本地磁盘或者采集结果数据库中。

（12）采集结果分类。可以根据用户定义的分类信息进行采集结果的自动分类。

（13）数据发布。可以通过自定义接口，将已采集的结果数据发布到任意的内容管理系统和指定数据库中。现在已支持的目标发布媒体包括数据库（Access、SQL Server、Oracle、MySQL 和 Excel 等）、静态 HTML 文件和 RSS 文件。

（14）条件保存。可以根据某个条件来决定哪些信息将被保存，哪些信息将被过滤。

（15）过滤重复内容。软件可根据用户设置和实际情况对重复内容和重复网址自动删除。

（16）结果替换。可以将采集的结果根据规则替换成自定义的内容。

（17）特殊链接识别。运用此功能可以将用 JavaScript 动态生成的链接或其他更古怪的链接识别出来。

（18）保存历史页面。可将访问过程中所访问的页面内容全部保存到硬盘上。

（19）任务优化配置。提供多个选项进行配置，可大大提高任务采集效率。

（20）自动生成网址。可以根据文本文件、数据库等内容自动生成采集地址。

（21）预留编程接口。定义多个编程接口，用户可以在事件中利用 PHP、C#语言等进行编程，扩充采集功能。

6.4.2 网络数据分析技术

1. 数据分析概念

数据分析是指应用适当的统计方法对收集来的大量第一手资料和第二手资料进行分析，以求最大化地开发数据资料的功能，发挥数据的作用。数据分析是为了提取有用信息和形成结论而对数据加以详细研究和概括总结的过程，是有目的地收集数据、分析数据，使之成为信息的过程。

2. 数据分析目的

数据分析的目的是把隐没在一大批看似杂乱无章的数据中的信息集中、萃取和提炼出来，以找出所研究对象的内在规律。在实际应用中，数据分析可帮助人们做出判断，以便采取适当行动。

3. 数据分析过程

数据分析过程的主要活动由识别信息需求、收集数据、分析数据、评价并改进数据分析的有效性组成。

1）识别信息需求

识别信息需求是确保数据分析过程有效性的首要条件，可以为收集数据和分析数据提供清晰的目标。识别信息需求是管理者的职责，管理者应根据决策和过程控制的需求，提出对信息的需求。就过程控制而言，管理者应识别需求要利用哪些信息支持评审过程输入、过程输出、资源配置的合理性、过程活动的优化方案和过程异常变异的发现。

2）收集数据

有目的地收集数据是确保数据分析过程有效的基础。需要对收集数据的内容、渠道和方法等进行策划。策划时应考虑：①将识别的需求转化为具体的要求，如评价供应商时，需要收集的数据可能包括其过程能力、测量系统不确定度等相关数据；②明确由谁在何时何处，通过何种渠道和方法收集数据；③记录表应便于使用数据分析；④采取有效措施，防止数据丢失和虚假数据对系统的干扰。

3）分析数据

分析数据是将收集的数据通过加工、整理和分析使其转化为信息，通常采用方法有：①老 7 种工具，即排列图、因果图、分层法、调查表、散布图、直方图和控制图；②新 7 种工具，即关联图、系统图、矩阵图、KJ 法、计划评审技术、PDPC 法和矩阵数据图。

典型的数据分析可能包含以下 3 个步骤：

（1）探索性数据分析。当刚取得数据时，可能杂乱无章，看不出规律，通过做图、造表、用各种形式的方程拟合，以及计算某些特征量等手段探索规律性的可能形式，即往什么方向和用何种方式去寻找和揭示隐含在数据中的规律性。

（2）模型选定分析。在探索性分析的基础上提出一类或几类可能的模型，然后通过进一步的分析从中挑选一定的模型。

（3）推断分析。通常使用数理统计方法对所定模型或估计的可靠程度和精确程度做出推断。

4）数据分析过程改进

数据分析是决策的基础。应在适当时刻通过对以下问题的分析，评估其有效性：①提供决策的信息是否充分、可信，是否存在因信息不足、失准、滞后而导致决策失误的问题；②信息对持续改进管理体系、过程、产品和服务所发挥的作用是否与期望值一致，是否在产品与服务实现过程中有效运用数据分析；③收集数据的目的是否明确，收集的数据是否真实和充分，信息渠道是否畅通；④数据分析方法是否合理，是否将风险控制在可接受的范围；⑤数据分析所需资源是否得到保障。

本章小结

电子商务营销涉及众多技术，需对相关技术有比较全面的了解。本章系统且全面地介绍了电子商务平台技术、网络信息展示技术、网络信息传播技术、网络信息采集分析技术和商务沟通技术。在电子商务平台技术部分，介绍了网络基础设施、网络硬件系统、网络软件系统、网络服务器、电子商务应用系统和网络主机等内容。在网络信息展示技术部分，主要详细介绍了网络营销中的各类素材，如图形（图像）、声音（音频）和视频（动画）的基本概念及常用格式。在网络信息传播技术部分，重点介绍了网络信息传播特点、中国网民网络信息应用现状和网络信息传播主要渠道等内容。在网络信息采集分析技术部分，介绍了网络信息采集技术原理和通用网络信息采集工具及使用方法，以及数据分析技术。通过以上各方面的技术，可对网络营销技术有一个比较全面的了解。

核心概念：网络服务器　网络素材格式　网络信息传播　网络信息采集　数据分析

本章习题

1. 针对各种互联网接入方式，分别举一个例子，并说明其主要应用领域。

2. 试制作一份小型网络机房方案建议书，包含软硬件及网络。

3. 以某网站为例，分析其用到哪些多媒体元素，以及各类元素所采用的文件格式。

4. 下载软件，分别完成图像、声音和多媒体文件在不同文件格式之间的转换，并比较文件大小和效果。

5. 下载所介绍的数据采集软件中的一种，将某网站的某类别信息采集保存到本地数据库中。

第7章 电子商务营销方法

学习目标

1. 熟悉目前主流电子商务营销的方法。
2. 熟悉企业网站营销的方法，掌握利用虚拟主机和网站程序建立企业网站的方法。
3. 掌握搜索引擎营销方法和搜索引擎优化。
4. 熟悉主要网络广告形式。
5. 掌握E-mail营销方法及主要实施步骤。
6. 掌握微博营销和论坛（社区）营销基本方法和实施步骤。
7. 了解Enterprise 2.0营销和Web 3.0营销的基本概念与特点。

引例 诺基亚N8全球社交网络发布会

诺基亚N8全球社交网络发布会已成为互联网史上里程碑式的事件，此次新浪微博发布会全程历时8个小时，邀请了300余位业界媒体和专家到场，这次盛大而与众不同的发布会通过新浪微博专访了诺基亚副总裁，并且用3D视频介绍诺基亚N8。有众多明星加入活动之中，让网友在新浪微博看到并分享N8的方方面面，让发布会真正成为全社交网络的发布会。

诺基亚首款搭载Symbian 3系统的手机——N8，在2010年8月25日上午联合新浪微博、人人网、开心网和优酷网的全社交网络发布会开幕，其中新浪微博是本次发布会的核心聚合阵地。

新浪微博首页推出诺基亚N8手机“微博发布会”，进行在线直播，并通过诺基亚官方微博，梁玉媚女士与《新周刊》及《三联生活周刊》进行了首个微博专访，并实时回答了来自微博网友的问题，华语圈明星韩庚、林俊杰等7位明星也在发布会中悉数登场，通过自己的新浪微博账户担纲受邀嘉宾，围绕诺基亚N8与网友密切互动。

本次微博发布会成功地把诺基亚N8产品通过“全社交网络发布会”这种非常戏剧化的方式推出来，开创了一个全新的“第一”，迅速成为互联网谈论的焦点。

发布会当天，截止下午6点，仅新浪网站上就吸引了超过55万的独立用户登录微博发布会页面，由此产生的转载和评论超过200万条，直接覆盖至少800万新浪微博网友，被业内称作品牌营销的又一成功案例。

（本文由作者根据网络资料改写）

7.1 企业网站营销

电子商务营销的方法众多，通常是各类方法的综合应用，目前应用最广泛的电子商务营销方法主要包括企业网站营销、搜索引擎营销、网络广告营销、E-mail营销、微博营销、论坛（社区）营销，以及最新出现的Enterprise 2.0营销和Web 3.0营销等，各种方法具有鲜明的实践应用特征，需要在实践中广泛尝试并积累经验。

企业网站是企业在互联网中的虚拟门户和企业电子商务营销的信息源头，在电子商务营销中处于核心地位。无论是电子商务营销信息源的构建，还是目前应用最为广泛的搜索引擎营销和网络广告营销等方法都需要通过企业网站才能取得更好的推广效果。在企业网站营销部分主要介绍了中小企业网站建设应用现状、企业网站建设流程、企业网站主要功能模块和网站设计标准，并以中小企业网站为背景，详细介绍了网站建设流程。

7.1.1　企业网站应用现状

企业网站一般具有品牌营销、销售和客服等多种职能。目前，各类大型企业网站建设都已经非常成熟，网站功能和技术水平普遍较高，但从针对中小企业网站设计目的的调查结果可以看出，营销功能和品牌宣传功能是大多数中小企业网站设计上最重要、最核心的功能，销售功能、客户服务及客户管理功能相对较弱。可见，多数中小企业互联网网站都希望具备一定的营销功能。中小企业网站功能设计调查结果如图 7-1 所示。

多数中小企业网站功能主要还是集中在展示上，在互动功能、交易功能和后台统计功能方面还有所欠缺，这也导致多数企业网站只是虚设，没有充分发挥作用。

从中小企业网站更新频率来看（见图 7-2），大多数中小企业并没有将网站作为信息发布的重要领地。超过一半以上的中小企业网站平均一个月都难以更新一次，可见很多中小企业网站都处于半停滞的状态，中小企业网站利用水平普遍偏低。

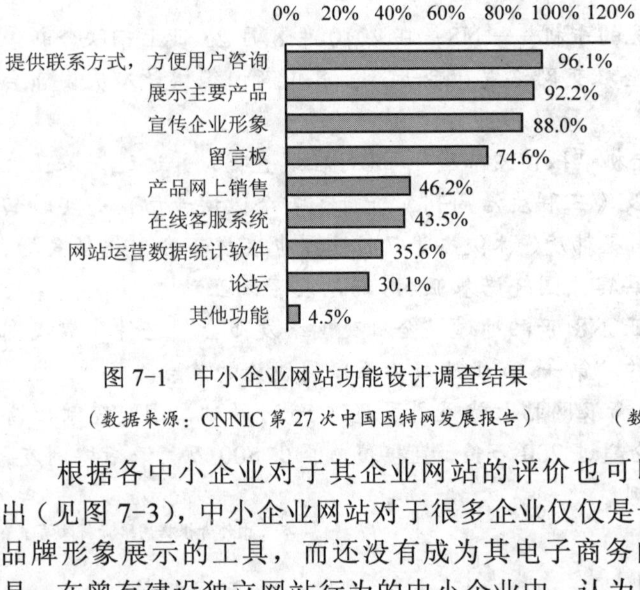

图 7-1　中小企业网站功能设计调查结果

（数据来源：CNNIC 第 27 次中国因特网发展报告）

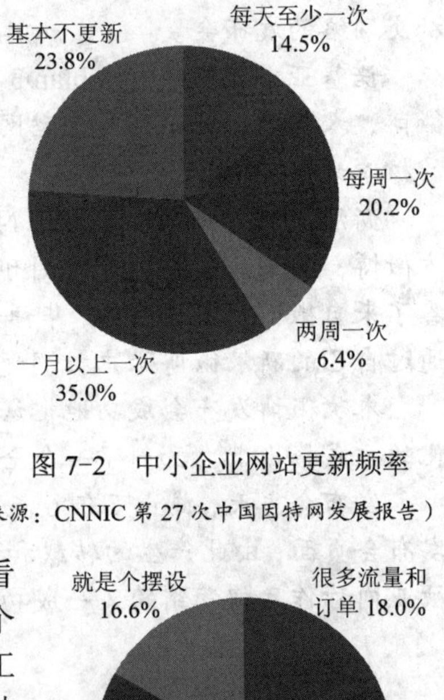

图 7-2　中小企业网站更新频率

（数据来源：CNNIC 第 27 次中国因特网发展报告）

根据各中小企业对于其企业网站的评价也可以看出（见图 7-3），中小企业网站对于很多企业仅仅是一个品牌形象展示的工具，而还没有成为其电子商务的工具。在曾有建设独立网站行为的中小企业中，认为网站为自己带来了流量和订单的企业仅仅占到 18%。

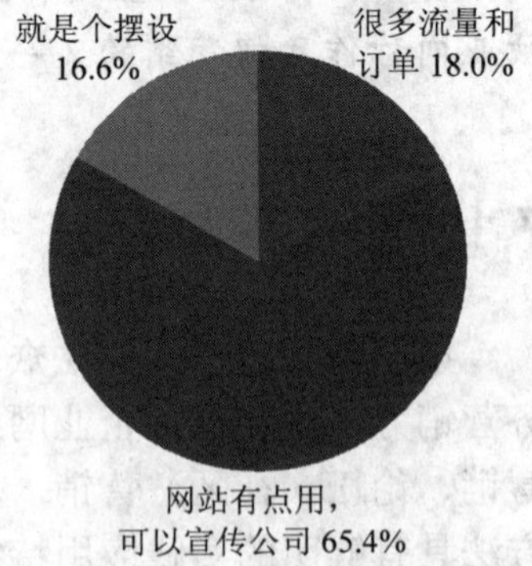

图 7-3　中小企业网站效果评价

（数据来源：CNNIC 第 27 次中国因特网发展报告）

7.1.2　企业网站功能模块

1. 产品信息发布管理系统

在产品量很大、更新频繁的时候，使用产品信息发布系统既方便又快捷。管理员使用产品信息发布系统将会对产品的管理起到很大的方便，产品名称及其对应的信息都保存在数据库中，方便用户查询。产品发布系统可以使管理员方便快捷地对产品进行分类、添加、修改、删除和图片编辑等工作，产品的类别、标题、介绍和图片等内容将自动生成页面。

2．站内信息搜索系统

站内信息检索系统贯穿于整个网站，方便用户更高效地找到自己所需的信息；方便网站的浏览者按照自己喜欢的查找方式（如按栏目、标题、内容、分类和日期等），在庞大的信息库中最快捷地找到自己想要的资源。在网站中提供方便、高效的查询服务，查询可以按照分类，关键词等进行，也可以基于全文内容的全文检索。支持对任意字段的复杂组合检索；支持中英文混合检索；支持智能化模糊检索。为了满足不同信息网站的需求，可以提供基于网页内容的门户搜索引擎及基于自身网站内容的站内信息分类检索。

3．会员注册管理系统

会员注册管理系统的作用为：对于网站内的一些重要信息或服务，如果网站管理者不希望所有人都能看到，可以将浏览者分为几类人群或几级会员，当他们的个人信息通过了管理员的审核后方可通过自己所设定的用户名与密码登录网站查看信息。如普通浏览者可以看到 80%的网站内容，普通会员可看到 90%的内容，VIP 会员则可浏览全部网站内容。用户可以在网站上登记注册，选择会员类别、查看权限范围并成为预备会员，提交到用户管理数据库，待网站审核通过后成为不同级别的正式会员，享有网站提供的相应服务或浏览相应信息。

4．客户信息反馈系统

客户信息反馈系统用来收集浏览网站客户的一些意见或建议，可实现企业与客户的一对一交流，及时处理客户意见，信息只对企业和相应客户公开，并能通过 E-mail 及时通知客户，建立起网上客服的亲切感。

5．在线投票调查系统

客户调查是企业实施市场策略的重要手段之一。通过开展行业问卷调查，可以迅速了解社会不同层次及不同行业的人员需求，客观地收集需求信息，调整修正产品营销策略，满足不同的需求。在线投票调查系统运行稳定，操作简单，调查的问题可随时更改，不受限制。可以在网站上进行不同方面的调查，基于 Web 界面的调查问卷生成系统，操作方便，并可以根据企业需求设计调查问卷的风格。针对某种主要产品、政策和企业行为等，进行网上投票，让决策者们可以迅速、广泛地了解到市场意见或支持率，以便及时调整政策。

6．BBS 论坛系统

BBS（商务论坛系统）应用于企业 Web 网站，为企业实现了多种信息的网上发布、意见反馈和问题讨论的电子化管理，以及不同级别管理者的分级管理。多版区、多论题的形式使无论专业技术人员还是普通的网民都有发言的空间。对于发言者的言论可以立即发表，也可以审核后发表，还可以限定作者群等。BBS 作为一种重要的网上交流方式在网站中相当流行，成为现代企业实现高效率、低成本、电子化办公与资源利用的有效方式。

7．邮件订阅客户收集系统

邮件订阅/发送系统能够使客户在其网站上建立邮件订阅功能，可以按照需求随时向订阅者发送新闻、杂志和公告等电子信息，并且能够提供管理界面，有效地管理大量的邮件列表用户。

8．在线购物系统

网上购物系统应用于B2C模式的电子商务网站，为网站实现了商品的网上发售，客户订单的电子化管理。网上购物系统是在网络上建立一个虚拟的购物商场，避免了挑选商品的烦琐过程，使购物过程变得轻松、快捷、方便，很适合现代人快节奏的生活，同时又能有效地控制“商场”运营的成本，开辟了一个新的销售渠道。

9．流量统计系统

网站流量访问统计系统针对网站访问者各方面的信息来源进行各种形式的数据统计，能够高速有效地得出用户所需要的一系列有关访问量方面的数据，使用户能够对网站每日、每周、每月和每年的页面访问量、IP访问量及访问者数量有具体的了解。该系统通过与数据库的紧密结合，详尽地记录了访问用户的详细情况，方便网站管理者对网站的整体访问情况有一个准确、全面的掌握，该系统可进行访问量统计分析、访问者统计分析、页面统计分析、流量统计分析、IP数量统计分析、会话数量统计分析、时间段统计和用户行为跟踪统计分析等。

7.1.3　企业网站建设流程

企业门户网站建设是一项复杂的综合性工程，涉及前期准备阶段，包括项目可行性分析、项目立项和需求分析等主要环节，然后才进入系统实施阶段，包括总体设计、建设方案、详细设计、开发制作和测试完善等主要环节，如图7-4所示。

1．可行性研究

项目可行性研究是为初始投资和整合决策提供综合完善的分析系统，对项目前期政策因素、经济因素、环境因素、行业因素及竞争因素等方面进行全面的调查研究和比对分析，预测操作可行性；对项目未来所具有影响性的产品服务主体、配套条件、专业技术、市场经济和人力资源进行对应评估和条件分析，预测成功率及失败率。通过可行性研究最终确定项目是否具有投资可行性或继续运营的必要性。

2．系统解决方案

1）需求分析

第一步是需要客户提供一个完整的需求说明。很多客户对自己的需求并不是很清楚，需要有人不断引导并帮助分析。对客户需要进行耐心说明，仔细分析，挖掘出其潜在的、真正的需求。

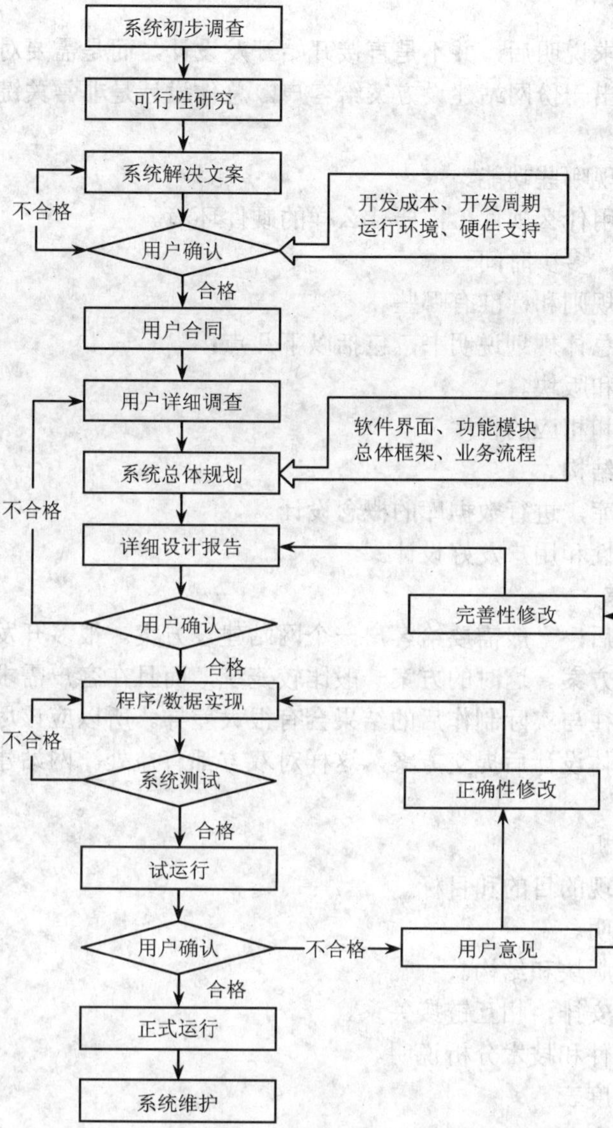

图 7-4　企业网站建设流程图

配合客户写一份详细、完整的需求说明会花很多时间，但这样做是值得的，而且一定要让客户满意，签字认可。把好这一关，可以杜绝很多因为需求不明或理解偏差所造成的失误和项目失败。只有高质量的需求分析才有可能产生高质量的网站。需求说明书包括以下几点：

（1）正确性。每个功能必须清楚地描写交付的功能。

（2）可行性。确保在当前的开发能力和系统环境下可以实现每个需求。

（3）必要性。功能是否必须交付，是否可以推迟实现，以及是否可以在削减开支情况发生时“砍”掉。

（4）简明性。不要使用专业的网络术语。

（5）检测性。如果开发完毕，客户可以根据需求检测。

2）系统总体设计

在拿到客户的需求说明后，并不是直接开始开发设计，而是需要对项目进行总体设计和详细设计，制作出一份网站建设方案给客户。总体设计是非常关键的一步，它主要确定以下几点：

（1）网站需要实现哪些功能。

（2）网站开发使用什么软件，需要什么样的硬件环境。

（3）需要多少人，多少时间。

（4）需要遵循的规则和标准有哪些。

同时需要写一份总体规划说明书，包括以下几点：

（1）网站的栏目和版块。

（2）网站的功能和相应的程序。

（3）网站的链接结构。

（4）如果有数据库，进行数据库的概念设计。

（5）网站的交互性和用户友好设计。

3）系统建设方案

在总体设计出来后，一般需要给客户一个网站建设方案。很多开发公司在接洽业务时就被客户要求提供方案。这时的方案一般比较笼统，而且在客户需求不是十分明确的情况下提交方案，往往与实际制作后的结果会有很大差异。所以应该尽量取得客户的理解，在明确需求并总体设计后提交方案，这样对双方都有益处。网站建设方案包括以下几个部分：

（1）客户情况分析。

（2）网站需要实现的目的和目标。

（3）网站形象说明。

（4）网站的栏目版块和结构。

（5）网站内容的安排，相互链接关系。

（6）使用软、硬件和技术分析说明。

（7）开发时间进度表。

（8）宣传推广方案。

（9）维护方案。

（10）制作费用。

3. 系统总体规划

在程序员进行详细设计的同时，网页设计师开始设计网站的整体形象和首页。

（1）整体形象设计包括标准字、LOGO、标准色彩和广告语等。

（2）首页设计包括版面、色彩、图像、动态效果和图标等风格设计，也包括 Banner、菜单、标题和版权等模块设计。首页一般设计 1～3 种不同风格，可供客户选择。

注意，在客户确定首页风格之后，要请客户签字认可。以后不得再对版面风格有大的变动，否则视为第二次设计。

4．系统详细设计

总体设计阶段以比较抽象概括的方式提出了解决问题的办法。详细设计阶段的任务就是把解法具体化。详细设计主要是针对程序开发部分来说的，但这个阶段不是真正地编写程序，而是设计出程序的详细规格说明。这种规格说明的作用类似于其他工程领域中工程师经常使用的工程蓝图，它们应该包含必要的细节，例如程序界面、表单，以及需要的数据等，程序员可以根据它们写出实际的程序代码。

5．程序开发制作

至此，程序员和网页设计师同时进入全力开发阶段，需要提醒的是，测试人员需要随时测试网页与程序，发现 Bug 立刻记录并反馈修改。不要等到完全制作完毕后再测试，这样会浪费大量的时间和精力。项目经理需要经常了解项目进度，协调和沟通程序员与网页设计师的工作。

6．系统测试完善

在网站初步完成后，上传到服务器，对网站进行全范围的测试，包括速度、兼容性、交互性、链接正确性、程序健壮性和超流量测试等，发现问题后应及时解决并记录下来。

软件工程本身就是一个文档，是一个不断充实和完善的标准。通过不断地发现问题、解决问题和修改补充文档，使这个标准越来越规范，越来越工业化，进而使得网站开发趋向规范，趋向合理。

7．系统试运行与宣传推广

宣传推广的基本方法有以下几种：

（1）网页里设置适当的 META 标签。

（2）各搜索引擎登录。

（3）准备新闻稿件在各新闻公告板发表。

（4）合理使用 E-mail 邮件列表。

（5）广告条交换。

（6）付费广告。

至此，网站项目建设完毕，将有关网址、使用操作说明文档等提交客户验收。如果需要维护，另行签订维护项目。

8．系统正式运行与维护

网站成功推出后，长期的维护工作才刚刚开始，需要做到以下几个方面：

（1）及时响应客户反馈，例如可以采取 E-mail 的自动回复功能，然后在 1～3 个工作日内解决问题，然后再次回复。

（2）网站流量统计分析和相应对策。

（3）尽量推广和使用网址。

（4）网站内容的及时更新和维护。

7.1.4　企业网站设计标准

1．网站设计标准作用

大部分网站开发人员都有深刻体会，每当主流浏览器版本升级时，刚建立的网站就可能变得过时，需要升级或者重新建造一遍网站。例如1996—1999年的"浏览器大战"，为了兼容Netscape和IE，网站不得不为这两种浏览器编写不同的代码。同样，每当新的网络技术和交互设备出现后，开发人员也需要制作一个新版本来支持这种新技术或新设备，例如，支持手机上网的 WAP 技术。类似的问题不胜枚举：网站臃肿、繁杂的代码浪费了大量网络带宽；针对某种浏览器的DHTML特效，屏蔽了部分潜在的客户；不易用的代码，残障人士无法浏览网站等。

要解决这些问题，就需要建立一种普遍认同的标准来结束这种无序和混乱。各浏览器厂商也认识到统一标准的好处，因此在W3C（W3C.org）的组织下，网站标准开始被建立（1998年2月10日发布XML1.0为标志），并在网站标准组织（webstandards.org）的督促下推广执行。

简单地说，建立网站标准的目的有以下几个方面：

（1）提供最大利益给最多的网站用户。

（2）确保任何网站文档都能够长期有效。

（3）简化代码，降低建设成本。

（4）让网站更容易使用，能适应更多不同用户和更多网络设备。

（5）当浏览器版本更新或者出现新的网络交互设备时，确保所有应用能够继续正确执行。

对于网站设计和开发人员来说，遵循网站标准就是使用标准；对于网站用户来说，网站标准就是最佳体验。

2．网站技术标准

网站标准不是某一个标准，而是一系列标准的集合。网页主要由3部分组成：结构（structure）、表现（presentation）和行为（behavior）。对应的标准也分3方面：结构化标准语言，主要包括XHTML和XML；表现标准语言，主要包括CSS；行为标准，主要包括对象模型，如W3C DOM、ECMAScript等。这些标准大部分由W3C起草和发布，也有一些是其他标准组织制定的标准，比如 ECMA（european computer manufacturers association）的ECMAScript标准。

1）XML

XML是The Extensible Markup Language（可扩展标记语言）的缩写。目前推荐遵循的是W3C于2000年10月6日发布的XML 1.0（参考 http://www.w3.org/TR/2000/REC-XML-20001006）。与HTML一样，XML同样来源于SGML，但XML是一种能定义其他语言的语言。XML最初设计的目的是弥补HTML的不足，以强大的扩展性满足网络信息发布的需要，后来逐渐用于网络数据的转换和描述。

2）XHTML

XHTML是The eXtensible HyperText Markup Language（可扩展超文本标记语言）的缩写。XML虽然数据转换能力强大，完全可以替代HTML，但面对成千上万已有的站点，直接采用XML还为时过早。因此，在HTML 4.0的基础上，用XML的规则对其进行扩展，便得到了XHTML。简单来说，建立XHTML的目的就是实现HTML向XML的过渡。

3）CSS

CSS 是 Cascading Style Sheets（层叠样式表）的缩写。目前推荐遵循的是 W3C 于 1998 年 5 月 12 日推荐 CSS2（参考 http://www.w3.org/TR/CSS2/）。W3C 创建 CSS 标准的目的是以 CSS 取代 HTML 表格式布局、帧和其他表现的语言。纯 CSS 布局与结构式 XHTML 相结合能帮助设计师分离外观与结构，使站点的访问及维护更加容易。

4）DOM

DOM 是 Document Object Model（文档对象模型）的缩写。W3C 已于 2000 年 11 月 13 日推出了 DOM level 2 规范（参考 http://www.w3.org/DOM/）。DOM 是 HTML 和 XML 文档的编程接口规范，它与平台和语言无关，因而可以用各种语言在各种平台上实现。

该模型定义了 HTML 和 XML 文件在内存中的文档结构，提供了对 HTML 和 XML 文件的访问及存取方法。利用 DOM 规范，可以实现 DOM 文档和 XML 之间的相互转换，对相应 DOM 文档的内容进行遍历或其他操作。如果想要自由地操纵 XML 文件，就要用到 DOM 规范。

DOM 的原理简单来说，就是通过解析 XML 文档，为 XML 文档在逻辑上建立一个树模型，树的结点是一个个对象。通过存取这些对象就能够操作 XML 文档中的内容了。

5）ECMAScript

ECMAScript 是由 ECMA（european computer manufacturers association）制定的标准脚本语言（JavaScript）。目前推荐遵循的是 ECMAScript 262（http://www.ecma.ch/ecma1/STAND/ECMA-262.HTM）。

3. 网站标准参考资源

1）网站标准

http://www.zeldman.com

http://webstandards.org

http://webstandardsgroup.org

http://www.nypl.org/styleguide/

2）有语义代码

http://brainstormsandraves.com/articles/semantics/structure/

3）校验（validation）

http://validator.w3.org

http://www.htmlhelp.com/tools/validator/

http://webboy.net/presentation/validation.cfm

4）易用性（accessibility）

http://www.joeclark.org

http://www.accessify.com

http://www.juicystudio.com

5）样式表 CSS

http://webboy.net/presentation/ict2004/01.htm

http://webboy.net/presentation/ict2004/02.htm

http://webboy.net/presentation/ict2004/03.htm

http://westciv.com/style_master/academy/css_tutorial/

http://css.maxdesign.com.au

http://www.thenoodleincident.com/tutorials/css/

6）实例站点（XHTML+CSS）

http://www.macromedia.com

http://www.k10k.net

http://www.fyrebase.com

http://www.onetruefit.com

http://pixeltable.com

http://www.fishmarketing.net

7.1.5 企业网站建设实例

1. 网站建立流程

以中小企业为例介绍网站建设流程，中小企业多数利用虚拟主机来建立企业网站，使用虚拟主机建设网站的流程主要包括域名注册、网站空间选择、网站程序选择或开发、网站程序上传、网站设置、网站备案，以及网站后期更新维护等步骤，如图 7-5 所示。

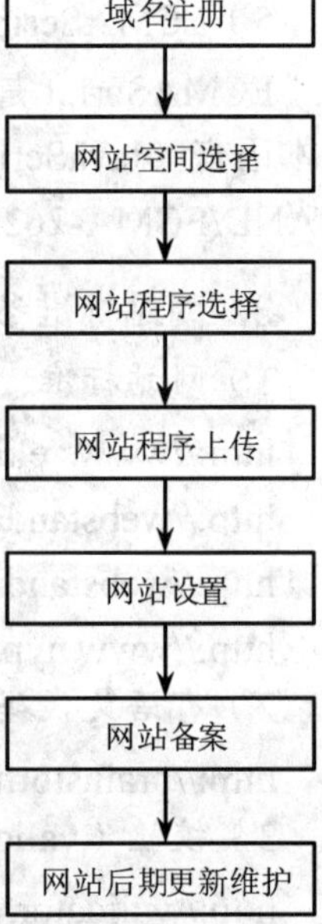

图 7-5 网站建立流程

2. 域名

1）域名含义

域名（domain name）是由一串用点分隔的名称组成的互联网上某一台计算机或计算机组的名称，用于在数据传输时标识计算机的地址。

DNS（domain name system，网域名称系统，有时也简称为“域名”）是因特网的一项核心服务，它作为可以将域名和 IP 地址相互映射的一个分布式数据库，能够使人更方便地访问互联网，而不用去记住能够被机器直接读取的 IP 地址数串。

例如，www.wikipedia.org 作为一个域名，和 IP 地址 130.94.122.199 相对应。DNS 就像是一个自动的电话号码簿，可以直接拨打 wikipedia 来代替电话号码（IP 地址）。DNS 在直接呼叫网站的名称以后，就会将像 www.wikipedia.org 一样便于人类使用的名称转化成像 130.94.122.199 一样便于机器识别的 IP 地址。

2）顶级域名

（1）通用顶级域名。

① .com：供商业机构使用，最常用，被大部分人熟悉和使用。

② .net：供网络服务供应商使用。

③ .org：非营利性组织使用。

④ .edu/.gov/.mil：供美国教育机构/美国政府机关/美国军事机构专用。

⑤ .aero：供航空运输业使用。

⑥ .biz：供商业使用。

⑦ .coop：供联合会（cooperatives）使用。

⑧ .info：供信息性网站使用，但无限制。

⑨ .museum：供博物馆使用。

⑩ .name：供家庭及个人使用。

⑪ .pro：供部分专业使用。

⑫ .asia：供亚洲社群使用。

⑬ .cat：供加泰罗尼亚语/文化使用。

⑭ .jobs：供求职相关网站使用。

⑮ .mobi：供移动电话等装置网站使用。

⑯ .travel：供旅行社、航空公司、酒店及旅游协会等机构使用。

⑰ .cc：原是印度洋科科斯群岛的国家代码顶级域名，由 eNIC 集团购买。由于 cc 是 commercial company（商业公司）的缩写，含义明确，简单易记。在美国，.cc 现已成为继.com 和.net 之后第三大顶级域名。

⑱ .tv：原是太平洋小国图瓦卢的国家代码顶级域名，由 DOTTV 公司购买，作为电视、视频和影音等概念域名后缀使用。

（2）国家与地区代码顶级域名。

一般是基于 ISO—3166 的两字母。两个字的后缀表示该域所在的国家或地区，例如 cn（中国）、uk（英国）、de（德国）、jp（日本）、us（美国）和 eu（欧盟）。

（3）二级域名

在国家与地区顶级域名下，还可以分配通用二级域名，在中国国家后缀.cn 前面还可以分配通用域名，如下所示。

① .ac.cn：供科研机构使用。

② .com.cn：供工、商和金融等企业使用。

③ .net.cn：供网络服务商使用。

④ .org.cn：供非营利性组织使用。

⑤ .gov.cn：供中国的政府机构使用。

⑥ .edu.cn：供中国的教育机构使用。

3）域名拟定原则

在拟定域名时，要选择简短易记，与网站主题紧密相关，最好是组织与机构的中英文简写，如微软公司（microsoft.com）、IBM 公司（ibm.com）等。国内高校域名一般以.edu.cn 作为后缀，如北京大学（pku.edu.cn）、清华大学（tsinghua.edu.cn）和重庆工商大学（ctbu.edu.cn）等；政府部门以.gov.cn 作为后缀，如北京市人民政府（beijing.com.cn）、中国商务部（mofcom.gov.cn）等；国内的商业性公司首选.com 后缀，其次.cn 或.com.cn 后缀，如中国工商银行（icbc.com.cn）、中国建设银行（ccb.com）等。

4）域名注册服务商

ICANN 即互联网名称与数字地址分配机构（the Internet corporation for assigned

names and numbers），是一个非营利性的国际组织，成立于 1998 年 10 月，是一个集合了全球网络界商业、技术及学术各领域专家的非营利性国际组织，负责互联网协议（IP）地址的空间分配、协议标识符的指派、通用顶级域名（gTLD）及国家和地区顶级域名（ccTLD）系统的管理，以及根服务器系统的管理。在 ICANN 网站上列出了全球所有的顶级域名注册商和认证顶级域：http://www.icann.org/en/registrars/accredited-list.html。其中，有 17 家来自中国，如表 7-1 所示，国内其余域名注册商都是顶级域名注册商的各级代理商。

表 7-1　中国大陆顶级域名注册商一览表

序　号	英 文 名 称	中 文 名 称	网　址
1	Xin Net Technology Corporation	北京新网	http://www.xinnet.com
2	Todaynic.com,Inc.	时代互联	http://www.now.cn
3	Beijing Innovative Linkage Technology Ltd.dba dns.com.cn	北京新网互联	http://www.dns.com.cn
4	HiChina Zhicheng Technology Limited	北京万网志成 即中国万网	http://www.net.cn http://www.hichina.com
5	35 Technology Co.,Ltd.	35 互联	http://www.35.com
6	Bizcn.com,Inc.	商务中国	http://www.bizcn.com
7	Alibaba（China） Technology Co.,Ltd.	阿里巴巴	http://www.alibaba.com
8	Alisoft （Shanghai） Co., Ltd.	阿里软件	http://www.alisoft.com
9	Xiamen ChinaSource Internet Service Co., Ltd	厦门中资源	http://www.zzy.cn
10	Xiamen eName Network Technology Corporation Limited dba eName Corp	厦门易名网络	http://www.ename.cn
11	HooYoo Information Technology Co. Ltd.	互宇科技	http://www.acedog.com
12	Inter China Network Software（Beijing）Co., Ltd.（aka 3721）	三七二一	http://www.3721.com
13	Pointag Technologies, Inc.	北京锋众	http://www.pointag.com
14	Service Development Center of the Service Bureau, State Commission Office for Public Sector Reform	中央编办机关服务局事业发展中心	http://www.chinagov.cn
15	China Springboard, Inc.	北京普瑞伯德	http://www.namerich.cn
16	Guangzhou Ming Yang Information Technology Co., Ltd	广州名扬	http://www.gz.com
17	Hebei Guoji Maoyi （Shanghai） LTD dba HebeiDomains.com	河北国际贸易	http://www.hebeidomains.com

3. 虚拟主机空间

1）虚拟主机概念

虚拟主机（virtual server）又称虚拟服务器，是使用特殊的软硬件技术，把一台运行在互联网上的服务器主机分成一台台“虚拟”的主机，每一台虚拟主机都具有独立的域名，具有完整的互联网服务器（WWW、FTP 或 E-mail 等）功能。虚拟主机之间完全独立，并可由用户自行管理，在外界看来，每一台虚拟主机和一台独立的主机完全一样。

2）虚拟主机选购因素

（1）带宽和速度。带宽是网站速度的保证，而服务器的速度快慢是由连接到每台服务器的带宽所决定的。

（2）稳定性。服务器的稳定性决定着虚拟主机是否能够正常开放，也关系到网站能否被正常访问，对于配置较高、周边设备较好的服务器，其稳定性标准是断线时间不能超过 10 小时，即稳定运行时间应达到 2 850 小时以上。

（3）空间大小。总空间一般包括用于存放网站页面内容的 Web 空间和存放网站访问日志信息的 LOG 空间，有的空间提供商还会免费提供一定大小的邮箱空间。如果网站提供的仅仅是简单的信息发布功能，那么一般只需要 50 MB 或更小的主机空间就足够了，如果想提供软件下载或媒体播放功能则需要更多的空间，具体的空间大小要根据实际网站的规模来定。

（4）操作系统。一般有 UNIX、Linux 和 Windows 之分，一般来说 UNIX 和 Linux 要比 Windows 的稳定性和使用效率高，不过实际的选择还要取决于网站的编写语言，如果建站语言使用的是 ASP 或 ASP.NET，就选择 Windows 操作系统；如果建站语言是 CGI、JSP 或 PHP，则要选择 UNIX 或 Linux 操作系统；对于纯静态的 HTML 空间，则选择任何一种操作系统都可以。

（5）存放地点与价格。服务器存放的地点也是选购时一定要仔细考虑的。如果网站的信息宣传范围在国外，那么租用位于美国的虚拟服务器是最佳选择，因为美国的网络带宽最大；如果宣传的范围主要在国内，那就租用放在国内电信结点的服务器为最好。对于价格，大家都是很敏感的。一些电信旗下的服务商价格会比较高，不过随着多个虚拟主机服务商的崛起，虚拟主机的价格现在已经低了很多。

（6）网络流量与 IIS 连接数。有的空间提供商会控制虚拟主机的网络流量，最好选择对网络流量不加限制的主机，如果流量受到限制，当访问量增大时就会使一些用户无法正常访问网站。

要注意空间提供商使用的“IIS 连接数”与“同时在线人数”是两个完全不同的概念。IIS 连接数是指访问者对端口 80 的访问数量，即调用网站文件的次数；而同时在线人数则是指虚拟主机能够接受的 IP 连接数的上限。比如，某浏览者同时打开 10 个网站页面，就会产生 10 个 IIS 连接，但是只能按照 1 个在线人数计算，IIS 连接数不能等同于同时在线人数。

3）*虚拟主机空间选择*

首先确定虚拟主机空间服务商，选择合适的虚拟主机类型进行试用，充分考虑需求后，在虚拟主机性能和费用之间平衡，最终确定虚拟主机空间。

（1）虚拟主机服务商。域名注册相对比较规范，国际顶级域名注册由 ICANN 进行管理，国内域名注册由 CNNIC 进行管理和分配工作。而虚拟主机行业则相对比较复杂，很多小公司甚至只需购买几台服务器托管在各网络运营商数据中心内，再购买一套虚拟主机管理软件，就能成为虚拟主机供应商。虚拟主机的各项标准和规范也还一直没有形成，IT 世界网（http://www.it.com.cn）主要从虚拟主机的规模和服务时间来判断各公司虚拟主机产品的质量，发布中国虚拟主机排行榜，供选购虚拟主机时进行参考。2008 年的中国虚拟服务商 15 强排行榜如表 7-2 所示。

表 7-2　2008 年中国虚机服务商 15 强排行榜

排　名	公司品牌	公司名称	域名数量	主机数量
1	中国万网	北京万网新兴网络技术有限公司	≈3 500 000	≈400 000
2	新网	北京新网数码信息技术有限公司	≈3 000 000	≈350 000

续表

排　名	公司品牌	公司名称	域名数量	主机数量
3	新网互联	北京新网互联科技有限公司	≈1 000 000	≈200 000
4	35 互联	厦门三五互联科技有限公司	≈930 000	≈150 000
5	中资源	厦门中资源网络服务有限公司	≈570 000	≈120 000
6	商务中国	厦门华商盛世网络有限公司	≈400 000	≈105 000
7	时代互联	广东时代互联信息技术有限公司	≈210 000	≈50 000
8	阳光互联	上海有孚计算机网络有限公司	≈95 000	≈45 000
9	西部数码	成都西维数码科技有限公司	≈90 000	≈40 000
10	中国稳网	浙江温州稳网信息技术有限公司	≈85 000	≈35 000
11	新一代	广东金万邦科技投资有限公司	≈80 000	≈40 000
12	中国 E 动网	上海威多斯数码科技有限公司	≈53 000	≈35 000
13	美橙互联	上海美橙科技信息发展有限公司	≈45 000	≈30 000
14	企商在线	北京企商在线数据通信科技有限公司	≈41 000	≈35 000
15	数字引擎	厦门市数字引擎网络技术有限公司	≈40 000	≈20 000

（2）虚拟主机类型。图 7-6 所示为西部数码（网址：http://www.west263.com）虚拟主机介绍。根据实际应用需求，分为双线路虚拟主机、智能建站主机、基本型虚拟主机、论坛型虚拟主机、VIP 合租型虚拟主机、多线路虚拟主机、商用型虚拟主机和功能型虚拟主机等类型。每种类型都列出了主要参数和注意事项，方便用户对比选购。

图 7-6　虚拟主机类型介绍

4. 网站程序选择

（1）对于静态网页，若文件数量较少，可以将网页顶部、导航条和底部等不变的部分提取出来制作成模板文件或库文件，逐个页面套用模板或库文件制作。

（2）对于规模较小的网站，选择一套合适的动态网站程序，网站内容通过后台方式更新维护，也可以基于免费程序进行二次开发。

（3）对于较大的网站，需要定制化开发，选择商业解决方案。

（4）从网络营销的角度，网站程序需要对搜索引擎优化较好，能对每个页面单独添加关键字、图片或增加注释，最好是能够生成静态页面。

（5）对于中小型网站，若选择使用现有的网站程序，可以去中国站长站（http://www.chinaz.com）等网站下载各种网站程序试用，多数网站程序属于免费，少数需要收费，但收费程序一般都可以免费试用一段时间。中国站长站等网站提供大量的网站工具和网站程序，从网站的开发语言划分，分为.ASP、.NET、.PHP 和.JSP 等，从网站的类型划分，分为论坛系统、内容管理系统、博客系统、网店系统、影音系统和下载系统等。

5. 网站备案

《非经营性互联网信息服务备案管理办法》规定，在中华人民共和国境内提供非经营性互联网信息服务，应当依法履行备案手续。未经备案，不得在中华人民共和国境内从事非经营性互联网信息服务。

拟从事新闻、出版、教育、医疗保健、药品和医疗器械、文化，以及广播电影电视节目等互联网信息服务，根据法律、行政法规及国家有关规定应经有关主管部门审核同意的，在履行备案手续时，还应向其住所所在地省通信管理局提交相关主管部门审核同意的文件。拟从事电子公告服务的，在履行备案手续时，还应当向其住所所在地省通信管理局提交电子公告服务专项备案材料。

非经营性互联网信息服务提供者应当在其网站开通时在主页底部的中央位置标明其备案编号，并在备案编号下方按要求链接信息产业部备案管理系统网址，供公众查询核对，图 7-7 所示为新浪网站（http://www.sina.com.cn）页面底部的网站备案信息。

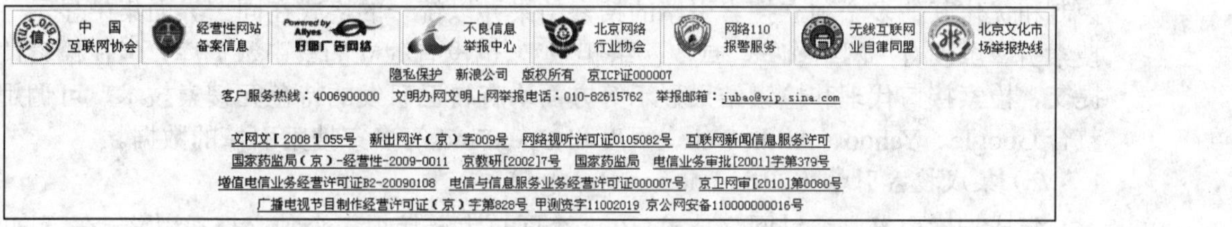

图 7-7　新浪网站备案信息

非经营性互联网信息服务提供者应当在其网站开通时，按照信息产业部备案管理系统的要求，将备案电子验证标识放置在其网站的指定目录下。

备案信息发生变化的，需要及时履行备案变更和备案注销手续。对备案信息不准确、通过提供虚假备案信息取得备案资质的，将予以注销备案，关闭网站。

7.2　搜索引擎营销

本节将介绍搜索引擎及搜索引擎营销的相关知识。

7.2.1 搜索引擎介绍

1. 搜索引擎分类

搜索引擎就是获得网站网页资料，建立数据库并提供查询的系统。按照工作原理的不同，可以把它们分为两个基本类别：全文搜索引擎（full text search engine）和分类目录（directory）。

全文搜索引擎的数据库是依靠一个名为“网络蜘蛛（spider）”或“网络爬虫（crawlers）”的软件，通过网络上的各种链接自动获取大量网页信息内容，并按一定的规则分析整理形成的。Google、百度都是比较典型的全文搜索引擎系统。

分类目录则是通过人工的方式收集整理网站资料形成数据库的，比如雅虎中国，以及国内的搜狐、新浪和网易分类目录。另外，在网上的一些导航站点也可以归属为原始的分类目录，比如“网址之家”（http://www.hao123.com）。

全文搜索引擎和分类目录在使用上各有长短。全文搜索引擎因为依靠软件进行，所以数据库的容量非常庞大，但是，它的查询结果往往不够准确；分类目录依靠人工收集和整理网站，能够提供更为准确的查询结果，但收集的内容却非常有限。为了取长补短，现在的很多搜索引擎都同时提供这两类查询，一般对全文搜索引擎的查询称为搜索“所有网站”或“全部网站”，比如Google的全文搜索（http://www.google.com.hk）；把对分类目录的查询称为搜索“分类目录”或搜索“分类网站”，比如新浪搜索（http://dir.sina.com.cn）和雅虎中国搜索（http://cn.search.yahoo.com/dirsrch/）。

通过对这两类搜索引擎进行整合，还产生了其他的搜索服务，主要包括元搜索引擎和集成搜索引擎两类。

1）*元搜索引擎*（META search engine）

这类搜索引擎一般都没有自己的网络蜘蛛和数据库，它们的搜索结果是通过调用、控制和优化其他多个独立搜索引擎的搜索结果并以统一的格式在同一界面集中显示。元搜索引擎虽没有“网络蜘蛛”或“网络爬虫”，也没有独立的索引数据库，但在检索请求提交、检索接口代理和检索结果显示等方面均有自己研发的特色元搜索技术，可调用和整合Google、Yahoo、AlltheWeb、百度和OpenFind等多家搜索引擎的数据。

2）*集成搜索引擎*（all-in-one search page）

集成搜索引擎是通过网络技术，在一个网页上链接很多个独立搜索引擎，在查询时，选择或指定搜索引擎，一次输入多个搜索引擎同时查询，搜索结果由各搜索引擎分别以不同页面显示。

2. 搜索引擎工作原理

全文搜索引擎的“网络蜘蛛”或“网络爬虫”是一种网络上的软件，它遍历Web空间，能够扫描一定IP地址范围内的网站，并沿着网络上的链接从一个网页到另一个网页，从一个网站到另一个网站采集网页资料。它为了保证采集的资料最新，还会回访已抓取过的网页。利用网络蜘蛛或网络爬虫采集的网页，还要有其他程序进行分析，根据一定的相关度算法进行大量的计算建立网页索引后，才能添加到索引数据库中。平时看到的全文搜索引擎实际上只是一个搜索引擎系统的检索界面，当输入关键词进行查询时，搜索引擎就会从庞大的数据库中找到符合该关键词的所有相关网页的索引，并按一定的排名规则呈现给用户。不同的搜索引擎，网页索引数据库不同，排名规则也不尽相同，所以，当用户以同一关键词用不同的搜索引擎查询时，搜索结果也就不尽相同。

与全文搜索引擎一样，分类目录的整个工作过程也同样分为收集信息、分析信息和查询信息三部分，只不过分类目录的信息收集和信息分析两部分主要依靠人工完成。分类目录一般都有专门的编辑人员负责收集网站的信息。随着收录站点的增多，现在一般都是由站点管理者递交自己的网站信息给分类目录，然后由分类目录的编辑人员审核递交的网站，以决定是否收录该站点。如果该站点审核通过，分类目录的编辑人员还需要分析该站点的内容，并将该站点放在相应的类别和目录中。所有这些收录的站点同样被存放在一个“索引数据库”中。用户在查询信息时，可以选择按照关键词搜索，也可按分类目录逐层查找。如以关键词搜索，返回的结果跟全文搜索引擎一样，也是根据信息关联程度排列网站。需要注意的是，分类目录的关键词查询只能在网站的名称、网址和简介等内容中进行，它的查询结果也只是被收录网站首页的URL地址，而不是具体的页面。分类目录就像一个电话号码簿一样，按照各个网站的性质，把其网址分门别类排在一起，大类下面包含小类，一直到各个网站的详细地址，一般还会提供各个网站的内容简介，用户不使用关键词也可进行查询，只要找到相关目录就完全可以找到相关的网站。

3. 国内外知名搜索引擎

1）Google（http://www.google.com.hk）

Google是第二代搜索引擎的代表。1998年，两位斯坦福大学的博士生Larry Page和Sergey Brin创立了Google，它的使命就是要为用户提供网上最好的查询服务，促进全球信息的交流。Google开发出了世界上最大的搜索引擎，提供了最便捷的网上信息查询方法。

2）百度（http://www.baidu.com）

百度是全球最大的中文搜索引擎，其使用了高性能的“网络蜘蛛”程序自动地在因特网中搜索信息，其可定制、高扩展性的调度算法使得搜索器能在极短的时间内收集到最大数量的互联网信息，百度拥有目前世界上最大的中文信息库。

3）Bing（http://www.bing.com）

Bing是一款微软公司推出的用以取代Live Search的搜索引擎。中文名称被定为“必应”，有“有求必应”的寓意。Bing搜索的最大特点在于，与传统搜索引擎只是单独列出一个搜索列表不同，它还会对返回的结果加以分类。Bing能够为用户提供更为广泛的相关结果。

4）雅虎（http://search.yahoo.com）

雅虎（Yahoo!）是美国著名的互联网门户网站和世界上最著名的目录搜索引擎，是第一代搜索引擎的代表。雅虎搜索是国际两大顶级网页搜索引擎之一，也是全球使用率最高的搜索引擎之一。

5）DMOZ（http://dmoz.org）

DMOZ是一个著名的开放式分类目录（open directory project），之所以称为开放式分类目录，是因为DMOZ不同于一般分类目录网站利用内部工作人员进行编辑的模式，而是由来自世界各地的志愿者共同维护与建设的全球最大的目录社区。

7.2.2　搜索引擎营销介绍

搜索引擎营销推广是指利用搜索引擎、分类目录等具有在线检索信息功能的网络工具进行网站推广的方法。由于搜索引擎的基本形式可以分为网络蜘蛛型搜索引擎（简称搜索引擎）和基于人工分类目录的搜索引擎（简称分类目录），因此搜索引擎推广的形式也相应地有基于搜索引擎的方法和基于分类目录的方法，前者包括搜索引擎优化、关键词广告、竞价排名、固定排名，以及基于内容定位的广告等多种形式，而后者则主要是在分类目录合适的类别中进行网站登录。随着搜索引擎形式的进一步发展变化，也出现了其他一些形式的搜索引擎，不过大都以这两种形式为基础。

搜索引擎推广的方法可以分为多种不同的形式，常见的有登录免费分类目录、登录付费分类目录、搜索引擎优化、关键词广告、关键词竞价排名，以及网页内容定位广告等。从目前的发展趋势来看，搜索引擎在网络营销中的地位举足轻重，并且受到越来越多企业的认可，搜索引擎营销的方式也在不断发展演变，因此应根据环境的变化选择搜索引擎营销的合适方式。

搜索引擎营销的基本原理是让用户发现信息，并通过点击进入网站/网页进一步了解其所需要的信息。在介绍搜索引擎策略时，一般认为，搜索引擎优化设计的主要目标有两个层次：被搜索引擎收录和在搜索结果中排名靠前。多数网络营销人员和专业服务商对搜索引擎的目标设定也基本处于这个水平。但从目前的实际情况来看，仅仅做到被搜索引擎收录并且在搜索结果中排名靠前还远远不够，因为取得这样的效果实际上并不一定能增加用户的点击率，更不能保证将访问者转化为顾客或者潜在顾客，因此只能说是搜索引擎营销策略中两个最基本的目标。

7.2.3　搜索引擎营销发展历程

搜索引擎营销的发展历程是随着搜索引擎这一互联网工具的发展而发展的，在搜索引擎营销发展历史中值得关注的一些重要事件包括：分类目录型搜索引擎的诞生；自动提交到搜索引擎的软件；基于网页 HTML 代码中 META 标签检索的搜索引擎；搜索引擎算法与网站链接广度；按照点击付费的搜索引擎关键词广告等。

（1）1994 年，Yahoo、Lycos 等分类目录型搜索引擎的相继诞生，搜索引擎的网络营销价值逐渐体现出来，搜索引擎营销的思想也就是在这时开始出现的。当时搜索引擎营销的任务就是将网站提交到主要的搜索引擎上。

（2）1995 年，自动提交到搜索引擎的软件诞生，网站管理员可以轻松地一次将网站提交到多个搜索引擎中，但由于部分网站滥用这种软件，不断提交同一个网站或者同时提交同一网站中大量的网页以求网站总处于最新位置，或者占领搜索引擎收录网页的主要内容，因此这种软件的问题很快被搜索引擎发现，并且开始拒绝这种自动登录软件提交的信息。

（3）1995－1996 年，基于网页 HTML 代码中 META 标签检索的搜索引擎技术诞生，这种利用 META 标签改善在搜索引擎中排名的技术很快成为搜索引擎营销的重要方法。这就是搜索引擎优化方法的萌芽。同时也出现了一些利用 META 标签欺骗搜索引擎的做法，这种方式曾在一段时间内非常有效并且非常流行，成为当时搜索引擎营销的“核心技术”。这种状况也迫使搜索引擎的检索技术不断改进。

（4）1997 年，搜索引擎优化与排名自动检测软件问世，使得网站管理员或网络营销人员可以检查网站搜索引擎优化设计的水平，并且了解被搜索引擎收录的情况，据此可以进一步制定有针对性的搜索引擎营销策略。

（5）1998 年，“搜索引擎算法”开始关注网站之外的链接，与此同时，网站优化者也开始制造“网站链接广度”（link popularity）。

（6）2000 年，出现按点击付费（pay per click）的搜索引擎关键词广告模式（Google Adwords）。

（7）2001 年，部分分类目录（中文）开始收费登录，每个网站每年要交纳数百元到数千元不等的费用。

（8）2002 年后半年，在网络广告市场最低潮中，搜索引擎关键词广告市场增长强劲，占 2002 年网络广告市场的 15%，搜索引擎带动整个网络经济复苏。

（9）2003 年，出现基于内容定位的搜索引擎广告（Google AdSense）。

（10）2004 年，搜索引擎全面引领互联网经济潮流，搜索引擎营销的价值被企业普遍接受。

7.2.4　搜索引擎营销主要形式

1. 搜索引擎登录

实施搜索引擎营销，首先就是要使得网站被搜索引擎收录，有被搜索到的可能。要被搜索引擎收录，除了等待搜索引擎的“蜘蛛”找到目标网站后进行索引之外，还可以主动向搜索引擎提交网站。

一般的搜索引擎都支持网站主动提交，但是免费的登录在时间上没有保障。有些搜索引擎已经不提供免费的网站登录服务，比如搜狐只对非商业型网站，如政府机构、慈善机构和学校等提供免费登录服务。搜狐、Yahoo 等有收费型登录，只要缴纳一定的费用，就可以加速收录的过程。

几年前，由于大大小小的搜索引擎有几百种之多，所以就出现了一些向搜索引擎提交网站信息的工具。但是由于现在几大搜索引擎已经占据了绝大部分的市场，而且搜索引擎不接受这种群发性质的网站提交请求，建议避免使用类似的工具和方法。这里需要指出的是，最好的被搜索引擎收录的形式还是让搜索引擎主动找到网站。

2. 固定排名和广告

1）固定排名

固定排名一般是一种收费服务，搜索引擎根据某个关键词的搜索量和所排列的位置，制定一个按年或者按月收取的价格，保证网站的排序位置。可以是前几名，或者是第一页，一般会用特殊的形式来显示，以与自然排名结果相区别。固定排名有很多种说法，比如搜狐的“固定排序”、“推广型登录”等。

对于广告主而言，固定排名比较容易理解，而且因为费用固定也比较容易做预算，所以在搜索引擎营销发展的初期很受欢迎，一度是最主要的搜索引擎营销形式。固定排名的广告价格往往取决于关键词每天被搜索的次数。比如“电影”这样的关键词，每日的搜索量是巨大的，所以固定排名的价格比较高昂。固定排名服务也不限于搜索引擎，很多分类目录网站也提供此项服务，让客户网站出现在某个分类收录结果靠前的固定位置。

2）竞价排名

竞价排名顾名思义就是网站付费后才能出现在搜索结果页面，付费越高者排名越靠前。竞价排名服务是由客户为自己的网页购买关键字排名，按点击计费的一种服务。客户可以通过调整每次点击付费价格，控制自己在特定关键字搜索结果中的排名，并可以通过设定不同的关键词获得不同类型的目标访问者，而在国内最流行的点击付费搜索引擎有百度、雅虎等。值得一提的是，即使是做了 PPC（pay per click，按照点击收费）付费广告和竞价排名，最好也应该对网站进行搜索引擎优化设计，并将网站登录到各大免费的搜索引擎中。

3．搜索引擎优化

搜索引擎优化就是通过对网站优化设计，使得网站在搜索结果中靠前。搜索引擎优化（search engine optimization，SEO）包括网站内容优化、关键词优化、外部链接优化、内部链接优化、代码优化、图片优化和搜索引擎登录等，是近年来较为流行的网络营销方法，主要目的是增加特定关键字的曝光率以增加网站的能见度，进而增加销售的机会，分为站外 SEO 和站内 SEO 两种。SEO 的主要工作是通过了解各类搜索引擎如何抓取互联网页面、如何进行索引，以及如何确定其对某一特定关键词的搜索结果排名等技术，来对网页进行相关的优化，使其提高搜索引擎排名，从而提高网站访问量，最终提升网站的销售能力或宣传能力的技术。

7.2.5　搜索引擎营销五大要素

1．构造适合于搜索引擎检索的信息源

信息源被搜索引擎收录是搜索引擎营销的基础，这也是网站建设之所以成为网络营销基础的原因，企业网站中的各种信息是搜索引擎检索的基础。由于用户通过检索之后还要来到信息源获取更多的信息，因此这个信息源的构建不能只是站在搜索引擎友好的角度，应该包含用户友好，网站优化不仅仅是搜索引擎优化，而是包含三个方面：即对用户、对搜索引擎及对网站管理维护的优化。

2．创造网站/网页被搜索引擎收录的机会

网站建设完成并发布到互联网上并不意味着自然可以达到搜索引擎营销的目的，无论网站设计得多么精美，如果不能被搜索引擎收录，用户便无法通过搜索引擎发现这些网站中的信息，当然就不能实现互联网络营销信息传递的目的。

3．让网站信息出现在搜索结果中靠前位置

网站仅仅被搜索引擎收录还不够，还需要让企业信息出现在搜索结果中靠前的位置，这就是搜索引擎优化所期望的结果，因为搜索引擎收录的信息通常都很多，当用户输入某个关键词进行检索时会反馈大量的结果，如果企业信息出现的位置靠后，被用户发现的机会就大为降低，搜索引擎营销的效果也就无法保证。

4．以搜索结果中有限的信息获得用户关注

通过对搜索引擎检索结果的观察可以发现，并非所有的检索结果都含有丰富的信息，用户通常并不会点击浏览检索结果中的所有信息，需要对搜索结果进行判断，从中筛选一些相关性最强，对最能引起用户关注的信息进行点击，进入相应网页之后获得更为完整的信息。要做到这一点，需要针对每个搜索引擎收集信息的方式进行针对性的研究。

5．为用户获取信息提供方便

用户通过点击搜索结果而进入网站/网页，是搜索引擎营销产生效果的基本表现形式，用户的进一步行为决定了搜索引擎营销是否可以最终获得收益。在网站上，用户可能为了了解某个产品的详细介绍，或者成为注册用户。在此阶段，搜索引擎营销将与网站信息发布、顾客服务、网站流量统计分析和在线销售等其他网络营销工作密切相关，在为用户获取信息提供方便的同时，与用户建立密切的关系，使其成为潜在顾客，或者直接购买产品。

7.2.6　Google 搜索引擎营销实例

1．Google 搜索引擎营销主要形式

1）Google AdWords

Google AdWords 是 Google 提供的搜索引擎关键词广告（或者称为关键字广告），与百度的竞价排名广告类似，都是采用按点击付费方式的网络广告模式（CPC），只有当用户点击广告时广告主才支付广告费用。Google AdWords 也称为 Google 关键词广告。

Google AdWords 的表现形式是这样的：当用户用某个关键词在 Google 进行检索时（例如“汽车”），在搜索结果页面会出现与“汽车”这一关键词相关的广告，如图 7-8 所示。

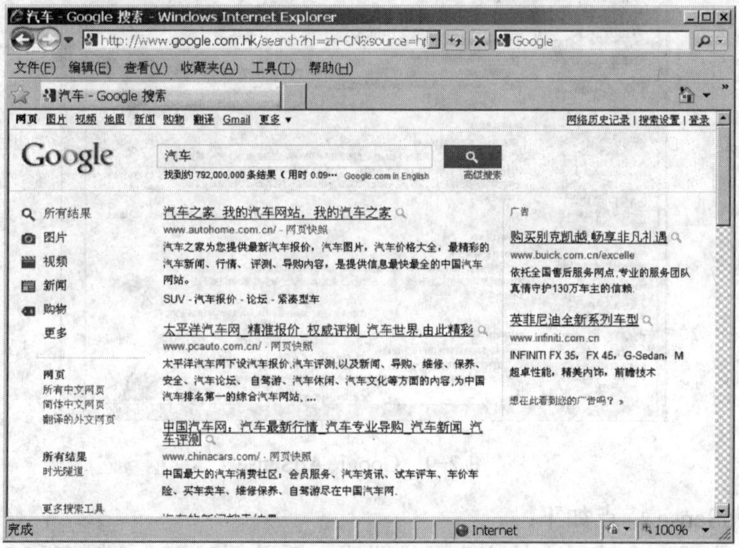

图 7-8　Google AdWords

Google 关键词广告出现在搜索结果的右侧，在每页搜索结果中最多显示 8 条 Google

AdWords 关键词广告信息。搜索结果页面左侧为自然搜索结果，即没有哪个商家可以通过付费方式将自己的搜索结果排列在自然检索结果中，这些自然搜索是根据 Google 的搜索排名算法自动实现。

Google AdWords 的特点如下：

（1）按每次点击费用（CPC）定价，客户只需按自定的价格支付点击费用，不点击不付费。

（2）通过 Google.com 和功能强大的 Google 联网让目标消费者看到客户的广告。

（3）全面控制广告预算，可以按照客户的需要设定每日预算。

（4）轻松制作和管理具有针对性的广告。

（5）全天候在线查阅账户中的效果报告。

（6）没有每月最低费用限制，也没有每月最低投放时间要求，因此它是中小企业理想的营销工具。

2）Google AdSense

Google AdSense 是由 Google 公司面向广告发布者推出的一个广告服务项目。Google 通过其另一个面向广告主的广告项目——AdWords 收集客户广告，然后将这些广告以文本，图片或视频的形式发布到申请了 AdSense 项目的网站上。Google 从 AdWords 项目中向广告主收取广告服务费用，而申请加入了 AdSense 的广告发布者（站长）按广告的点击数或展示数分得其中的部分收入。因此，Google AdSense 实际上是一个广告联盟，Google AdSense 提供和网站内容相关的广告，显示在合作网站的网页相应位置，这样既增加企业广告投放的针对性和曝光量，也可以给合作网站带来更多的流量和广告收入。见图 7-9 所示。

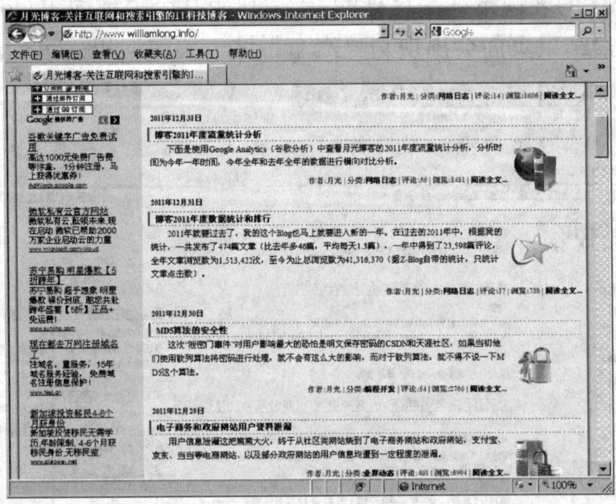

图 7-9　Google AdSense

Google AdSense 特点如下：

（1）覆盖广泛。全球最大的广告网络联盟，覆盖超过 100 个国家和 88%以上的互联网用户，是全球最大的广告投放平台，帮助客户覆盖中国乃至全世界更多的目标客户。从各大门户网站到各类行业网站，都可自主选择投放广告，最大程度地接触目标客户。

（2）网络优质。Google 内容网络拥有数以万计的优质合作伙伴并设定了明确政策，严格规范合作伙伴的网站内容和点击质量，最大程度地保证 Google 网络内容的优质性及广告点击的有效性。

（3）目标精准。Google 专业的“五重广告关键词匹配技术”，帮助将广告精准地投放给目标客户和强烈意向客户，带来优质生意机会。

（4）调整灵活。可根据营销策略自主决定广告费用方式和投放形式，以较低的成本获取更高的回报。可选付费方式包括按广告点击次数付费或按每千次展示付费；可选广告投放方式包括按关键词投放或者选择目标客户经常浏览的网站进行投放；可选广告投放形式包括文字广告、图片广告和视频广告等。

（5）效果透明。提供专业分析工具客观呈现广告效果与花费。可以通过 Google 技术领先的专业分析和跟踪工具，看到客观的广告投放效果并完全清楚所有的花费。同时可根据分析结果随时调整广告投放策略。

2．Google 搜索引擎优化

1）标题标签优化

标题标签告诉用户和搜索引擎一个特定网页的主题是什么。<title>标签通常放在 HTML 文档的<head>标签内。理想情况下，应该为网站的每一个网页创建唯一的页面标题，如图 7-10 所示，文字“<title>163 网易免费邮--中文邮箱第一品牌</title>”，在搜索引擎中的显示效果如图 7-11 所示。

标题标签优化方法如下：

（1）准确描述网页的内容。选择可以有效传达网页内容主题的标题。

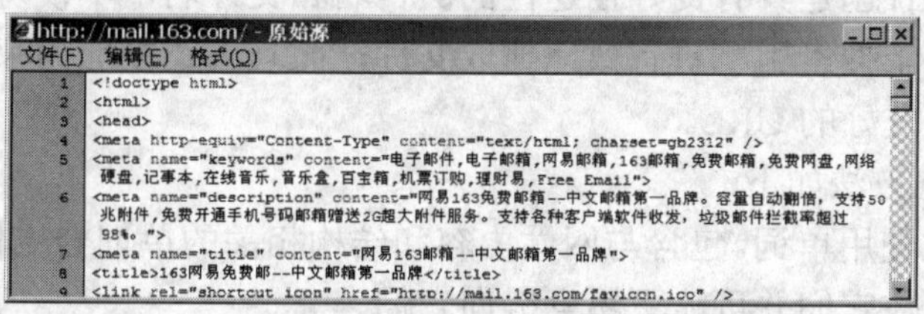

图 7-10　标题标签

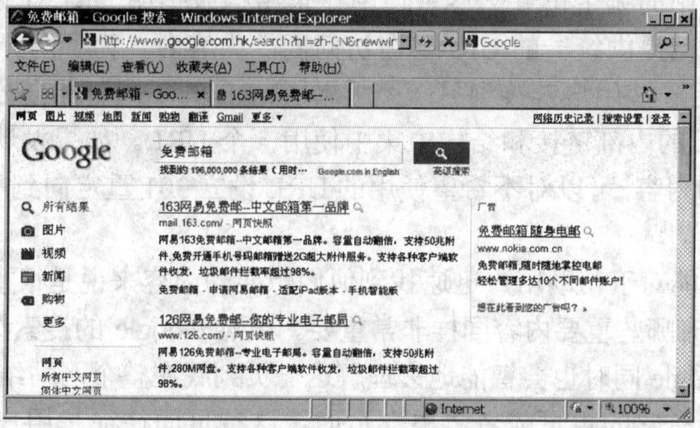

图 7-11　标题标签在搜索引擎中的显示效果

（2）为每个网页创建独特的标题标签。每一个网页最好有一个独一无二的标题标签，这可以帮助 Google 将它和其他网页区别开来。

（3）使用简短的，但具描述性的标题标签。短的标题同样可以包含丰富的信息。如果标题太长，Google 只会在搜索结果里显示其部分内容。

2）描述元标签

网页的描述元标签为 Google 和其他搜索引擎提供了关于这个网页的总括性描述。网页的标题可能是由一些单词和短语组成的，而网页的描述元标签则常常是由一两个语句或段落组成的。Google 网站管理员工具提供了内容分析功能，对那些太短、太长或过分重复的描述元标签做出提醒（对于<title>元标签也会显示同样的提醒）。像<title>标记一样，描述元标签也位于 HTML 文件的<head>标记中，如图 7-11 中的文字"<meta name="title" content="网易 163 免费邮箱--中文邮箱第一品牌">。容量自动翻倍，支持 50 兆附件，免费开通手机号码邮箱赠送 2G 超大附件服务。支持各种客户端软件收发，垃圾邮件拦截率超过 98%。>"在搜索引擎中的显示效果如图 7-11 所示。

描述元标签优化方法如下：

（1）准确概括该网页的内容。可以撰写一个既有丰富内容又可触发用户浏览兴趣的描述元标签。

（2）为每一个网页创建各不相同的描述。这对用户和搜索引擎来说都有帮助，特别是搜索结果中包含多个来自同一域名的网页时（比如，使用 site:操作符来搜索时）。如果网站有成千上万个网页，逐一人工描述元标签已不太现实。在这种情况下，可以根据每一页的具体内容自动生成描述元标签。

3）URL 结构优化

为网页上的文件创建具有良好描述性的类目名和文件名，不仅可以帮助用户更好地组织网站，还有助于搜索引擎更有效地抓取文件，而且它还能够为那些想链接到内容的网站创建更简单、友好的 URL。

URL 结构优化方法如下：

(1)在 URL 中使用单词。包含与网站内容和结构相关的单词会更便于用户浏览网站，访问者会更好地记住它们并可能更愿意链向它们。

（2）使用简单的目录结构。目录结构应该能够很好地归纳网站内容并且使用户轻松地知道他们处于网站的哪个位置。尽量使用目录结构来指明 URL 上的内容类型。

（3）为同一文档提供统一的 URL。在访问同一内容时，为了防止一些用户链接到一个版本的 URL 而另一些用户链接到另一个版本（URL 的不同可能会分散弱化该内容的声誉值），建议在页面的内部链接和结构中集中使用一个 URL。如果发现有用户通过不同的 URL 来访问同样的内容，可以对不希望使用的 URL 设立 301 重定向到所期望使用的 URL。

4）网站导航优化

网站的导航功能对于帮助用户迅速找到他们想要的内容来说是很重要的，它对帮助搜索引擎理解该网站有哪些重要内容同样非常重要。虽然 Google 的搜索结果都是指向每一个特定的页面，但 Google 同时也会智能地去理解这一页到底在整个网站结构中处于什么地位。

所有网站都会有它的主页或者"根"页面。这种页面往往是用户访问最多的，也是用户检索和浏览该网站的起始点。除非网站只有屈指可数的几个页面，否则应该思考一下如何更好地将用户从主页（根页面）带到有特定内容的页面中去。

网站地图（sitemap）是网站上用于展示网站结构的网页，它将所有网页以层级式列表的方式提供给用户。用户有时会通过网站中的网站地图来寻找一些特定页面，特别是当他无法通过主页的导航找到其需要的那页时。它的主要目的是为了方便用户，但同时也有利于搜索引擎对整个网站页面进行更全面地抓取。

网站导航优化方法如下：

（1）创造自然的层叠结构。让用户尽可能容易地从主干页面找到他们所需的特定内容。有必要的话可以在保证内部链接结构合理的基础上添加导航页。

（2）导航中尽量使用文字链接。一方面，若导航中的大部分链接都是文字链接的话，搜索引擎会更容易识别和抓取。另一方面，用户在很多情况下更喜欢文字链接，特别是在某些无法浏览 Flash 和 JavaScript 的设备上。

（3）使用“面包屑（breadcrumb）”导航模式。面包屑导航是指在网页顶端或者底部放置的一排内部链接，它使用户可以方便地回到上一层结构中的网页或者主页。大多数面包屑导航通常会从最具概括性的页面开始（通常是主页），越往右指向的页面内容越具体。

（4）在网站上放置 HTML 网站地图，并使用 XML 网站地图文档。网站地图能有效地链接到网站上的所有页面或主要页面。制作 XML 网站地图文档能够进一步确保搜索引擎发现并索引站内的所有网页。

（5）预先考虑到用户可能截取部分 URL 的情况。有时候需要考虑到用户一些特别的行为。例如，用户需要浏览某页面上一级或几级的页面时，他（她）可能并不使用页面上的导航链接，而是凭自己的判断去掉 URL 中属于文件结构中底层的那一部分，从而来访问一些更宏观的内容。

（6）建立有用的 404 网页。用户偶尔会因点击失效的链接或输入错误的 URL 而访问一些在网站域名下但并不存在的页面。使用自定义 404 网页能有效地帮助用户回到网站中有效的页面，这将大大提高用户体验。404 网页最好能提供回到网站主页的链接，以及到网站中热门内容页面的链接。

5）网站内容优化

对网站管理员来说，提供高质量的、对用户有益的内容恐怕是各种要素里最重要的一部分。用户很容易分辨提供的内容是否是高质量的，并且他们也乐意于通过博客文章、网上社区、电子邮件，论坛和其他方式向自己的朋友推荐网站，这种口口相传的效应会带来更多的用户，同时也会提高网站在用户和搜索引擎中的声望，而这一切都离不开高质量的内容。

网站内容优化方法如下：

（1）撰写容易阅读的文字。用户更喜欢浅显易读的内容。

（2）围绕主题有条理地组织内容。有条理地组织内容是非常重要也是非常有益的，这样访问者能够清楚地了解内容的起始和排序，将内容按照逻辑划分出层次有益于用户迅速找到他们所需要的内容。

（3）使用相关确切的语言。可以想象一下用户可能会用哪些关键词来搜索内容。那些对话题很了解的用户可能会使用多种不同的关键词进行搜索查询。

（4）提供新颖、独特的内容。新颖的内容不仅能帮助网站招揽回头客，还能吸引更多新的访问者。

（5）提供崭新的内容或服务。可以考虑提供一些别的网站没有提供过的新的、有用的服务。也可以通过提供一些其他网站由于人力或资源所限而不能提供的内容，比如一篇原创研究报告，一篇新的新闻采访或者某种能够发挥独特用户群的优势方式来吸引更多的用户。

（6）为用户，而不是为搜索引擎提供内容。网站的设计首先要考虑用户的需求，并同时确保便于搜索引擎抓取和索引。

6）图片优化

所有的图片都可以拥有一个独一无二的名称和一个 alt 属性，当图片因为一些原因不能够显示的时候，alt 属性可以指定供替换显示的文字。如果一个用户在浏览网站的时候使用的浏览器不支持图片，或者他在使用一些类似于屏幕阅读器的设备时，alt 属性的内容就可以提供关于图片的信息，特别是将一张图片作为一个链接，此时这个图片的 alt 属性就能起到与文本链接的锚文本相同的作用。而且，优化图片的名称和 alt 文本属性使得类似 Google 图片搜索这样的图片搜索引擎能更好地理解图片。

图片优化方法如下：

（1）使用简短但是描述性很强的文件名和 alt 文本。就像网页上其他优化的部分一样，最好的文件名和 alt 文本是简短而描述性很强的。

（2）当图片作为链接使用时，一定要提供 alt 文本。如果打算把一张图片作为链接使用，提供 alt 文本有助于 Google 更好地理解它链接的那个页面。可以把它当成在为某一文本的链接书写锚文本。

（3）将图片保存在一个专用的目录下。将图片合并在一个单独的目录下面（比如 brandonsbaseballcards.com/images/），而不是将图片分散在网站的很多目录和子目录下，这样可以简化链接到图片的路径。

（4）使用可以普遍被支持的图片文件类型。大部分的浏览器都支持 JPEG、GIF、PNG 和 BMP 格式的图片。同时，采用与图片类型相符合的文件扩展名也是很值得推荐的做法。

7）有效利用 robots.txt 文件

robots.txt 文件主要用来告知搜索引擎它们是否有权抓取网站的特定部分。该文件一定要严格地命名为 robots.txt，并被放置在网站的根目录下。

robots.txt 文件使用方法如下：

（1）对敏感的内容使用更加安全的方法，可使用.htacess 文件对内容进行密码保护，更加安全的措施是对内容进行加密。

（2）谨慎使用 rel="nofollow"。如果把某一链接的 rel 属性设置成 nofollow，这意味着是在向 Google 传达这样的信息：不希望 Google 继续跟踪抓取这些特定链接所指向的页面，并且也不希望将网页的声誉传给这些链接指向的网页。实现这样的效果其实很简单，只需将 rel="nofollow"放置在链接的锚标记里即可。

3. Google Adwords 付费推广

1）创建账号

请访问 AdWords 首页（https://adwords.google.cn），然后选择“点击这里开始推广”。

（1）选择用户名。

（2）选择币种。

（3）验证账户。

（4）提交结算信息。

在熟悉 AdWords 账户时，不必提交结算信息。不过，只有在提供了结算明细后，账户才能正式启用，广告才会开始投放。

2）制作广告系列

（1）广告系列设置。

① 受众。选择广告的定位语言及潜在客户所在的位置。这些设置会决定使用何种语言及位于哪些地理位置的用户可以看见这些广告。

② 网络和设备。选择希望展示广告的位置，可以仅在 Google 搜索结果中展示，也可以同时在 Google 合作伙伴网站上展示。默认情况下，此设置会针对整个 Google 和 Google 联盟网络中范围最广泛的相关受众展示广告。

③ 每日预算。输入每天愿意为此广告系列支付的平均金额。预算将在一定程度上决定广告每天可展示的次数。

④ 每次点击费用出价。输入用户对广告的每次点击所愿意支付的最高金额。出价将在一定程度上决定广告的展示频率及在网页上展示时的排名。

（2）广告。文字广告包括以下几个部分：一个标题、两行广告内容描述文字、一个显示网址（用于显示网站的网址），以及一个目标网址（用于决定用户在点击广告后所到达的具体网页）。

（3）关键字。关键字是潜在客户在 Google 上搜索服务或产品时使用的字词或词组。关键字决定哪些搜索可以触发所投放的广告，因此请选择能够准确描述产品或服务的关键字。

3）启动广告

要开始投放广告，需要输入有效的结算信息并设置每日预算等广告系列详细设置。

（1）选择付款方式。

Google 提供了多种支付 AdWords 广告费的方式。可根据所在的地理位置及所使用的币种选择合适的付款选项。

（2）提交结算信息。

① 需要在 AdWords 账户中输入有效的结算信息。

② 访问 adwords.google.cn 并登录账户。

③ 点击账户页顶部区域的“请提交您的付款信息”链接。

④ 显示适用于所在的地理位置和所用币种的所有结算选项。

⑤ 选择所需的结算选项，然后按照相应步骤输入结算信息。或者，也可以查看分步说明。

4）效果评估

（1）广告效果。

① 广告状态。通过广告标签可了解广告是否在正常投放。可以在广告表格的状态列中找到各个广告的当前状态信息。点击对话框的提示图标可显示有关广告状态的摘要信息。

② 点击率。要迅速了解广告的投放效果，可在广告标签上查看其点击率。该数字可

表明有多少用户在看到广告后对其进行了点击。一般而言，在 Google 和搜索网络中的点击率低于 1%，即表示广告对搜索关键字的用户吸引力不够。如果发现自己广告的点击率低于 1%，请尝试参考建议来对其加以改善。

③ 广告效果报告。此报告可提供各个广告的效果数据，包括平均排名、点击次数、展示次数、点击率和费用。

④ 比较广告变体。如果广告组中包含多个广告，则这些广告将会依次轮换展示。通过比较不同广告的效果，可以找出客户认为最具吸引力的内容。例如，可以看看哪个广告的点击率最高，并对点击率最低的那些广告加以改善。建议在一个广告组中同时测试 2～4 个广告。

（2）关键字效果。通过对以下几方面进行监控，可以了解关键字的效果。

① 关键字状态。查看关键字标签可获得关键字效果概述及各个关键字的状态。“有效”状态表明关键字可以触发广告。点击状态列中的对话框图标可查看有关各个关键字效果的更多信息。

② 点击率。点击率是最重要的评估指标之一，可以在账户的关键字标签中找到它。因过于笼统而导致在 Google 和搜索网络中的点击率低于 1%的关键字通常都有改进的空间。可以删除这些关键字，然后添加更具体、更有针对性的关键字。

③ “质量得分”列。广告系列统计信息的这一列中显示有关键字的质量得分，可帮助监控相应关键字的效果。默认情况下，此列在新账户中不会显示，但可以通过点击关键字标签中的“自定义列”来使其显示在账户统计信息中。

④ 用户搜索报告。在各个关键字标签上，可以看到为广告带来了流量的具体搜索字词。点击“查看搜索字词”可针对触发了广告的搜索查询生成一份报告。可以使用此信息来确定效果最好的关键字，并找出可添加到账户中的新关键字。如果发现有不相关的字词触发了广告，可以将这些字词添加为否定关键字，确保相应字词不会再触发广告。

7.3　网络广告营销

本节将介绍网络广告的概念、特点、主要形式和计费模式等内容。

7.3.1　网络广告的概念

根据美国著名传媒研究者霍金斯下的定义：网络广告即电子广告，指通过电子信息服务传播给消费者的广告。按霍金斯的定义，可能给人们造成一个错觉：电子显示屏也是网络广告。于是有人给网络广告重新定义，比如中国广告商情网就把网络广告定义为：在互联网上传播并发布的广告，它的广告形式、收费模式和广告特点等方面与传统广告形式有很大的差异。还有人认为，所谓网络广告，是指在互联网的站点上发布的以数字代码为载体的各种经营性广告。其实，网络广告就是以互联网为媒体发布并传播的商业广告。或简而言之，网络广告指利用数字技术制作和表示的基于互联网的广告。网络广告首先发布于 1994 年的美国，当年 10 月 14 日，美国著名的 Wired 杂志推出了网络版的 Hotwired（www.hotwired.com），其主页上开始有 AT&T 等 14 个客户的广告 Banner，这是广告史上里程碑式的一个标志。中国的网络广告起步较晚，中国的第一个商业性的网络广告出现在 1997 年 3 月，传播网站是 Chinabyte，广告主是 Intel，广告表现形式为 468×60 像素的动画旗帜广告，Intel 和 IBM 是国内最早在互联网上投放广告的广告主。

7.3.2　网络广告的特点

1．广泛性和开放性

网络广告可以通过互联网把广告信息全天候、24 小时不间断地传播到世界各地，这些效果是传统媒体所无法达到的。另外，报纸、杂志电视、广播和路牌等传统广告都具有很大的强迫性，而网络广告的过程是开放的、非强迫性的，这一点与传统传媒有着本质的不同。

2．实时性和可控性

网络广告可以根据客户的需求快速制作并进行投放，而传统广告制作成本较高，投放周期固定。而且，在传统媒体上做广告发布后很难更改，即使可以改动往往也需付出很大的经济代价，而网络广告可以按照客户需要及时变更广告内容。这样，广告主的经营决策变化就能及时地得以实施和推广。

3．直接性和针对性

通过传统广告，消费者只能间接地接触其所宣传的产品，无法通过广告直接感受产品或了解厂商的具体运作和服务的提供。而网络广告则不同，只要消费者看到了所感兴趣的内容，直接单击鼠标，即可进入该企业网站，了解到业务的具体内容。另外，网络广告可以投放给某些特定的目标人群，甚至可以做到一对一的定向投放。根据不同来访者的特点，网络广告可以灵活地实现时间定向、地域定向和频道定向，从而实现对消费者的清晰归类，在一定程度上保证了广告的到达率。

4．双向性和交互性

传统的广告信息流是单向的，即企业推出什么内容，消费者就只能被动地接受什么内容。而网络广告突破了这种单向性的局限，实现了供求双方信息流的双向互动。通过网络广告的链接，用户可以从厂商的相关站点中得到更多、更详尽的信息。另外，用户可以通过广告位直接填写并提交在线表单信息，厂商可以随时得到宝贵的用户反馈信息。同时，网络广告可以提供进一步的产品查询需求，方便与消费者进行互动与沟通。

5．易统计性和可评估性

在传统媒体做广告，很难准确地知道有多少人接收到广告信息。而网络广告则不同，可以详细地统计一个网站各网页被浏览的总次数、每个广告被点击的次数，甚至还可以详细、具体地统计出每个访问者的访问时间和 IP 地址。另外，提供网络广告发布的网站一般都能建立用户数据库，包括用户的地域分布、年龄、性别、收入、职业、婚姻状况和爱好等。这些统计资料可帮助广告主统计与分析市场和受众，根据广告目标受众的特点，有针对性地投放广告，并根据用户特点做定点投放和跟踪分析，对广告效果做出客观准确的评估。

7.3.3　网络广告的主要形式

1．横幅式广告

横幅式广告（banner ads）又称旗帜广告，通常横向出现在网页中，最常见的尺寸是 468×60 和 468×80，目前还有 728×90 大尺寸型，是网络广告比较早出现的一种广告形式。以往以 JPG 或者 GIF 格式为主，伴随网络的发展，SWF 格式的旗帜广告也比较常见了。

2．通栏式广告

通栏式广告实际是横幅式广告的一种升级。一般的通栏式广告尺寸有 590×105、590×80 等。横幅式广告出现的初期，用户认可程度很高，有不错的效果，但是伴随着时间的推移，人们对横幅式广告已经开始变得麻木。于是广告主和媒体开发了通栏式广告，它比横幅式广告更长，面积更大，更具有表现力，更吸引人。

3．弹出式广告

弹出式广告（pop-up ads）通过用户在进入网页时自动开启一个新的浏览器视窗，以吸引读者直接到相关网址浏览，从而达到宣传效果。由于弹出式广告的过分泛滥，很多浏览器或者浏览器组件也加入了弹出式窗口杀手的功能，以屏蔽这样的广告。

4．按钮式广告

按钮式广告（button ads）是一种小面积的广告形式，常见的按钮式广告有 125×125，120×90、120×60 和 88×31 四种尺寸。这种广告形式被开发出来主要有两个原因，一方面是可以通过减小面积来降低购买成本，让小预算的广告主能够有能力进行购买，另一方面是更好地利用网页中比较小面积的零散空白位。在进行购买的时候，广告主也可以购买连续位置的几个按钮式广告组成双按钮广告、三按钮广告等，以加强宣传效果。按钮式广告一般容量比较小，常见的有 JPEG、GIF 和 Flash 三种格式。

5．插播式广告

插播式广告（interstitial ads）是在一个网站的两个网页出现的空间中插入的网页广告，就像电视节目中出现在两集影片中间的广告一样。广告有不同的出现方式，有的出现在浏览器主窗口，有的新开一个小窗口，有的则可以创建多个广告，也有一些是尺寸比较小的，可以快速下载内容的广告。

6．电子邮件广告

电子邮件广告（E-directmarketing，EDM Ads）是以电子邮件为传播载体的一种网络广告形式，电子邮件广告有可能全部是广告信息，也可能在电子邮件中穿插一些实用的相关信息，可能是一次性的，也可能是多次的或者定期的。通常情况下，网络用户需要事先同意加入到该电子邮件广告邮件列表中，以表示同意接受这类广告信息，这样他才会接受到电子邮件广告，这是一种许可营销的模式。那些未经许可而收到的电子邮件广告通常被视为垃圾邮件。

7．赞助式广告

赞助式广告（sponsorship ads）确切来说是一种广告投放传播的方式，而不仅仅是一种网络广告的形式。它可能是通栏式广告、弹出式广告等形式中的一种，也可能是包含很多广告形式的打包计划，甚至是以冠名等方式出现的一种广告形式。赞助式广告常见的几种包括内容赞助式广告、节目/栏目赞助式广告、事件赞助式广告和节日赞助式广告等。

8．分类广告

分类广告（classified ads）一般是指版面位置相对固定、篇幅相对短小、排列相对规则、内容相对接近的一组广告的集合，它是为适应市场经济多层次传播的需要而产生的。

9．互动游戏式广告

互动游戏式广告（anteractive game ads）是指在一段页面游戏开始、中间和结束的时候，广告都可随时出现，并且可以根据广告主的产品要求为之量身定做一个属于自己产品的互动游戏广告。其广告形式多样，例如，圣诞节的互动游戏贺卡，在欣赏完整个贺卡之后，广告会作为整个游戏贺卡的结束页面。

10．软件端广告

软件端户广告（software client ads）加载在客户端软件上的广告，形式多样，包括文字、图片、视频和动画等。

11．文字链接广告

文字链接广告（text ads）是一种最简单、最直接的网上广告，只需将超链接加入相关文字便可。

12．浮动形广告

浮动形广告（floating ads）是指会随鼠标或光标移动的网络广告，最常看到的是所谓的浮水印广告，会随着网页拉上拉下，在页面左边或是右边跟着上下移动，吸引浏览者的注意。有些网站会直接在光标后有一段文字或图像跟着鼠标移动，这也属于浮动式广告。

13．关键字广告（keywords ads）

关键字广告就是每则广告都会提供一些关键字，当使用搜索引擎（例如百度等）搜索到这些关键字时，相应的广告就会显示在某些相关网站的页面上，这样的优点是能够以快捷、灵活、迅速的方式给客户提供大量的相关信息。

关键字广告是一种文字链接型网络广告，通过对文字进行超链接，让感兴趣的网民点击进入公司网站、网页或公司其他相关网页，实现广告目的。链接的关键字既可以是关键词，也可以是语句。目前，关键字广告主要有公司关键字、公众关键字、语句广告、搜索关键字和竞价排名广告等 5 种。

7.3.4　网络广告的计费模式

1．按展示计费

（1）CPM 广告（cos per mille/cost per thousand impressions）：每千次印象费用，即广

告条每显示 1 000 次（印象）的费用。CPM 是最常用的网络广告定价模式之一。

（2）CPTM 广告（cost per targeted thousand impressions）：经过定位的用户的千次印象费用（如根据人口统计信息定位）。CPTM 与 CPM 的区别在于，CPM 是所有用户的印象数，而 CPTM 只是经过定位的用户的印象数。

2．按行动计费

（1）CPC 广告（cost per click）：每次点击的费用。根据广告被点击的次数收费，如关键词广告一般采用这种定价模式。

（2）PPC 广告（pay per click）：是根据点击广告或者电子邮件信息的用户数量来付费的一种网络广告定价模式。

（3）CPA 广告（cost per action）：每次行动的费用，即根据每个访问者对网络广告所采取的行动收费的定价模式。对于用户行动有特别的定义，包括形成一次交易、获得一个注册用户，或者对网络广告的一次点击等。

（4）CPL 广告（cost for per lead）：按注册成功支付佣金。

（5）PPL 广告（pay per lead）：根据每次通过网络广告产生的引导付费的定价模式。例如，广告客户为访问者点击广告完成了在线表单而向广告服务商付费。这种模式常用于网络会员制营销模式中为联盟网站制定的佣金模式。

3．按销售计费

（1）CPO 广告（cost per order）：根据每个订单/每次交易来收费的方式。

（2）CPS 广告（cost for per sale）：以实际销售额来计算广告费用。

（3）PPS 广告（pay per sale）：根据网络广告所产生的直接销售数量而付费的一种定价模式。

7.4 E-mail 营销

本节将介绍 E-mail 营销定义、E-mail 营销特点、E-mail 营销基础、E-mail 营销基本步骤和 E-mail 营销内容设计等内容。

7.4.1 E-mail 营销定义

由毛从任等著的《E-mail 营销：网商成功之道》一书对 E-mail 营销定义为：E-mail 营销是在用户事先许可的前提下，通过电子邮件的方式向目标用户传递有价值信息的一种网络营销手段。E-mail 营销有三个基本因素：基于用户许可、通过电子邮件传递信息，以及信息对用户是有价值的。三个因素缺少一个，都不能称之为有效的 E-mail 营销。因此，真正的电子邮件营销也就是许可 E-mail 营销。

7.4.2 E-mail 营销特点

1．范围广

随着国际互联网的迅猛发展，中国的上网总人数已达 5.13 亿之众，全球已经超过 21 亿，全球电子邮箱总数高达 31.5 亿。面对如此巨大的用户群，作为现代广告宣传手段的

E-mail 营销正日益受到人们的重视。只要拥有足够多的 E-mail 地址，就可以在很短的时间内向众多目标用户发布广告信息，营销范围可以是全中国乃至全球。

2. 操作简单效率高

使用专业邮件群发软件，单机可实现每天数百万封的发信速度。操作员无须懂得高深的计算机知识，不需要烦琐的制作及发送过程。

3. 成本低廉

E-mail 营销是一种低成本的营销方式，所有的费用支出就是上网费，成本比传统广告形式要低得多。

4. 应用范围广

广告的内容不受限制，适合各行各业。因为广告的载体就是电子邮件，所以具有信息量大、保存期长等特点。具有长期的宣传效果，而且收藏和传阅非常简单方便。

5. 针对性强反馈率高

电子邮件本身具有定向性，可以针对某一特定的人群发送特定的广告邮件，可以根据需要按行业或地域等进行分类，然后针对目标客户进行广告邮件群发，使宣传一步到位，这样做可使营销目标明确，达到较好效果。

7.4.3 E-mail 营销基础

开展 E-mail 营销需要一定的基础条件，尤其是内部列表 E-mail 营销，它是网络营销的一项长期任务，在许可营销的实践中，企业最关心的问题是许可 E-mail 营销是怎么实现的呢？获得用户许可的方式有很多，如用户为获得某些服务而注册为会员，或者用户主动订阅的新闻邮件、电子刊物等，也就是说，许可营销是以向用户提供一定有价值的信息或服务为前提。可见，开展 E-mail 营销需要解决三个基本问题：向哪些用户发送电子邮件、发送什么内容的电子邮件，以及如何发送这些邮件。

这里将这三个基本问题进一步归纳为 E-mail 营销的三大基础，分别如下：

1. E-mail 营销的技术基础

从技术上保证用户加入或退出邮件列表，并实现对用户资料的管理，以及邮件发送和效果跟踪等功能。

2. 用户的 E-mail 地址资源

在用户自愿加入邮件列表的前提下，获得足够多的用户 E-mail 地址资源，是 E-mail 营销发挥作用的必要条件。

3. E-mail 营销的内容

营销信息是通过电子邮件向用户发送的，邮件的内容对用户有价值才能引起用户的关注，有效的内容设计是 E-mail 营销发挥作用的基本前提。

当这些基础条件具备之后，才能开展真正意义上的 E-mail 营销，E-mail 营销的效果才能逐步表现出来。

7.4.4　E-mail 营销基本步骤

（1）要让潜在顾客有兴趣并感觉到可以获得某些价值或服务，从而加深印象和注意力，直到按照营销人员的期望，自愿加入到许可的行列中去。

（2）当潜在顾客投入注意力之后，应该利用潜在顾客的注意，比如可以为潜在顾客提供一套演示资料或者教程，让消费者充分了解公司的产品或服务。

（3）继续提供激励措施，以保证潜在顾客维持在许可名单中。

（4）为顾客提供更多的激励从而获得更大范围的许可，例如给予会员更多的优惠，或者邀请会员参与调查，提供更加个性化的服务等。

（5）经过一段时间之后，营销人员可以利用获得的许可改变消费者的行为，使潜在顾客乐意购买，只有这样，才可以将许可转化为利润。

当然，与顾客达成第一次交易之后，并不意味着许可营销的结束，相反，仅仅是将潜在顾客变为真正顾客的开始，如何将顾客变成忠诚顾客甚至终生顾客仍然是营销人员工作的重要内容，许可营销将继续发挥其独特的作用。

7.4.5　E-mail 营销内容设计

1．目标一致性

邮件内容的目标一致性是指邮件营销的目标应与企业总体营销战略相一致，营销目的和营销目标是邮件内容的第一决定因素。因此，以用户服务为主的会员通信邮件内容中插入大量的广告内容会偏离预定的顾客服务目标，同时也会降低用户的信任。

2．内容系统性

如果对订阅的电子刊物和会员通信内容进行仔细分析，就不难发现，有的邮件广告内容过多，有些邮件内容匮乏，有些则过于随意，没有一个特定的主题，或者方向性很不明确，让读者感觉和自己的期望有很大差距，如果将一段时期的邮件内容放在一起，则很难看出这些邮件之间有什么系统性，这样，用户对邮件内容很难产生整体印象，这样的邮件内容策略将很难培养起用户的忠诚性，因而会削弱 E-mail 营销对于品牌形象提升的功能，并且影响 E-mail 营销的整体效果。

3．内容来源稳定性

读者可能会遇到订阅了邮件却很久收不到邮件的情形，有些则可能在读者早已忘记的时候，忽然接收到一封邮件，如果不是用户邮箱被屏蔽而无法接收邮件，则很可能是因为邮件内容不稳定所造成的。在邮件营销过程中，由于内容来源不稳定，使得邮件发送时断时续，有时中断几个星期到几个月，甚至因此半途而废的情况并不少见，即使不少知名企业也会出现这种状况。内部列表营销是一项长期任务，必须有稳定的内容来源，才能确保按照一定的周期发送邮件，邮件内容可以是自行撰写、编辑或者转载的，无论哪种来源，都需要保持相对稳定性。不过应该注意的是，邮件列表是一个营销工具，并不仅仅是一些文章/新闻的简单汇集，应将营销信息合理地安排在邮件内容中。

4．内容精简性

尽管增加邮件内容无须增加信息传输的直接成本，但应从用户的角度考虑，邮件的内容不应过分庞大。首先，由于用户邮箱空间有限，字节数太大的邮件会成为用户删除的首选对象；其次，由于网络速度的原因，接收/打开较大的邮件耗费时间也越多；第三，太多的信息量让读者很难一下子接受，反而降低了 E-mail 营销的有效性。因此，应该注意控制邮件内容数量，不要有过多的栏目和话题。如果确实有大量的信息，可充分利用链接的功能，在内容摘要后面给出一个 URL；如果用户有兴趣，可以通过点击链接到网页浏览。

5．内容灵活性

前面已经介绍，建立邮件营销的目的，主要体现在顾客关系、顾客服务、产品促销和市场调研等方面。但具体到某一个企业、某一个网站，可能所希望的侧重点有所不同，在不同的经营阶段，邮件营销的作用也会有差别，邮件营销的内容也会随着时间的推移而发生变化。因此邮件营销的内容策略也不能是一成不变的，在保证整体系统性的情况下，应根据阶段营销目标而进行相应的调整，这也是邮件内容目标一致性的要求。邮件的内容毕竟要比印刷杂志灵活得多，栏目结构的调整也比较简单。

6．最佳邮件格式

邮件内容需要设计为一定的格式来发行，常用的邮件格式包括纯文本格式、HTML 格式（推荐）和 Rich Media 格式，或者是这些格式的组合，如纯文本与 HTML 混合格式。一般来说，HTML 格式和 Rich Media 格式的电子邮件比纯文本格式具有更好的视觉效果，从广告的角度来看，效果会更好，但同时也存在一定的问题，如文件字节数大（比如 Rich Media 格式），以及用户在客户端无法正常显示邮件内容等。至于哪种邮件格式更好，目前并没有绝对的结论，与邮件的内容和用户的阅读特点等因素有关。

7.4.6　E-mail 营销服务商

E-mial 营销服务商如下：

http://www.Bigfoot.com
http://www.clickaction.com
http://www.clickaction.com
http://www.e-dialog.com
http://www.emailmaestro.com
http://www.ezinemanager.com
http://www.ientry.com
http://www.NetCreations.com
http://www.optininc.com
http://www.opt-influence.com
http://www.pennmedia.com
http://www.quris.com

http://www.sparklist.com
http://www.targitmail.com
http://www.yesmail.com
http://www.wordbiz.com

7.5 微博营销

微博无疑是目前最受关注的网络信息发布渠道之一，不仅众多微博明星可聚集起千万级的粉丝群，普通网民也能拥有话语权。近年来，全球大量社会热点事件都是在微博首发，瞬间即可送达数以百万计的用户，产生重大的社会影响力。随着微博越来越受欢迎，政府官方微博、名人博客和草根网民博客纷纷建立，成为最大众化的信息沟通渠道。

7.5.1 微博简介

1．微博产生

微博即微型博客，是 Web 2.0 时代新兴起的一种集成化、开放化的互联网社交服务。它打通了移动通信网和互联网的界限，让用户通过手机、IM 软件（如 MSN、QQ、Skype 和 Gtalk 等）和外部 API 接口等途径，即时向外发布 140 字以内的文本。微博通过限制信息字数、即时抵达，以及用户自主收发和鉴别真伪的方式，实现了自主、互动、简洁、快速的信息传播。

在微博中，Twitter 最具有代表性，它由美国的埃文·威廉姆斯（Evan Williams）等人于 2006 年联合创建。Twitter 的大致运营方式是：任何用户向 Twitter 上传每条不超过 140 个字的消息，该用户相应的“跟随者”（followers）就能及时查看该信息并发表评论。所谓“跟随者”，就是指关注某一账号所发布内容的其他 Twitter 用户。而用户也可以主动“追随”（following）别人。

2007 年之后，国内陆续出现了微博客网站，如饭否、做啥、叽歪、嘀咕、贫嘴、同学网、腾讯滔滔和 9911 等，其中，“饭否”影响力较大，它们在界面和操作方式上与 Twitter 有类似之处。

2009 年，新浪、腾讯、网易、搜狐等综合门户网站相继加入微博领域。2011 年 12 月，中国微博用户数量快速增长到近 2.5 亿，新浪微博和腾讯微博用户过亿，明星名人、政府机构和草根网民纷纷建立博客，产生一批千万粉丝级微博达人，众多重大影响力事件都在微博首发。

2．微博的传播特性

1）操作简易，收发方式多样

微博注册简单，网民只需填写电子邮件地址，设置登录密码即可成为微博用户。在使用过程中，微博实行低门槛制：寥寥数语、发发感慨、情绪宣泄、灵感突现……即使没有受过严格中文训练的人，只要会发短信，用户就可以将自己的所思所想以只言片语的形式发送到个人微博上。简单的记录方式降低了对用户文字功底的要求，也节约了时间成本，契合了现代社会快节奏的生活方式。

微博收发方式实现了多样化。用户既可以通过登录微博网站收发信息，又可以通过开放的API接口，联通第三方软件（如MSN、QQ、Skype和Gtalk等）或移动信息终端来传输信息。这些信息通过手机客户移动终端或第三方软件汇总到微博数据库后，所有用户都可以查看。

2）原创性强，叙事风格独特

微博的简易操作和低门槛进入制吸引了广大民众。简易的信息操作机制和随性的记录方式催生了用户的个人表达欲。个体化、私语化的叙事风格在微博中较为凸显，大量原创性的内容爆发性地生产出来。一些源于普通民众的语句经过微博的传播后，被网民称为“经典”，丰富了百姓生活。

3）即时传播，占据信息发布制高点

2008年11月印度孟买的恐怖袭击事件、2009年6月迈克尔·杰克逊的死讯等，都由Twitter首发。在国内，2008年5月12日汶川地震后，当天下午2点35分33秒Twitter上出现第一条关于地震的消息，比彭博社、路透社等通讯社电稿都要快；2009年株洲高架桥坍塌事件中，身为摄影记者的火烨利用“饭否”网发表了“手机拍到的现场记录”，速度比新华社通稿更快。在对突发事件的报道上，微博操作简易、便利的终端服务器，使其具备4A特性（Anytime、Anywhere、Anyway和Anyone），信源多样，随时随地，任何人都可以成为传播者。在对突发性事件的报道中，微博往往可以占据信息发布的制高点。

4）转发功能使传播速度几何级数增长

微博设有转发功能，即用户对收到的信息可以进行转发，该用户的所有关注者（followers）都可以看到这条信息（信息前会注明“转发”）。例如，用户*A*的所有关注者可以间接收到该用户的被关注者（followee）*B*发来的特定信息。当用户*A*的关注者积累到一定程度后，这种转发功能使信息在关注群体中迅速扩张，传播速度呈现几何级数增长。在某些名人微博中，可以看到名人在利用转发功能为贫穷儿童筹资或为失散的家庭寻找亲人。微博几何式的传播不仅使信息赢得更多网民关注，还增加了用户的人气，取得了双赢效果。

3. 微博传播结构分析

1）兼具单向传播与双向传播的特征

微博上众多信息都是用户通过手机、网络等上发布，但是和手机、QQ聊天工具等点对点的传播相比，微博信息公开发布属于点对面的传播方式，这将手机、QQ要求回复的强制性降低。微博用户发布信息有时只是因为情感的宣泄或即兴表达，他面对的是较大范围的、不确定的信息接收者，用户本身对接收者的回复内容是未知的，也没有强烈需要被关注的心理需求。接收者既可以即时发表自己的看法，也可以不发表任何言论。这种兼具单向传播和双向传播的结构特征使用户在交流上更为随意，也化解了人际传播交流无应答时的尴尬。

2）体现一种follow关系

微博用户称为followees，该用户的跟随者称为followers，用户被人关注称为followed，用户主动关注跟随者则称为following。在微博中，无不体现follow的关系，可以主动关注别人，也可能被别人关注；还可以进行follow设置权限，既可以选择关注哪些人，也可以选择被哪些人关注。在关注与被关注之间，信息快速流动，微博成为一个交流互助的平台：有人提问，他的 followers 会进行回复。随着 followers 的聚集增加，用户的社交圈也在不断扩大。

3）用户形成的自为组织结构较为松散

微博组织结构比较松散。用户根据各自兴趣选择被关注者，针对同一个关注对象形成自为组织。但是这种组织具有一定的流动性和松散性。首先，当关注对象上传的信息对其他用户产生吸引时，相同认知和见解的用户则聚在一起，发表各自的言论。当原有话题逐渐失去吸引力和新鲜感时，部分用户会纷纷散去，寻找新的热点，形成新的自为组织。其次，关注点由个体用户决定，他可以持续关注一个话题，也可以关注多个现象，关注点的集中或分散可以使他同时存在一个或多个组织中。社会热点的不断涌现，使微博的自为组织不断聚集、分散、再聚集、再分散，组织内部成员也在发生相应变化。

7.5.2 微博营销定义

微博营销是刚刚推出的一种网络营销方式，随着微博的火热，催生了有关的营销方式，即微博营销。微博营销以微博作为营销平台，每一个听众（粉丝）都是潜在营销对象，每个企业都可以在新浪、网易等注册一个微博账户，然后利用更新自己的微博向网友传播企业及产品的信息，树立良好的企业形象和产品形象。每天更新内容就可以与大家交流，这样就可以达到营销的目的，这样的方式就是新兴推出的微博营销。

7.5.3 微博营销特点

1．立体化

微博营销可以借助先进的多媒体技术手段，从文字、图片和视频等展现形式对产品进行描述，从而使潜在消费者更形象、直接地接受信息。

2．高速度

微博最显著的特征之一就是其传播迅速。一条关注度较高的微博在互联网，以及与之关联的手机平台上发出后，短时间内互动性转发就可以抵达微博世界的每一个角落，达到短时间内最多的目击人数。

3．便捷性

微博营销优于传统的广告行业，发布信息的主体无须经过繁复的行政审批，从而节约了大量的时间和成本。

4．广泛性

通过粉丝关注的形式进行病毒式的传播，影响面非常广泛，同时，名人效应能够使事件的传播量呈几何级数放大。

7.5.4 与博客营销的比较

微博营销与博客营销的本质区别，可以从以下 3 个方面进行简单的比较：

1．信息源的表现形式差异

博客营销以博客文章（信息源）的价值为基础，并且以个人观点表述为主要模式，每篇博客文章表现为独立的一个网页，因此对内容的数量和质量有一定要求，这也是博客营销的瓶颈之一。微博内容则短小精炼，重点在于表达现在发生了什么有趣（有价值）的事情，而不是系统的、严谨的企业新闻或产品介绍。

2．信息传播模式的差异

微博注重时效性，3 天前发布的信息可能很少会有人再去问津，同时，微博的传播渠道除了相互关注的好友（粉丝）直接浏览之外，还可以通过好友的转发向更多的人群传播，因此是一个快速传播简短信息的方式。博客营销除了用户直接进入网站或者 RSS 订阅浏览之外，往往还可以通过搜索引擎搜索获得持续的浏览，博客对时效性要求不高的特点决定了博客可以获得多个渠道用户的长期关注。

3．用户获取信息及行为的差异

用户可以利用计算机、手机等多种终端方便地获取微博信息，发挥了“碎片时间资源集合”的价值，也正因为是信息碎片化和时间碎片化，使得用户通常不会立即做出某种购买决策或者其他转化行为。

因此，博客营销以信息源的价值为核心，主要体现信息本身的价值；微博营销以信息源的发布者为核心，体现了人的核心地位，但某个具体的人在社会网络中的地位又取决于他的朋友圈子对其言论的关注程度，以及朋友圈子的影响力（即群体网络资源）。因此可以简单地认为微博营销与博客营销的区别在于：博客营销可以依靠个人的力量，而微博营销则要依赖用户的社会网络资源。

7.5.5　微博营销推广技巧

1．账号认证

针对企业微博账号、企业领袖和高管的账号，以及行业内有影响力人物的账号，要先获得新浪认证。获得认证的好处是，形成较权威的良好形象，微博信息可被外部搜索引擎收录，更易于传播，不足之处在于信息的审核可能会更严格。

2．内容发布

微博内容信息应尽量多样化，最好每篇文字都带有图片、视频等多媒体信息，这样具有较好的浏览体验。微博内容尽量包含合适的话题或标签，以利于微博搜索。发布的内容要有价值，例如提供特价或打折信息、限时内的商品打折活动等，可以带来不错的传播效果。

3．内容更新

微博信息每日都要进行更新，要有规律地进行更新，每天发表 5～10 条信息，1 小时内不要连发多条信息，抓住高峰发帖时间更新信息。

4．积极互动

多参与转发和评论，主动搜索行业相关话题，主动去与用户互动。定期举办有奖活动，提供免费奖品鼓励，能够带来快速的粉丝增长，并增加其忠诚度。

5．标签设置

合理设置标签，新浪微博会推荐有共同标签或共同兴趣的人互相加关注。

6．获取高质量的粉丝

不在于你认识什么人，而在于什么人认识你，不在于什么人影响了你，而在于你影响了什么人。关注行业名人或知名机构，善用找朋友功能，提高粉丝的转发率和评论率。发布的内容主题要专一，内容要附带关键字，以利于被高质量用户搜索到。

7.5.6 微博营销优化技巧

1．微博优化选取热门关键词

做微博关键词优化的时候，微博内容要尽可能地以关键字或者关键词组来开头，尽量利用热门的关键词和容易被搜索引擎搜索到的词条增加搜索引擎的抓取速率，但这些内容也是要与推广的内容相关，考虑到听众，如果一味地为了优化而优化，那就得不偿失了。

2．微博的关键词选取要适当

对 SEO 来说，微博的信息是非常重要的，搜索引擎会把微博的信息纳入到搜索结果中来，它们的索引算法也会根据微博的内容选取信息作为标题，而此时这些内容的关键词选择上也就更加重要了，应知道要做的是哪些关键词，只有找到了关键词，才能更好地做好微博的 SEO。

3．微博的名称选取简单易记

选微博名和选择网站名一样，应简单、容易记，要让微博网名成为你的代言，让其他人看到你的微博名的时候就能很快记录下来，你所选择的微博名要代表你所推广的站点，不能选择其他与推广内容无关的名词。

4．微博的 URL 地址要简洁明了

有了微博名之后，微博的 URL 地址就变得尤为重要了，因为要通过 URL 地址才能访问到你的微博，而这个 URL 对搜索引擎的搜索结果影响很大。

5．微博的个人资料要填关键词

微博中都有个人资料的介绍及选项的说明，这些个人资料也会被搜索引擎所索引到。在简短的个人资料中，说明自己的同时，也选择适当的时机，填入要优化的关键词，提升搜索引擎抓取的几率。个人资料的内容与微博保持好的相关性，不仅能提升搜索引擎的抓取率，而且，也不会让你的听众感到厌烦。

6．个人标签填写关键词

关于微博中个人资料里个人标签的填写，这里可以填入要优化的关键词，提升搜索引擎的抓取几率，同时也能增加有共同标签或共同兴趣的粉丝加入关注。

7.6　论坛（社区）营销

论坛可以说是互联网领域发展最成熟、最活跃、也是最主要的群体交流平台，除了门户网站几乎都有自己开发的论坛系统之外，很多中小型网站，特别是个人网站和主题类网站都直接采用免费的论坛程序经过简单配置来架构。论坛本身具有一定的主题，通过版面划分为不同讨论方向，有较强的针对性，便于用户间及时进行交流，具有很强的用户黏性。本节内容要求掌握企业论坛营销和在第三方论坛中开展网络营销的方法。

7.6.1　论坛简介

1．论坛定义

论坛又名 BBS，全称为 bulletin board system（电子公告板）或者 bulletin board service（公告板服务），是互联网上的一种信息服务系统。它提供一块公共电子白板，每个用户都可以在上面书写，可发布信息或提出看法。它是一种交互性强，内容丰富而即时的互联网信息服务系统。用户在 BBS 站点上可以获得各种信息服务、进行讨论或聊天等。

2．论坛相关术语

1）ID

ID 的原意是身份证（identity card）的缩写，在内容上被用来指代用户名。ID 申请成功后不能再更改，ID 和昵称是不同的概念。

2）主题和帖子

一个主题包括一堆相关的帖子，它们都在讨论一个问题。第一篇帖子称为一个主题，其他回帖都跟在它后面。主题里面还记录着一共有多少回帖及谁最后回帖等信息。

3）版块（版区）

版块是所讨论一系列主题的组。一个版块包括 0 或者多篇帖子，以及 0 或者多个副版。

4）灌水

发表没有实际阅读意义的水文。

5）回帖

看到主题后，需要进行回复，以发表自己的言论和见解。

6）禁言/解禁

在论坛内灌水、发垃圾帖、广告帖，以及发表不当的言论时，版主或者管理员都可以禁止相应的人员发帖，称为禁言。解禁就是解除禁言。

7）加精

当发表的主题被版主或者管理员认为是该版区内有意义的原创帖子时，可以加为精华帖进行奖励。在论坛首页的精华区内可以看到整个论坛的所有精华帖。

8）置顶

当版区内要发布版规或者进行活动时，版主可以把相应的帖子置顶，以便能让更多的人看到。版区内某个帖子的问题或者情况典型都可以做置顶处理。

9）锁定主题

管理员或版主有时会将某主题锁定，不能回复该锁定的主题，它所包含的任何投票都会被自动结束。主题可能会因为许多原因被锁定。

10）置顶主题

置顶主题会出现在论坛公告的下面，它们包含十分重要的信息，因此可能的话应该阅读它们。同样地，置顶的权限也是由论坛管理员决定的。

11）公告

公告经常包含了重要的信息，应该尽快地阅读。公告会在论坛中每页的顶端出现，是否可以发表一个公告取决于权限许可，由管理员决定。

12）版主

版主也常称为“斑竹”，是独立的个人或团队，他们可以编辑或删除帖子，并且可以在他们所管理的版面中锁定、解锁、转移、删除或者分割主题。“斑竹”会阻止会员发表错误、离题或有争议的内容。如果有任何关于论坛的问题，请直接向论坛版主询问。

7.6.2　论坛营销方法

在论坛营销中，并不赞成申请多个“马甲”，相互间演戏，相反，通常会选择几个同类站点，同时开展营销活动，而且注册相同的ID，对某类主题感兴趣的网友常会同时关注几个同类论坛，会发现一些熟悉的ID。随着时间的推移，会在各论坛上结交很多朋友，有很多熟人，自己也往往成为论坛元老甚至版主，对于一个论坛新手来说，这类元老往往更易获得信任。

1．签名档

签名是指发帖时附在帖子后面的信息，大部分论坛都有此功能。广告语应力求简短而有说服力，包含个人或企业信息，以及产品信息，最好加上链接和个性化图片说明，要努力做到让客户一看便能产生访问的欲望。不同论坛的签名功能不一样，有些可设超链接，还可以调用图片或动画显示，有些则不可以；而有些签名档支持html代码，有些支持ubb代码，少数论坛仅支持纯文本签名。对于支持超级链接，html或ubb代码的签名档，需要优化设计签名档内容，加入图片或链接，以及设置文字的大小和颜色等。

2．发帖和回帖

发帖本身质量要高，应选择一些热门话题，避免给人以直接宣传广告的印象，当帖子受到关注后可能会被版主置顶，在天涯论坛上，有些帖子的点击量高达100万次，这样能给帖子的签名档中广告信息带来100万次的曝光，若帖子主体与广告内容相关，在帖子中加入文字链接，则会带来直接的点击率。不少论坛中的帖子只要有人回复，就会自动被顶到论坛首页，因此可以不定时地回复自己的主题帖，避免帖子沉没。

在选择回复帖时，可以回复置顶帖、推荐帖和精华帖，这些帖子更容易得到关注，存活率很高，时间也很久，能够带来更好的宣传效果。发的帖子越多，宣传量就越大，特别是主流论坛被搜索引擎收录更新频率很高，各帖子中包含的企业信息和网址能被搜索引擎收录的更多，可提高企业网站在搜索引擎中的排名。

3．国内大型综合论坛

（1）天涯虚拟社区。网址：http://www.tianya.cn。

（2）网易论坛。网址：http://bbs.163.com。

（3）搜狐社区。网址：http://club.sohu.com。

（4）强国社区。网址：http://bbs.people.com.cn。

（5）QQ 论坛。网址：http://bbs.qq.com。

（6）西陆社区。网址：http://www.xilu.com。

（7）新浪论坛。网址：http://bbs.sina.com.cn。

（8）百度贴吧。网址：http://post.baidu.com。

（9）猫扑大杂烩。网址：http://dzh.mop.com。

（10）凯迪社区。网址：http://club.cat898.com。

（11）水木清华 BBS。网址：http://www.smth.edu.cn。

7.7 Enterprise 2.0 营销

本节将介绍 Enterprise 2.0 营销的相关内容

7.7.1 Enterprise 2.0 简介

1．Enterprise 2.0 定义

Enterprise 2.0 是指在企业范围内使用支持 Web 2.0 技术的工具和服务，比如标签、评级、网络、RSS 和共享。Enterprise 2.0 一词最早由哈佛商学院的 Andrew McAfee 在 2006 年春季号 *Sloan Management Review* 的一篇文章中提出。他用 Enterprise 2.0 表示在企业内网中使用 Wiki 和博客等 Web 2.0 技术。此外，作为 Enterprise 2.0 的一部分，很多企业还在其网站上发布协作式博客，邀请客户公开发表意见并讨论其内容。与此类似，很多公司也创建了任何人都可以查看和编辑的企业 Wiki。

Enterprise 2.0 工具和服务利用了社交软件特征，比如社交书签和链接、标签、评级、用户注释和讨论、开放式创建和编辑策略，以及 RSS 提要综合等。这些工具还通过共享和联网来鼓励协作和贡献。

2．Enterprise 2.0 的诞生

在讨论 Enterprise 2.0 之前，应该先来了解什么是 Web2.0。

2003 年之后，互联网上开始诞生 Web 2.0 的概念，从 Ajax、RIA 和 REST 技术产生的各种应用 RSS、搜索、Wiki、Blog、SNS 和 Tag 构成了以用户为中心的互联网平台，称之为 Web 2.0。从技术、应用和社会学等各个角度来看 Web 2.0，它都包含着不同的含义，但它们之间又有着千丝万缕的联系。

同样，在近两三年，SOA 从之前的概念也开始了它的“脚踏实地”，这其中 SOA 的本质也逐渐显露了出来，那就是 SOA 使 IT 与业务有了共同的语言。在分析了成功部署

SOA 的企业案例之后，可总结出了以下这 4 个 SOA 切实解决了的问题：

（1）提高架构师的业务能力。

（2）提高团队协作的要求。

（3）提高了专业 IT 人员在 XML 和高可用技术实践的能力。

（4）降低了 IT 专业人员对整体业务理解的要求，IT 专业人员只需专一于某一层次的业务理解。

使企业不再走系统集成的老路，企业信息化走向了高可用性，全面部署 SOA 成功地解决了这些问题，称之为企业应用 IT 2.0.

以 IBM 为首的 IT 龙头企业，借助 Lotus 系列产品的发布提出了 Enterprise 2.0，是将 Web 2.0 的技术融入到了企业协同管理或协同开发管理的软件中去，使得企业级应用软件不仅从 UI 方面有所改进，而且将协同开发管理的意识由自上而下转变成为自下而上的行为。

据统计，现在全球有 2/3 的软件开发项目正在以跨地域的方式进行，Web 2.0 的发展为跨部门、跨地区的开发团队带来了更深入和更有效的协作平台。而 SOA 的业务敏捷性和服务的高可用性使得企业的各个业务领域具备了灵活性，所以，Web 2.0 与 SOA 的结合就理所应当地带来了下一代软件开发的模式——软件 2.0 时代。

3．Enterprise 2.0 概念

Web 2.0 方兴未艾，Enterprise 2.0 的概念又接踵而至，Enterprise 2.0 讲述的是如何将 Web 2.0 与 SOA 结合，并应用于企业当中。在 Enterprise 2.0 概念提出之时，已经存在基于 Web 2.0 和 SOA 的开源应用了，在这波浪潮中，开源技术又走在了前面。

Enterprise 2.0 的概念如下：

（1）企业 2.0（Enterprise 2.0）是基于 Web 2.0 技术的网络软件（如博客、Wiki 等）在企业和组织中的使用，用来支持内部协作、知识管理等。

（2）Enterprise 2.0 是一种在 Intranet 上使用 blogs 和 Wikis（二者都是网络信息技术的典型代表）等 Web 2.0 技术的新趋势。

4．与 Web 2.0 关系

Web 2.0 是与 Enterprise 2.0 关系非常密切的话题，但必须指出的是，这两个概念是不同的，而是建立在相似基础上的两个不同领域。Web 2.0 一词描述了媒体的转移，即从静态转移到动态，由单一转移到交互式和面向社区。

这种转移的一个很好的实例就是博客的盛行。尽管博客比 Web 2.0 的出现早得多，但它却很好地阐释了 Web 2.0 的作用。在博客出现之前，也有人发布个人网站。这些静态的页面通常提供网站所有者的个人信息，甚至家人和宠物的照片，以及联系信息。所有这些信息都是单项的、静态的，没有交互的空间。因此随着时间推移，内容就会变得过时而没有意义。比如别人看了你的照片之后，就觉得没有必要再看一次，即便换上了新的照片，别人也不一定知道。

进入 Web 2.0 后，多数流行的博客平台，比如 WordPress、Moveable Type 和 Blogger 等，都允许创建存放个人信息的"页面"（很容易更新）和编写文章与阐述观点的"帖子"。但博客不仅仅是一种简单易用的内容管理系统，博客能够自动使用 RSS 提要综合相关内容，从而方便别人使用 RSS 阅读器"订阅"网站，让他们在发布新内容时及时收到。博

客允许访问者对帖子发表意见，并且可以就该主题进行交互和讨论。此外，TrackBack 和 PingBack 等特性还能通知有人在他的网站或博客上对博客帖子发表了留言。

Enterprise 2.0 对博客的看法略有不同。企业博客通常是有多位作者和贡献者的多用户博客，或者是由多个分属于组织中不同用户的博客组成的平台。而且企业博客也不是上述概念的简单扩展。当然，过去也有很多公司在网站上发布雇员信息，但这些不是雇员自身控制的。博客让雇员可以就其所生产的产品或提供的服务发表看法，并围绕这些产品或服务的新观点与社区进行交流，如图 7-12 所示。

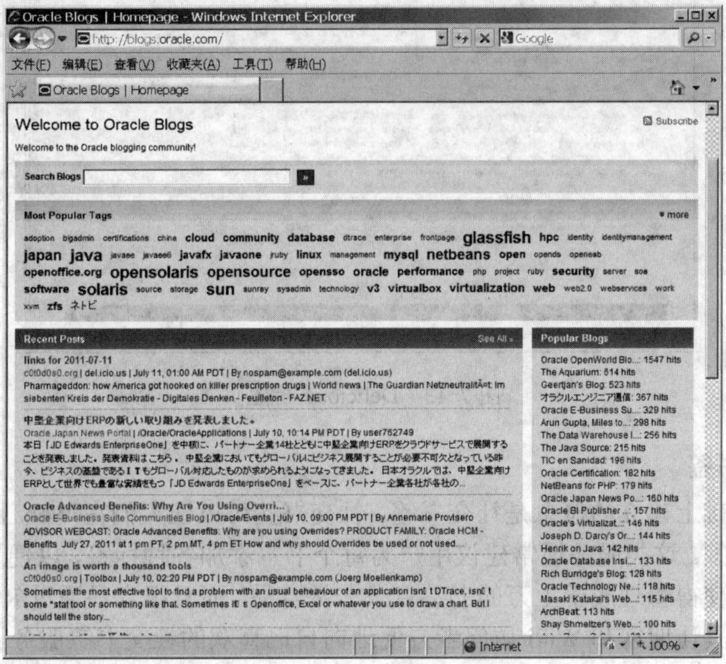

图 7-12　Oracle Blog

7.7.2　Enterprise 2.0 基础技术

1. Folksonomy 或协作标签

在互联网发展的初期，类似 Yahoo!的网站目录使用固定的层次结构来组织目录中的链接，这称为分类法（taxonomy）。多数文档管理或文件系统也采用这种方法——必须先创建目录和子目录，然后将文档和文件组织到其中。Web 2.0（及 Enterprise 2.0）建议使用 folksonomy，即协作标签。它建议允许用户（不仅仅是文档或文件的创建者）输入形式不固定的标签来描述他们所创建、编辑或者查看的内容。这种分类方式便于以后查找相同信息的其他人发现该文档。

随着标签的普及出现了另一个重要特性——标签群（tag cloud）。标签群通过加大字号或者使用不同的颜色来区分词语的重要性，因此能够直观地看到标签的结果。标签通常按字母顺序排列，单击标签将打开包含与其有关的其他页面。标签群是很多 Web 2.0 服务的显著特征，比如 Flickr 和 Delicious，如图 7-13 所示。

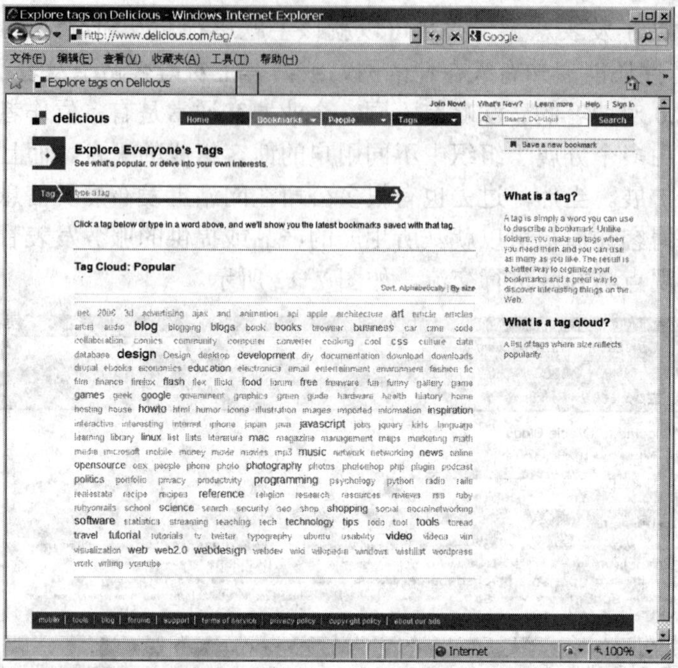

图 7-13　Delicious 标签页

2．社交书签

在标签基础上建立的概念是社交书签。社交书签可以让人们在 Web 上存储、管理和共享自己的书签。这类服务通常建议用户为每个书签添加各种标签，以便日后进行查找。社交书签不但使得管理成千上万的书签目录非常容易，而且很容易通过 RSS 提要进行共享。有多种工具让博客和 Wiki 访问者方便地向自己喜欢的社交书签服务提交页面。

社交书签是 Enterprise 2.0 不可分割的一部分，比如 IBM Lotus Connections 和 Connectbeam Spotlight 都提供了面向企业的社交书签特性。

3．用户评级和留言

对于很多企业来说，开放企业内容，让用户对自己的内容进行评价和发表意见似乎是令人望而生畏的事情。很多公司不愿意在自己的地盘上出现开放式论坛，让人们随便批评和指责自己的产品与服务。但另一方面，却为真诚而有价值的用户反馈敞开了大门。开放论坛还建立了联系渠道以便更好地了解客户，形成长期的关系，而客户也明白企业愿意倾听他们的话。图 7-14 所示所示为 Amazon 在线商店上的客户评级和评价。

4．RSS 提要和内容联合

20 世纪 90 年代后期 RSS 就已经出现了，它是 Web 2.0 服务成功的关键因素之一。现在不支持 RSS（以这种或那种形式）的 Web 2.0 工具已很少见了，因为使用这种技术综合内容非常强大，而且很简单。如果发布新产品、发表新的博客帖子或者在 Flickr 账户上增加了新的图片，客户可以通过 RSS 接收器马上收到通知。用户可以订阅 Delicious 书签和 Twitter 更新，以便及时了解最新提供的内容。

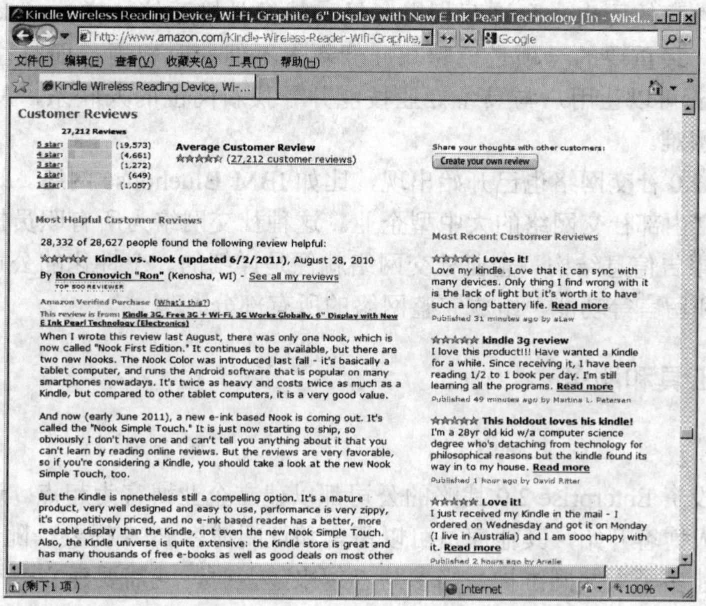

图 7-14　Amazon 在线商店上的客户评级和评价

5. 混搭（mashups）和 Web API

近年来，混搭和 Web API 为消费者提供了一种简单的、基于 Google Maps 等数据源提供互联网应用的方法。于是 Web 上出现了很多流行的 Web 应用程序，它们融合了不同来源的数据帮助终端用户实现特定目标。

但只有和企业功能联系在一起的时候，混搭才真正独立出来。企业控制着客户、雇员、供应商、产品、服务和财务等的所有数据，它们每天使用多种系统管理和交互这些数据，因而存储的数据量可能非常庞大。存储这些数据通常是为了记录，但常常与企业智能化工具结合起来以提供某种价值。如果将这些数据与很多现成的 Web API 结合起来，企业就可以创建一些惊人的应用，提供更多的价值，并大大降低成本。

6. 企业中的社交网络

过去十年中，Facebook 和 MySpace 这样的社交网络席卷全世界，拥有数亿用户。针对随着网络成长起来的年轻一代，这些网络成了 Web 2.0 的基础。许多企业认为这些社交网络很幼稚，对雇员的生产率不利，很多情况下这种观点是对的。有些企业甚至禁止在公司中使用社交网络，并通过防火墙加以阻止。

但是不能忽略这类服务的一个重要方面，即让人们互相沟通，建立朋友和熟人圈子。这些联系会延伸到其他成为潜在客户的公司，雇员之间的友谊有可能提高销售量。多年以前，企业主管就利用打高尔夫作为其社交网络的基础了。现在他们可以通过社交网络来达到目的，在球场上就可以专心打高尔夫了。

此类服务降低生产率的可能性仍然很高，但使用面向企业的社交网络（比如 LinkedIn 和 PairUp）在一定程度程度上可以消除这种风险。LinkedIn 是一个巨大的专业网络，通过 Connection 可以链接到其他用户。LinkedIn 记录就像是一份简历，详细记录了聘用和教育的历史，允许互相提意见，就像是推荐信一样。LinkedIn 对企业来说有很多用处，最重要的一项是招聘。雇佣新人不但费时费力，而且往往招不到合适的人。LinkedIn 可以让用户与具备专业技能并寻找新岗位的人联系，从而减少招聘过程中所遇到的困难。

Enterprise 2.0 社交网络也已开始出现，比如 IBM Bluehouse 网络。这些服务针对的客户是希望建立内部社交网络的大中型企业。这种社交网络为所有职员提供联系信息、博客、Wiki 及报告信息结构。企业社交网络就像是详细的、个性化的公司目录，提供标签、社交书签和留言等功能，组成完整网络的所有部分。

7.7.3　协作工具和服务

1．博客

多数准备投资 Enterprise 2.0 战略的公司都以建立企业博客为起点。通常从发布在企业内网上的个人博客开始，其他雇员可以留言和订阅博客 RSS 提要。随着博客的成长，可能经过扩展让多个人共同维护。当参与者越来越多时，就需要建立一个平台，让每个参与者或者产品团队都拥有自己的博客。

一旦企业内网的博客活跃起来，就可以考虑将博客发布到外网网站上，让客户或者潜在的客户进行查看，通过正反两方面的反馈意见来了解客户的真正需要。定期发布产品更新可以让客户通过 RSS 及时收到通知，甚至可以更进一步，发布播客（实际上就是音频博客帖子）和视频博客帖子。

2．Wiki

Wiki 是可供任何访问者编辑的一组网页。最著名的 Wiki 的例子是网络百科全书 Wikipedia。Wiki 一般允许任何人使用 WYSIWYG（所见即所得）编辑器创建新的页面或者查看和编辑已有的页面。Wiki 可以保存旧版本的修订记录和编辑者的留言。这样，如果发表了错误的信息，作者还可以返回原来的版本。

Wiki 已成为管理企业文档和信息的一种流行方法，是 Enterprise 2.0 的一个重要方面。这样能实现真正的文档协作编辑，因为任何能够访问该页面的人都能编辑它、进行相关的修改或者发表更新的内容。多数 Enterprise 2.0 厂商都把 Wiki 作为平台的一部分来提供。

3．会议和消息工具

会议工具已经存在很长时间了，但过去要求参加会议的每个人都要在其计算机上安装相同的软件。这就意味着 Mac OS、Linux 及其他非 Windows 操作系统用户将不能参加 Microsoft NetMeeting 会议。

对这个问题的答案是 Web 会议，该领域的工具和服务日渐普及。Web 会议工具通常提供为宿主服务或者能够部署到企业自有 Web 服务器上的可下载模块。Web 会议软件通常具备下列功能：幻灯片演示、实时的即时消息和聊天室、VoIP 音频、视频功能、白板，以及屏幕共享设施等，并且能够记录会议以便日后查看。

7.7.4 Enterprise 2.0 发展方向

1. 建立下一代员工信息共享平台

现在很多公司都用 E-mail 为核心的群件系统来进行工作，于是出现了 E-mail 的爆炸式使用，一些效率高的外企高层，能够在两个小时内处理两百多封电子邮件，还有种戏谑的说法，企业中人员邮件的多少和收入是成正比的。有些有经验的人员会经常直接看到某些名称就直接删掉。也经常会发现，邮件在解决一些知识含量高的事件时效率很低。有一个被称为邮件排球的比喻，是说某些问题的讨论推来推去也没有结果。还有一种更为常见的烦恼是，出差时邮件系统被一些同事的大邮件塞住。很多人可能已经习以为常，不过这恰恰是 Enterprise 2.0 价值的第一个体现。一个典型的实例就是某美国公司，采用企业 Wiki 作为知识管理与共享的工具，降低了 50%的 E-mail，从而降低了企业的网络开销，更重要的是，提高了信息共享的效率。

2. 提升企业情境应用的效率（situational application）

所有技术公司的技术支持中心都有分级的支持方式和全球的数据库，从而对客户的疑难问题进行团队性的协作。在这些知识雇员中，每个人都有自己的特定角色，都需要很容易地获得相关信息，需要根据特定的情境做出判断。现在很多门户产品，都提供了基于企业门户的 Enterprise 2.0 产品，比如网页的聚集、Wiki 的建立，还有一些工作流的产品采用了 RSS 作为辅助手段。这个设计的逻辑是，在工作流上每个角色不再是对未来的事件作机械的判断，而是需要根据事件，通过 Enterprise 2.0 平台获得更多相关信息，再决定下一个流程的走向。或者说，Enterprise 2.0 可以帮助工作流上的每个结点增加决策的背景信息。想象一个通过网络的医院会诊的场景，如果每个医生可以在工作流的结点提供更多的经验输入，那么最后一个人在做出判断时，已经累积了多个人的信息输入，从而提高了准确性。

3. 企业内部自下而上的知识共享与创新

北美的 IT 企业其实早就开始设计一些让员工贡献想法的制度，不过这类活动往往是采用一年的某一天做为活动日的做法，并没有渗透到员工的日常工作中。自从 Google 提出员工可以有 20%的时间做工作以外的方式后，这种西方大学式的自由创造精神又开始回到壁垒森严的企业中。丰田成为全球第一大汽车巨头的秘诀就是遍及每个员工的"改进偏执"，企业运营的无数细节，外界商业环境的不断变化，全球化运营的地域挑战，使得教堂模式的指挥方式完全不得其法。丰田模式的秘密正在于，不相信革命，而相信自下而上持续改进的聚集效应。

回到 COI 的概念，通过企业内部社区的建立，可以形成一个个"兴趣社区"，这些社区会产生一些自下而上的创新理念，这些创新改进了部门效率，还可能被企业高级管理机构升级为公司级的创新。在某种角度上，Enterprise 2.0 和外界的 Web 2.0 本来就是互相渗透的，Web 2.0 的思潮启发了草根文化，大量的观点和需求涌现出来，Enterprise 2.0 很像企业内部的 Web 2.0 采集器，这些雇员可以在一个社区里面，讨论外界的思潮中那些可以转变为一些创新的方法。早期 Enterprise 2.0 遇到的一个挑战是，员工不愿意将自己的经验拿出来共享，员工在传统的教堂模式里生活惯了，分享经验会担心降低自己的价值。

7.7.5　企业社会化计算技术

1．社区管理工具（community management tools）

现在，尽管用工具来管理在线社区并非是必需的，但它确实能帮助你获得很多好的实践，并且将很多社区管理者重复而繁重的例行任务自动化。许多企业还在学习如何运用社会化计算，并且经常在社区管理方面没有计划足够预算。商业软件主宰了这个市场，其中颇为称道的解决方案包括 Rollstream、eModeration、Tempero 和 Essentia 等。

2．开放的身份识别（open identity）

现在企业内部和消费领域都有非常广泛的身份识别问题。之前可假定 OpenID 将成为企业为员工创建 SSO 统一登录的可行手段，可以在 Web 和社会化媒体特别是 B2B 等场景对员工识别进行集中管理和控制。有可能是大型软件公司，比如 SAP 开启商业应用吗？不，目前还不会，企业和普通用户一样，都不愿意提供更多的身份集成。相反，托管的 SAAS 和云计算提供与 LDAP 和公司身份系统的同步。与此同时，身份验证将变得越发重要。

3．微博（microblogging）

当 Wiki 逐渐成为一个通用的 Enterprise 2.0 工具时，微博将成为比博客更为流行的应用。企业内部的微博将创建很有价值的活动流。Gartner 报告说微博在两年内将在 50%的企业普及，虽然比不上大众类独立微博站那么普及，也将是相当可观了。微博将使企业社交网络更加具有时效性，并让 Enterprise 2.0 在保留大多数特性的同时更为聚焦和特别。

4．社会化 CRM（social CRM）

如今，将社会化计算运用到客户关系管理得到了更多的注意力。像 GetSatisfaction，Helpstream、Lithium 和其他类似的服务瞄准了帮助企业创新地利用社交工具降低支持成本并改进客户满意度。沿着这个方向，社会化 CRM 将改变目前企业与客户和市场在服务支持及接触管理流程的关系现状，而发展为长期的合作伙伴。与许多 Enterprise2.0 领域的应用一样，大型厂商还没有在这一领域占据位置，而许多组织在相关技术和产品成熟之前，暂时选择了利用 Twitter 和 Facebook 与客户交互。不出意外的话，经过几年的开发与增长，这一领域将迎来明显的发展时机。

5．企业级平台将增加社交层（enterprise platforms gaining a social layer）

微软 Sharepoint 和 Salesforce Chatter 等企业软件厂商开始在产品的平台层引入并体现了社会化计算特性。这样做有很多好处，包括为跨应用提供一个连贯、集成的社会化体验，以及统一的安全与身份识别等。在许多场景，一体化的集成应用可能比彼此不能互连的独立 Enterprise 2.0 应用更为实用。然而不足之处在于，这种产品模式就不能选择市面上最优秀的产品。现阶段社会化特性被不断增加到商业软件作为标准产品的一部分，在接下来的一至两年内估计大多数软件厂商的产品线中都会有 Enterprise 2.0 特性充实进去。这将会导致社会化操作系统什么时候出现的讨论。开源可能会在未来成为一股不可忽视的力量，但目前还为时尚早。

6. 活动流（activity streams）

大多数在线社交互动的输出是活动的反向时间流，例如状态更新、上传照片和视频，或者分享链接。这种结果称之为活动流，也就是所看到的 Twitter Feeds、Facebook news Feeds 或同事的企业社交网络主页工作状态。现在有围绕活动流的开发标准，可帮助企业更好地利用其价值，包括为了社交分析、社区管理和法规遵从等目的而获取、归档和使用它们。企业在沟通、学习和位置感知等方面的需要也让活动流更加流行。基于标准增加互操作性能推动活动流的应用。但遗憾的是，现在社会化开发工具之间缺少对企业活动流的标准支持。

7. 社会化搜索、分析与过滤（social search，analyticsand filtering）

当 Enterprise 2.0 在组织内产生了大量的信息之后，就会面临如何查找并跟踪所需信息的问题。如果不能停止信息的不断产生和流动，就需要让它可管理和可用。遗憾的是，适应于社会化计算环境的搜索、分析和过滤工具还处于早期，可用的解决方案还很少。当企业意识到员工要花很多时间去查找信息的时候，有些企业就会寻找对应的解决方案。Coveo 和 Baynote 这样的公司开始在社会化搜索领域提供企业级产品；企业社会化分析软件目前有 Ingage Networks、Connotate's Enterprise 2.0 BI 和 IBM's new Smart Analytics Cloud 等产品提供。

8. 企业社会化媒体工作流（enterprise social media workflow）

使用过社会化媒体的人都知道，一般的活动工作流从准备内容到发布，然后推广，跟踪结果，并且参与到随之而来的对话中。手工操作这些不同方面的事情将会十分烦琐。而 Ping.fm 和 tarpipe 这样的服务为个人社会媒体提供了基本的流程自动化工具，但还没有见到类似产品的企业级产品。这些自动化特性通常会附加到现有类似 HP 那样的内容管理工作流工具中，或者成为 Sharepoint2010 这样平台工作流和社会网络特性的一部分。

9. 自动法规遵从监控（automated compliance monitoring）

Enterprise 2.0 很少被讨论，但是对很多公共公司和管制性的行业而言，更为重要的目标就是确保其使用符合当地法律、法令和法规。当任何员工都可以轻易地在组织范围内甚至全世界传播信息时，许多组织希望能够在问题发生前提前获悉。尽管针对员工的社会化媒体政策通常会提供相应指导，仍有许多公司希望在问题爆发前能检测到与法规遵从的冲突。遗憾的是，许许多多的法规要求在 Enterprise 2.0 讨论中被忽视了，因为大家率先聚焦的是价值好处而非潜在风险。虽然目前大多数使用社交媒体的大公司并不会强制用户（IBM 就是个好例子），很多公司运用了 CompliantPro 这样的自动法规遵从工具。法规遵从将不断成为 Enterprise 2.0 平台重要的特性，像 Blogtronix 这样的公司就宣称其面向个人财务应用领域的 Enterprise 2.0 应用是符合法规遵从要求的。

10. 下一代统一通信（next-generation unified communication）

当企业通信即将真正得到统一的时候，社会化媒体的出现又给统一通信提供了新的难题。当即时通信甚至 SMS 集成到众多的企业，微博、Wiki 时，社交网络和其他接触渠道都还没有集成到统一通信，包括一些采用社会化计算的领先厂商，如 Cisco。IBM 的 Lotus Sametime 产品率先解决了这个问题，并支持许多 Enterprise 2.0 的新接触点。不久之后，应该会见到一波企业统一通信产品融合 Enterprise 2.0 的浪潮。当这一切成为现实后，下一代统一通信产品将成为企业采用社会化计算的强大驱动力。

7.8 Web 3.0 营销

本节将介绍 Web 3.0 的定义，发展历程和特征分析等内容。

7.8.1 Web 3.0 定义

Web 3.0 一词包含多层含义，用来概括互联网发展过程中可能出现的各种不同的方向和特征，包括将互联网本身转化为一个泛型数据库，跨浏览器、超浏览器的内容投递和请求机制，人工智能技术的运用，语义网，地理映射网，运用 3D 技术搭建的网站，甚至虚拟世界或网络公国等。

7.8.2 Web 3.0 发展历程

Web 3.0 是针对 Web 2.0 而提出的，较有名的首次提及是在 2006 年初 Jeffrey Zeldman 博客的一篇批评 Web 2.0 的文章中。

2006 年 5 月，蒂姆·伯纳斯·李曾说："人们不停地质问 Web 3.0 到底是什么。我认为当 SVG 在 Web 2.0 的基础上大面积使用——所有东西都起波纹、被折叠并且看起来没有棱角——以及一整张语义网涵盖着大量的数据时，就可以访问这难以置信的数据资源。"

在 2006 年 11 月的 Technet 峰会上，Yahoo 创办人兼首席运行官杨致远做出阐述："目前对 Web 2.0 的归档和讨论很多，借助网络级别所能达到的性能，网络的力量已经到达了一个临界点。同时也看到最近 5 年出现了更高级的设备及更高级的与网络交互的方法，不仅仅体现在游戏机和移动设备这样的硬件上，同时也体现在软件层面中。不一定只有计算机科学家才能创作出一个程序。这种现象在 Web 2.0 里初现端倪，而 Web 3.0 将更加深化，是一个真正的公共载体……专业、半专业和消费者的界限越来越模糊，从而创造出一种商业和应用程序的网络效应。"

在这个峰会上，Netflix 创始人 Reed Hastings 阐述了定义 Web 术语的简单公式："Web 1.0 是拨号上网，50 kbit/s 平均带宽，Web 2.0 是 1 Mbit/s 平均带宽，那 Web 3.0 就该是 10 Mbit/s 带宽、全视频的网络，这才感觉像 Web 3.0。"

2007 年 8 月 7 日，Google 首席运行官埃里克·施密特出席首尔数字论坛时被与会者问及 Web 3.0 的定义，埃里克·施密特首先开玩笑地说："Web 2.0 只是一个营销术语，而刚才正好发明了 Web 3.0 这个营销术语。"

2010 年 11 月 16 的网络高峰会（Web 2.0 Summit）中，Mary Meeker 指出 Web 3.0 由 Social Networking，Mobile and Search 所组成。

7.8.3 Web 3.0 特征分析

1. 微内容（Widget）的自由整合与有效聚合

Web 3.0 将应用 Mashup 技术对用户生成的内容信息进行整合，使得内容信息的特征性更加明显，便于检索。将精确地阐明信息内容特征的标签进行整合，提高信息描述的精确度，从而便于互联网用户的搜索与整理。同时，对于 UGC 的筛选性过滤也将成为 Web 3.0 不同于 Web 2.0 的主要特征之一。对于互联网用户的发布权限经过长期的认证，对其发布的信息做不同可信度的分离，可信度高的信息将会被推到互联网信息检索的首项，同时提供信息的互联网用户的可信度也会得到相应提高。最后聚合技术的应用将在 Web 3.0 模式下发挥更大的作用，TAG/ONTO/RSS 基础聚合设施，渐进式语义网的发展也将为 Web 3.0 构建完备的内容聚合与应用聚合平台。将传统意义的聚合技术和挖掘技术相结合，创造出更加个性化、搜索反应迅速、准确的“Web 挖掘个性化搜索引擎”。

2．适合多种终端平台，实现信息服务的普适性

Web 3.0 的网络模式将实现不同终端的兼容，从 PC 互联网到智能手机、平板电脑、机顶盒及专用终端，不只应用在互联网这一单一终端上。现有的 Web 2.0 只能通过 PC 终端应用在互联网这一单一的平台上，面临现在层出不穷的新的移动终端的开发与应用都需要新的技术层面和理念层面的支持。而 Web 3.0 将打破这一僵局，使得各种终端的用户群体都可以享受到在互联网上冲浪的便捷。实现融合网络的普适化、公用显示装置与个人智能终端的通用，同时加入 E-RAD 的应用与研发，使得嵌入式技术在 Web 3.0 模式下发挥更大的效力。

3．良好的人性化用户体验，以及基础性的个性化配置

Web 3.0 同样以人为本，将用户的偏好作为设计的主要考虑因素。Web 3.0 在对于 UGC 筛选性的过滤基础上，同时引入偏好信息处理与个性化引擎技术，对用户的行为特征进行分析，既能寻找可信度高的 UGC 发布源，同时对互联网用户的搜索习惯进行整理和挖掘，得出最佳的设计方案，帮助因特网用户快速、准确地搜索到自己想要的、感兴趣的信息内容，避免了大量信息所带来的搜索疲劳。

个性化搜索引擎以有效的用户偏好信息处理为基础，以对用户进行的各种操作及用户提出的各种要求为依据，来分析用户的偏好。通过偏好系统得出的结论再归类到一起，在某一内容主题（如体育方面）形成一种内容和搜索的聚合，达到更好地满足用户搜索及观看的需要。将这一技术引入广播电视中来，将会给传统电视带来巨大的影响。对于数字机顶盒的应用，IPTV 及 WebTV 的推广提供了更好的聚合推送业务。

个性化引擎的建立是以偏好系统为基础的，偏好系统的建立要全面而且与内容聚合相联系。有了一定的偏好分析，才能建立起完善的个性化引擎。

4．有效和有序的数字新技术

Web 3.0 将建立可信的 SNS（社会网络服务系统），可管理的 VoIP 与 IM，可控的 Blog/Vlog/Wiki，实现数字通信与信息处理、网络与计算、媒体内容与业务智能、传播与管理，以及艺术与人文的有序有效结合和融会贯通。

Web 2.0 模式下的 SNS——网络社交平台，只是简单地将人与人通过互联网这一平台连接起来。通过互联网注册在 SNS 的平台上结交朋友这一途径，并不能确保注册信息的可靠性和有效性，并不是每一次交际圈的扩展都会带来相应的利益需求，这一过程进行下去的结果将会导致信息本身的外泄和零乱及不可靠信息的泛滥，颠覆了人们想利用互联网来扩展人际交往的初衷。这一问题在 Web 3.0 模式下，将通过对用户的真实信息的核查与认证这一方式来解决。高可信度的信息发布源为以后交际圈的扩展提供了可靠的保障，与此同时，人们在交际的同时，也可以更迅速地找到自己需要的人才，并且可以完全信任这些可信度高的用户所提供的信息，利用这些进一步扩展对自己有利的交际圈。

Web 3.0 模式下可管理的 VoIP 与 IM 同样为互联网用户的使用提供了方便快捷的服务方式。可信度越高、信用度越好的用户发布的信息将会被自动置顶，既提高了信息源发布者的可信度，同时使得这些有用、真实的信息更快地出现在用户面前，发挥信息的最大效力，提高了信息的使用率，降低了信息查找的时间损耗。

Web 3.0 模式下可控的 Blog/Vlog/Wiki 同样也是为了提高消息的利用率与查找信息的便捷度而产生的。这些原本在 Web 2.0 模式下允许用户随意发布的 Blog/Vlog/Wiki 会使得网络上堆积大量杂乱无章的信息，为用户的搜索带来了极大的不便。由此，Web 3.0 提出了“可控”这一概念，使得信息的发布与使用连接起来，如果想搜索高可信度的信息，可以点击可信度高的用户撰写的 Blog/Vlog/Wiki，实现可信内容与用户访问的对接。

本章小结

本章全面介绍了目前电子商务营销的主流方法，包括企业门户网站、搜索引擎、网络广告、E-mail、微博、论坛（社区）、Enterprise 2.0 和 Web 3.0 等方法。并分别介绍了各种电子商务营销方法的概念、特点、实施要点和步骤等，可对主流电子商务营销方法有一个系统了解。

核心概念：企业网站　搜索引擎营销　网络广告营销　E-mail 营销　微博营销　Enterprise 2.0 Web 3.0

本章习题

1. 主流电子商务营销方法有哪些？
2. 以某企业网站为例，分析其具有哪些功能模块，可进行哪些改进。
3. 一个典型的小型企业网站建设包括哪些流程？
4. 通过搜索引擎找到一个提供免费试用服务的虚拟主机网站，申请虚拟主机，上传网页，并通过免费地址成功访问该网站。
5. 注册 Baidu 搜索引擎推广账号，针对某网站进行搜索引擎推广，包括关键词拟定和预算方案设定。
6. 以某网站为例，分析该网站实施了哪些搜索引擎优化，以及还可以从哪些方面进一步优化。
7. 以网易等门户网站为例，梳理出该网站上的所有网络广告形式。
8. 以希网等 E-mail 营销平台为例，实施一项 E-mail 营销方案。

第4篇

实践篇

第8章

电子商务营销策划

学习目标

1. 了解策划概念和流程。
2. 理解电子商务营销策划理论。
3. 应用电子商务营销策划内容和步骤。
4. 分析电子商务营销策划原则和结构。

引例　欧莱雅电子商务营销策划

欧莱雅成立百年庆典，一系列的电子商务营销活动正如火如荼地进行着，而作为充满生命力的校内网则为欧莱雅在网络上的全面进攻提供了一个充满生机的环境和无限开阔的视野。有别于往年的线下运作模式，每年一度的欧莱雅“真情互动”校园义卖活动在线上举行。至此，这场已连续举行 7 年的慈善义卖助学活动步入了 e 时代。与往年到各校园进行现场义卖不同，义卖活动在形式上进行了全面的改革和创新，将传统的线下销售模式转换为通过“真情网购平台”，以及著名的网上商城当当网进行在线销售。与此同时，同学们可通过“真情分享平台”校内网交流和分享感受。可见，校内网成为欧莱雅转战电子商务营销的主战场。一时间，各大高校女生嘴里谈论的几乎都是欧莱雅和校内网，“看校内了吗？”、“参加欧莱雅了吗？”。凭借以往几年校园义卖的成功，欧莱雅在校园内本身就具有很高的品牌知名度和良好的公益形象，当校内网成为各大公司针对学生活动的平台后，分享与交流使得活动信息在最主要、最有针对性的人群里有着最大范围的传播，无疑让欧莱雅的电子商务营销如虎添翼。

欧莱雅在营销策划中尤其注重品牌目标受众与 SNS 社区群体的高度吻合。哪里的女性大学生最多？校内网无疑就是中国内地规模最大的虚拟“大学城”，拥有真实注册用户超过 4 000 万、PV4 亿、日登录 2 200 万人次。如此庞大的一个群体社区，为品牌开展针对大学生的活动提供了一个非常好的平台，校内网上建立的许多专业社区更是为一些重点客户群体进行有效筛选，化妆品爱好者、科学爱好者（科学之星单元）和环保爱好者（环保达人单元）都能迅速地找到大面积的关键有效受众。

校内作为 SNS，其实名制创造了口碑营销的最大价值。校内网以实名制为基础，以致该社区上所有用户都有着很高程度的相互信赖，尤其用户的朋友圈子几乎都是自己从小学到大学现实生活中的好朋友，当这些好朋友们对信息进行分享后，总是能够得到很大程度的信任并会引起很大的好奇心。欧莱雅充分利用了“朋友”和“实名制”，在校内 SNS 上推出关于活动的投票评选，活动的分享传播有奖，效果显著。

总之，欧莱雅电子商务营销活动之所以能够深入人心，影响广泛，关键在于发挥了电子商务营销优势，策划得力。

（本文由作者根据网络资料改写）

8.1　电子商务营销策划的理论：4P 向 4V 的转变

本节将介绍电子商务营策划理论的相关知识。

1．4P

20 世纪 60 年代，杰罗姆 · 麦卡锡（Jerome McCarthy）提出了组合的 4P 理论，即由产品策略（product）、价格策略（price）、渠道策略（place）和促销策略（promotion）建立的基本框架。

1）产品的组合

产品的组合主要包括产品的实体、服务、品牌和包装，它是指企业提供给目标市场的货物及服务的集合，包括产品的效用、质量、外观、式样、品牌、包装和规格，还包括服务和保证等因素。

2）定价的组合

定价的组合主要包括基本价格、折扣价格、付款时间和借贷条件等。它是指企业出售产品所追求的经济回报。

3）分销的组合

分销的组合主要包括分销渠道、储存设施、运输设施和存货控制，它代表企业为使其产品进入和达到目标市场所组织、实施的各种活动，包括途径、环节、场所、仓储和运输等。

4）促销组合

促销组合是指企业利用各种信息载体与目标市场进行沟通的传播活动，包括广告、人员推销、营业推广与公共关系等。

以上 4P（产品、价格、渠道和促销）是营销过程中可以控制的因素，也是企业进行活动的主要手段，对它们的具体运用形成了企业的战略。

2．4C

在传统策略中，由于技术手段和物质基础的限制，产品的价格、宣传和销售的渠道、商家（或厂家）所处的地理位置，以及企业促销策略等就成了企业经营、市场分析和营销策略的关键性内容。以上内容通常被称为 4P 组合。

而在电子商务条件下，这种营销策略将会有很大的改变。首先是地域和范围的概念没有了，其次是宣传和销售渠道统一到了网上，第三是在剔除了商业成本后，产品的价格将大幅度降低等。同时，一些其他的新问题被纳入到了营销策略需要考虑的范畴。例如，建立电子商务营销系统的立足点不是单纯地供应产品，而是满足顾客的欲望和需求；不是单纯地考虑价格，而是研究顾客为满足自己的需求所愿意负担的成本；不是单纯地考虑渠道，而是研究如何方便顾客购买；不是简单地向顾客促销商品，而是与顾客进行双向沟通。

于是，形成了 4C 营销策略，即顾客的欲望与需求（consumer's wants and needs）、满足欲望与需求所需要的成本（cost to satisfy wants and needs）、方便购买（convenience to buy）和加强沟通（communication）。由于这几个词的英文字母都是以 C 开头，所以被形象地称为基于 4C 的电子商务营销模式，也就是 4C 营销策略。由 4P 策略向 4C 策略的转变如表 8-1 所示。

表 8-1　4P's 策略和 4C's 策略

4P's 策略		4C's 策略	
Product	产品	Customer	顾客
Price	价格	Cost	成本
Place	渠道	Convenience	便利
Promotion	促销	Communication	沟通

1）产品从“物质”到理念的变化

传统意义上的产品多是一种物理的概念，即实实在在的东西。而信息化社会中产品的概念会发生变化，从“物质”的概念演变为一个综合服务和满足需求的概念。也就是说，企业售出的不光是一些物质型的产品，而是一种综合服务的理念。

它包括以下几个方面：

（1）提供市场需要的产品或者服务。

（2）搞好产品的售后服务工作。

（3）围绕消费者需求开发新的产品。

2）产品寿命周期的变化

在原有新产品开发过程中有一个寿命周期的概念。在传统的环境中，厂家由于不直接接触消费者，所以很难把握住新产品研制的正确投向。另外，在掌握产品的饱和期和衰退期方面往往会不可避免地出现滞后现象。

在新的环境下，这种情况会发生改变，产品寿命周期的概念会逐步淡化。由于生产者和消费者可以在网上建立直接的联系，所以满足大部分消费者的需求就是新产品开发的正确投向。另外，由于能在网上及时了解消费者的意见，从产品一开始投入市场，就能知道应改进和提高的方向。于是，老产品还处在成熟期时企业就开始了下一代系列产品的研制，随着系列产品的推出，将很快取代处于饱和期和衰退期的原有产品，使产品的生命周期缩短。

3）产品定价策略的变化

传统商品的定价策略基本上是按：“生产成本+生产利润+销售利润+品牌系数”来确定的。在这种价格策略中，生产厂家对价格起着主导作用。这种价格策略能否被消费者和市场接受是一个具有很大风险的未知数。

而新型的 4C 组合则相反，根据消费者和市场的需求来计算满足这种需求的产品和成本。由这种成本开发出来的产品和制定的产品价格风险相对是较小的。

这种由成本定价到满足需求定价的过程可表示如下：

成本定价：产品及功能设计→生产成本+生产利润+商业利润+品牌系数→产品价格。

满足需求定价：消费者需求→产品功能→生产与商业成本→市场可接受的性能价格比。

4）从传统商业到现代商业的运作模式

在传统商业的营销策略中，有一个强烈的地域限制。企业在制定各种营销策略时，不得不考虑到营销渠道和地域的问题。于是，厂家在制定营销策略时，一定会受到厂家所在地和目标市场所在地，以及用什么样的渠道来售出产品的限制。而商家在制定营销策略时，一定会受到所在地区的顾客收入水平和职业结构等方面的限制。

在电子商务营销策略中，情况就大不相同了。企业的营销过程已经没有地域的概念，商务信息的交换和处理取代了原有商务运作过程中的大部分工作。在这种情况下，营销策略中要考虑的重要问题就是如何在网络上用丰富的商品信息资源吸引用户，如何使所开发出的电子商务系统既安全又方便于消费者购买。

在传统商业的运作模式中，另一个很重要的问题就是企业必须通过层层批发和储运过程来保存实物。这样做的结果不但费时、费力，不利于企业对市场和消费趋势进行快速反应，而且大大地增加了经营成本。

在未来的商业运作模式中，情况将会有很大的不同，商业企业、生产企业及消费者将在网络空间上建立密切联系。所有的供需信息和商贸磋商过程都通过电子商务系统来进行，而商品从供应厂家到消费者或需求厂商手中的工作则由社会上的物流配送公司来完成。

3. 4R

艾略特·艾登伯格（Elliott Ettenberg）2001年在其《4R营销》一书中提出4R营销理论。唐·舒尔茨（Don E. Schuhz）在4C营销理论的基础上提出了4R营销理论。

1）4R理论的营销4要素:《4R营销理论》

（1）关联（relevancy），即认为企业与顾客是一个命运共同体。建立并发展与顾客之间的长期关系是企业经营的核心理念和最重要的内容。

（2）反映（respond），在相互影响的市场中，对经营者来说最现实的问题不在于如何控制、制定和实施计划，而在于如何站在顾客的角度及时地倾听和测试商业模式转移成为高度回应需求的商业模式。

（3）关系（relation），在企业与客户的关系发生了本质性变化的市场环境中，抢占市场的关键已转变为与顾客建立长期而稳固的关系。与此相适应产生了5个转向：①从一次性交易转向强调建立长期友好合作关系；②从着眼于短期利益转向重视长期利益；③从顾客被动适应企业单一销售转向顾客主动参与到生产过程中来；④从相互的利益冲突转向共同的和谐发展；⑤从管理营销组合转向管理企业与顾客的互动关系。

（4）回报（return），任何交易与合作关系的巩固和发展，都是经济利益问题。因此，一定的合理回报既是正确处理营销活动中各种矛盾的出发点，也是营销的落脚点。

2）4R理论的特点

4R营销理论的最大特点是以竞争为导向，在新的层次上概括了营销的新框架，根据市场不断成熟和竞争日趋激烈的形势，着眼于企业与顾客的互动与双赢，不仅积极地适应顾客的需求，而且主动地创造需求，运用优化和系统的思想去整合营销，通过关联、关系和反应等形式与客户形成独特的关系，把企业与客户联系在一起，形成竞争优势。其反应机制为互动与双赢、建立关联提供了基础和保证，同时也延伸和升华了便利性。“回报”兼容了成本和双赢两方面的内容，为了追求回报，企业必然实施低成本战略，充分考虑顾客愿意付出的成本，实现成本的最小化，并在此基础上获得更多的市场份额，形成规模效益。这样，企业为顾客提供价值和追求回报相辅相成，相互促进，在客观上达到的是一种双赢的效果。

（1）4R营销以竞争为导向，在新的层次上提出了营销新思路。根据市场日趋激烈的竞争形势，4R营销着眼于企业与顾客建立互动与双赢的关系，不仅积极地满足顾客的需求，而且主动地创造需求，通过关联、关系和反应等形式建立与它独特的关系，把企业与顾客联系在一起，形成了独特竞争优势。

（2）4R 营销真正体现并落实了关系营销的思想。

（3）4R 营销提出了如何建立关系、长期拥有客户和保证长期利益的具体操作方式，这是关系营销史上的一个很大的进步。

（4）4R 营销是实现互动与双赢的保证。

（5）4R 营销的反应机制为建立企业与顾客关联、互动与双赢的关系提供了基础和保证，同时也延伸和升华了营销便利性。

（6）4R 营销的回报使企业兼顾到成本和双赢两方面的内容。为了追求利润，企业必然实施低成本战略，充分考虑顾客愿意支付的成本，实现成本的最小化，并在此基础上获得更多的顾客份额，形成规模效益。这样一来，企业为顾客提供的产品和追求回报就会最终融合，相互促进，从而达到双赢的目的。

3）4R 理论的缺陷

当然，4R 营销理论同任何理论一样，也有其不足和缺陷。如与顾客建立关联和关系，需要实力基础或某些特殊条件，并不是任何企业都可以轻易做到的。但不管怎样，4R 营销提供了很好的思路，是经营者和营销人员应该了解和掌握的。

4R 之外还有+0.5R，几乎所有的理论都是在强调如何强占市场和争取客户，夺取利润为最大目标。但市场行为本身就是一种风险博弈，也可以说在市场上什么都是可变的，只有利润和风险是永恒的。所以建议学习该理论时能再加上 0.5R，即 risky control。相信只有能够把握好风险控制的管理者才能拥有更长久的发展动力和空间。

4R 营销的操作要点如下：

（1）紧密联系顾客。企业必须通过某些有效的方式在业务、需求等方面与顾客建立关联，形成一种互助、互求、互需的关系，把顾客与企业联系在一起，减少顾客的流失，以此来提高顾客的忠诚度，赢得长期而稳定的市场。

（2）提高对市场的反应速度。多数公司倾向于说给顾客听，却往往忽略了倾听的重要性。在相互渗透和相互影响的市场中，对企业来说最现实的问题不在于如何制定并实施计划和控制，而在于如何及时地倾听顾客的希望、渴望和需求，并及时做出反应来满足顾客的需求，这样才利于市场的发展。

（3）重视与顾客的互动关系。4R 营销理论认为，如今抢占市场的关键已转变为与顾客建立长期而稳固的关系，把交易转变成一种责任，建立起和顾客的互动关系。而沟通是建立这种互动关系的重要手段。

（4）回报是营销的源泉。由于营销目标必须注重产出，而达成回报是动力的源泉，注重企业在营销活动中的回报，所以企业要满足客户需求，为客户提供价值，不能做无用的事情。一方面，回报是维持市场关系的必要条件；另一方面，追求回报是营销发展的动力，营销的最终价值在于其是否给企业带来短期或长期的收入能力。

4．4V 理论

进入 21 世纪以来，高科技产业迅速崛起，高科技企业、高技术产品与服务不断涌现，因特网、移动通信工具、发达交通工具和先进的信息技术，整个世界面貌焕然一新，原来那种企业和消费者之间信息不对称的状态得到改善，沟通的渠道多元化，越来越多的跨国公司开始在全球范围进行资源整合。在这种背景下，4V 营销组合论应运而生。所谓 4V 是指差异化（variation）、功能化（versatility）、附加价值（value）和共鸣（vibration）的营销组合理论。4V 营销理论首先强调企业要实施差异化营销，一方面使自己与竞争对手区别开来，树立自己的独特形象；另一方面也使消费者相互区别，满足消费者个性化的需求。其次，4V 理论要求产品或服务有更大的柔性，能够针对消费者的具体需求进行组合。最后，4V 理论更加重视产品或服务中无形要素，通过品牌、文化等以满足消费者的情感需求。

1）顾客是千差万别的，在个性化时代，这种差异更加显著

管理大师彼得·德鲁克在描述企业的定义时曾这样说，企业的宗旨只有一个定义，这就是创造顾客。从表面上看，企业向不同的顾客提供的是同一种商品，但实际上，顾客所买的可能是根本不同的东西。同样是买汽车，有的购买的是纯粹的交通工具，有的则更附加了地位、声望等这些车外之物；同样是买服装，中老年人注重更多的是冬暖夏凉这些功能，而年轻人则可能把款式和是否流行作为首选内容。顾客对商品看法的差异决定了他是否作为最终消费者。而从生产者来讲，产品是否受顾客欢迎，最主要的是能否把自己的产品与竞争对手区别开来，让消费者一见钟情。所以，从某种意义上说，创造顾客就是创造差异。有差异才能有市场，才能在强手如林的同行业竞争中立于不败之地。差异化营销正是迎合了这种需要。所谓差异化营销就是企业凭借自身的技术优势和管理优势，生产出在性能和质量上优于市场上现有水平的产品，或是在销售方面通过有特色的宣传活动、灵活的推销手段及周到的售后服务，在消费者心目中树立起非同一般的良好形象。

对于一般商品来说，差异总是存在的，只是大小强弱不同而已。而差异化营销所追求的“差异”是产品的“不完全替代性”，即在产品功能、质量、服务和营销等方面，本企业为顾客所提供的是部分对手不可替代的。为了形成“鹤立鸡群”，差异化营销一般分为产品差异化、市场差异化和形象差异化 3 个方面。①产品差异化是指某一企业生产的产品，在质量和性能上明显优于同类产品的生产厂家，从而形成独自的市场。以冰箱企业为例，海尔集团为了满足我国居民住房紧张的需要，推出小巧玲珑的小王子冰箱；美菱集团为了满足一些顾客讲究食品卫生要求，生产出美菱保鲜冰箱；而新飞则以省电节能作为自己为顾客提供服务的第一任务，从而吸引了不同的顾客群。②形象差异化是指企业实施品牌战略和 CI 战略而产生的差异。企业通过强烈的品牌意识及成功的 CI 战略，借助于媒体的宣传，使企业在消费者心目中树立起良好的形象，从而对该企业的产品发生偏好。③市场差异化是指由产品的销售条件、销售环境等具体的市场操作因素而生成的差异。大体包括销售价格差异、分销渠道差异和售后服务差异。

2）功能弹性化

一个企业的产品在顾客中的定位有 3 个层次：一是核心功能，它是产品之所以存在的理由，主要由产品的基本功能构成，如手表是用来计时的，手机是用来移动通话的。二是延伸功能，即功能向纵深方向发展，如手机的储存功能、与计算机联通上网功能、移动股市行情反映功能，甚至于启动家庭智能电器等功能。它以“单功能—多功能—全能”的方向向前发展。三是附加功能，如美学功能等。总之，产品的功能越多，其所对应的价格也越高（根据功价比原理），反之亦然。

功能弹性化是指根据消费者消费要求的不同，提供不同功能的系列化产品供给，增加一些功能就变成豪华奢侈品（或高档品），减掉一些功能就变成中、低档消费品。消费者根据自己的习惯与承受能力选择其具有相应功能的产品。20世纪八九十年代，日本许多企业盲目追求多功能或全功能，而造成功能虚靡，使功能缺乏弹性，从而导致营销失败。

3）附加价值化

从当代企业产品的价值构成来分析，其价值包括基本价值与附加价值两个组成部分，前者是由生产和销售某产品所付出物化劳动和活劳动的消耗所决定的，即产品价值构成中的“C+V+M”，后者则由技术附加、营销或服务附加和企业文化与品牌附加3部分所构成。从当代发展趋势来分析，围绕产品物耗和社会必要劳动时间的活劳动消耗在价值构成中的比重将逐步下降；而高技术附加价值、品牌（含“名品”、“名人”和“名企”）或企业文化附加价值与营销附加价值在价值构成中的比重却显著而且将进一步上升。目前，在世界顶尖企业之间的产品竞争已不仅仅局限于核心产品与形式产品，竞争优势已明显地保持在产品的第三个层次——附加产品，即更强调产品的高附加价值。因而，当代营销新理念的重心在“附加价值化”。

为此应从3个角度入手：①提高技术创新在产品中的附加价值，把高技术含量充分体现在“价值提供”上，从技术创新走向价值创新。②提高创新营销与服务在产品中的附加价值。高附加值产品源于服务创新与营销新理念。许多企业已清楚地认识到，开启市场成功之门的关键就在于顾客满意，而针对于顾客满意的“价值提供”则更强调服务创新。服务创新能力不但是衡量企业能否实现消费者“价值最大化”的重要标志，而且也是衡量企业自身能否实现“利润最大化”的“预警器”。③提高企业文化或品牌在产品中的附加价值。在新世纪，消费者表面上看仍是购买企业产品的使用价值，实质上是购买企业的价值；表面上看是消费企业所提供的产品，实质上是消费企业的文化。因此才有了“海尔产品的价格不是产品价值，而是企业价值，以及由此导致的不轻易降价”一说，也因此才出现同样是杂交稻种，袁隆平的杂交稻种即使价格高些，人们也乐意购买的“名人”与“名品”效应。

4）共鸣

共鸣是企业持续占领市场并保持竞争力的价值创新给消费者或顾客所带来的“价值最大化”，以及由此所带来的企业的“利润极大化”，强调的是将企业的创新能力与消费者所珍视的价值联系起来，通过为消费者提供价值创新使其获得最大程度的满足。消费者是追求“效用最大化”者，“效用最大化”要求企业必须从价值层次的角度为顾客提供具有最大价值创新的产品和服务，使其能够更多地体验到产品和服务的实际价值效用。这里所强调的价值效用，实质上就是消费者追求“需求满足”的一种期望价值和满意程度，是企业对消费者基于价值层面上的一种“价值提供”，这种“价值提供”构成了价值创新的核心内容。因此，只有实现企业经营活动中各个构成要素的价值创新，才能最终实现消费者的“效用价值最大化”，而当消费者能稳定地得到这种“价值最大化”的满足之后，将不可避免地成为该企业的终身顾客，从而使企业与消费者之间产生了共鸣。

纵观国际市场竞争，在现代产品价格构成中，由“价值提供”所构成的价格越来越占有相当大的比重，而“价值提供”从更深层次上提高了企业的竞争能力。价值创新的着眼点就是将企业的经营理念直接定位于消费者的“价值最大化”，通过强调“尊重顾客”

和建立“顾客导向”为目标市场上的消费者提供高附加值的产品和效用组合，以此实现向顾客让渡价值。顾客让渡价值是指顾客整体价值与顾客整体成本之间的差额部分。顾客整体价值包括顾客从购买的产品和服务中所期望得到的全部利益（产品价格、服务价值、人员价值和形象价值），顾客整体成本除了货币成本之外还包括非货币成本（时间成本、精力成本和精神成本等）。顾客让渡价值的实现要求顾客所期望得到的全部利益（顾客整体价值）在价值量上要大于顾客所花费的全部成本（顾客整体成本），即产生整体上的消费者剩余。因为每一顾客在消费产品和服务时都具有一定的价值取向，顾客的购买行为是在对成本与利益进行比较和心理评价之后才发生的。因此，企业在经营活动中不仅要创造价值，而且更要关注顾客在购买产品和服务时所倾注的全部成本。只有顾客整体价值达到最大化后，顾客才乐意倾注顾客整体成本的全部；而企业也只有在“价值提供”上达到顾客要求时才能获得顾客整体成本的全部，从而使“利润最大化”，达成供求双方的共鸣。

8.2　策划与电子商务营销策划

1．策划的概念

策划是人类最古老的活动之一，在人类文明史上，策划起到了非常重要的作用。在政治、经济、军事和外交等许多领域，策划活动盛行不衰，对社会进步和发展起到了巨大的推动作用。可以说，策划作为人类超前思维和创造思维的最佳结合形式，正在不断地创造着历史，推动着社会的进步和发展，也促使人类自身的不断完善与提高。

经济策划是从军事策划发展而来的。市场变化无穷，复杂多样，诡异纷呈，商场如战场。为了在经济领域中以最小的投入获得最大的经济和社会效益，营销策划应运而生。

策划是一个复杂的过程。为了实现交换，达到预期的效益目标，企业经营者必须设法创造性地建立、保持市场的发展，扩大与顾客之间的交换关系。因此，既要科学地分析市场，又要合理地设计、实施和控制自己的经营行为，力求在适当的时间、适当的地点，以适当的价格、向适当的消费者或用户提供适当的产品，并用适当的促销方式与他们沟通。为了使这些“适当”从理想变为现实，人员所做的分析、判断、推理、预测、构思、设计、安排和部署等工作便是策划，而针对电子商务营销所做的上述策划即为电子商务营销策划。

2．电子商务营销策划的特点

1）预见性

电子商务营销策划是对企业未来行为的筹划。这种筹划借助于丰富的经验和高超的创造力，将各种营销要素进行优化组合，形成各种营销方案和行动措施。

一个成功的电子商务营销策划必须建立在对未来市场发展趋势准确无误的分析判断基础上。没有这个前提，电子商务营销策划就变成了无的放矢的冒险行为。

2）系统性

电子商务营销策划是企业在整个营销过程中，分析、评价并选择可以预见到的机会，系统地形成目标和开发可以达到目标的各种项目与行动的一种逻辑思维过程。它要求科学，强调周密、有序。所以，拍拍脑袋想出几个其间毫无内在联系的有关点子，最多只能算是创意，而绝不能说是电子商务营销策划。

3）动态性

策划是事先决定做什么、如何做、由谁做和何时做，但策划的过程是企业可控因素与环境的不可控因素之间的动态平衡过程，所以，电子商务营销策划不同于计划。计划是对电子商务营销策划结果的一种表述，而策划是贯穿在整个电子商务营销管理过程之中的。

4）具体性

电子商务营销策划是一种思维过程，但不能只是一种空想，必须具有很强的可操作性，是经过努力可以实现的设计。所以电子商务营销策划的任务不仅要提供思路，而且要在此基础上产生行动方案，也就是发展出可以指导实践的计划。对于不能操作的方案，创意再好也无任何价值；对于不易操作的方案，必然耗费大量的人力、物力和财力，而且也使管理复杂化，成效也不会高。

5）可调适性

因为电子商务营销策划是一种超前行为，它不可能详尽未来市场的一切因素，必然会出现营销方案与现实脱节的情形。因此，任何策划方案一开始都是不完善的，都需要在实施过程中根据实际情况加以调整和补充。可见，营销方案必须具有弹性，能因地制宜。如果营销方案不能集灵活性和变通性为一体，就不能适应市场变化，也就不能实现预期效果。

3. 网络营销策划分类

1）按照网络营销策划的层次分类

（1）信息应用层策划。这是最简单、最基本的一层，在这个层次上，企业主要通过利用 Internet 来发布信息，并充分利用网络优势，与外界进行双向沟通。在这个应用层中，无须企业对信息技术有太高的要求，只是最基本的使用。比如，通过发 E-mail 与消费者进行沟通和交流，定期给客户发各种产品信息邮件、产品推荐邮件和电子刊物等，加强与顾客的联系；建立企业主页，将一些有关企业及其产品、服务的介绍放在上面，辅之以精美的图文，供访问者浏览；通过专用数据专线上网等。

（2）战术营销层策划。企业主要进行以下工作：

① 网络营销调研。利用 Internet 在线调研可以轻松地完成大量复杂的调研工作，能够充分满足各种统计数据的要求，提高营销调研的质量。由于它使用电子问卷，从而大大减少了数据输入工作，缩短了调研时间。

② 网上销售。这是目前网络营销最具诱惑力的地方之一。数以千计的企业在网上安营扎寨，销售产品种类繁多。而在实际中，这个企业也许仅仅就是一台计算机，没有厂房，没有员工，没有办公大楼。他们是网上的“虚拟巨商”，却又是如此真实。网上销售与传统的商业销售的实物流程相分离，是一种信息时代的营销手段。

③ 营销战术系统。主要包括一些用于管理库存的子系统，用于宣传产品、链接网站的子系统及用于答复用户意见、反馈信息的子系统。决策者们利用网上的这一系统分析工具，进行着各种各样的决策活动。

（3）战略营销层策划。这个层次是建立在战术营销层基础上的，将整个企业营销组织、营销计划和营销理念等完全融入网络，依靠网络指定方针，开展战略部署，实现战略转移，以及缔结战略同盟等战略决策。

2）按照网络营销的进度分类

（1）网络营销改进型策划。曾经进行过网络营销，但在网络发展迅速和更新频率加快的同时，现有的网络营销机制已经无法满足大众口味，在多个方面都受到了影响。产品负面新闻直接影响到产品在市场的受捧程度，同一产品新厂商的出现加剧了企业竞争网络市场，以及网络营销中的推广环节过于拥挤导致产品无法得到消费者的信任等。而这种曾经实施过的网络营销行为均会被淘汰，需要新的方案来改进现有方案，这就是我们所说的网络营销改进型策划的出现前提。对于改进型网络营销策划，着重考虑原有基础上受制约的因素，不仅要跟上网络市场的步伐，更需要洞察同行对手在网络营销上采取的各种方法。对于一个企业在发展过程中遇到的问题，必须与网络市场相结合，只有网络与市场相结合发展，才能在网络大市场中占得一席之地。

（2）网络营销创业型策划。网络营销与策划更多的偏向于许多创业者，这也成就了我们所说的创业型策划的开篇，对于新事物的产生，必须要有一个心理准备，任何一个电子商务人员和企业管理者都必须有这种创业型策划的意识。创业型策划需要包含的内容有项目发起、项目预测、项目预实施、不可遇见性因素预测、项目投放、项目评估、项目改进、具体实施内容和最后转向改进型策划。项目预测中需要做一个项目网络市场和网上市场调查，确保网络营销的顺利进行，并且可以在发现问题后及时得到解决，其中的不可遇见性因素是非常重要的，需要结合同类或者其他产品在投入网络市场之后所遇到的各种问题，由此来考虑创业型策划的全面性，确保整个网络营销计划的成功。

（3）网络营销辅助型策划。利用各种网络手段（如SEO技术），来加强企业在网络营销上的力度，以获得更好的效果。配合于各种技术及手段而做的策划称之为网络营销辅助型策划，这类策划需要企业协调各部门之间的配合，优化组合，优化在新的网络市场中的营销效果。

（4）网络营销效益型策划。网络营销效益型策划主要是针对中小企业，包含网络营销策划、综合网络推广、效益型网站建设及优化，以及营销效果跟踪管理等综合顾问式的策划。这种策划特别适用于需要开展基于因特网网络推广，并且对网络营销效果较为迫切的中小企业。企业无论原来是否拥有企业网站，也无须拥有专业的网络营销人才，都可以选择效益型网络营销策划。

3）按照网络营销目的分类

（1）销售型网络营销策划。销售型网络营销策划目标是指为企业拓宽网络销售，借助网上的交互性、直接性、实时性和全球性为顾客提供方便快捷的网上售点。目前许多传统的零售店都在网上设立销售点，如北京图书大厦的网上销售站点。

（2）服务型网络营销策划。服务型网络营销策划目标主要为顾客提供网上联机服务。顾客通过网上服务人员可以远距离地进行咨询和售后服务。目前大部分信息技术型公司都建立了此类站点。

（3）品牌型网络营销策划。品牌型网络营销策划目标主要是在网上建立企业的品牌形象，加强与顾客的直接联系和沟通，增加顾客的品牌忠诚度，配合企业现行营销目标的实现，并为企业的后续发展打下基础。目前，大部分企业站点属于此类型。

（4）提升型网络营销策划。提升型网络营销策划目标主要通过网络营销替代传统营销手段，全面降低营销费用，提高营销效率，促进营销管理和提高企业竞争力，如戴尔、海尔等站点属于此类型。

（5）混合型网络营销策划。混合型网络营销策划目标力图同时达到上面目标中的若干种，如亚马逊通过设立网上书店作为其主要销售业务站点，同时创立世界著名的网站品牌，并利用新型营销方式提升企业竞争力。它既是销售型，又是品牌型，同时还属于提升型。

8.3　电子商务营销策划的内容体系

1．电子商务营销系统组成

企业开展电子商务营销是一项系统性工程，它需要企业调动人力、物力和财力进行系统的组织和开发。电子商务营销系统的组成主要包括基于 Intranet 的企业管理信息系统、电子商务营销站点和企业经营管理组织人员。

电子商务营销的方法很多，企业应根据自身的规模、企业与产品的性质等因素，选择不同的电子商务营销方法，组织相应的系统。

2．电子商务营销系统功能

电子商务营销系统作为电子商务系统的有机组成部分，包括下列几大功能：信息发布与沟通、电子单据的传输、网上支付与结算、货物配送，以及完善网上售后服务。

3．电子商务营销系统开发

电子商务营销系统的开发和建设涉及很多企业、很多部门和环节，因此系统的开发和建设必须遵循一定的开发方法和建设步骤，需要认真地策划。

8.4　电子商务营销策划的基本原则

1．系统性原则

电子商务营销是以网络为工具的系统性的企业经营活动，它是在网络环境下对信息流、商流、制造流、物流、资金流和服务流进行管理的。因此，电子商务营销方案的策划是一项复杂的系统工程，策划人员必须以系统论为指导，对企业电子商务营销活动的各种要素进行整合和优化，使“六流”皆备，相得益彰。

2．创新性原则

网络为顾客对不同企业的产品和服务所带来的效用和价值进行比较带来了极大的便利。在个性化消费需求日益明显的电子商务营销环境中，通过创新，创造与顾客的个性化需求相适应的产品特色和服务特色，是提高效用和价值的关键。只有特别的奉献才能换来特别的回报，创新带来特色，特色不仅意味着与众不同，而且意味着额外的价值。在电子商务营销方案的策划过程中，必须在深入了解电子商务营销环境尤其是顾客需求和竞争者动向的基础上，努力营造旨在增加顾客价值和效用，增加受顾客欢迎的产品特色和服务特色。

3. 操作性原则

电子商务营销策划的第一个结果是形成电子商务营销方案。电子商务营销方案必须具有可操作性，否则毫无价值可言。这种可操作性表现为在电子商务营销方案中，策划者根据企业电子商务营销的目标和环境条件，就企业在未来的电子商务营销活动中做什么、何时做、何地做、何人做及如何做的问题进行了周密的部署、详细的阐述和具体的安排。也就是说，电子商务营销方案是一系列具体的、明确的、直接的、相互联系的行动计划指令，一旦付诸实施，企业的每一个部门和每一个员工都能明确自己的目标、任务、责任，以及完成任务的途径和方法，并懂得如何与其他部门或员工相互协作。

4. 经济性原则

电子商务营销策划必须以经济效益为核心。电子商务营销策划不仅本身消耗一定的资源，而且通过电子商务营销方案的实施改变企业经营资源的配置状态和利用效率。电子商务营销策划的经济效益是策划所带来的经济收益与策划和方案实施成本之间的比率。成功的电子商务营销策划应当是在策划和方案实施成本既定的情况下，取得最大的经济收益，或花费最小的策划和方案实施成本取得目标经济收益。

5. 协同性原则

电子商务营销策划应该是各种营销手段的应用，而不是方法的孤立使用。诸如论坛、博客、社区和网媒等资源要协同应用才能真正达到电子商务营销的效果。

电子商务营销策划要将因特网的优越性与企业的资源、行为目标等结合起来。因特网具有互动性、虚拟性和全球性等特点。电子商务营销建立在因特网上，企业在实现电子商务营销时，不是单纯地建立网站，发布消息，而是要将因特网的特点与企业的战略结合为一体，有机地整合企业的各种人、财、物资源，实现企业的经营目标。

电子商务营销策划要将因特网的优越性与消费者的需求和期盼结合起来。随着市场经济的发展，消费者的需求出现了多样化和个性化的趋势。除了要满足生理需要、安全需要、社会需要、尊重需要和自我实现的需要之外，消费者还希望满足在虚拟环境下的 3 种基本需要：兴趣、聚集和交流。

8.5 电子商务营销策划的一般过程

电子商务营销策划是一项逻辑性很强的工作，其一般步骤如下：

1. 确立策划目的

策划目的部分要对本次电子商务营销策划所要实现的目标进行全面描述。既然投入大量的人力、物力和财力进行营销策划，就要解决一定的问题。公司在营销上可能存在这样或那样的问题，一般有以下几种：

（1）公司还未涉足电子商务营销，尚无一套系统的营销方略，因而需要根据市场特点，策划一套可以遵循的电子商务营销方案。

（2）公司发展壮大，原有的电子商务营销方案已不适应新的形势，因而需要重新设计。

（3）公司经营方向改变与调整，需要相应地调整电子商务营销策略。

（4）企业原电子商务营销方案严重失误，需要对原方案进行重大修改或重新设计。

（5）市场行情发生变化，原电子商务营销方案已不适应变化后的市场。

（6）企业在总的电子商务营销方案下面，需要在不同的时段，根据市场特征和行情变化来设计新的阶段性方案。

2．拟定策划书

1）策划进程

策划进程大致有以下 4 个阶段：

（1）准备阶段。这一阶段是为正式策划所进行的前期准备，包括物质准备、人员准备和组织准备等。这一阶段的时间不宜太长。

（2）调查阶段。这一阶段是为正式的策划收集资料。虽然调查阶段不是策划的核心，也不是策划的目的和结果，但它是全面策划工作的基础，也是策划成功和失败的第一个环节。

（3）方案设计阶段。方案设计是基于大量调查，借助于理论知识和实践经验所进行的思考和创意过程，这是营销策划的核心。

（4）方案实施阶段。策划方案实施阶段的时间长短，由营销方案的性质来定。营销方案有两种：一是企业的营销战略方案，该方案涉及企业的全局营销，其实施阶段的长短要根据预测的未来市场和产品状况来决定；另一种是企业的营销战术方案，该方案仅涉及公司某一次或某一段时间或某一方面的营销活动，其实施阶段的长短由活动的目的和性质而定。

2）预算策划经费

一般而言，用于策划的费用包括以下几项：

（1）市场调查费。市场调查费的多少取决于调查规模的大小和难易程度。规模大、难度大，费用必然高；反之，费用则低。

（2）信息收集费。信息收集费主要包括信息检索费、资料购置费、复印费、信息咨询费和信息处理费等。其数量由收集的规模来决定。

（3）人力投入费。策划过程要投入必要的人力，其费用的多少可以通过预计投入人力的多少来决定。

（4）策划报酬。这是用于支付给策划人员的报酬。如果由公司内部的人员来策划，就没有这笔开支。如果是外聘策划专家，就要支付策划报酬，其数额多少由双方协商而定。

3）效果预测

在拟定营销策划书时，必须对营销策划方案实施后的可能效果进行预测，主要包括以下两部分：

（1）预测直接经济效果。即预测方案实施后可能产生的直接经济效益。

（2）预测间接经济效果。即预测方案实施后企业可能因此而提高的知名度、美誉度等。

3．市场调查与预测

当营销策划书被公司认可以后，一般即开始市场调查。

调查渗透于电子商务营销策划之中，具体地表现在以下几个方面：

（1）对网络市场本身的研究（消费者、竞争者、市场细分、市场潜力和市场定位等）。

（2）新产品研究。

（3）定价研究。

（4）广告研究。

（5）分销渠道研究。

（6）促销策略与方法的研究。

（7）电子商务营销技术方案等。

针对公司上述几个或某个亟待解决的问题，通过周密地调查、收集、整理和分析，并做出有关报告与预测。

在市场调查与预测的基础上，根据策划目的，分析市场环境，寻找市场机会。营销策划是对市场机会的把握和利用，因此，正确地分析市场机会就成了营销策划的关键，找准了市场机会，营销策划就成功了一半。

4．编写策划方案

一项策划虽然有可能仅仅存在于策划人自己的脑中而不为其他人所知，但是，就大多数策划而言，它们最终表现为策划书的形式。这是因为一项策划方案从最初的构想到逐步完善、付诸实施，常常不再是个人的力量所能完成的，需要各方面的协调配合。策划书作为策划方案的物质载体，是策划的文字化，它使策划人的策划为他人所知、所接受，使策划思想一步步地变成现实。

编写策划方案的过程实际上与策划的过程是重叠的。策划方案不可能凭空而来，也不可能一蹴而就。随着策划人在市场调查与研究的基础上，对最初策划的不断修改和完善，策划方案也逐渐成形，逐渐接近它的最终形式。因此，可以说策划的全过程就是针对公司营销中存在的问题和所发现的市场机会，提出具体解决问题的战略方案和战术性方案（根据策划的目的，可能是战略性的鸿篇巨作，也可能是一项具体工作的行动方案），并进行实施日程设计的过程。

5．方案实施

经过公司决策层的充分论证（一般为战略策划）或批准（多是战术策划），最终定稿的策划方案即成为电子商务营销活动的指导纲领，经过细化后成为公司不同阶段的努力目标与行动计划，指导公司的电子商务营销活动。

6．效果测评

方案实施后，就应对其效果进行跟踪测评。测评的形式主要有以下两种：

1）进行性测评

即在方案实施过程中进行的阶段性测评，其目的是了解前一阶段方案实施的效果，并为下一阶段更好地实施方案提供一些建议和指导。

2）终结性测评

即在方案实施完结后进行的总结性测评，其目的是要了解整个方案的实施效果，为以后制定营销方案提供依据。

策划方案的效果测评应与控制和审计有机地结合起来。

8.6　电子商务营销的内容

1．市场调研

市场调研的内容包括产品特性、行业竞争状况、财务状况和企业人力资源的调研。

1）产品特性

是否需要在网上开展营销活动，在很大程度上取决于行业的特点和产品的特性，电子商务营销是为顺应营销手段的发展而不是为了赶时髦，如果一个行业的特点决定了利用传统方法更加有效，那么可以暂时不必考虑电子商务营销。如果电子商务营销不能在短期内带来切实的收益，还是应该量力而行。应根据本企业的特点慎重决定。

2）行业竞争状况

因特网的发展为行业竞争状况分析提供了方便，同行业的企业由于生产类似的产品或服务，往往被收录在搜索引擎或分类目录的相同类别，要了解竞争者或其他同行是否上网，只需到一些相关网站查询一下，并对竞争者的网站进行一番分析，对行业的竞争状况就会有大致的了解。如果竞争者，尤其是实力比较接近的竞争者已经开始了电子商务营销，甚至已经取得了明显收益，这时，你的企业就需要认真考虑自己的电子商务营销战略了。

3）财务状况

用于电子商务营销的支出不仅仅是成本，而是一项投资，一项长期的战略投资，有时还需要不断地投入资金，电子商务营销不一定能取得立竿见影的成效。决策人员应该根据企业的财务状况制定适合自身条件的电子商务营销战略，如网站的功能和构建方式、电子商务营销组织结构，以及推广力度等。

4）人力资源

电子商务营销与传统营销相比，有其自身的特殊性，如因特网本身的互动性、信息发布的及时性，以及电子商务营销的基本手段——网站建设和推广等，这就要求电子商务营销人员既有营销方面的知识，又有一定的因特网技术基础，这种复合型人才目前比较短缺，企业是否拥有高水平的电子商务营销人才，对电子商务营销的效果有直接影响。

当企业的基本条件具备之后，就可以开展电子商务营销活动了。按照是否拥有自己的网站来划分，电子商务营销可以分为两类：无站点电子商务营销和基于企业网站的电子商务营销。也就是说，在建立自己的企业网站之前，也可以利用因特网上的资源，开展初步的电子商务营销活动。很多企业可能都会经历过这种游击战性质的电子商务营销初级形式，但由于每个企业的情况不同，这一阶段的持续时间可能会有很大差别。

2．电子商务营销环境分析

开展电子商务营销需要注意影响因素和支持条件，即企业的外部和内部的基本环境是否具备。

广义地讲，电子商务营销的外部环境包括宏观环境、行业环境和竞争环境。具体内容有电子商务营销基础平台，以及相关的经济环境、文化环境、法律环境、政治环境和技术环境，一定数量的上网企业和上网人口，以及必要的因特网信息资源等。

电子商务营销的内部环境则一般包括公司的人力资源、财务资源、组织性资源及核心竞争力等。

3. 设定营销目标

在完成市场调研和环境分析后，接下来就是设定电子商务营销的战略，确定电子商务营销要达到的目标。只有有了明确目标，才能对电子商务营销活动做出及时评价。因为电子商务营销的实质是服务营销，加上网民的规模及消费者的接受心理等因素的影响，所以现在许多企业设立了自己的网站常常不是在于直接的网上销售量，而是着眼于电子商务营销的其他效应。一般有以下几种：

（1）通过电子商务营销向潜在顾客提供有用信息，使之成为购买者。

（2）提高品牌知名度。

（3）建立顾客的忠诚，从而留住顾客。

（4）支持其他营销活动。

（5）减少营销费用和时间。

（6）提供一对一的个性化服务。

企业可以根据自身不同特点和条件，设定不同效应的明确目标。

4. 进行营销定位

定位就是根据自身网站和企业的情况找到自身产品和同类产品的差异化的过程。通常包括市场定位、网站模式定位、策略定位和内容定位。

（1）市场定位是指通过市场细分确定该网站目标顾客群。

（2）电子商务营销的模式定位为根据企业情况选择适合自己的网站模式，网站模式主要有4种：B2C、B2B、C2B和C2C，根据前面的分析和目标的制定选择合乎自身企业发展的电子商务模式。

（3）策略定位就是指电子商务营销的7P组合策略（产品、定价、渠道、促销、人员、过程和有形展示），重点突出其中的哪项策略，对电子商务营销总体操作有着重要的指导作用。

（4）内容定位。网站的吸引力很大一部分来自于其为消费者提供的资讯和娱乐，消费者得到的信息越多，对网站的忠诚度和信任度越高。内容定位是指网站能提供给消费者资讯和相关服务进行的概括性描述。

5. 营销策略的选择

电子商务营销策略主要分为以下7种：①产品策略；②价格策略；③分销策略；④促销策略；⑤关系营销策略；⑥体验营销；⑦服务营销。

6. 网站设计

在目标和策略确定之后，就需要为具体网站进行构思和创意了。这一部分将对网站的整体风格和特色做出定位，规划网站的组织结构。要求网站主题鲜明突出，要点明确，以简单而鲜明的语言和画面体现站点的主题。这一部分主要分为了以下内容：①网站内容；②网站形式；③网站功能；④确定域名；⑤版式设计；⑥色彩搭配；⑦网站导航；⑧功能定位。

7. 技术支持

根据网站的功能和企业自身的技术力量、财力等方面来确定操作系统、服务器选择、服务器管理、网站技术解决方案和实现手段。

8. 网站推广

网站建成后，就要推广企业的网站。网站推广与传统的产品推广一样，需要进行系统的安排和计划。

9. 经费预算

要预算网站项目经费，分析网站的投资回报和收益。

8.7 电子商务营销策划表

电子商务营销策划表全面地反映了策划的详细步骤和内容，包括前期分析、网站建设、网站优化、推广和经营管理等几个方面。策划表和策划时间进度表结合在一起可以更好地开展策划的实施和控制，如表 8-2 所示。

表 8-2　电子商务营销策划表

前期分析				
前期分析	定位与资源支持团队	电子商务营销定位 B2C 定位	构建推广宣传渠道	
			构建销售业务渠道	
			企业网络品牌建设	
		B2C 运营策略	成本优势	
			差异化	
			专注	
		产品市场定位		
		产品 SWOT 分析	S	
			W	
			O	
			T	
		营销渠道资源总结		
	定位与资源支持团队	库存		
		物流		
		服务		
		付款方式		
		客户体验 比同行更接近客户	浏览体验	
			购买流程体验	
			在线服务体验	
			收货体验	
			反馈体验	

续表

前期分析	定位与资源支持团队	团队职责	线上团队	制作	
				推广	
				策划	
				运营	
				客服	
			线下团队	售后	
				物流	
	市场	消费需求及特征			
		客户群分析		年龄、性别、喜好、上网习惯、消费习性、个人性格、需求和网络环境	
		行业趋势			
		同行			
		网络口碑			
网 站 建 设					
网站建设		网站定位			
		网站栏目			
		网站结构		文件目录结构	
				保持内链的正确和连贯	
		设计与内容	框架设计	凸显重要元素	
				简单易懂，不杂乱	
			视觉设计	风格与企业形象匹配	
				突出品牌	
			商品陈列	新产品上架	
				特惠超值	
				精品推荐	
			促销活动	新客户体验	
				重点突出	
			交互功能	客户体验（易用、友好和人性化）	
			互动表现	显示咨询、评论和点击数	
				设置留言与评论	
				售前、售中和售后服务	
			实力展现	企业实力	
				服务承诺	
				安全购物	
		客户信息优化	导航	容易看懂网站功能和内容公布	
				各种导航搭配使用	
				最少的点击次数到达最终页面	
				内链方便客户浏览切换	
			布局	栏目位置合理，符合客户思维顺序和使用习惯	
				内容表现充分，主次分明	
			内容	关键字分析（关键词分类及密度把握）	
				明确的网页主题（网页的命名和网页的标题）	
				页面内容保持相关性	
				内容鼓励原创	
				持续更新内容	

续表

网站建设	网站制作	前台美工（DIV+CSS），后台程序（建议 PHP+MYSQL）	
	测试上线	网站测试与上线	
	体验反馈	邀请体验，根据反馈进行二次优化	
网站搜索引擎优化			
	分析要点	同行	自身
自身和同行的分析	网站年龄		
	快照新鲜度		
	品牌知名度		
	标题描述		
	URL 处理，深度		
	收录数量		
	全站外链		
	内容更新频率		
	HEADING 标签		
	NOFOLLOW 使用		
	收录率		
	首页外链		
	内容文案		
	强调文本		
	目录页内容页		
关键词的选择	用户在搜索什么		
	最具价值的关键词		
	恰当的关键词		
	核心关键词/目标		
	相关关键词/品牌		
	长尾关键词/热门		
网络推广目标确定	目标定位		
	目标分解		
	品牌曝光		
	投入产出比		
网站流量预估算	搜索指数		
	预计排名		
	位置点击率		
	垂直内容		
	PPC 推广		
	旺淡季		
	其他因素		
目标用户群体	娱乐、资讯——流量		
	业务来往——客户		
	在线购买——顾客		
风险成本控制	直接费用		
	时间成本		
	人才成本		

续表

风险成本控制	成本超支			
	时间延迟			
	搜索算法			
网站优化				
站内优化	站内结构优化	合理规划站点结构——原则	扁平化的结构	
			辅助导航，面包屑导航，次导航	
			内容页穿插长尾关键词进行锚文本设置	
		内容页结构设置——最新文章，推荐文章，热门文章模块，增加相关性，方便蜘蛛根据链接抓取更多内容		
	内链建设	原则——使用绝对路径	控制文章内部链接数量	
			链接对象的相关性要高	
			给重要网页更多的关注	
			关键词、标题、网站首页、栏目和文章页	
	站内细节优化	标题写法，关键词描述设置		
		URL 标准化		
		robots.txt		
		次导航		
		404 301		
		内页增加锚文本，首页 H1 标签加粗		
		长尾关键词记录单		
		网站地图		
		图片 ALT 标签		
		Google 管理员工具的使用		
	网站地图设置	HTML 网站地图	为搜索引擎建立一个良好的导航结构	
			横向和纵向地图：横向为频道、栏目和专题，纵向为关键词	
			每页都有指向网站地图的链接	
		XML 网站地图		
	关键词部署	挑选关键词的步聚	确定目标关键词	
			关键词扩展	
			模拟用户思维设计	
			研究同行关键词	
		页面关键词优化先后顺序	最终页>专题>栏目>频道>首页	
			最终页：长尾关键词	
			专题页：热门关键词	为热点关键词制作主题
				关键词相关住处的整合
				辅以文章内链导入链接
			栏目页：固定关键词	
			频道页：目标关键词	
			首页：行业顶级关键词，品牌关键词	
			二级域名，二级目录扩展优化	

续表

站内优化	关键词部署	建议	不要把关键词堆积在首页
			每个页面承载关键词合理数目 3～5 个
			系统规划，注意文章标题，首段描述
	长尾关键词挖掘	长尾关键词类型	目标型长尾：网站产品或服务延伸的长尾关键词
			营销型长尾：与行业站服务相关的长尾，可以进行二次转化成为客户
		长尾关键词记录单	记录网站上的长尾关键词的文章网址，以便插入到相关文章里面
		涉及工具	Googel 关键词工具，Wordtracker
站外优化	友情链接		
	软文提交		
	目录提交		
	独立博客		
	论坛签名		
	分类信息		
	黄页网站		
	提交收藏		
	社会化分享		
	微博推广		
	百度相关产品		
	购买链接		
	站群建设		
内容建设	网站内容来源	原创与伪原创	
		扫描书刊，杂志	
		依靠用户 UGC	
	注意事项	不要大量采集，有节奏的更新，做好长尾记录单，部署好关键词	

网 络 推 广

网络推广：影响消费者购买决策

	阶段	是什么	企业如何影响消费者的决策	自我分析
理性型消费者购买决策系统	需求动机	对某一品类的需求	是否能提供满足消费者需求的品类或者能通过广告沟通激活消费者的需求	
	住处收集	以往广告住处的积累，主动收集住处（网络），询问朋友的使用经验	广告让消费者产生“注意—了解—认可—记忆存储”，即让消费者注意你的产品，并对你的广告沟通产生认可，然后存储到自己的记忆里	
	比较选择	依据各品牌的功能差异、喜好度和价格区分，对所选品牌进行排序	产品的品质和价格是否具备竞争力	
	焦点决策	焦点人员沟通，售点促销活动，促使做出购买决策	是否对售点人员进行培训，是否有相应的促销政策	
	使用经验	使用满意度	产品是否具备广告所承诺的品质，能否让消费者满意	

消费者的购物心理模型：找到最重要的沟通环节，使用正确的沟通策略

续表

六环心智链	认知	品类认知：你是什么 品牌认知：你叫什么	
	需求	我是否需要你	
	信任	你的承诺是否值得相信	
	差异	你跟其他同类产品有什么不一样	
	价值	你是否值得我付出这个价格购买	
	偏好	你的形象及内涵是否违背我的偏好，是否符合的我身份？	
推广策划	制定阶段目标	网站建设阶段	根据客户访问的途径和访问习惯找到受众，确定目标，制定策略，深度实施
	分阶段推广	网站上线初期	
	推广目标控制	网站增长期	
	推广效果评估	网站稳定期	
网络推广	新闻软文	选择目标网站，策划热门热点主题，把握发布时间	
		评测报告	
		使用攻略	
		客户感受	
		事件报道	
		推荐	
	论坛推广	ID 取名需给人深刻的印象	
		找到目标群体活动范围	
		分析目标用户习惯	
		策划热点主题	
		积累论坛人脉	
	博客	第三方大平台博客	
		企业官方博客	
		个人博客	
		博客优化：名称、标题、附属、标签和内链	
		博客链轮	
	微博		
	视频营销		
	图片相册		
	电子书		
	电子邮件		
	B2B 行业网站		
	分类信息		
	百度相关产品	新闻	
		网页	
		贴吧	
		问答	
		图片	
		视频	
		搜藏	

续表

网络推广	百度相关产品	经验	
		文库	
		百科	
	QQ相关产品	通信	
		签名	
		Q群	
		空间	
		签名档	
		日志	
		相册	
		说说	
		Q群	
竞价	百度		
	Google		
数据分析	访问行为统计分析		IP，PV，访问规律和趋势
			搜索关键词
			浏览页面
			客户忠诚度
			流量来源
			客户访问行为分析
			注册用户数
	网络口碑统计分析		
	咨询情况分析		
	客户获得成本分析		
	投入产出分析		
网站经营管理			
网站经营管理	建立流量监测体系		
	建立在线客服制度		
	建立网络客户关系管理制度		
	建立危机公关制度		如系统故障导致客户物质损失的，体验的受损等如何应对解决
	构建协作部门		
	制定网站经营目标	短期目标	
		长期目标	
	内容策划、编辑和更新		
	营销活动页面设计制作		
	网站改版更新		
	网站维护（稳定、安全）		
	制定团队目标		
	制定团队分工合作计划		
	培养团队工作习惯		
	团队激励培训		
	团队岗位技能培训	网站制作	
		网络推广	

续表

网站经营管理	团队岗位技能培训	营销策划	
		数据分析	
		在线销售	
		客服培训	
	团队绩效考核		

www.jgzyy.com

本章小结

营销人员所做的分析、判断、推理、预测、构思、设计、安排和部署等工作便是策划，而针对电子商务营销所做的上述策划即为电子商务营销策划。电子商务营销策划的理论由4P向4V转变。企业开展电子商务营销是一项系统性工程，它需要企业调动人力、物力和财力进行系统的组织和开发。电子商务营销策划策划主要包括基于 Intranet 的企业管理信息系统、电子商务营销站点和企业经营管理组织人员。电子商务营销策划的原则有系统性原则、创新性原则、操作性原则、经济性原则和协同性原则。策划的过程为4个阶段：①准备阶段；②调查阶段；③方案设计阶段；④方案实施阶段。电子商务营销策划的内容为市场调研、电子商务营销环境分析、设定营销目标、进行营销定位、营销策略的选择、网站设计、技术支持、网站推广和经费预算。

核心概念：电子商务营销策划　4C 4R 4V

本章习题

1. 电子商务营销策划和策划的差异是什么？

2. 请登录当当网，以当当网网上图书馆项目为例，从市场环境分析、市场细分定位、项目的营销策略及项目的推广方式等方面进行电子商务营销策划。

第9章
电子商务网站建设

学习目标

1. 掌握域名申请和虚拟主机空间选购的方法，并能利用网站程序和虚拟主机建立一个可访问的企业网站。

2. 掌握在第三方平台上建立网络店铺，并熟悉各项业务功能。

引例　麦包包从第三方平台到独立网站

中国最大网络销售平台——淘宝网2010年的交易额达4 000亿元，2011年预计达到8 000亿元，比上年增长约一倍，随之而来的“淘品牌”也如雨后春笋般涌现。然而，很多借淘宝发家的“淘品牌”并不愿受困于淘宝，为寻找更广阔的出路而纷纷开始“出淘”。各商家可谓“八仙过海，各显神通”，其中，有一个“淘品牌”创立于2007年9月，成立仅三年便获得联想投资、DCM和挚信资本对其共计4500万美金的两轮投资，2010年销售额逼近4亿元，它就是知名的互联网时尚箱包品牌——麦包包。

麦包包前身是一家专做箱包贴牌生产的企业，随着贴牌毛利率的下降和同质化竞争的加剧，企业于2007年开始由OEM企业向品牌企业转型。然而，麦包包的品牌之路并不平坦，起初除了建立自己的B2C网站外，麦包包还以加盟的形式在全国开设了60家连锁店，采取线上线下相结合的方式。但实体店的投入产出比大为失衡，此时的麦包包迅速转变商业思维，从这种过“重”的实体模式向越来越“轻”的线上转移，将战略眼光投向当时占有网购80%市场份额的淘宝网。

麦包包迈出的这一步，让其成功躲过了品牌创立初期被互联网淹没的浩劫。借助淘宝，麦包包凭借质优价廉的商品和优质的服务，短时间内积累了较高的人气和数以万计的购买用户，达到数千万甚至上亿的销售规模。随着“魔方包”的成功运营，麦包包品牌在淘宝上迅速走红，成为“淘品牌”大家庭中的一员。但麦包包并没有止步于“淘品牌”，它进一步发挥淘宝网信息受众面广的优势，将自己的独立B2C平台和品牌通过淘宝双双推向市场，借船出海、成功“出淘”，成为中国最大的箱包B2C公司，到2011年，麦包包平均每天的销量已破万，每个月仅在淘宝的销售额就近千万。

（本文由作者根据网络资料改写）

9.1　利用第三方平台建立网络店铺

企业网站是开展电子商务营销的基础平台，无论是搜索引擎营销、网络广告营销、E-mail营销，还是论坛营销等，各类电子商务营销推广方法，目的都是为了将客户带向目标信息源，企业网站无疑是企业电子商务营销信息总源头。在企业网站上汇聚了企业的各类产品信息、交易信息和服务信息等。一方面，受限于技术和成本限制，目前绝大多数企业都是通过虚拟主机建立网站的，虚拟主机因其成本低，运行维护简单，得到广泛应用；另一方面，得益于各大电子商务平台的蓬勃发展，为中小企业提供了更加简单的网络店铺建立方法，较好地满足了中小销售类企业的电子商务应用需求。

电子商务第三方平台可有效地整合商家资源和消费者资源，目前以B2B和C2C为主，另有部分B2C网上商城也正积极引入品牌商家。国内B2B平台主要有阿里巴巴（http://www.

alibaba.com）、慧聪网（http://www.hc360.com）、环球资源（http://www.globalsources.com）、万国商业网（www.busytrade.com）和淘宝商城（http://www.tmall.com）等。C2C 平台主要有淘宝网（http://www.taobao.com）、拍拍（http://www.paipai.com）、易趣（http://www.eachnet.com）和百度有啊（http://www.youa.com）等。B2C 平台主要有京东商城（http://www.360buy.com）、当当网（http://www.dangdang.com）等。本书以国内网络销售市场份额最大的淘宝网为例，介绍利用第三方平台建立网络店铺的流程。

9.1.1　开店流程

访问淘宝网（http://www.taobao.com）帮助中心，了解在淘宝网开店的步骤、经验技巧和注意事项等。在淘宝网上开店主要包括用户注册、用户认证、开店、发货、交易评价和提现等操作及步骤，如图 9-1 所示，在淘宝网的帮助中心中有非常详细的图文教程。

图 9-1　淘宝网开店流程

9.1.2　用户注册

1. 填写用户注册信息

访问淘宝网首页，单击“免费注册”按钮，选择“手机号码注册”或“邮箱注册”，本实验选择“邮箱注册”方式，单击“点击进入”按钮，填写用户注册信息，如图 9-2 所示。

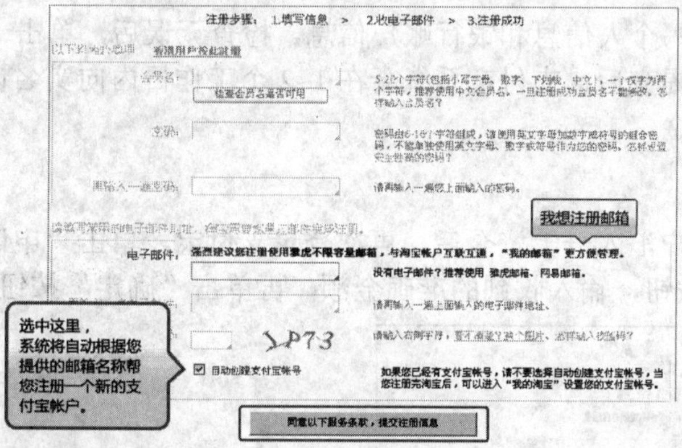

图 9-2　淘宝网注册

查看并了解了“淘宝网服务协议”和“支付宝服务协议”后，若确认能接受该协议，则按照说明信息和要求填写完用户信息后，单击“同意以下服务，提交注册信息”按钮。系统会发送激活邮件到用户注册时填写的电子邮箱中。

2. 电子邮件确认注册

登录电子邮箱，会有一封来自淘宝网的新邮件，打开邮件，会有注册确认提示信息“重要！请点击这里完成您的注册”，单击后则跳转到“注册成功”页面。

9.1.3　用户认证

1. 申请认证

使用注册的账号和密码登录淘宝网，在首页单击“我的淘宝”链接，进入淘宝网后台，会有提示信息“想卖宝贝先进行支付宝认证，请点击这里”，按照提示，单击“请点击这里”链接，进入“我的支付宝”页面，单击“申请认证”链接，如图 9-3 所示。

目前支付宝根据不同区域的用户提供了不同的实名认证方式，可以选择“通过‘支付宝卡通’来进行实名认证（推荐）”和“通过其他方式来进行实名认证”，本实验选择“通过其他方式来进行实名认证”方式，然后单击“立即申请”按钮，如图 9-4 所示。

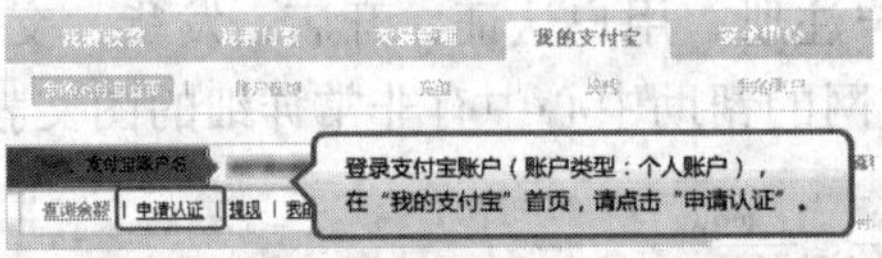

图 9-3　申请认证

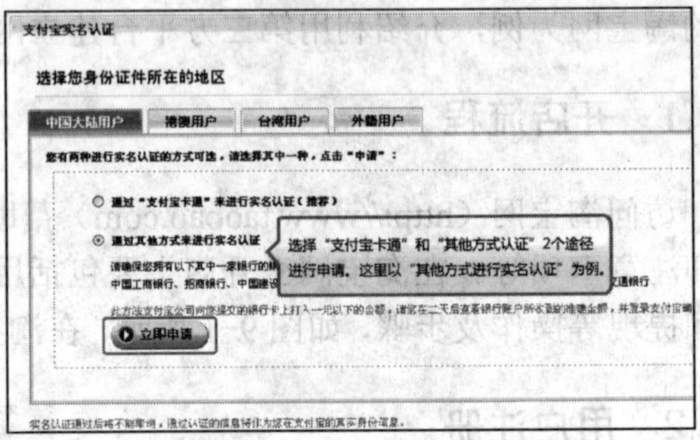

图 9-4　选择实名认证方式

输入身份证号码和身份证真实姓名后，单击“提交”按钮。

按照相关说明，填写个人信息和银行账户信息，填写完毕后单击“提交”按钮，如图 9-5 所示。

认真核对所填写个人信息和银行账户信息，检查无误后，单击“确认提交”按钮。

认证申请成功提交后，支付宝系统会在 1~2 个工作日内向实名认证登记的银行账户中汇入一笔确认资金。

2. 通过认证

查询到银行账户汇入一笔资金后，再次登录支付宝，单击“申请认证”链接，单击“输入汇款金额”按钮，输入收到的准确金额，再单击“确定”按钮，如图 9-6 所示。

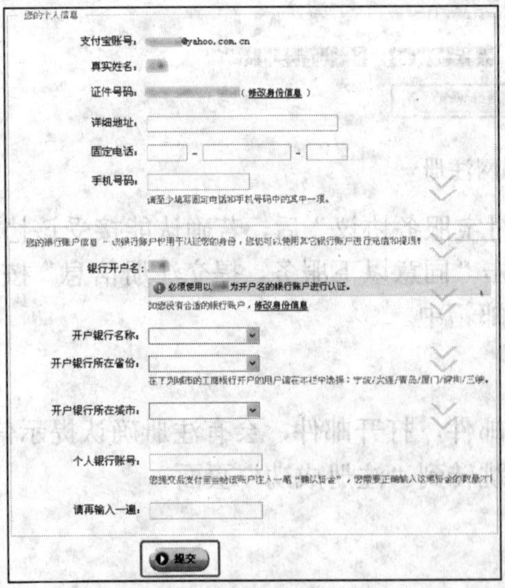

图 9-5　银行实名认证信息

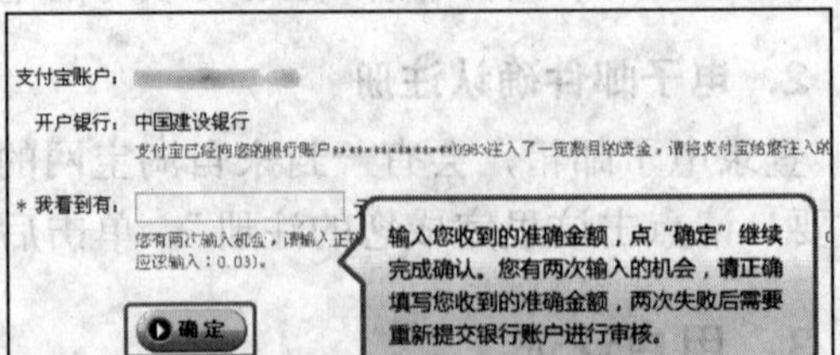

图 9-6　确认汇款金额

经过几秒钟的信息审核后，提示通过支付宝实名认证。

9.1.4　网上开店

1．选择宝贝发布方式

打开淘宝网并登录，单击“我要卖”链接，选择宝贝发布方式，淘宝网提供了“一口价发布”和“排名发布”两种普通方式，对于信用度达到“三颗星”且好评率在97%以上的卖家还可以选择“团购发布”方式。本实验选择“一口价发布”方式，单击“一口价发布”链接。

2．发布宝贝

依次选择商品的大类和小类，确定宝贝所属类别，单击“已阅读以下规则，继续”按钮。按照提示信息，输入商品相关信息，包括宝贝信息、交易条件、支付宝信息和其他信息。信息输入完毕后，单击“确认无误，提交”按钮，如图 9-7～图 9-10 所示。

对于宝贝信息中的交易类型、类目、类别、属性、标题、图片、描述和总数等信息都需要认真对待，这些介绍信息是给买家的第一印象。

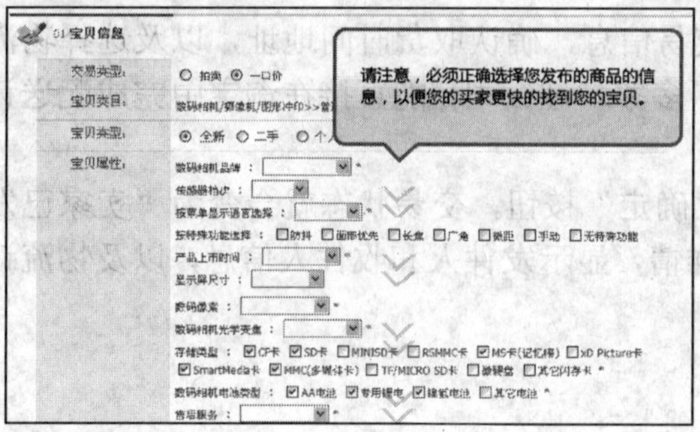

图 9-7　宝贝信息

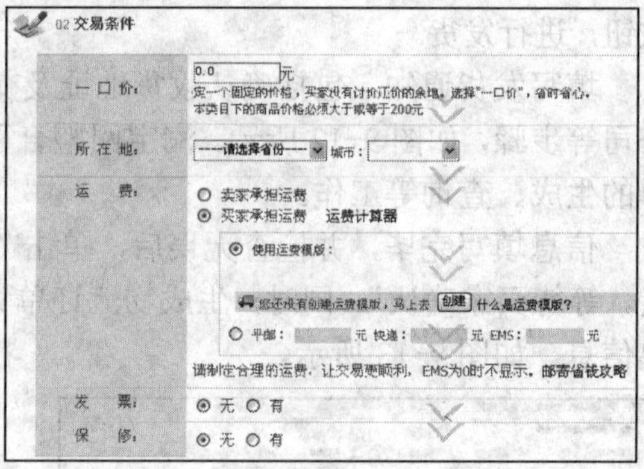

图 9-8　交易条件

图 9-9　支付宝信息

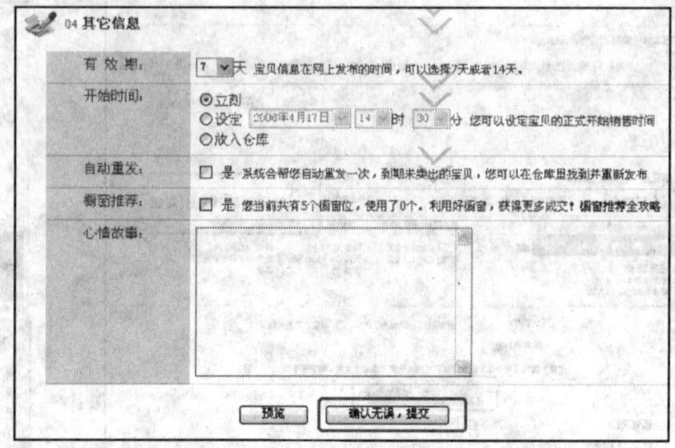

图 9-10　其他信息

3．免费开店

用相同的方法发布 10 件不同的宝贝后，就可以开店了。进入“我的淘宝”页面，单击“我是卖家”中的“免费开店”功能选项。根据系统提示，填写相关信息，单击“提交”按钮后，店铺就开设成功了，并自动分配一个二级域名的店铺网址，如图 9-11 所示。

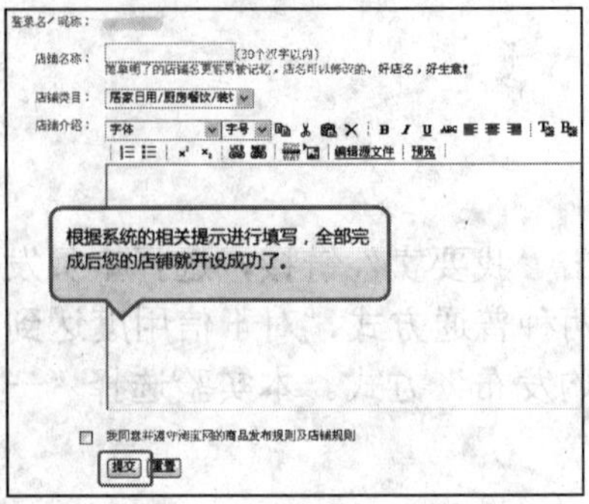

图 9-11　店铺信息

9.1.5　发货操作

网上店铺投入营业，当买家拍下宝贝并付款后，就需要进行发货操作。依次单击“我的淘宝”→“已卖出的宝贝”链接，查询交易状态为“买家已付款”，就可以单击“发货”按钮，进行发货。

填写发货通知，包括确认收货地址及交易信息，确认取货时间地址，以及选择物流公司等步骤，如图 9-12 所示。淘宝网整合了多家快递公司，能直接在淘宝中完成配送订单的生成、查询等工作。

信息填写完毕，并检查无误后，单击“确定”按钮，交易状态就会变为“卖家已发货，等待买家确认”。同时，生成物流订单详情，显示发件人和收件人信息，以及物流订单信息，如图 9-13 所示。

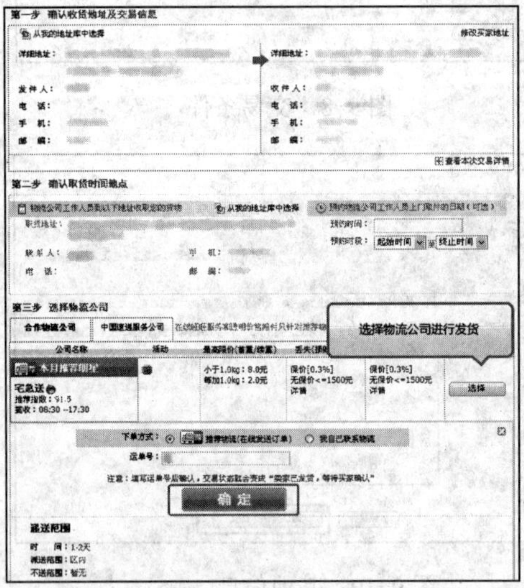

图 9-12　设置发货信息

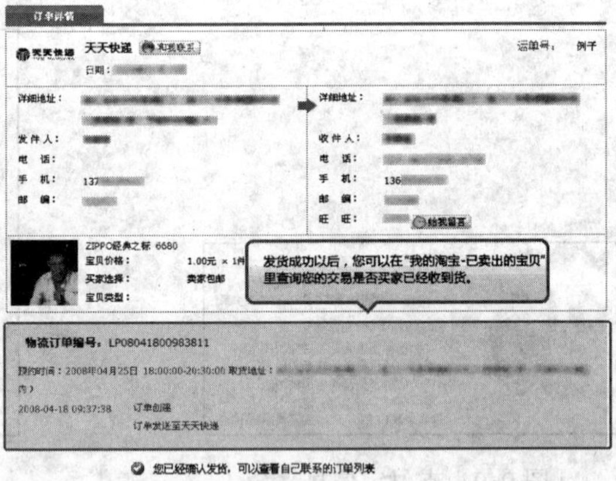

图 9-13　订单详情

9.1.6　交易评价

当买家收到商品后，若满意，则确认付款，同时对本次交易进行评价。卖家在收到付款后，也可以登录“我的淘宝”页面，选择“我是卖家”中的“已卖出的宝贝”功能选项，单击“评价”按钮，对本次交易进行评价，如图 9-14 所示。

交易信用评价机制是淘宝非常重要的一个环节，也是其特色之一，每个注册用户作为买家和卖家都分别有信用积分，每一笔交易分为“好评”、“中评”和“差评”3 种评价，会对信用积分分别增加一分、不加分或扣一分。根据积分多少划分为不同的信用等级，如几颗星、几颗钻及几颗皇冠等，并详细列出历史交易记录和对历史交易进行统计，信用等级（积分）和好评率是买家在选择卖家时的最重要参考指标之一。

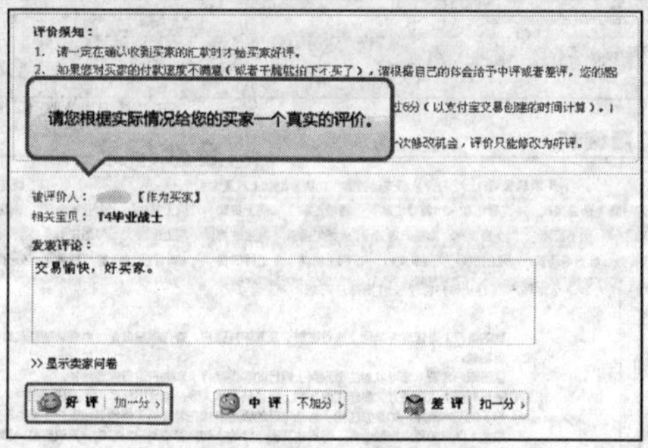

图 9-14　交易评价

为防止竞争对手或无理恶意差评，双方互评后需要等待 30 分钟才能看到对方给自己的评价。

9.1.7　账户提现

当支付宝账户中累积到足够的资金时，就需要将支付宝账户内的资金提取出来，转入银行账户中，这样才能随时取出现金。

登录支付宝，单击“提现”链接，填写提现申请中的金额和支付宝支付密码后，单击“下一步”按钮，如图 9-15 所示。

1～2 个工作日后，提现金额的款项会打到支付宝登记的银行账户中，同时从支付宝账户中扣除等额资金。

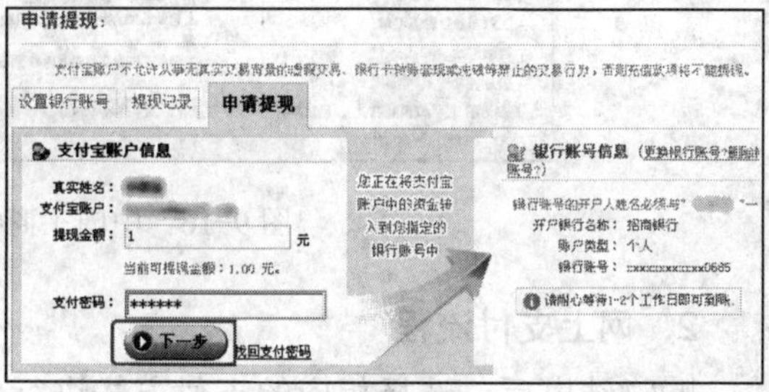

图 9-15　申请提现

9.1.8　网银操作

虽然不开通网上银行也可以进行收到支付宝注入的资金以通过支付宝实名认证，并能进行提现操作，但若通过网络进行支付则需要开通相应银行卡的网上支付功能。开通网上银行后，通过访问银行网站，可以直接查询账户信息，进行转账、支付等操作。

在支付宝的帮助中心有各大银行帮助中心的链接：http://help.alipay.com/support/359-461-506/help-1394.htm。

本实验以开通中国工商银行的个人网上银行为例，说明开通网上银行的流程。

访问中国工商银行网站（http://www.icbc.com.cn/icbc/），根据用户类别、浏览演示、指南和安装等介绍信息。可以选择柜台办理网上银行业务，也可以在中国工商银行网站上自行注册开通网上银行业务。开通网上银行后，就可以进行相关查询操作。为了提高交易的安全性，2006 年 8 月 10 日开始，若开通网上支付功能，则必须携带有效证件和银行卡到工商银行柜台，申请电子银行口令卡或 U 盾。

1. 网上银行账户管理

登录网上银行，进入管理页面，可以进行账户管理、账户查询、转账和缴费等操作，如图 9-16 所示。

图 9-16　中国工商银行网上银行界面

2. 网上支付流程

购物结束后，选择相应的支付方式进行结账。对于较大的商家一般会直接支持某些种类的网上银行，并同时支持某些第三方支持平台；对于较小的商家，一般只支持某种第三方支付平台。商家直接支持的网上银行种类有限，配合第三方支付平台能支持更多种类的支付方式和银行卡。

（1）选择支付方式和确认支付金额。

（2）如果选择第三方支付平台，如支付宝，则进入支付宝支付页面，如图 9-17 所示。如果选择网上银行，则直接跳转到网上银行支付页面，即第（3）步。

（3）选择网上银行和支付宝账号后，页面跳转到网上银行支付页面，如图 9-18 所示。

（4）输入银行支付卡账号和验证码后，进入安全校验和支付密码输入页面，如图 9-19 所示。

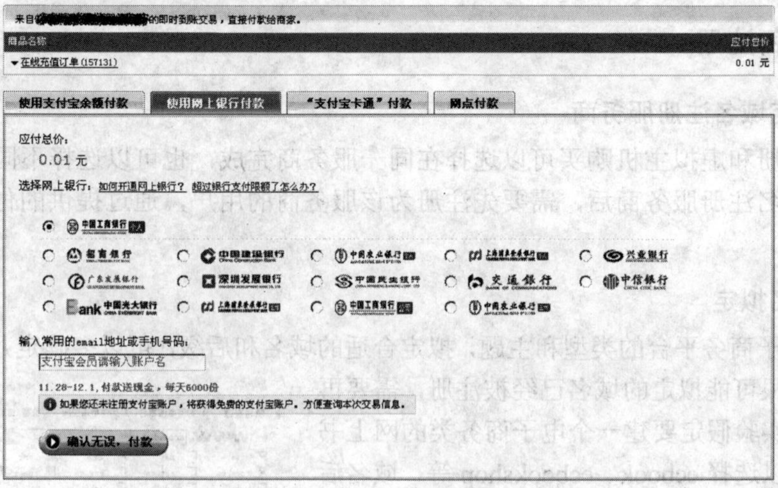

图 9-17　通过支付宝进行网上银行支付

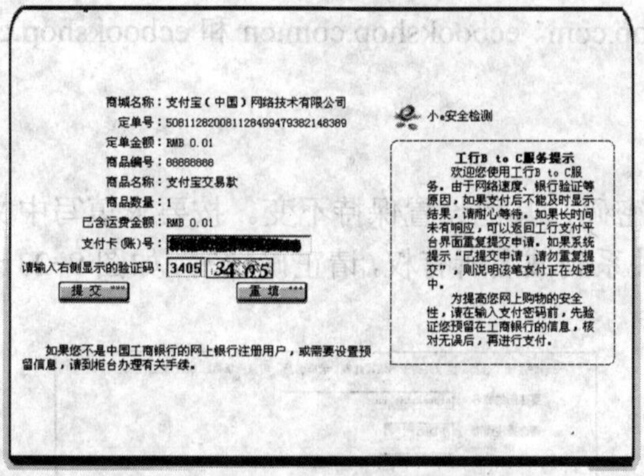

图 9-18　网上银行支付界面

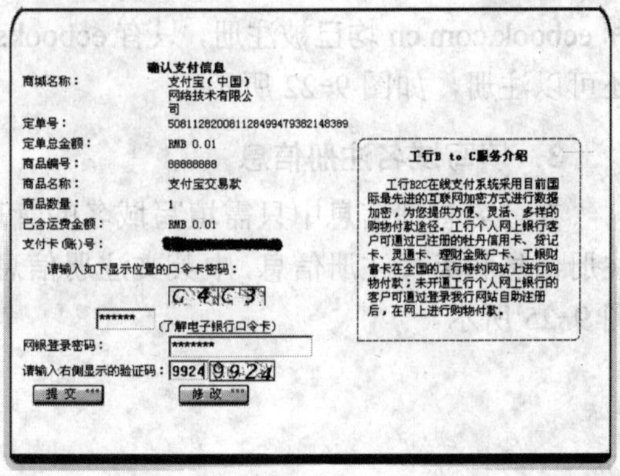

图 9-19　输入支付密码

（5）本实例采用的是口令卡方式，所以应输入口令卡密码、网银登录密码及验证码。通过验证后，提示支付成功，如图 9-20 所示。资金则从银行卡中扣除，转入商家账户中。

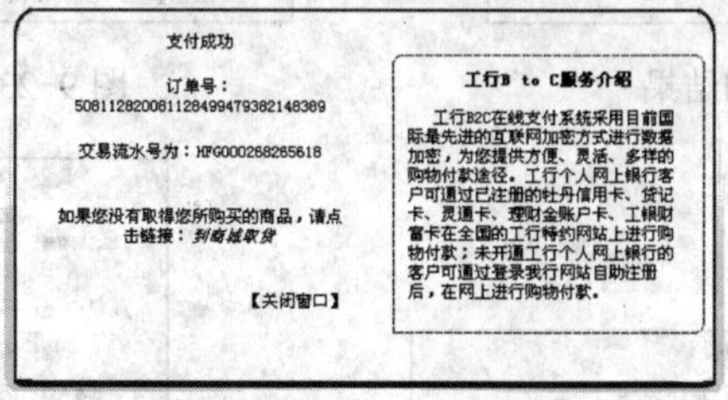

图 9-20　支付成功

9.2　利用虚拟主机建立企业网站

本节将介绍利用虚拟主机建立企业网站的方法。

9.2.1　域名注册

1．确定域名注册服务商

域名注册和虚拟主机购买可以选择在同一服务商完成，也可以选择不同的服务商。

确定域名注册服务商后，需要先注册为该服务商的用户，通过提供的付款方式存入预付款。

2．域名拟定

根据电子商务平台的类型和主题，拟定合适的域名和后缀，可以多确定几个备选域名以供选择，很可能拟定的域名已经被注册，需要再次查询。本实验假定要建一个电子商务类的网上书店，域名可以选择 ecbook、ecbookshop 等，域名后缀可以选择.com、.cn 和 com.cn 等，如图 9-21 所示。

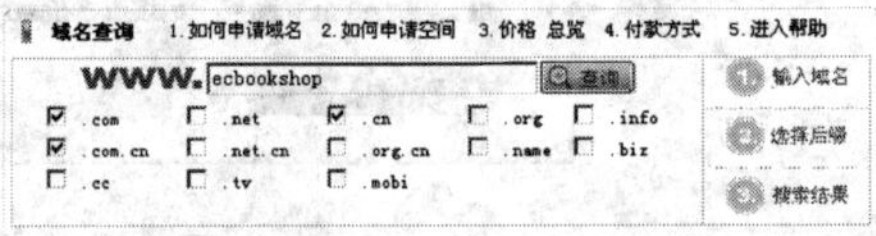

图 9-21　域名查询

登录网站，经过查询，ecbook.com、ecbook.cn 和 ecbook.com.cn 均已被注册，只有 ecbookshop.com、ecbookshop.com.cn 和 ecbookshop.cn 还可以注册，如图 9-22 所示。

3．填写域名注册信息

在域名管理信息中只需填写域名的管理密码，其他设置保持不变。按要求填写中文注册信息和英文注册信息，中英文注册信息关系到域名所有权，请正确填写，如图 9-23～图 9-25 所示。

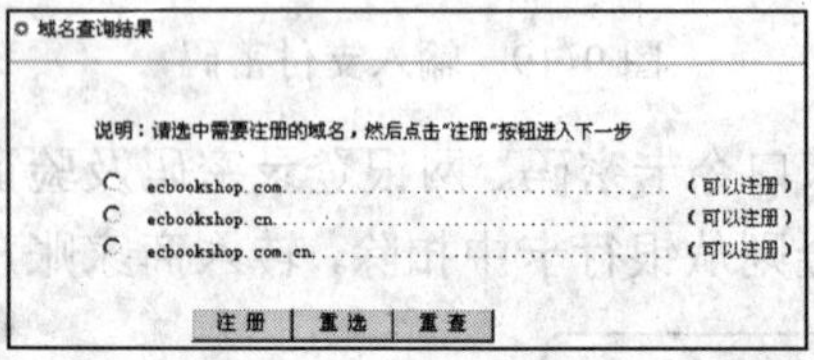

图 9-22　域名查询结果

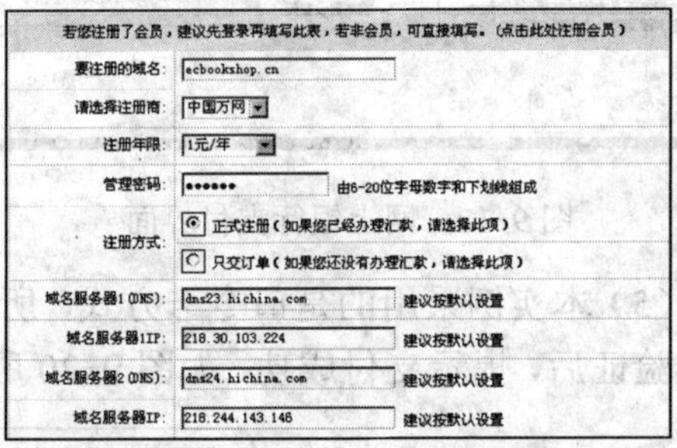

图 9-23　域名注册信息

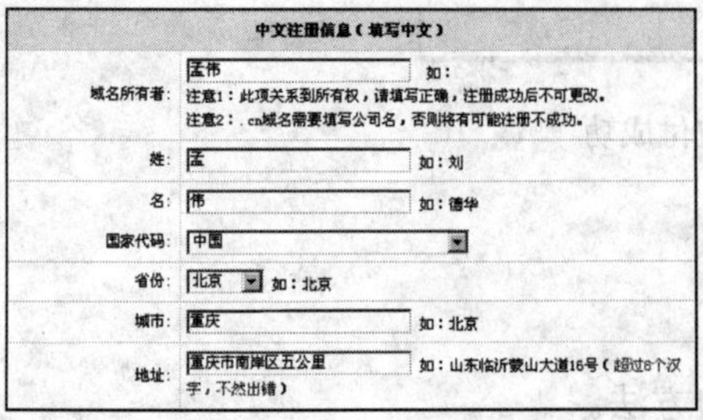

图 9-24　中文注册信息

图 9-25　英文注册信息

4．域名注册成功

确认无误后，单击“确认注册”按钮。若账户中有预付款，则直接扣除相应费用，若账户中预付款不足，则会提示支付费用。随后，显示域名注册成功信息，如图 9-26 所示。

服务购买结果提示	
域名种类：	中国国家顶级域名 （ domcn ）
您的域名：	ecbookshop.cn
管理密码：	[redacted]
管理地址：	http://admin.chinaw3.com.cn（注册会员可以在本系统直接管理）
购买方式：	实时注册并直接扣除款项
购买期限：	1 年
购买结果：	提交成功！
付款方式：	点击此处查看付款方式 （在线支付）

图 9-26　域名注册成功信息

5．域名备案

域名注册成功后，可以请接入商代为备案，或自行访问备案系统管理网站（http://www. miibeian.gov.cn/）备案。若选择自行备案，需在备案管理网站上注册用户，输入备案相关信息，审核通过后分配备案号和备案证书，下载证书后上传至网站根目录 cert 文件夹中。

9.2.2　空间选购

在正式购买虚拟主机空间前，可以选择虚拟主机空间试用。本实验以西部数码（http://www.west263.com/）为例介绍虚拟主机空间的购买流程，该公司对虚拟主机空间提供 7 天免费试用。在实验中，也可以通过百度等搜索引擎选用“虚拟主机免费试用”等关键词，查找提供免费试用的虚拟主机空间网站。

1．注册用户

按照注册提示信息，填写会员用户名、用户类型、用户密码及联系方式后，单击“完成注册”按钮。

2．选择虚拟主机类型

进入虚拟主机栏目，根据需要，比较选购合适类型的虚拟主机。本实验选择 VIP 合租型虚拟主机，适合中型企业建立动态商务网站，每年的费用从 3 000 元至 9 000 元不等，主要区别在于可开子站点数、Web 空间容量、网站备份空间容量、赠送邮箱容量、邮箱数量、数据库空间大小和每月流量等方面，如图 9-27 所示。

基本性能	Vip合租型虚拟主机					
产品名称：	共享1型	共享2型	共享3型	贵宾型主机	钻石型虚拟主机	独享主机
产品编号：	b017	b018	b015	b021	b035	b036
价格：(元/年)	3000	2000	5000	3000	7000	9000
购买：	购买	购买	购买	购买	购买	购买
主机配置：						
操作系统：	Win2003	Win2003	Win2003	Win2003	Win2003	Win2003
可开子站点数：	3个	2个	5个	3个	8个	15个
web空间：	3000M	2000M	5000M	2000M	7000M	50000M
网站备份空间：	3000M	2000M	5000M	2000M	7000M	50000M
赠送邮箱容量：	1000M	500M	1500M	1000M	2000M	10000M
邮箱数量：	100	50	150	100	200	不限
MSSQL数据库	50M	50M	100M	100M	200M	1000M
Access数据库	√	√	√	√	√	√
mysql数据库	100M	100M	300M	300M	500M	1000M
IIS并发连接	不限	不限	不限	不限	不限	不限
流量：Gbyte/月	150	100	300	180	不限	不限
可选机房(电信/网通)						
免费赠送：	送CN域名	送CN域名	送CN域名	送CN域名	送CN域名	送CN域名
国际域名：	赠送	赠送	赠送	赠送	赠送	赠送

图 9-27　虚拟主机介绍

3．购买虚拟主机空间

本实验选择“共享 3 型”VIP 合租型虚拟主机，单击“购买”链接，进入虚拟主机购买与在线开通界面。

选择合适的机房、FTP 账号、FTP 密码、Mysql 数据库版本和绑定的域名，信息填写完毕后，选择“免费试用 7 天”单选按钮，单击“进入下一步”按钮。可以在开通的虚拟主机上绑定域名，也可以在主机开设完毕后进入虚拟主机的控制面板绑定域名，如图 9-28 所示。

4. 开通虚拟主机空间

进入购物栏，选择“现在结算”方式，若上一步是选择“免费试用 7 天”单选按钮则直接开通成功；若正式开通则从账户中扣除相应金额，需提前向账户中打入足够金额预付款；若选择只下订单申请，则保留订单，供以后付款后再开通。开通成功后，显示交易结果画面，如图 9-29 所示，特别要记下 FTP 地址、FTP 账号和 FTP 密码。虚拟主机空间通过 FTP 对网站文件进行更新维护。

图 9-28　虚拟主机购买界面

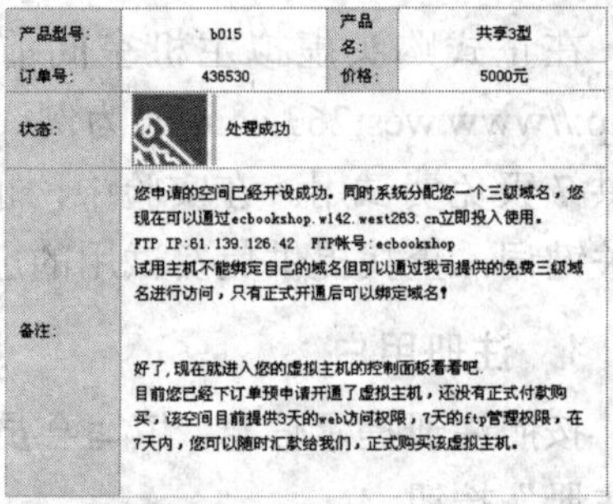

图 9-29　虚拟主机购买结果

5. 虚拟主机管理

登录西部数码网站的管理中心，选择虚拟主机管理，单击虚拟主机的“管理”链接，进入虚拟主机的管理中心。西部数码提供了网站基本功能、网站辅助功能、网站文件管理、网站安全管理、网站情报系统和主机相关服务管理等众多管理模块，如图 9-30 所示。

图 9-30　虚拟主机管理界面

9.2.3　域名绑定

域名绑定就是将虚拟主机空间与国际域名绑定起来，通过注册的国际域名访问网站。需要分别在虚拟主机管理中绑定域名和在域名管理中绑定虚拟主机两步操作。

1. 虚拟主机绑定域名

多数虚拟主机服务商要求域名经过备案后才能被绑定。免费试用虚拟主机一般不能绑定域名。虚拟主机中绑定域名，在绑定域名文本框中只输入域名，如 ecbookshop.cn 或 www.ecbookshop.cn，单击“确定”按钮即可，注意不要输入“http://”或“/”，如图 9-31 所示。

2. 域名绑定虚拟主机（域名解析）

登录域名管理，单击“DNS 记录报告”按钮，在 A（IPv4 主机）中输入 www 和虚拟主机空间的 IP 地址（同 FTP 的 IP 地址）“61.139.126.42”，单击“创建”按钮即可，如图 9-32 所示。

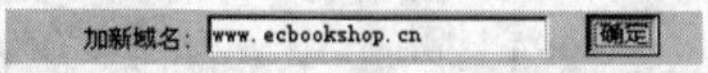

图 9-31　虚拟主机绑定域名

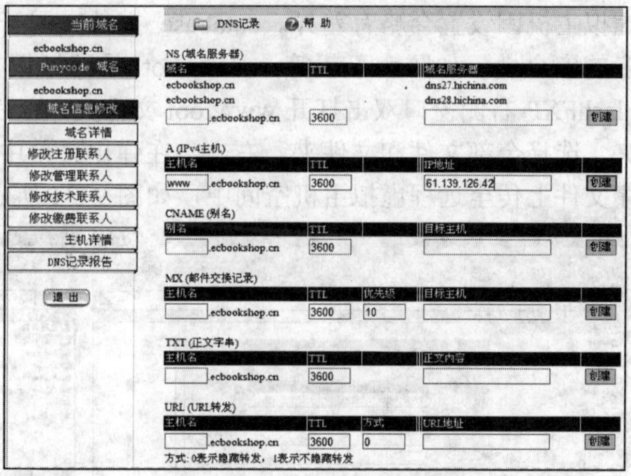

图 9-32　域名绑定虚拟主机

经过虚拟主机和域名的相互绑定后，在访问 www.ecbookshop.cn 时，通过 DNS（域名服务器）解析出对应的 IP 地址是 61.139.126.42，由于 HTTP 访问请求里包含有主机名信息，当 Web 服务器收到访问请求时，就可以根据不同的主机名来访问相应的虚拟主机网站了。

9.2.4　网站建立

1. 选择网站程序

根据需要的功能和平台，选择合适的网站程序。按开发语言分 ASP、PHP、JSP、.NET 和 CGI 等，支持的数据库分为 Access、SQL Server 和 MySQL 等，从功能上分为内容管理系统、社区论坛和网上商城等，能较好地满足中小企业建站。

论坛（BBS）程序有 ASP 平台下的 DVbbs、BBSxp 和 LeadBBS 等，PHP 平台下的

Discuz!、PHPWind 和 PHPBB 等；内容管理系统（CMS）有 ASP 平台下的动易、风讯、乔客、科讯、新云，PHP 平台下的帝国、织梦、PHPCMS、曼波和 CMSware 等，各种程序都可免费下载试用，多数可以免费使用。

访问中国站长站（http://www.chinaz.com）等网站，进入源码下载栏目，选择语言类别，本实验为简单起见，选择开发语言为.NET，数据库为 Access 的电子商务网站源码。实际应用中可以选择多个网站程序下载，先在本地计算机上进行配置，并对比分析，查看效果是否满足需要，最后选择其中的一种网站程序备用。

2．连接虚拟主机 FTP 空间

使用 FlashFXP、CuteFTP 等 FTP 客户端软件，使用虚拟主机空间的 IP 地址、账号和密码，连接到虚拟主机的 FTP 空间，对网站程序文件进行上传或下载等维护操作，如图 9-33 所示。

3．上传网站程序

登录虚拟主机的 FTP 空间后，在 FlashFXP 的左侧窗口是本地文件夹，右侧是远程 FTP 空间的文件夹，会看到有 database、logfiles、others 和 wwwroot 4 个文件夹，不同的虚拟主机因设置会略有差异。database 文件夹用于存放数据库文件，为数据库提供了更多的安全性，如防止下载等；wwwroot 是网站根目录，网页文件都上传到该目录。在 FlashFXP 右侧窗口双击打开 wwwroot 文件夹，在左侧本地文件窗口中打开网站程序文件夹，选择全部文件和文件夹，右击，在弹出菜单中选择“上传”命令，即开始将本地程序文件上传至远程虚拟主机空间中，如图 9-34 所示。

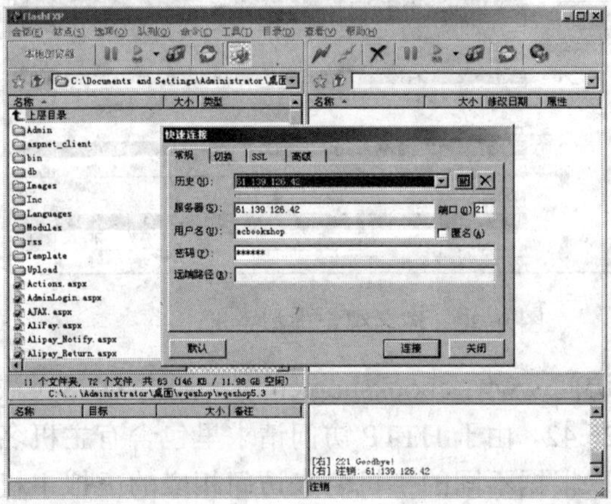

图 9-33　登录 FTP 空间

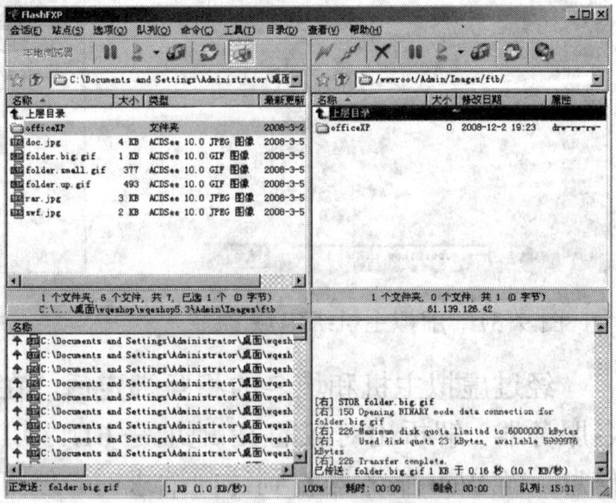

图 9-34　上传文件

4．网站安装配置

本实验为简单起见，下载的是基于 Access 数据库的.NET 程序，无须配置，程序文件上传完毕后即可正常访问。若使用的是 MySQL 或 SQL Server 数据库，或者网站程序本身需要安装，则根据网站程序文件夹内的安装说明进行安装和配置。

5．网站访问

通过虚拟主机上提供的免费网址 http://ecbookshop.w142.west263.cn 或使用通过备案

的域名 http://www.ecbookshop.cn 进行访问，访问画面如图 9-35 所示。

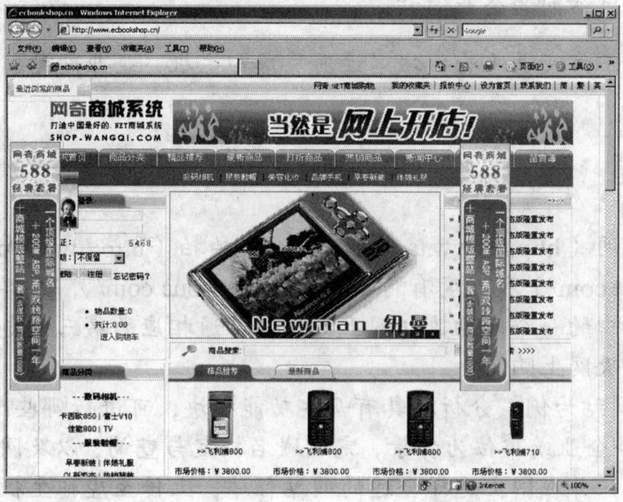

图 9-35　网站访问画面

6. 网站设置

查看网站程序文件夹的安装说明，登录网站后台管理，根据需要对网站的商品类别、商品和联系信息等进行设置和修改，如图 9-36 所示。

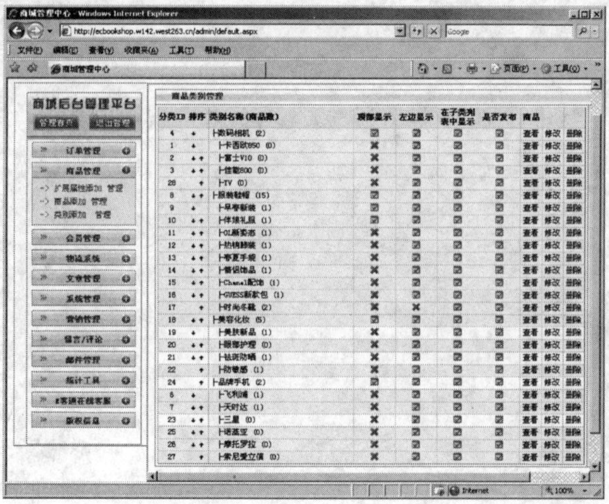

图 9-36　网站后台管理中心

本章小结

本章主要介绍了基于第三方平台建立网络店铺和利用虚拟主机建立企业网站的方法。在建立网络店铺时以淘宝网为例，详细介绍了在第三方平台建立网上店铺的方法和步骤，包括用户注册、用户认证、建立店铺和办理网上银行等环节。针对目前绝大多数中小企业都是利用虚拟主机建立企业网站的情况，其中多数企业网站都是使用免费版的论坛程序建立的，详细介绍了虚拟注册和虚拟主机空间选购方法，并利用网络上广泛应用的网站程序建立可访问的企业网站。

核心概念：第三方交易平台 域名注册 虚拟主机 企业网站

本章习题

1. 访问淘宝网（http://www.taobao.com/）、拍拍（http://www.paipai.com/）、易趣（http://www.eachnet.com/）和百度有啊（http://www.youa.com/），了解各网站的主要功能和特色，并选择其中的一个网站建立网上店铺，开通相应的第三方支付功能，并采用网上支付方式完成一次网上购物。

2. 以某企业网站为例，分析其具有哪些功能模块，可进行哪些改进。

3. 请以某中小企业或单位为背景，完成域名拟定与查询，以及网站虚拟主机空间选择与开通免费试用，并在网上选择合适的网站程序，上传至虚拟主机空间，最终建立一个可供正常访问的网站。

第10章 电子商务网站优化

学习目标

1. 了解并掌握电子商务网站优化的一些基本方法。
2. 掌握电子商务网站优化效果评价的基本方法。

引例　麦包包网站的电子商务优化

麦包包是国内知名的大型电子商务网站，主要是从事各种款式包包的在线销售。麦包包十分重视网站优化，不仅重视首页标题、关键字、描述信息的优化，同时稳步增加原创内容，大力发展高质量外链，这样在增加权重的同时，提高了排名，带来了巨大的浏览量，也最终获得了丰硕的回报。

搜索中，带麦包包的品牌的关键字基本上都是第一位，另外凡是有带包的关键字排名也非常好。

显然麦包包对自己的用户群体分析得很好，搜索淘宝网、淘宝商城、开心网的，都是有购物趋势、时尚、消费能力非常强的年轻人，因此麦包包把这些搜索量非常大、用户群体集中的热门搜索词作为网站关键词。麦包包能够做到这么多的非常热门的关键词出现在百度、Google 首页甚至第一的排名位置，可见麦包包网站优化的含金量，也足见麦包包在网站优化上下的功夫。

（本文由作者根据网络资料改写）

10.1　网站内容优化

网站优化就是通过对网站功能、网站结构、网站内容和网站服务等基本要素的合理设计，使得网站内容和功能达到对用户友好并易于网站宣传推广的最佳效果，充分发挥企业网站的营销价值。如何才能更好更快地掌握网站优化的方法和技巧，以及怎样在实践中去对网站进行优化设计，是很多企业网站亟待解决的问题。

网站内容是网站优化的重要因素。用户查找信息时，总是希望找到提供了很多有价值信息的网站。事实上，无论是搜索引擎还是访问用户都希望看到比较新的信息，网站若要使搜索结果排名靠前，网站内容就需要符合搜索引擎的规律，并注意为用户提供高质量的信息内容。

10.1.1　网页标题优化

1. 创建唯一的页面

在网站中，网页的标题标签告诉用户和搜索引擎一个特定网页的主题是什么。其中 Title 相当于一张名片里的姓名，而 Meta 相当于名片里的简要介绍信息，搜索引擎给出的搜索信息就是这两者。<title>标签通常放在 HTML 文档的<head>标签内。理论上讲，应该为网站的每一个网页创建一个唯一的页面标题。图 10-1 所示为淘宝商城在<head>标签

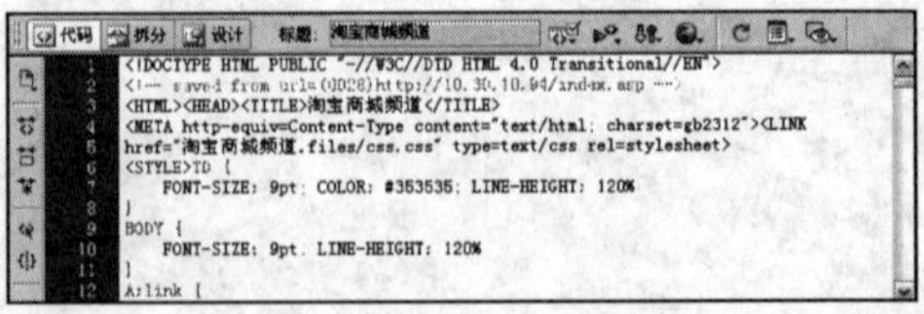

图 10-1　在<head>标签内创建唯一的页面标题

内创建唯一的页面标题“淘宝商城频道”。

2．网页标题显示在页面的顶部

如果用户访问此网页，网页的标题内容就会出现在浏览器的顶部，如图 10-2 所示。

图 10-2　页面标题在网页标题栏的显示

3．网页标题作为检索结果出现在检索结果页面

如果网页出现在一个搜索结果页面，其网页标题标签的内容通常会出现在搜索结果的第一行，并以明显的字体或颜色显示，这将有助于用户识别这个网页内容是否与他们的搜索目标相关，如图 10-3 所示。

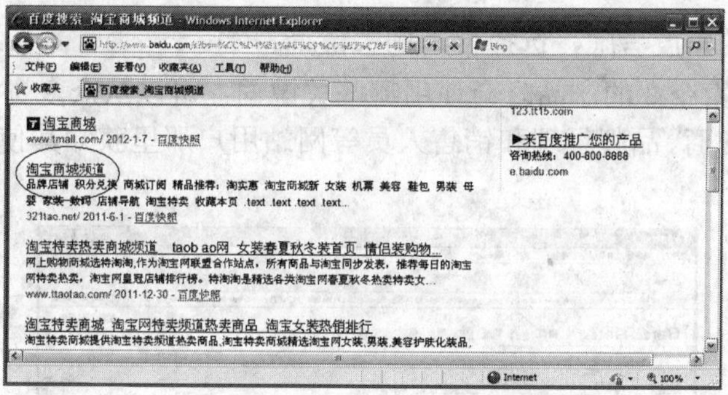

图 10-3　网页标题在搜索引擎搜索页中的显示

4．在首页面标题栏列出企业的重要信息

网站首页的标题可以列出网站或者企业名称，以及其他一些重要的信息，比如企业的重要信息、一些主要关注的领域或者提供的主要产品和服务。如图 10-4 所示，企业的重要信息在页面标题栏显示，用户可以通过标题直观地了解该网站的产品和服务内容。

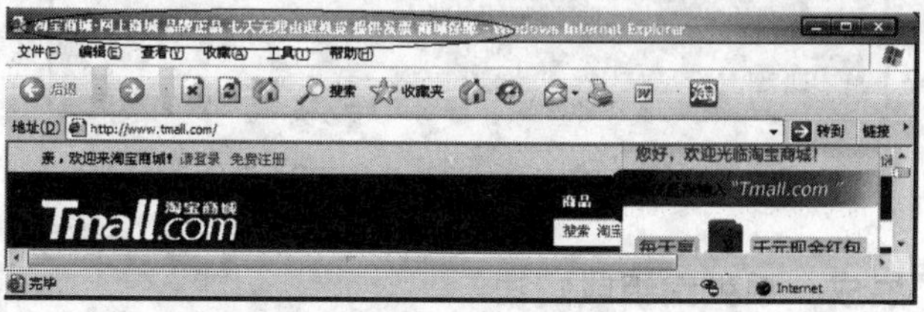

图 10-4　企业的重要信息显示在网站首页的标题栏上

5．更深层网页的标题

网站中较深层的特定网页的标题应该准确地描述出该页面所关注和呈现的内容，也可以包括网站或者公司的名称，如图 10-5 所示。

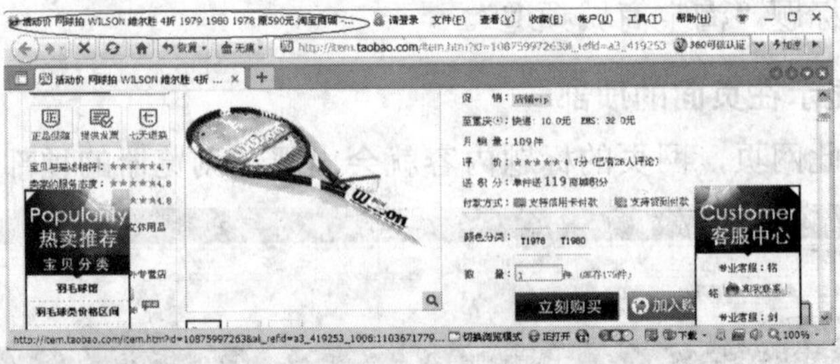

图 10-5　网站中更深层次的某网页标题显示

10.1.2　关键词优化

关键词（keywords）优化不仅是搜索引擎优化的核心，也是整个搜索引擎营销都必须围绕的核心。对于企业而言，核心关键词就是它们的经营范围，如产品/服务名称、行业定位，以及企业名称或品牌名称等。

1．站在客户的角度考虑，选择合理的关键词

潜在客户在搜索企业的产品时会使用哪些关键词，可以从众多资源中获得反馈，包括从企业客户、供应商、品牌经理和销售人员等网站用户那里获知其使用规律，如图 10-6 和图 10-7 所示。

图 10-6　用户在搜索引擎输入关键词进行查询的结果

2．将关键词扩展成一系列词组或短语

选择关键词不能仅仅使用某个单一词汇，而是要在单一词汇的基础上进行扩展，如营销→网络营销→网络营销管理。英文关键词可以采用搜索引擎 overture 的著名工具 Keyword Suggestion Tool 对这些关键词组进行检测，查看关键词在过去 24 小时内被搜索的频率，最好的关键词是那些没有被广泛滥用而又有很多人搜索的词。中文工具可以通过百度的“相关搜索”进行关键词匹配和扩展，如图 10-8 所示。

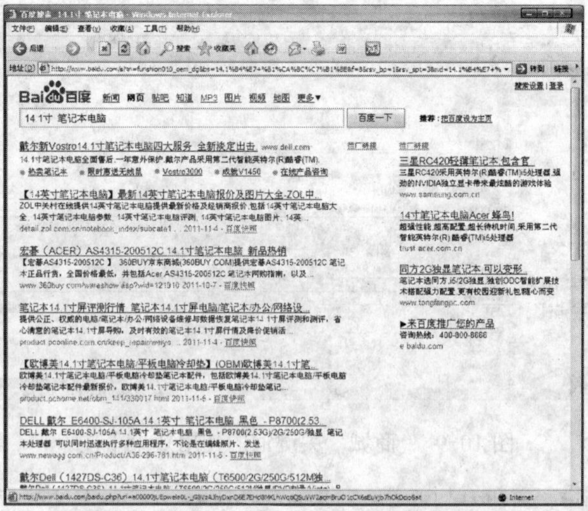

图 10-7　用户在搜索引擎输入另一关键词进行查询的结果

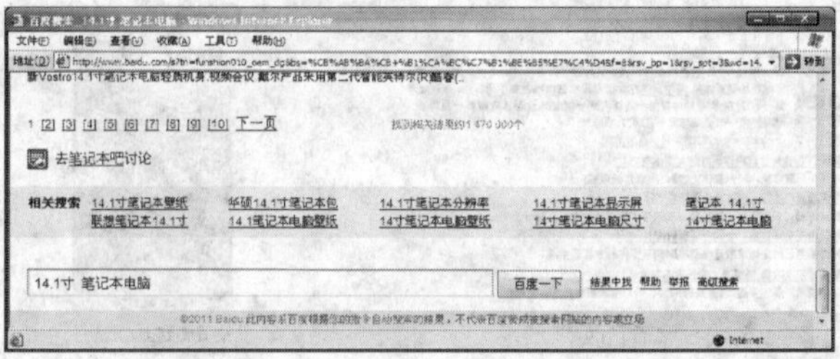

图 10-8　在百度的“相关搜索”中参考关键词的匹配

3．对关键词进行多重排列组合

可以改变短语中的词序以创建不同的词语组合，使用不常用的组合，组合成一个问句，也可以包含同义词、替换词、比喻词和常见错拼词等，当然也可以包含商品的商标名和品名，使用其他限定词来创建更多的词语组合。需要注意的是，使用关键词的时候，不要让词语失去可读性，要考虑读者的感受。

4．避免使用意义太泛的关键词

为了准确找到需要的信息，用户倾向使用具体词汇及组合搜索信息（尤其是两词组合），而不是使用那些大而泛的概念词汇，并且使用意义太广的关键字，也意味着网站要与更多的网站竞争搜索引擎排名。例如某企业是一家网上商城，若选择“商城”作为核心关键字，就不利于吸引到目标客户。图 10-9 所示为某企业使用了“商城”关键词，通过利用 Google AdWords 关键词工具查询“商城”这一特定关键词，显示多家企业都在使用，竞争排名十分激烈。

5．用企业的品牌做关键词

如果网站是知名企业或知名品牌，最好在关键词中使用公司名或产品品牌名称。图 10-10 所示为用户通过“海尔”作为关键词进行搜索，搜索出海尔集团和该集团的产品信息，检索效果比较良好。

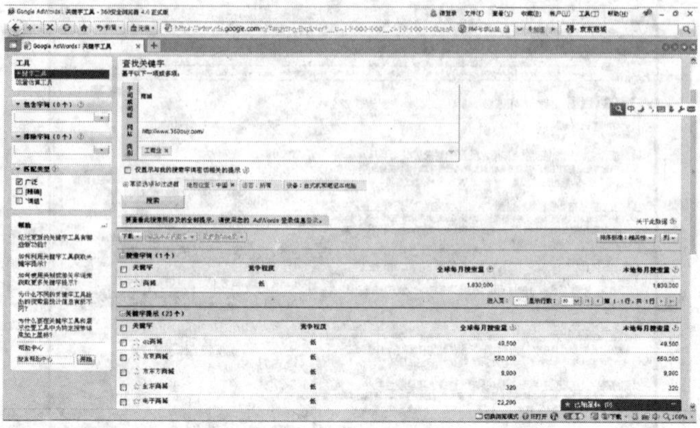

图 10-9 “商城”关键词的使用效果不佳

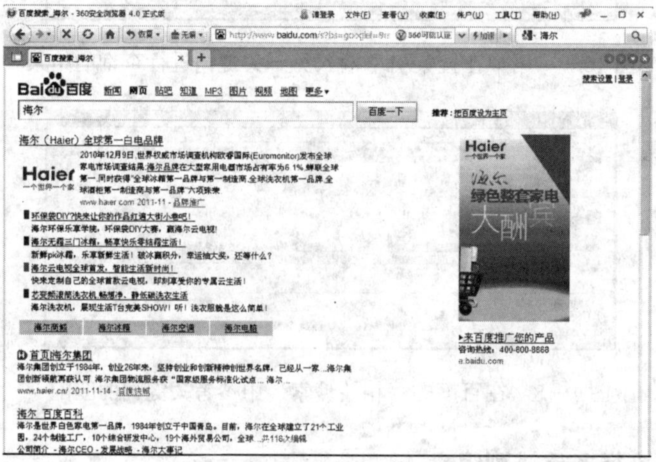

图 10-10　海尔集团的“海尔”关键词在搜索结果中效果良好

6. 使用地理位置作为关键词的词组组成部分

地理位置对于服务于地方的企业尤其重要，如果企业的业务范围以本地为主，则可在关键词组合中加上地区名称。如图 10-11 所示，用户搜索“北京百货”，得出的检索结果页面出现了多家北京本地的百货企业。

7. 控制关键词数量

每个网页中的关键词以不超过 3 个为宜，所有网页内容都针对这几个核心关键词展开，这样才能保证关键词密度合理，搜索引擎也会认为该页主题明确。

可以通过查看竞争对手关键词的方法选择合适关键词，控制关键词数量，在浏览器中打开竞争者网站网页，选择“查看”→“查看源文件”命令，在打开的记事本窗口中，“<meta name="keywords" content=”后面的文字即该网站关键词，如图 10-12 所示。

8. 注意关键词的分布

1）合理使用网页代码 Title 和 META 标签中的关键词

如京东商城 www.360buy.com 的代码使用了符合用户搜索目标的关键词：

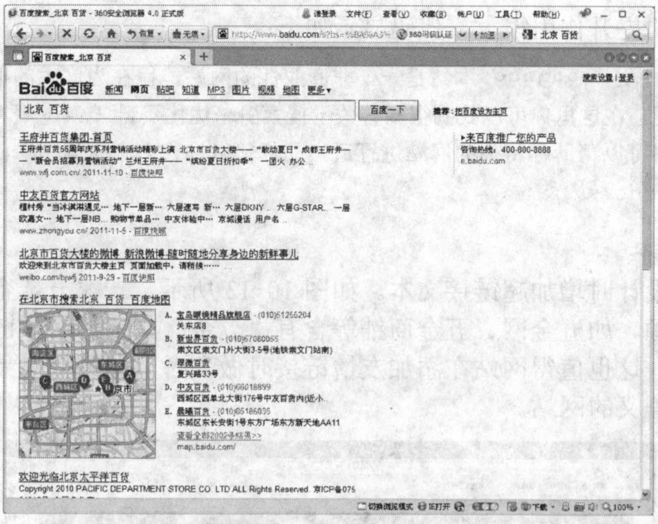

图 10-11　带有地区特征的关键词检索结果

图 10-12　通过源代码查询竞争者网站中的关键词

```
<title>京东网上商城-综合网购首选，正品行货，机打发票，售后上门取件，省钱又放心</title>
<meta name="description" content="京东商城-专业的数码网上购物商城，产品包括数码、家电、手机、电脑配件、网络产品等数万种商品直销，便捷，诚信的服务，为您提供愉悦的网上商城购物体验！">
<meta name="Keywords" content="网上购物，网上商城，手机，笔记本，电脑，MP3，CD，VCD，DV，相机，数码，配件，手表，存储卡，京东商城">
```

2）网页正文是关键词分布的重要地方

正文内容必须适当出现关键词，并且要“有所侧重”，侧重用户阅读习惯形成的阅读优先位置——从上到下，从左至右——成为关键词重点分布位置，包括页面靠顶部、左侧、标题及正文前 200 字以内，在这些地方出现关键词对搜索排名更有帮助。如某 SEO 学习网站把一段富含关键词的文本网站介绍置于网站最顶部，这样做的好处是让用户和搜索引擎“蜘蛛”软件都以最快速度了解该网站内容，并且以引擎蜘蛛重视的<b>黑体显示，对其排名的提升作用很大。代码显示如下：

```
<b><font color=#999999>本站是一个非商业性的网站，旨在为广大的搜索引擎研究者提供一个学习和交流场所。在这里你可以找到很多有关于搜索引擎优化资料（seo 资料、文章等）和网站优化资料。这些资料可以帮助你将你的网站进行适当的优化以迎合多个搜索引擎的搜索规则，从而得到较好的排名。</font></b>
```

3）超链接文本

可以在网站设计时增加超链接文本。如图 10-13 所示，一家五金企业网站可以通过加上一些行业资源，如五金网、五金商铺等含有“五金”文字的网页链接来达到增加超链接文本的目的。这也值得网站在添加友情链接时做参考，即链接对象中最好包含相关的关键词或相关语义的网站。

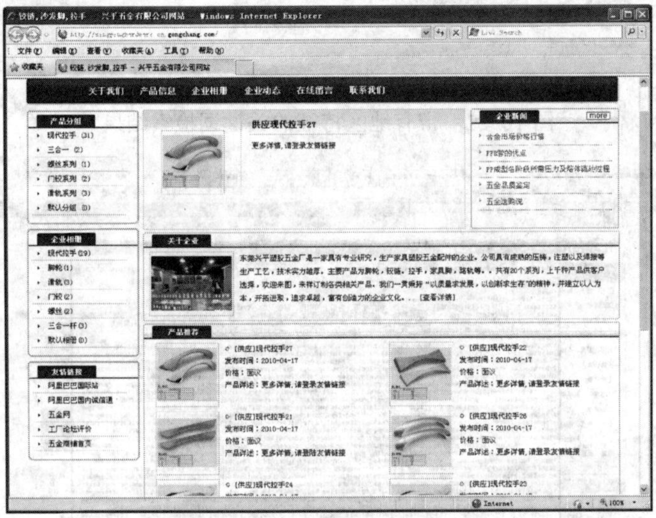

图 10-13　友情链接增加超链接文本

4）图片 Alt 属性

搜索引擎不能抓取图片，因此在网页制作时，在图片属性 Alt 中加入关键词是对搜索引擎友好的办法，搜索引擎会认为该图片内容与网页的关键字一致，从而有利于排名。建议在图片周围使用用户可识别的标题和说明性文字，如图 10-14 所示。

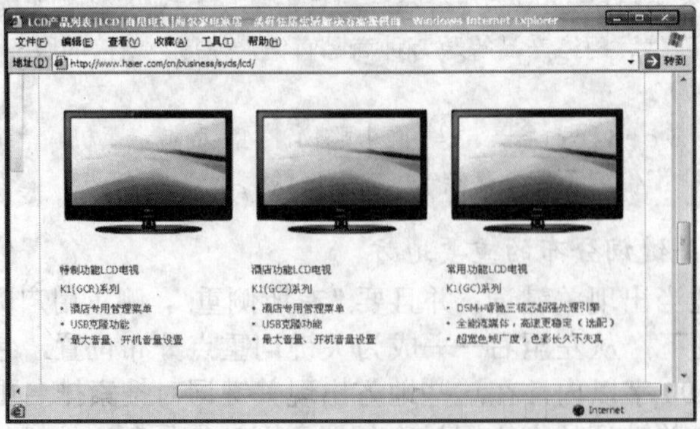

图 10-14　图片下方使用标题和说明性文字

10.1.3　文字优化

1．撰写用户容易阅读的文字

用户更喜欢浅显易读的内容，避免使用既拖沓冗长又有很多语法和拼写错误的文字，有一些网页的文字内容仅仅显示在图片中，使得搜索引擎无法识别这些内容。

2．围绕主题有条理地组织文字内容

有条理地组织网页文字内容是非常重要也是非常有益的，这样访问者能够清楚地了解内容的起始和排序，并且将网页内容按照逻辑划分出层次，有利于被用户迅速找到。应避免把大量不同主题的内容放在同一页上，而没有任何的分段、标识和层次的划分。

3．提供新颖、独特的内容

网页内容最好使用原创内容，这样搜索引擎会认为内容新鲜且对用户有用，更容易被收录。新颖的内容不仅能留住老顾客，还能吸引更多新的访问者。避免大量模仿甚至抄袭别人的内容，这样的内容对用户来说没有价值。

4．最大限度地减少相似内容

如果网站的多个网页内容相似，那么要考虑扩充每个网页的内容，或将这些网页合并成一个。例如，如果旅行网站上包含两个城市的不同网页，但两个网页中的内容相同，那么可以将这两个网页合并为一个网页来介绍这两个城市的相关信息，或者也可以扩充每个网页的内容，使其包含独特的内容介绍。

5．规范网页文字连接

如果正文中有大量超级链接，每个链接文字都写成“点此查看”之类，搜索引擎就极有可能误以为这个大量出现的“点此查看”就是网页的关键词。因此，当一个页面中出现多个链接的时候，最好把链接内容的标题直接写出来，并且用不同的色彩或下画线来标示链接。

6．避免在网页中出现隐藏文字和链接

许多网站在网页中都设置了隐藏文字和链接，其目的是让搜索引擎快速抓取。内容中包含的隐藏文字或链接可能会导致网站被搜索引擎认为 SEO 作弊，甚至会受到搜索引擎的惩罚。

常用的隐藏文字的方式如下：

（1）在背景上显示与背景颜色相同的文字。

（2）将文字置于图片后。

（3）使用 CSS 隐藏文字。

（4）将字体大小设置为 0。

常用的隐藏链接的方式如下：

（1）链接由隐藏文字组成。

（2）使用 CSS 制作只有 1 个像素高的小链接。

（3）链接隐藏在某个小字符中，例如，段落中间的一个连字符。

如果网站被认为包含具有故意欺骗性的隐藏文字和链接，就可能会从搜索引擎索引中删除，导致无法显示在搜索结果中。要评估网站是否包含隐藏文字或链接，请查找网站访问者不易识别的全部内容，是否存在任何只让搜索引擎识别而不让访问者看到的文字或链接。

10.1.4　网页图片优化

对于网站来说，网页图片具有比文字更丰富的信息，更易获得关注，但也要比文字消耗更多的网络带宽和存储空间。网页图片优化主要包括图片格式选择、在显示效果和文件大小之间平衡选择，以及对图片增加适当的标签以利于搜索引擎识别。

1. 图片存储优化

在网页图片设计上，图片一定要清晰，能够准确地显示出产品的特点和客户关心的问题。在保证图片质量的前提下，要尽量小，多跟美工协作，将图片文件的容量尽可能地减小。这样不仅对搜索引擎友好，同时可以缩短页面加载的时间，不至于让那些没有耐心等待的顾客白白跑掉，也能更有效地降低网站带宽和网络流量。可利用图像处理软件，如photoshop、Fireworks 等，根据要求将图片存储为适合网页所用格式和大小，如图 10-15 所示。

图 10-15　图片存储优化

2. 图片标签优化

一般而言，搜索引擎只识读文本内容，对图像是不可见的。同时，图像文件直接延缓了页面加载时间，如果超过 20 秒网站还不能加载，用户和搜索引擎极有可能离开你的网站。因此，除非你的网站内容是以图片为主，比如游戏站点，否则尽量避免使用大图片。

每个图像<IMG>标签中都有 alt 属性，搜索引擎会读取该属性以了解图像的信息。如京东商城网页 http://www.360buy.com/products/1672-1673-1675.html 的天梭手表的推荐图片（见图 10-16），我们可以看到代码<IMG>标签中的 alt 属性，如图 10-17 所示。

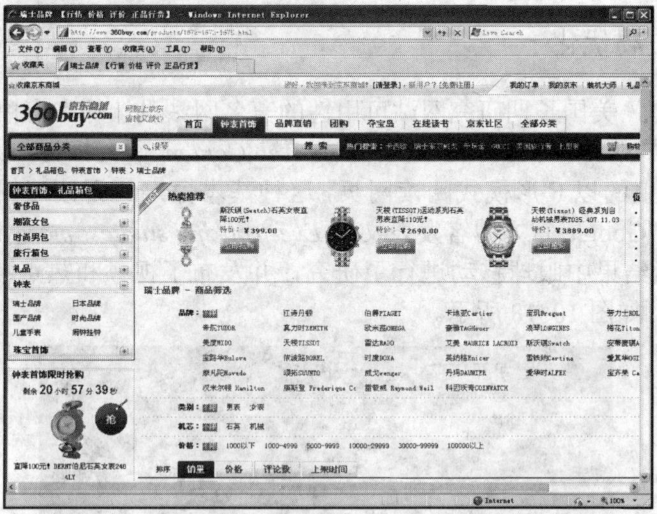

图 10-16　京东商城网页中的商品图片

图 10-17　网页代码中的 alt 属性

（1）为便于搜索引擎读取，最好在所有插图的 alt 属性中都有文字描述。alt 属性可以指定供替换显示的文字，那么图片内容会以文本的方式出现：

```
<img src="http://img11.360buyimg.com/n4/571/39e16132-40b6-4008-a6f4-c2d6bcc4cdec.jpg" width="100" height="100" alt=天梭（TISSOT）运动系列石英男表直降110元！ />
```

这样，图片不能显示时会有文字说明。如当京东商城该款手表的图片无法显示时，将显示：天梭（TISSOT）运动系列石英男表直降 110 元！

（2）在代码中增加一个包含关键词段的标题标签，然后在图片下方增加文字描述。

（3）在网页中使用可以被大部分的浏览器普遍支持的图片文件类型，例如 JPEG、GIF、PNG 和 BMP 等格式的图片。同时，采用与图片类型相符合的文件扩展名也是很值得推荐的做法，例如 LGWD12320D.jpg。

10.1.5　网页布局优化

2006 年 4 月，美国长期研究网站可用性的著名网站设计师杰柯柏 · 尼尔森（Jakob Nielsen）发表了 *F-Shaped Pattern For Reading Web Content* 研究报告，认为大多数情况下浏览者都不由自主的以 F 形模式阅读网页，这种基本恒定的阅读习惯决定了网页呈现 F 形的关注热度。Google 官方博客发表文章 *Eye-tracking studies: more than meets the eye*，针对 Google 搜索结果中眼球移动进行了研究，并发布了视频和热点图，进一步验证了 F 形的关注热度，如图 10-18 所示。

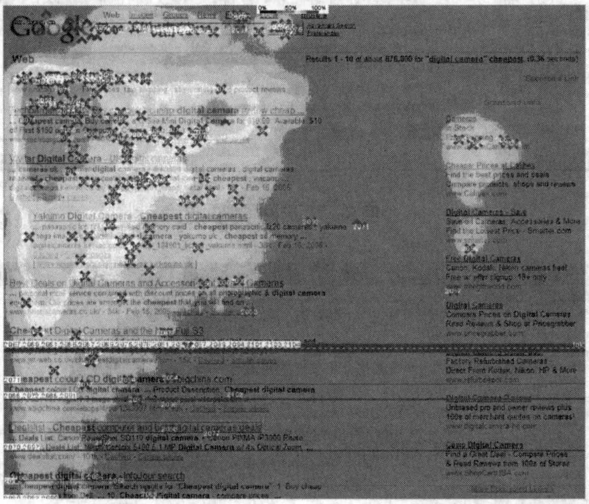

图 10-18　F 形网页关注热度

在对网页布局进行优化时，可遵循该规律，将网页内容合理布局在相应区域。在京东商城，最为重要的商品分类导航放置在左上区域，疯狂抢购、新品上架和特价专区的重要性依次降低，符合 F 形网页布局，如图 10-19 所示。

图 10-19　京东商城首页布局

从搜索引擎的角度来看，用 HTML 代码实现网页设计对搜索引擎会更具有友好性。图 10-20 所示为基本的网页结构设计。

图 10-20　基本的网页结构设计

通常，可以采用如下 HTML 代码来实现布局的优化：

```
<table width="80%" border="0" cellspacing="0" cellpadding="0">
<tr>
<td>
<b>LEFT SECTION</b><br>
ITEM1<br>
  ITEM2<br>
  ITEM3<br>
</td>
<td bgcolor="#D9BBBB" rowspan="2" valign="top">
      Main Body
</td>
</tr>
</table>
```

在源代码中，左侧区域出现在主内容区域的前面，因此，搜索引擎可能会给网页左侧内容更多的偏爱。为达到良好的 SEO 目的，我们需要改善上面的网页设计结构。

解决问题的办法就是利用标签的 Rowspan 属性。通过将 Rowspan 的值设置为 2 来将网页划分成两行，把主内容区域放在第 1 行优先于左侧区域显示，而左侧内容被放在第 2 行。

网页设计结构优化后的 HTML 代码：

```
<table width="80%" border="0" cellspacing="0" cellpadding="0">
<tr>
<td height="1">
</td>
<td bgcolor="#D9BBBB" rowspan="2" valign="top">
      Main Body
</td>
</tr>
<tr>
<td>
 <b>LEFT SECTION</b><br>
  ITEM1<br>
  ITEM2<br>
  ITEM3<br>
</td>
</tr>
```

网页设计结构优化后的效果如图 10-21 所示。

图 10-21　优化后的页面结构设计

（说明：以上为引用内容）

10.2　网站结构优化

用户访问网站，主要是想寻找自己需要的信息，如查看公司的相关产品和介绍，及联系方式等，因此在设计网站的结构时，尽量要从客户的角度来考虑，页面排版一定要清晰明了，错落有致。记住设计网站最重要的一点：设计网站是给别人看的，不是给自己看的。因此就要对网站的结构进行优化，大致来说主要从 4 个方面进行考虑：网站文件目录优化、URL 链接结构优化、网站导航优化和网站地图优化。

10.2.1　网站文件目录优化

1．文件目录简单直观

网站目录一般来说越浅、越直观越好，对于中小企业的网站来说，一般用扁平式的目录即可，即网站的文件直接在主域名根目录下，其实扁平化目录形式对于搜索引擎是比较理想的，搜索引擎只要访问一次就能遍历，如图 10-22 所示。

2．目录层次不宜过深

对于内容页面较多的大型网站来说，扁平式网站目录结构是无法应付的，一般来说需要 2～3 层目录，这种多层级目录也称为树形结构，即根目录下再根据需求划分多个频道或多个栏目，然后在每个目录下面再存储属于这个目录的终极内容网页，这样做的好处是容易维护，但是相对扁平式结构来说，树形目录结构在搜索引擎抓取时要相对困难一些，因此目录层次不宜过深。图 10-23 所示为某 SEO 教学网站的树形目录结构模式。

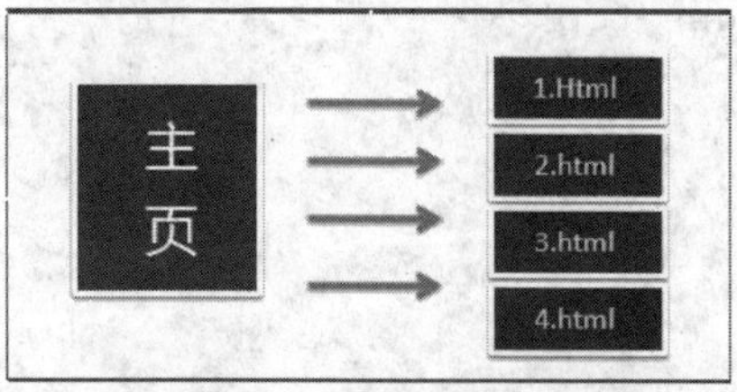

图 10-22　扁平式网站目录结构图

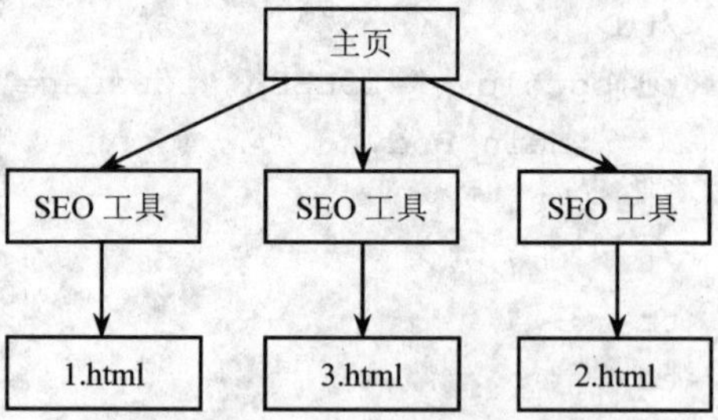

图 10-23　网站树形目录结构模式

3．合理有序安排文件目录

按照网站的内容重要性和网站层次建立目录结构，重要的内容放在顶级目录。例如，http://www.kxfdj.com 的目录安排：频道>栏目>专题>最终页。

4．合理设置网站的目录文件夹

许多网站的设计者将站点的所有文件都放在一个文件夹下，这样做很不合理。网站的文件对于不同的栏目应该单独放在栏目文件夹中，这样做不但让网站的结构更有条理，而且在维护网站时也更省时、省力。如果栏目的内容较多，也可以在该栏目的文件夹内创建独立的图片文件夹，更能够方便搜索引擎搜索，如图 10-24 所示。

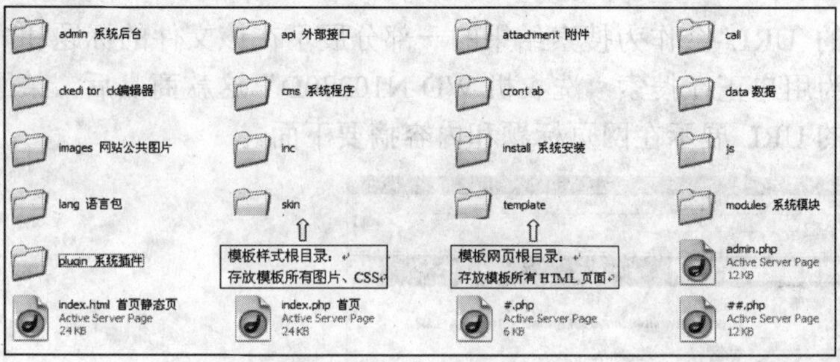

图 10-24　网站的不同文件放在相应栏目文件夹

5. 目录名称和文件名称的使用

目录名称和文件名中可以使用到关键词。如果是关键词组，则需要用分隔符分开。常用连字符-和下画线_进行分隔，URL 中还经常出现空格码%20。因此，若以“中国制造”作为文件名，就可能出现以下 3 种分隔形式：made-in-china.htm、made_in_china.htm、made%20in%20china.htm。

但事实上，至少在目前，Google 并不认同“_”为分隔符。对 Google 来说，made-in-china 和 made%20in%20china 都等于 made in china，但是 made_in_china 就被读成了 madeinchina，连在一起之后，关键词就失去了意义，成为一个无法识别的单词。因此，目录和文件名称如果有关键词组，要用连字符“-”而不是下画线“_”进行分隔。

10.2.2　URL 链接结构优化

1. URL 结构应便于用户对传递信息的理解

为网页上的文件创建具有良好描述性的类目名和文件名不仅可以帮助企业更好地组织自己的网站，还有助于搜索引擎更有效地抓取（注：通过搜索引擎蜘蛛软件来探索网站从而索引其内容）文件，而且它还能够为那些想链接到自己网页的网站创建更简单、友好的 URL，否则访客可能会被过于冗长、包含很少可识别单词的 URL 搞得不知所措。图 10-25 所示为某网站上某一网页的 URL，面对这样的 URL，用户可能会感到困惑。

图 10-25　URL 层次过深的网页

类似这样的 URL 对用户是不友好的，用户在记忆这样的 URL 和为此创建链接的时候会感到困难，特别是当 URL 显示了很多用户难以识别的参数（注：URL 中显示网站行为的数据）时。

对用户和搜索引擎来说，如果网站的 URL 包含了相关的文字，会比单纯提供一些奇怪的参数更有帮助。这些词语能够让用户或搜索引擎了解这些链接将把他们带到哪里，并且它的 URL 提示我们能够在这个网页上读到什么内容，如图 10-26 所示。

2. 网页的 URL 在搜索结果信息中显示

指向文件的 URL 会作为搜索结果的一部分展示在该文件的标题和内容摘要下方，图 10-27 所示为用户正在搜索“洗衣机 WD-N10230D”这款商品后，某网页出现的搜索结果，其网页的 URL 展示在网页标题和内容摘要下面。

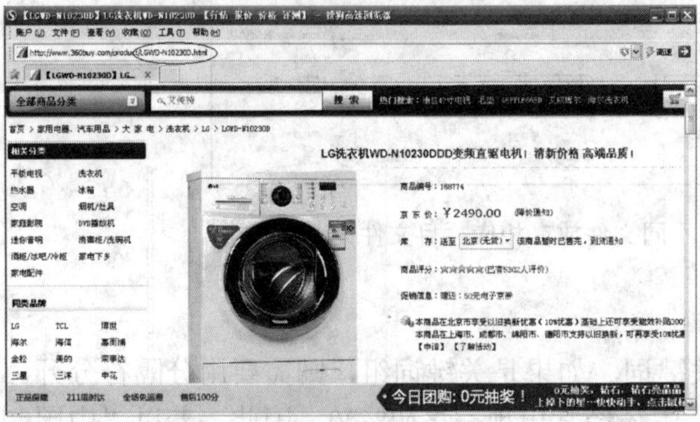

图 10-26　在网页的 URL 显示网页的商品名称

图 10-27　网页 URL 在搜索结果信息中显示

3. 优化 URL 结构的一些方法

1）在 URL 中使用单词

URL 中包含与网站内容和结构相关的单词会更便于用户浏览网站，并可能更愿意链向这些网页。

在设置 URL 时，请注意以下几种情况：

（1）避免使用过于冗长并包含无关参数的 URL。

（2）避免使用过于概括或随意指定的页面名，例如 page1.html、page2.html 等。

（3）避免使用过度堆砌的关键字，例如 baseball-cards-baseball-cards- baseballcards.htm。

（4）避免使用过于简单的目录结构。网站的目录结构应该能够很好地归纳网站内容，并且使用户轻松地知道他们处于网站的哪个位置。

（5）避免使用类似于.../dir1/dir2/dir3/dir4/dir5/dir6/page.html 的多层嵌套的子目录。

（6）避免使用与内容无关的文件名。

2）为同一文档提供统一的 URL

在访问同一内容时，为了防止一些用户链接到一个版本的 URL，而另一些用户链接到另一个版本（URL 不同，可能会分散弱化该网页内容的声誉值），可以在页面的内部链接和结构中集中使用一个 URL。

如果发现有用户通过不同的 URL 来访问同样的内容，可以对不希望使用的 URL 设立 301 重定向（注：HTTP 编码，用来强行使网站访问者跳转到一个设定的网页地址）到所期望使用的 URL。

请注意以下几种情况：

（1）避免无论是从根目录还是子域名（注：比通常域名次一级的域名）访问的内容

都是相同的。

（2）避免在 URL 中使用奇怪的大写。因为大部分用户喜欢小写，而且小写也便于用户阅读。

10.2.3　网站导航优化

网站导航是引导用户访问网站的栏目、菜单和在线帮助等形式的统称。其主要功能在于引导用户方便地访问网站内容，也是评价网站专业度和可用度的重要指标。同时，网站导航也可以对搜索引擎产生许多提示作用，有利于搜索引擎的索引。概括地讲，网站在导航方面应注意以下几点：

1. 主导航醒目清晰

主导航一般体现为一级目录，用户和搜索蜘蛛程序通过它们都可以层层深入访问到网站所有的重要内容。因此主栏目应该在网站首页第一屏的醒目位置体现，导航文字最好采用文本链接而不是图片，如图 10-28 所示。

2.“面包屑型（breadcrumbs）”路径

所谓“面包屑”，是比喻用户通过主导航到目标网页的访问过程的路径提示，使用户了解所处网站的位置而不至于迷失“方向”，并方便回到上级页面和起点页面。导航路径中的每个栏目名称最好添加文字链接。如图 10-29 所示，鼠标移动到“平板电视”文字时，字体显示为红色并带有下画线，单击后会链接到相应页面。

图 10-28　网站导航

图 10-29　导航链接和页面 LOGO

即使没有详细的路径来源，也至少应该在每个子页面显示提示回到首页的链接，包括页面的 LOGO 等也应作为回首页的链接。

3. 重要内容页面导向首页

除了主栏目，还应该将次级目录中的重要内容以链接的方式在首页或其他子页中多次呈现，以突出重点。搜索引擎会对这种一站内多次出现的链接给予充分重视，对网页级别（pagerank）的提高有很大帮助，这也是每个网站首页的网页级别一般高于其他页面级别的重要因素，因为每个子页面都对首页进行了链接。

10.2.4　网站地图

网站地图（site map）是辅助导航的手段，最初是为用户设计的，以方便用户快速到达目标页。如果网站的分栏较多，而且每一个分栏目又有下级的分类，就有必要为网站建立一个详细的网站地图，一方面方便用户按分类查询信息，另一方面更有利于搜索引擎对页面的搜索。网站地图的最大用途就是让搜索引擎在最短的时间内搜索到尽可能多的页面，如图 10-30 所示。

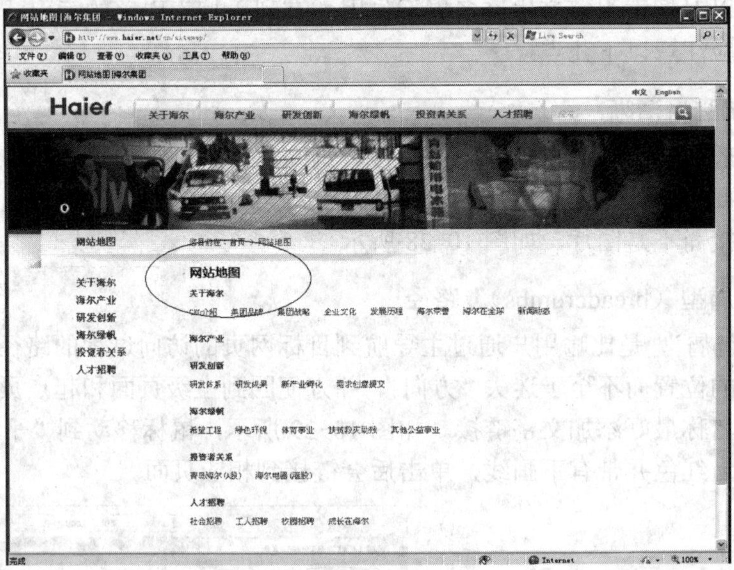

图 10-30　网站地图

网站地图的设计常常以网站拓扑结构体现复杂的目录关系，具有静态、直观、扁平和简单的特点，多采用文本链接，不用或少用修饰性图片，以加快页面加载速度。以上特点符合搜索引擎友好的要求，因此网站地图在网站优化中也有很重要的意义。尤其对于那些采用图片导航和动态技术生成的网页，通过在网站地图中进行文本链接，可在一定程度上弥补蜘蛛程序无法识别图片和动态网页的风险。

需要注意的是，网站地图也要突出重点，尽量给出主干性内容及链接，而不是所有的细枝末节。另外，一个页面内不适宜放过多的链接，如果网站地图上的链接超过 100 个，最好将网站地图拆成多个网页。

网站即使已经被主流的搜索引擎收录，也还是有必要使用网站地图的，因为使用网站地图不仅有利于搜索引擎更友好地对整个网站进行收录，减少收录的漏洞，而且方便网站对其外部链接和内部链接错误进行调整。

10.2.5　网站 FAQ（常见问题解答）

企业网站主要是宣传自己的产品，展示公司形象。产品在使用过程中会遇到一些比较常见、用户反映比较集中的问题，在网站中对用户使用安装产品常遇到的问题及解决方案做一个技术支持类的页面，可以方便用户及时通过技术支持找到相关问题的解决方案，提高网站的易用性。图 10-31 所示为京东商城 FAQ（常见问题解答）页面。

现在越来越多的网络用户都使用搜索引擎，习惯到因特网上通过搜索引擎搜索相关问题的解决方案。企业网站设置网站的 FAQ，不仅可以为顾客解决问题，同时也提升了公司的企业形象。

图 10-31　京东商城 FAQ（常见问题解答）页面

10.3　网站优化效果检测及评价

网络优化效果评价是指根据有关信息分析网站对搜索引擎的友好性，进而针对企业网站的具体情况制定相应的修正和完善措施。

10.3.1　网站 Alexa 排名检测

排名是评估网站价值的重要依据之一，也是严密监测竞争对手的重要方法，因此网站排名是每个网络营销企业必须重视的内容。Alexa（www.alexa.com）是一家专门发布网站世界排名的网站。通过 Alexa 工具条来收集用户的资料，以便统计网站流量和排名。

Alexa 网站排名的计算是以网站的每天平均使用人数和人均访问页面数（与人数和人均页数之积成正比）为基础，以这二者的几何平均数来排名。而正式名次则基于最近 3 个月之内的资料平均值。除全世界网站排名之外，Alexa 网站还提供各种语言、地区和主题的分类排名，如图 10-32 所示。

查询某个网站 Alexa 排名有以下两种选择：

选择一：通过 Alexa 官方网站直接查询或者通过网址 http://www.alexa.com 查询。

选择二：通过站长网站类的查询网站查询，这种方法查询的 Alexa 数据更新较快。

（1）打开 IE 浏览器，在地址栏输入网址 http://www.alexa.chinaz.com。

（2）在要查询的网址中输入要查询排名的网址，以麦考林购物网站 http://www.

m18.com 为例，单击“查询”按钮，如图 10-33 所示。

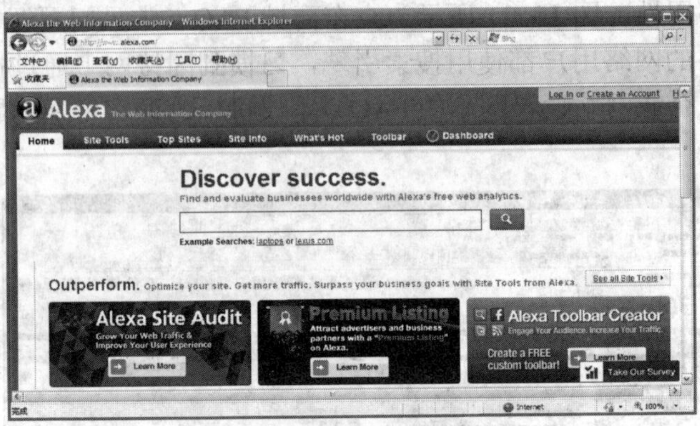

图 10-32　网站排名查询地址

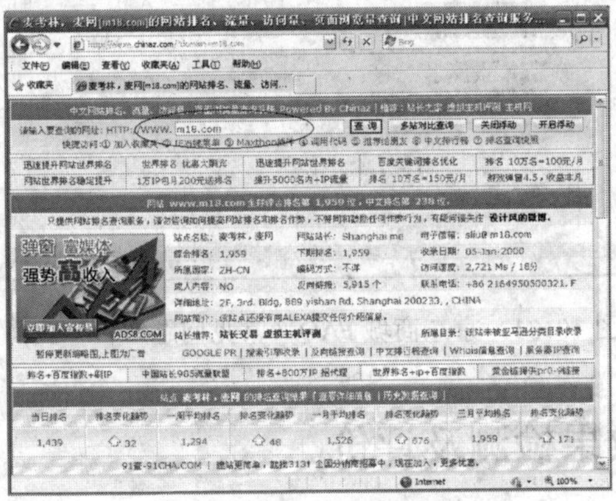

图 10-33　网站排名查询

10.3.2　网站 PR 值查询

网站的 PR 值（全称为 pagerank）是 Google 搜索排名算法中的一个组成部分，是 Google 对网页重要性的评估，也是 Google 用来衡量一个网站好坏的重要依据。

Google 将 Title 标识和 Keywords 标识等所有其他因素糅合之后，通过 PR 值来计算和调整排名结果，令那些更具“重要性”的网页在搜索结果中排名靠前，从而提高搜索结果的相关性和质量。PR 值的级别为 1～10 级，10 级为满分，PR 值越高，说明该网页在搜索排名中的地位越重要，该网页越受欢迎。也就是说，在其他条件相同的情况下，PR 值高的网站在 Google 搜索结果的排名中有优先权。如果一个网站的 PR 值为 1，则表明这个网站流行度低，若 PR 值为 7～10，就可以表明这个网站受欢迎度非常高。

鉴于 PR 值的重要性，企业想要知道自己网站的受欢迎程度，就需要查询 PR 值，以便完善以及修正网站优化策略。其步骤是：

（1）打开 IE 浏览器，在地址栏中输入网址 http://link.kuww.net/pr.asp。

（2）在查询栏中输入要查询的网站，单击“提交”按钮，如图 10-34 所示。

（3）企业可以通过 PR 值来查询与自己实力相当的竞争对手。如淘宝网的 PR 值为 8，则可以通过 PR 值来查询竞争对手，如图 10-35 所示。

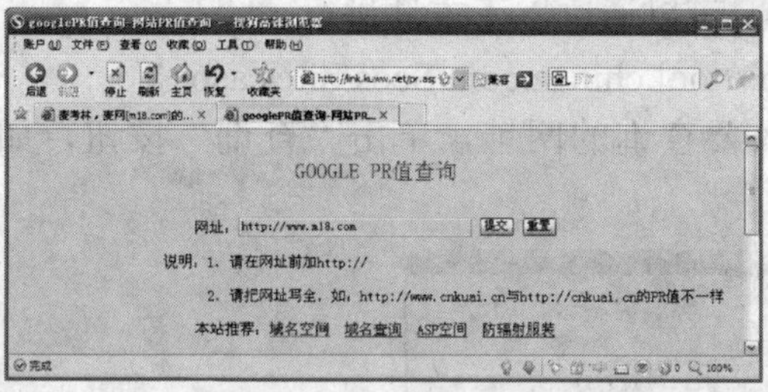

图 10-34　PR 值查询

网址	PR值	更新时间	更新IP
www.hao123.com	8	2011-11-12 19:25:00	115.221.205.*
www.taobao.com	8	2011-11-11 23:20:05	58.100.50.*
www.qq.com	8	2011-11-10 14:57:02	112.193.79.*
www.sohu.com	8	2011-11-8 11:46:25	210.21.82.*
www.sina.com	8	2011-11-8 9:38:54	99.180.11.*
www.google.cn	8	2011-11-3 9:36:43	222.247.47.*

图 10-35　PR 值为 8 的网站

10.3.3　网站 PV 检测

企业可以通过访问量查询来修正自己相应的营销战略和规划。访问量的全称为网站访问量，一般来说都是以网站为对象。网站访问量的衡量标准有两个：一个是 IP，另一个是 PV。网站访问量通常以每日独立的 IP 和 PV 来计算，网站每日访问量 IP 和 PV 越多，即访问量越大，网站越受欢迎，拥有潜在用户的潜力就越大。

PV（访问量）即 Page View，即页面浏览量或单击量，用户每次刷新即被计算一次。一个独立 IP 可以产生多个 PV，所以 PV 个数≥IP 个数。网站访问量统计分析是企业网站营销效果评价的基础，网站流量统计分析结果可以为企业制定营销策略提供参考依据。

其步骤是：

（1）打开 IE 浏览器，在地址栏中输入网址 http://alexa.chinaz.com，如图 10-36 所示。

（2）在首页网址输入框内输入要查询的麦考林网站网址 www.m18.com，单击“查询”按钮，可以查询该网站的 IP 访问量和 PV 浏览量，如图 10-37 所示。

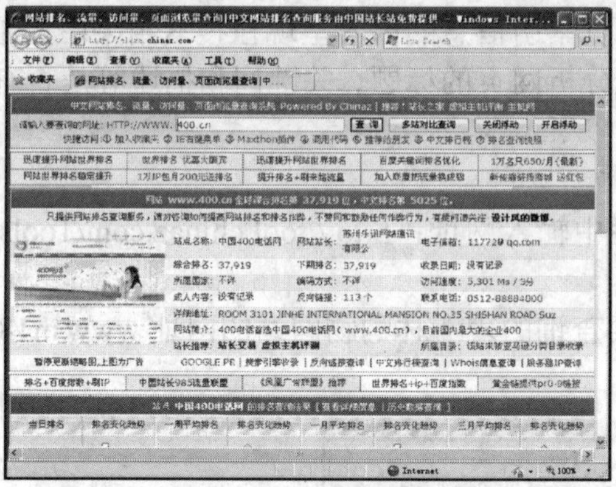

图 10-36　Alexa 网站首页

图 10-37　麦考林购物网站访问量查询

10.3.4　搜索引擎的反链接和收录情况检测

反链接是搜索引擎衡量一个网站受欢迎程度的重要因素之一，它是指由其他网站指向你网站的链接。简单来说，有几个网页链接指向该网站，网站就有了几个反向链接。企业要增加反链接，可以考虑以下方法：一是友情链接，与相关的站点互相链接；二是加入网站分类目录，如 DMOZ 开放分类目录；三是发布有权威的文章，其他的站点就会引用并链接。检测搜索引擎反链接和收录的情况可以通过以下方法进行：

（1）打开 IE 浏览器，在地址栏中输入 http://tool.chinaz.com/Seos/Sites.aspx。

（2）在"请输入要查询的网址"栏中输入要查询的网址，单击"查询"按钮，如图 10-38 所示。

图 10-38　麦考林公司被几个主要搜索引擎收录和反向链接情况

（3）根据对查询结果数据分析，麦考林公司在 Google 中显示其反向链接数量是比较少的，公司应重视其链接数量，进而增加企业网站排名，增强企业竞争力。

10.3.5　有关页面要素的检测信息

META 标签用来描述 HTML 网页文档的属性，例如作者、日期和时间、网页描述、关键词，以及页面刷新等 META 标签的内容设计，对于搜索引擎营销来说是一个至关重要的因素，尤其是其中的 Description（网页描述）和 Keywords（关键词）两个属性更为重要。

尽管现在的搜索引擎检索信息和决定搜索结果的排名对 META 标签内容的依赖程度降低，但 META 标签的内容设计仍然很重要。常用的搜索引擎之一 Google 对 META 信息就非常重视，合理的 META 标签将被作为网页索引信息的内容呈现在搜索结果中。通过快速检测网页的 META 标签，可以帮助企业分析网页的标题、关键词和描述等是否有利于搜索引擎收录。

其步骤是：

（1）打开 IE 浏览器，在浏览器的地址栏中输入网址：http://tool.chinaz.com/Tools/MetaCheck.aspx。

（2）打开网页后，在网页的输入框内输入要查询的麦考林购物网站的网址 www.m18.com，单击"查询"按钮，如图 10-39 所示。

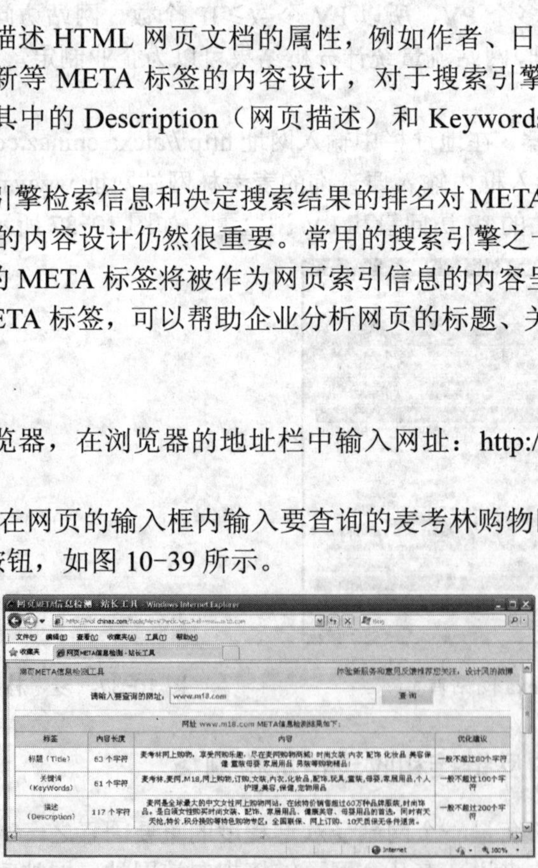

图 10-39　麦考林公司网页 META 信息的检测情况

（3）通过检测，企业可以了解本网站网页 MEAT 信息的使用情况，并且可以获得站长工具对网站页面的优化建议。

10.3.6　Google 关键字排名查询

（1）选择关键字：麦考林　香水。

（2）打开 IE 浏览器，在地址栏中输入网址 http://tool.chinaz.com/KeyWords/，如图 10-40 所示。

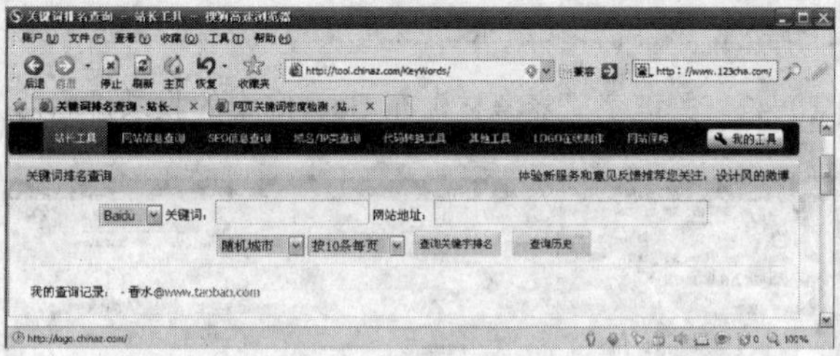

图 10-40　关键字查询网址

（3）在关键字查询栏输入关键词为“麦考林”，网站网址为 www.m18.com，选择搜索引擎 Baidu，单击“查询”按钮，可以查出关键词“麦考林”在百度中的收录排名情况，如图 10-41 所示。

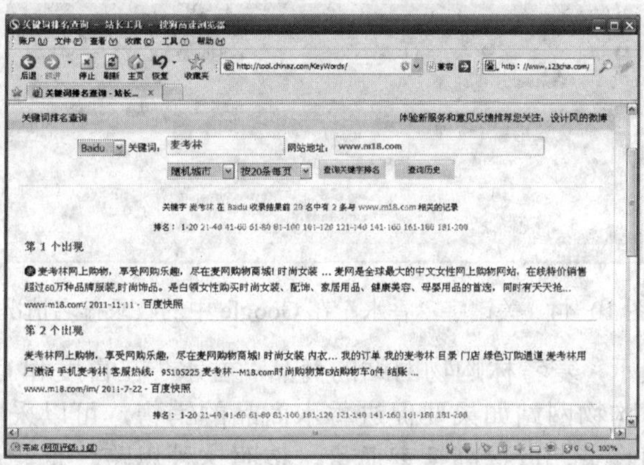

图 10-41　关键字“麦考林”在百度中的收录排名情况

（4）在关键字查询栏输入关键字为“麦考林”，网站网址为 www.m18.com，选择搜索引擎 Google，单击“查询”按钮，可以查出关键词“麦考林”在 Google 中的收录排名情况，如图 10-42 所示。

（5）在关键字查询栏输入关键字为“香水”，网站网址为 www. m18.com，选择搜索引擎 Baidu，单击“查询”按钮，查询关键字为“香水”的麦考林网页在百度中的收录情况，如图 10-43 所示。

（6）在关键字查询栏输入关键字为“香水”，网站网址为 www. m18.com，选择搜索引擎 Google，单击“查询”按钮，查询关键字为“香水”的麦考林网页在 Google 中的收录情况，如图 10-44 所示。

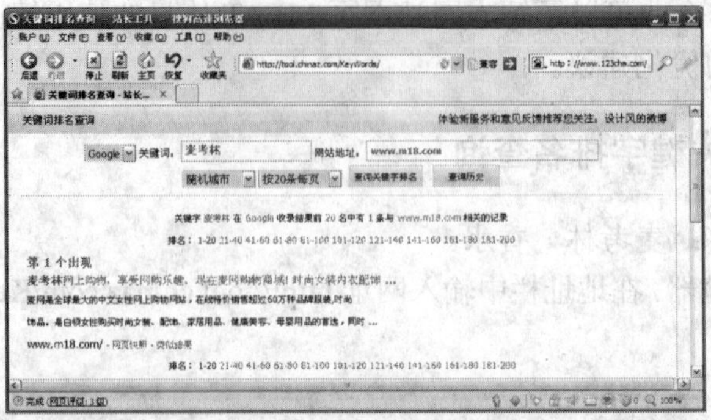

图 10-42　关键字“麦考林”在 Google 中的收录排名情况

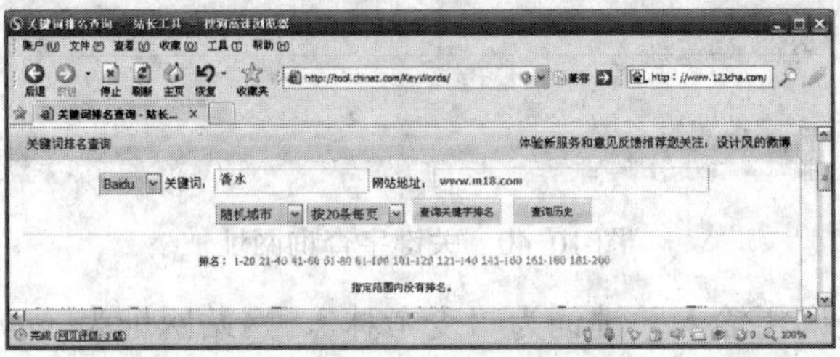

图 10-43　关键字“香水”在百度中的收录排名情况

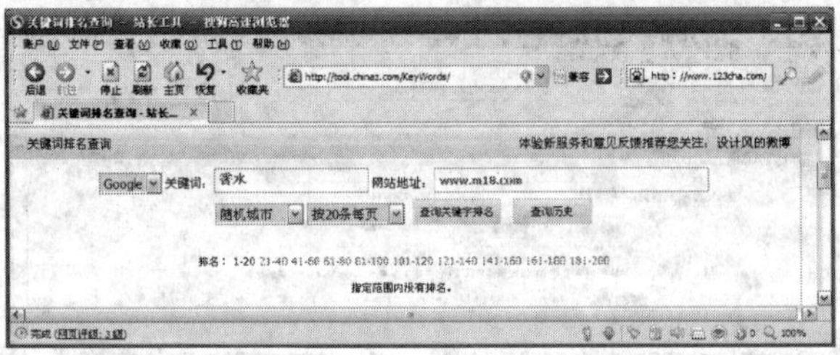

图 10-44　关键字“香水”在 Google 中的收录排名情况

根据查询结果显示，麦考林购物网站的商品“香水”在百度和 Google 的关键字排名为 0。因此，麦考林购物网站如果要促进香水商品的销售，可以采取措施增加“香水”在相关搜索引擎中的收录，以提高搜索质量。按照这种思路，企业还可以根据自己的情况，找不同的关键字来查询在搜索引擎中的排名情况。

10.3.7　关键词密度查询

关键词密度（keyword density）是指在一个页面中关键词（keyword）或关键字段（keyphrase）占所有该页面文字量的比例，该指标对搜索引擎的优化起到十分关键的作用。

为提高在搜索引擎中的排名位置，企业网站中页面的关键词密度不能过高，也不要过低，一般在 1%～7%较为合适。如果达到 1%的比例，说明该企业在平均 100 个文字中最少包含 1 个关键词或关键字段，如果在 1 000 个文字中仅仅只包含 1 个关键词或关键字段，那么关键词密度就会被稀释。可以通过以下方法来检测关键词密度：

（1）打开 IE 浏览器，在 IE 浏览器的地址栏中输入网址：http://tool.chinaz.com/

Tools/Density.aspx。

（2）在打开的网页关键词查询栏中输入关键词为“香水”，网站网址为 www.taobao. com，单击“查询”按钮，如图 10-45 所示，可以检测出淘宝网中关键词为“香水”的密度情况。

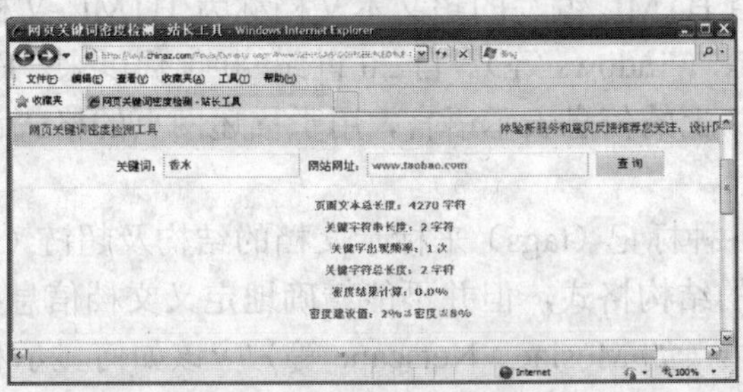

图 10-45　关键词为“香水”的密度检测情况

10.3.8　搜索蜘蛛和机器人模拟工具查询

站长工具的搜索蜘蛛和机器人模拟工具可模仿文本浏览器，只抓取网页中的文本内容，而把所有的 HTML 代码、CSS 样式表代码和 JS 脚本代码完全过滤掉，用此来模拟查询搜索引擎蜘蛛软件搜索网站时最可能会抓取哪些内容。

（1）打开 IE 浏览器，在 IE 浏览器的地址栏中输入网址：http://tool.chinaz.com/Tools/Robot.aspx，如图 10-46 所示。

图 10-46　搜索引擎模拟抓取工具

（2）输入要查询的网址，单击“查询”按钮，如图 10-47 所示。

图 10-47　搜索引擎模拟抓取关键词的情况

相关知识如下：

1. HTML 简介

HTML（hyper text markup language）即超文本置标语言，是一种用来制作超文本文档的简单标记语言。用 HTML 编写的超文本文档称为 HTML 文档，它能独立于各种操作系统平台（如 UNIX、Windows 等）。自 20 世纪 90 年代以来，HTML 就一直被用做万维网（world wide web）上的信息表示语言，用于描述网页的格式设计，以及它与万维网上其他网页的链接信息。

HTML 通过利用各种标记（tags）来标示文档的结构及超链（hyperlink）的信息。虽然 HTML 描述了文档的结构格式，但并不能精确地定义文档信息必须如何显示和排列，而只是建议 Web 浏览器（如 Mosiac、Netscape 等）应该如何显示和排列这些信息，最终在用户面前的显示结果取决于 Web 浏览器本身的显示风格及其对标记的解释能力。

2. HTML 的标记

语法 HTML 的标记总是封装在由小于号（<）和大于号（>）构成的一对尖括号之中，包括以下类型：

（1）单标记。某些标记称为“单标记”，因为它只需单独使用就能完整地表达意思，这类标记的语法是：

```
<标记>
```

最常用的单标记是<P>，它表示一个段落（paragraph）的结束，并在段落后面加一空行。

（2）双标记。与单标记相对应的另一类标记称为“双标记”，它由“始标记”和“尾标记”两部分构成，必须成对使用，其中始标记告诉 Web 浏览器从此处开始执行该标记所表示的功能，而尾标记告诉 Web 浏览器在这里结束该功能。始标记前加一个斜杠（/）即成为尾标记。这类标记的语法是：

```
<标记>内容</标记>
```

其中“内容”部分就是被这对标记施加作用的部分。例如，若想突出对某段文字的显示，就将此段文字放在一对“<EM></EM>”标记中：

```
<EM>中国教学案例网</EM>这样标记的结果是“中国教学案例网”被突出显示出来。
```

（3）标记属性。许多单标记和双标记的始标记内可以包含一些属性，其语法是：

```
<标记　属性1　属性2　属性3…>
```

各属性之间无先后次序，属性也可省略（即取默认值），例如单标记<HR>表示在文档当前位置画一条水平线（horizontal line），一般是从窗口中当前行的最左端一直画到最右端。在 HTML3.0 中此标记允许带一些属性：<HR SIZE=3 ALIGN=LEFT WIDTH=“75%”>其中 SIZE 属性定义线的粗细，属性值取整数，默认为 1；ALIGN 属性表示对齐方式，可取 LEFT（左对齐，默认值）、CENTER（居中）、RIGHT（右对齐）；WIDTH 属性定义线的长度，可取相对值（由引号“”括起来的百分数，表示相对于充满整个窗口的百分比），也可取绝对值（用整数表示的屏幕像素点的个数，如 WIDTH=300），默认值是“100%”。

3．HTML 的文档结构

除了一些个别的标记外，HTML 文档的标记都可嵌套使用，通常由 3 对标记来构成一个 HTML 文档的骨架，它们是：

```
<HTML>
    <HEAD>
        头部信息
    </HEAD>
    <BODY>
        文档主体，正文部分
    </BODY>
</HTML>
```

其中，<HTML>在最外层，表示这对标记间的内容是 HTML 文档。<HEAD>之间是文档的头部信息，如文档总标题等，若不需要头部信息则可省略此标记。我们还会看到一些网页省略<HTML>标记，因为.html 或.htm 文件被 Web 浏览器默认为 HTML 文档。<BODY>标记一般不省略，表示正文内容的开始。

4．HTML 的常用标记及其用法

- <!　--…-->：插入一些在浏览器中不显示的注释和解释性语言。
- <! DOCTYPE…>：在 HTML 文档的第一行显示版本信息。
- <A>…</A>：定义链接和锚（anchors）。
- <ACRONYM>…</ACRONYM>：定义一个同义词。
- <ADDRESS>…</ADDRESS>：为编者或交流信息定一个特定的格式。
- <AREA>：定义链接和锚。
- <B>…</B>：让文本以粗体显示。
- <BASE>：文档中不能被该站点辨识的其他所有链接源的 URL。
- <BASEFONT>：设置基本的文本字体大小。
- <BDO>…</BDO>：有选择性地关闭缺省文本目录。
- <BIG>…</BIG>：以显示大型文本。
- <BLOCKQUOTE>…</BLOCKQUOTE>：显示大段的引用文字。
- <BODY>…</BODY>：包含的文档内容。
-
：强迫一行文本断开。
- <BUTTON>…</BUTTON>：创建一个按钮。
- <CAPTION>…</CAPTION>：显示表格的标题。
- <CITE>…</CITE>：举一个例子。
- <CODE>…</CODE>：标识显示时的代码碎片。
- <COL>：定义一个列组中的列，以便对它们能够同时设置有关属性。
- <COLGROUP>…</COLGROUP>：定义多个列为一组列。

- <DD>…</DD>：明确描述用在 DL 标记中的内容。
- <DEL>…</DEL>：显示因最近一次修改而被删除的文本内容。
- <DIR>…</DIR>：创建一个多列的目录列表。
- <DL>…</DL>：标示创建一个明确的列表。
- <DT>…</DT>：表示在 DL 标记中使用的定义性词语（或标签）。
- <EM>…</EM>：强调某些文本。
- <FIELDSET>…</FIELDSET>：把相互关联的控件组合成一组。
- <FONT>…</FONT>：用以改变字体大小和颜色。
- <FORM>…</FORM>：创建一个能让用户输入数据的控件表单。
- <FRAME>：定义一个帧。
- <FRAMESET>…</FRAMESET>：定义在一个窗口中帧的布局。
- <HEAD>…</HEAD>：说明文档的标题，并包含了向用户和搜索引擎提供信息的其他元素。
- <HR>：标记一个水平分割线，把页面分成几个部分。
- <HTML>…</HTML>：语言的开始与结束，包含了整个文档。
- <I>…</I>：让文本以斜体显示。
- <IFRAME>…</IFRAME>：创建一个内联的帧。
- <IMG>：在文档中包含一个图像。
- <INPUT>：定义用在表单中的控件。
- <INS>…</INS>：显示因最近一次修改而插入文档中的文本。
- <ISINDEX>：提示用户输入。
- <KBD>…</KBD>：指明用户应该输入的文本。
- <LABEL>…</LABEL>：为一个控件提供标签。
- <LEGEND>…</LEGEND>：为 FIELDSET 标记指定一个标题。
- <LI>…</LI>：定义一个列表中的一项内容。
- <LINK>：定义一个链接和源之间的相互关系。
- <MAP>…</MAP>：在 AREA 标记中使用时，创建一个客户端的图形镜像。
- <MENU>…</MENU>：创建一个单列的菜单列表。
- <META>：提供有关文档的信息。
- <NOFRAMES>…</NOFRAMES>：当帧这种结构不被支持时，用来替换显示的内容。
- <OBJECT>…</OBJECT>：包含一个对象。
- <OL>…</OL>：创建一个有序列表。
- <OPTION>…</OPTION>：在 SELECT 标记中设置一个选项。
- <P>…</P>：定义一个段落。
- <PARAM>：初始化一个对象。
- <PRE>…</PRE>：显示预先格式化后的文本。
- <Q>…</Q>：用来显示短小的引用语，这些引用语不要求段落断开。
- <S>…</S>：给文本加上删除线。
- <SAMP>…</SAMP>：标识例子的输出结果。

- <SELECT>…</SELECT>：为用户做选择创建各个选项。
- <SMALL>…</SMALL>：使用小号尺寸的文本。
- <SPAN>…</SPAN>：通过定义文本之间的间隔组织文档结构。
- <STRIKE>…</STRIKE>：给文本加上删除线。
- <STRONG>…</STRONG>：比 EM 更加强调文本。
- <STYLE>…</STYLE>：创建一个内部的样式表。
- _…：创建下标。
- […]：创建上标。
- <TABLE>…</TABLE>：创建一个表格。
- <TBODY>…</TBODY>：定义一个表格的实体。
- <TD>…</TD>：定义一个单元格的内容。
- <TEXTAREA>…</TEXTAREA>：创建一个允许用户多行输入的区域。
- <TFOOT>…</TFOOT>：定义一个表格的页脚。
- <TH>…</TH>：定义表格页眉单元格的内容。
- <THEAD>…</THEAD：定义表格的页眉。
- <TITLE>…</TITLE>：定义 Web 页面的名称，若它放在 HEAD 标记之中，则显示在浏览器窗口的标题栏中。
- <TR>…</TR>：定义表格一行的单元格。
- <U>…</U>：给文本加下画线。
- <UL>…</UL>：创建一个无序的列表。
- <VAR>…</VAR>：说明一个变量。

5．HTML 标记的常用属性

许多 HTML 标记都使用一些共同的属性，下面是最常用的属性：

- accesskey=“character”：可以输入一个字符来访问文档的元素。
- align=“text”：文档中某部分的布局信息。
- alt=“text”：用来描述图片、表单、对象或其他部分的替代文本。
- char=“character”：在对表格的内容进行排列时，作为排列轴心的字。
- charoff=“number”：在排列表格内容时，轴心字符的偏移量。
- class=“text”：文档元素的一个或多个类别名称，中间用空格隔开。
- dir=“text”：文本或表格的方向，或者是 hr（1eft-to-right），或者是 rtl（right-to-left）。
- disabled：使一个表单控件失效的属性，这样它就不能处理用户输入。
- id=“text”：给文档元素的名称。
- name=“text”：文档元素的名称。
- onblur=“script”：当文档元素失去其用户输入焦点时所发生的事件。
- onchange=“script”：当文档元素失去其用户焦点及在有焦点时，该值被改变时所发生的事件。
- onclick=“script”：当用户在文档元素中单击时发生的事件。
- ondbclick=“script”：当用户在文档元素中双击时发生的事件。

- onfocus=“script”：当文档元素得到用户输入焦点时所发生的事件。
- onkeydown=“script”：当一个键被按下时所发生的事件。
- onkeypress=“script”：当一个键被按下又释放时所发生的事件。
- onkeyup=“vscript”：当一个键被释放时所发生的事件。
- onload=“script”：当整个文档或框架集中所有框架被加载时所发生的事件。
- onmousedown=“script”：用户将鼠标置于某一文档元素中，单击时所发生的事件。
- onmouseout=“script”：当鼠标从一个文档元素中移开时所发生的事件。
- ohmouseover=“script”：当鼠标移过一个文档元素时所发生的事件。
- onmousemove=“script”：当鼠标在一个文档元素中移动时所发生的事件。
- onmouseup=“script”：在一个文档元素中，当用户释放鼠标时所发生的事件。
- onreset=“script”：当一个表单中的所有控件都被重新设定时所发生的事件。
- onselect=“script”：当文本编辑用户控件中的文本被选中时所发生的事件。
- onunload=“script”：当文档不再加载在窗口或框架中所发生的事件。
- readonly：指示表单控件中的值不能被编辑。
- style=“text”：单个文档元素的样式信息。
- tabindex=“number”：文档元素在表格中的顺序位置。
- target=“text”：文档应被打开的框架名称。
- title=“text”：文档元素的解释文本。
- usemap=“URI”：与文档元素相连接的图片映射的 URI，该元素必须与现存的<MAP>元素的名称属性相匹配。
- valign=“text”：表格单元格中信息的垂直排列。

本章小结

本章通过对网站内容、结构等网站优化的一些基本要素进行阐述，给出了一些网站优化的操作建议，主要介绍了网站内容的优化，包括标题的优化、关键词的优化、文字的优化、图片的优化和页面布局的优化等，同时又对网站结构优化中的文件目录优化、URL 链接结构优化和网站导航优化等方法进行了分析。在本章的最后一节，介绍了检测网站优化效果的一些方法，如网站 AIexa 排名检测、搜索引擎的收录、反链接检测和关键字排名等。

核心概念：关键词优化　页面布局优化　Alexa 排名　反链接

本章习题

1. 访问百度（http://www.baidu.com/），进行关键字排名查询，了解关键词在搜索引擎上的优先排序和收录特点，然后选取一个网站进行关键词优化的练习。

2. 选一个企业网站，按照网站内容优化中“文字优化”的具体要求对其进行文字优化，使网页文字达到浅显易读、层次突出的效果。

第11章 电子商务营销推广

学习目标

1. 博客营销实践。
2. 微博营销实践。
3. 社交网推广实践。
4. E2.0 网站体验。

引例 迪跑——新型的社会化媒体营销平台

Diipo.com 于 2009 年 1 月 1 日上线，创始人是来自美国 Ann Arbor 的 David Wu。Diipo 首先推出了迪跑教育解决方案，该网站将全球领先的教育管理精华与最先进的商业工具相结合，推出一套集成度高、兼容性强，可灵活应用的创新性教学管理与教学实训平台来满足客户需求，将教学内容融于实践，增强教师与学生的交流互动，提高学习的趣味性、挑战性，提高学生学习的主动性。目前，迪跑教育版在欧美市场进行推广，已与欧美 32 所大学开展了合作。

2010 年 10 月 1 日，迪跑社交中文版上线（http://qh.diipo.cn），平台注册免费，用户注册账号可与迪跑教育版通用，极大地方便了师生从教学平台到社交平台的跨越，拓展了实践教学空间，尤其是为学生提供了一个直接利用 SNS 开展营销实践活动的场所。

2011 年 2 月，迪跑企业微博办公平台（http://t.diiposoft.com）上线，该平台集动态展示、任务组织、项目管理、互动/问答、标签/搜索、企业博客、信息资源管理、应用定制八大功能于一体，轻松实现组织内部的高效互动、交流、协作和信息共享。该平台同时配有手机版，使用户在提高工作效率的同时，降低管理营运成本。该平台目前已在国家电网、旅游管理、社区管理等领域得以应用。

2011 年 10 月，迪跑社区（http://s.diiposoft.com）上线，该平台以连接企业成员、合作伙伴、服务客户为目的，集成了 SNS\t.blog\blog 的功能，实现①即时发布企业最新资讯和动态；②随时了解客户的主流需求和建议，并与之进行有效互动，从而改进企业的产品和服务；③及时融入时兴的社交网络，通过互联网和手机网络轻松将企业的资讯分享到新浪微博、QQ、人人网等各大热门网站，从而为企业宣传、产品推广搭建广阔的平台，发挥了社会化媒体营销的最大优势。

（本文由作根据网络资料改写）

11.1 Web 2.0 营销推广

追求个性独立和社会化是今天互联网用户日益深化的需求，也是未来不可阻挡的趋势。个性独立是社会化的前提，在今天的互联网上，基于 Web 2.0 发展起来的一系列高互动的交流工具正在重构过去少数人主导的集中控制式的社会体系，对在个体基础上形成的社群给予更多的关注，并激发释放出个体能量以带动体系的全面增长。由于在网络市场上的顾客希望获得更多产品、服务和价格上的选择，从而使中小企业获得了进入新市场、提供新产品和新服务，以及在商场上与大企业平等对话、竞争的机会。越来越多的公司开始把提供有效的网络产品/服务、利用网络寻求发展和生存空间作为企业的重要目标。如何充分利用 Web 2.0 工具开展与顾客的交互活动、扩大产品市场成为企业的当务之急。同时，随着 Web 2.0 在企业的电子商务营销过程中的广泛应用，E 2.0（企业 2.0）越来越被企业所认同。blog/t.blog 在企业中为用做栏目呈现并通过侧链聚类的行业专家；RSS 可以用于企业发布公告；Wiki 可以作为企业内部知识挖掘；Mashups 技术可用于企业业务重组。企业在电子商务营销过程中，利用集体智能和群众智慧可以找到棘手问题的准确答案，使企业人员能够建立、维护并受益于自主构建的网络，让企业高管建立实时更新的企业知识总库的梦想得以实现。

网络媒体作为一种新的媒介，对人们的信息获取模式和消费模式产生了巨大的影响，大众的网络行为模式也发生了显著的变化。今天人们的网络行为模式正从传统的 AIDMA 法则，即注意（attention）、兴趣（interest）、欲望（desire）、记忆（memory）和行动（action）逐渐向具有鲜明网络特征的 AISAS 模式，即注意（attention）、兴趣（interest）、搜索（search）、行动（action）和分享（share）转变。目前中国网民规模已经超过 4 亿，35 岁以下的年轻群体占了绝大多数。他们热衷于网上购物，是许多产品/服务品牌的主力消费市场。他们熟练运用因特网上所有的 Web 2.0 交流工具，游走于各个网络社区、网络游戏、网络搜索和在线视频等，这些不断翻新的网络媒体向他们传递信息的难度和偶然性已经大大提高。因此，许多企业正在积极探索 Web 2.0 技术在对企业人员与用户社群之间沟通交流效率上的促进作用，这是企业应用 Web 2.0 技术实现营销推广的关键所在。

11.1.1　Web 2.0 基本知识

Web 2.0 是在 2004 年出现的新名词，是指互联网有能力将每个人（甚至包括非技术人士）和其他人联系起来，共同贡献内容，如社交网站、博客/微博和视频网站等。Web 2.0 是互联网的一次理念和思想体系的升级换代，即由原来自上而下的由少数信息资源控制者集中控制主导的互联网体系，转变为自下而上的由广大用户集体智慧和力量主导的互联网体系。相对于用户通过浏览器获取信息的 Web 1.0，Web 2.0 则更注重用户的交互作用，用户既是网站内容的浏览者，也是网站内容的制造者。Web 2.0 内在的动力来源是将互联网的主导权交还个人，从而充分发掘了个人参与的积极性，个人所贡献的影响和智慧与众人联系，形成的社群影响替代了原来少数人所控制和制造的影响，从而极大地解放了个人的创作和贡献潜能，使得互联网的创造力上升到一个崭新的高度。

Web 2.0 的主要特征如下：

（1）将互联网作为发布和共享信息平台，而非利用互联网来统治和控制。

（2）充分重视和利用集体智慧和力量。

（3）以分享和参与的架构来驱动的网络效应。

（4）注重用户体验的持续性服务。

（5）通过融合分散的内容和服务，形成可分享的经济模式。

（6）通过整合独立的开发者，将各个系统和网站组合成更广阔的平台。

11.1.2　Web 2.0 营销实践

社交平台http://qh.diipo.cn集中了博客、微博、标签、百科全书和即时通信于一体，是一个独具特色的社交网，可实现企业产品与服务的营销推广。

http://qh.diipo.cn 具有以下特点：

（1）便捷共享。利用“共享”按钮，无须复制粘贴便可同时共享给多个群荟和众人。

（2）快速查询。利用“标签”设置，可以在站内迅速查找相关人、群和话题等。

（3）集体智慧。利用群荟的“合作编辑”功能，可以邀请多人参与群的编辑，编辑者可以对群荟中发布的信息进行编辑管理，形成集体智慧。

图 11-1 所示为迪跑社交平台的首页。

图 11-1　迪跑社交平台首页

1．Blog——博客营销

Blog 是一种易于使用的营销工具，用户可以通过 blog 迅速发布信息，并通过与他人的交流和互动传播思想、知识及商品信息。博客营销以博客文章（信息源）的价值为基础，并且以个人观点表述为主要模式，每篇博客文章表现为独立的一个网页。

1）博客营销要点

（1）持续更新。即时更新博客内容，以满足受众对新信息的需求。要发表高质量的博文而不是求最多的博文。访问者总是希望从你的网站里面得到他们想得到的东西或信息，有时候即使是同一件事，他们已经在别的网站获知了，但是访问者更想知道你（博主）的个人想法。如果你能及时更新内容（建议时间不要太长），同时又能发表不同的看法，访问者就会觉得耳目一新，如此，必然会拥有越来越多的受众。

（2）展现个性。要有鲜明的个性定位，培养固定的受众群。偶尔能带有娱乐（幽默色彩）性质的方式去陈述同一件事。在写博客时，应避免陈述单调乏味的东西，注意时不时地渗透点具有娱乐色彩的元素，陈述对于最近发生的热门事件的看法，写出让访问者感兴趣的博文，这样人们才乐于接受你的博文。

（3）开放互动。坚持与受众互动交流，及时了解受众需求。思路清晰，每篇博文能做到表达正确、清楚、简单，让读者在最短的时间内知道你要说什么。同时，对用户的留言能做到及时回复，对用户的建议要细心考虑，最好建立一个能及时交流的群等。

2）博客营销实践

（1）申请注册。进入 http://qh.diipo.cn，单击“用户注册”按钮，填写用户注册信息，如图 11-2 所示。

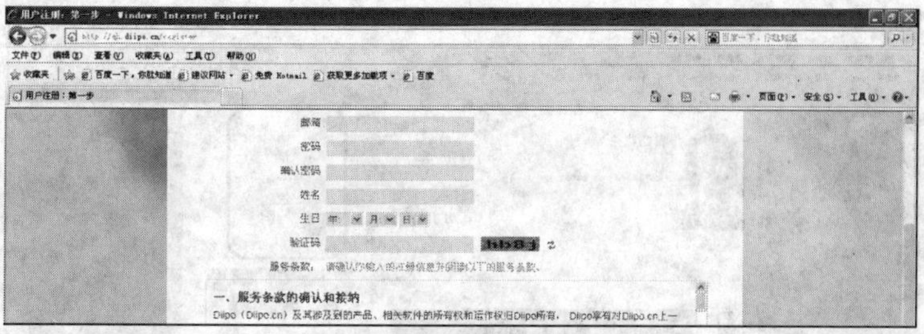

图 11-2　注册页面

（2）建立博客。登录 http://qh.diipo.cn，进入“我的主页”，在“想要分享什么”栏目中以普通格式或“富文本”格式创建自己的博客，如图 11-3 和图 11-4 所示。

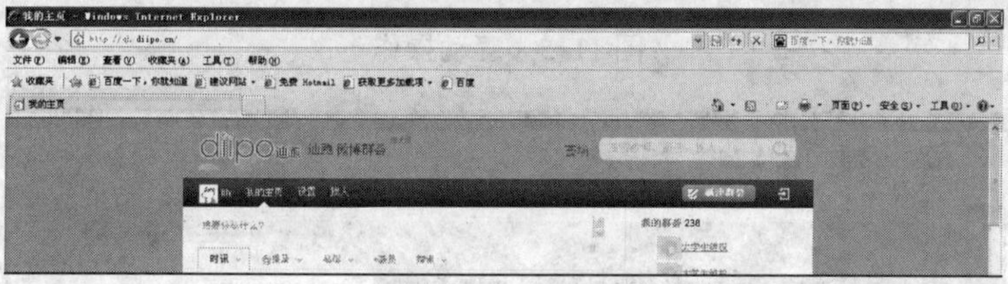

图 11-3　个人主页

（3）积极互动。发表评论，回复评论，邀请多人、多群共享信息。如图 11-5 所示，鼠标移至栏目右侧出现菜单，点开可选择对博主的关注、邀请、共享和发私信等。如图 11-6 所示，鼠标移至博主所发信息右侧出现菜单，点开可选择共享、回复等。

图 11-4　用“富文本”形式创建博客

2．t.blog——微博营销

微博营销是刚刚推出的一个网络营销方式，因为随着微博的火热，催生了有关的营销方式，就是微博营销。微博营销以微博作为营销平台，每一个听众（粉丝）都是潜在的营销对象，每个企业都可以在新浪、网易等注册一个微博，然后利用更新自己的微博向网友传播企业和产品的信息，树立良好的企业形象和产品形象。每天更新的内容就可以跟大家交流，或者有大家所感兴趣的话题，这样就可以达到营销的目的，这种方式就是新兴推出的微博营销。

图 11-5　互动操作

图 11-6　同时共享至多人和多群

1）微博营销要点

（1）微博的数量不在多而在于精。在建立微博的时候，一开始要定位好主题，建立微博与建立运营网站有类似之处，要讲究专注，因为一个人精力是有限的，杂乱无章的内容只会浪费时间和精力，所以我们要做精，重拳出击才会取得好的效果。

（2）个性化的名称。一个好的微博名称不仅便于用户记忆，也可以取得不错的搜索流量。这与我们取网站名称类似，好的网站名称如百度、淘宝和开心网等都是很简洁易记的。当然，企业如果建立了微博，准备在微博上进行营销，那么可以取企业名称、产品名称或者个性名称来作为微博的用户名称。

（3）巧妙利用模板。一般的微博平台都会提供一些模板给用户，我们可以选择与行业特色相符合的风格，这样更贴切微博的内容。当然，如果你有能力自己设计一套有自己特色的模板风格也是一个不错的选择。

（4）使用搜索检索，查看与自己相关的内容。每个微博平台都会有自己的搜索功能，我们可以利用该功能对自己已经发布的话题进行搜索，查看一下自己内容的排名榜，并与别人的微博内容对比。可以看到微博的评论数量、转发次数，以及关键词的提到次数，这样可以了解微博带来的营销效果。

（5）定期更新微博信息。微博平台一般对发布信息频率不太做限制，但对于营销来说，微博的热度和关注度来自于微博的可持续话题，我们要不断地制造新的话题、发布与企业相关的信息，这样才可以吸引目标客户的关注。我们刚发的信息可能很快被后面的信息覆盖，要想长期吸引客户注意，必定要对微博进行定期更新，这样才能保证微博的可持续发展。当然，长期更新更好、更新颖的话题，还可能被网友转发或评论。

（6）善于回复粉丝们的评论。我们要积极查看并回复微博上粉丝的评论，被关注的同时也去关注粉丝的动态。既然是互动，那就得相互动起来，有来才会有往。如果想要获取更多评论，就要以积极的态度去对待评论，回复评论也是对粉丝的一种尊重。

（7）#与@符号的灵活运用。微博中发布内容时，两个#间的文字是话题的内容，我们可以在后面加入自己的见解。如果要把某个活跃用户引入，可以使用@符号，意思是"向某人说"。比如，"@微博用户欢迎您的参与"。在微博菜单中单击"@我的"链接，也能查看到有关自己的话题。

（8）学会使用私信。与微博的文字限制相比较，私信可以容纳更多的文字。只要对方是你的粉丝，你就可以通过发私信的方式将更多的内容通知对方。因为私信可以保护收信人和发信人隐私，所以当活动展开时，发私信的方法会显得更尊重粉丝一些。

（9）确保信息真实与透明。我们搞一些优惠和促销活动时，当以企业的形式发布，要即时兑现，并公开得奖情况，获得粉丝的信任。微博上发布的信息要与网站上的一致，并且在微博上及时对活动进行跟踪报道。确保活动的持续开展，以吸引更多客户的加入。

（10）不能只发企业产品或广告内容。有的微博很直接，天天发布大量产品信息或广告宣传等内容，基本没有自己的特色。这种微博虽然别人知道你是做什么的，但是绝不会加以关注。微博不是单纯的广告平台，微博的意义在于信息分享，没兴趣是不会产生互动的。我们要注意活题的娱乐性、趣味性和幽默感等。

2）微博营销实践

（1）建立微博。登录 http://qh.diipo.cn，进入"我的主页"，打开"想要分享什么"建立自己的微博，如图 11-7 和图 11-8 所示。

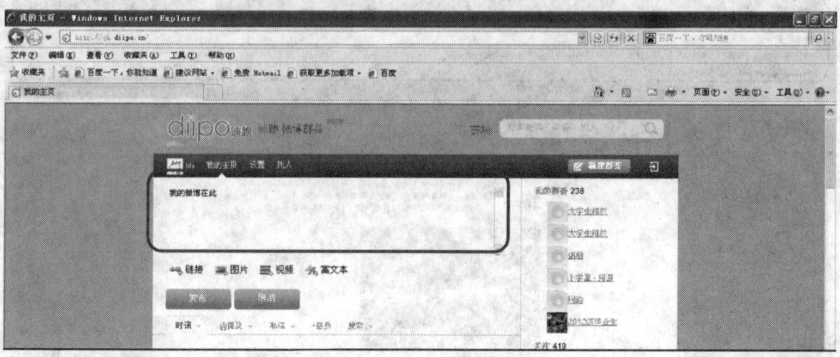

图 11-7　建立微博

（2）建立商品信息源。利用微博发布商品信息、商铺链接及相关信息。图 11-9 所示为博主发表的商品信息。将鼠标移至发布时间处，点开即可进入独立页面，其地址可以复制分享到其他网站，如图 11-10 所示。

图 11-8　发布多种形式的微博

图 11-9　发布商品/商铺信息的微博

（3）广交朋友，共享资源。如图 11-11 所示，利用微博发布问卷调查，进行市场调研。

图 11-10　独立页面的微博：发布商品/商铺信息

图 11-11　利用微博开展市场调研

（4）根据兴趣爱好建立微博群荟，在分享中与客户互动交流，建立良好关系。如图 11-12 所示，分享电影信息的群荟，同时提供电影票预售信息。每个参与者都可将电影信息共享到群荟中，而群荟的创建人与合作者则可对群荟中发布的信息进行管理，如移动、删除和编辑等。

3．SNS——社交网推广

SNS 营销也就是利用 SNS 网站的分享和共享功能，在六维理论的基础上实现的一种营销。通过病毒式传播的手段，让你的产品被众多人知晓。你也可以在这里做问卷调查，反正要是有足够的准备，从一个圈到另一个圈，你可以把这个 SNS 网站都传播遍，当然这是理论上的。实际上网络还是有很多冷角的，SNS 营销相对来说还比较新型，很多地方都没这种观念。伴随着网络的变化，越来越多的营销方式将会产生并应用。无论何种营销方式，结果是衡量营销效果的唯一标准。http://qh.diipo.cn 具有聚众多群共享功能，是一个功能强大的 SNS 网站。

1）社交网推广要点

（1）充分利用 SNS 的丰富资源。无论是综合的 SNS 还是垂直的 SNS，现在都没有特定的用户群体，其中的人员分布很广泛，全国各地、各行各业的都有，所以，这就给 SNS 网站以无限资源，由广大用户在使用中慢慢地帮助 SNS 网站积累了资源。其实用户就是资源。

图 11-12　建立兴趣微博群荟

（2）充分利用 SNS 网站用户依赖性高的特点，形成由自媒体到众媒体的效应。由于 SNS 网站积累了较多的资源，所以，SNS 用户可以更容易地在网站上找到自己想要的，比如，有些人希望找老乡或找些自己喜欢的东西。通过其他用户提供的资源可以解决这个问题。又如，在 SNS 认识了一些志同道合的人，所以每天都想上去交流一番，逐渐地形成了一定的用户群体，并有较高的用户黏度。

（3）充分利用 SNS 网站极强的互动性，形成“群体智慧”。SNS 网站虽然不是即时通信工具，但是它的即时通信效果也是很好的。还有可以写一些消息发给好友，这是极其方便的工具。在 SNS 网站人们可以就自己喜欢的、当下热点的话题进行讨论。可以发起一些投票，发出一些问题，调动所有人的智慧。

2）社交网推广实践

（1）创建群荟，积累资源。在 http://qh.diipo.cn 上打开“新建群荟”页面，组群并邀请多人参与编辑。如图 11-13 所示，群荟可分为“公开”和“私有”两类，公开的群荟空间开放，任何人都可以访问、留言等；私有的群荟仅允许创建者邀请人加入，信息限于本群人分享，不对外公开。

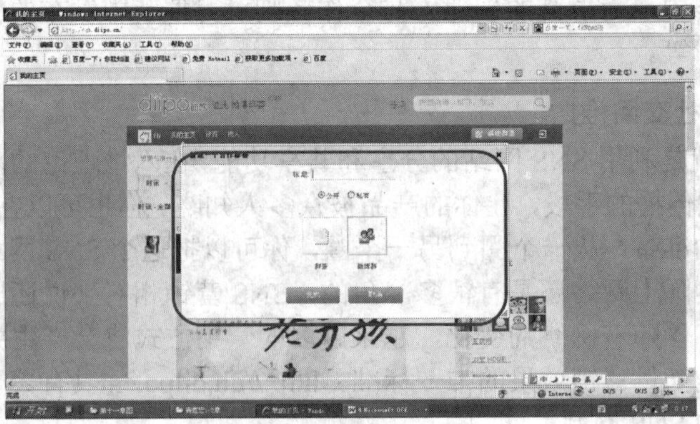

图 11-13　新建合作群荟

（2）组建多群，发布信息。在群荟中发布信息，充分发挥群荟成员的团队作用，组建多个相关群荟，以扩大推广。群荟中所发布的信息都有自己的独立页面，不会下沉，其链接还可复制分享至其他网站，如图 11-14 和图 11-15 所示。

图 11-14　组建群荟，发布信息 1

（3）多群共享，营销推广。利用平台便捷的多人、多群共享的功能做营销推广。如

图 11-16 所示，在需要推广的信息栏目右侧单击“共享”按钮，即可马上将信息共享给众人和多个群荟。

图 11-15　组建群荟，发布信息 2

图 11-16　多群共享，营销推广

（4）利用标签，扩大影响。在新建群荟时，邀请多人参与合作编辑，这样参与者均可对群荟进行编辑管理，共同营造信息源，及时更新内容，随时与访问者互动。如图 11-17 所示，群荟“老茶庄”标签为普洱、品茶、论道和慢生活。当输入任一关键词时，即可找到“老茶庄”。如图 11-18 所示。

图 11-17　http://qh.diipo.cn 上建的“老茶庄”群荟

图11-18 搜索“普洱”即可找到“老茶庄”群荟

11.2 E 2.0企业应用

观察那些已成功实施市场营销战略的企业我们不难发现，它们都有一个共同点——密切关注顾客并致力于网络媒体开展市场营销。这些公司的文化中都具有激情元素，它推动着企业理解并满足市场中消费者的需求，也激励着这些组织中的每个人以创造价值为基础，协助企业构建持久性的顾客关系。同时我们也发现，在这些基于互联网开展营销活动的背后，隐含着一个由企业人员及活动组成的、争相吸引顾客注意力和购买力的庞大网络。这个网络是基于整个交易流程而建构的企业营销团队的联接方式，它能实现与顾客在交易全程中的每一个接触点的便捷沟通，形成多维度、跨阶段的营销行为。通过营销人员的团队配合和协同合作，它能在交易全程中持续关注顾客的变化，根据顾客的个性特点和在交易流程中的接触点属性，将最恰当的产品/服务信息传达给顾客。于是，这给企业提出了新的问题：如何创造有效的工作形式来开展现有的业务？企业人员在实施电子商务营销过程中如何通过团队协作找到创新性的营销思维来创造顾客价值，从而与顾客建立良好关系？E 2.0 正是在这一背景下产生的。

11.2.1 E 2.0基本知识

在 2006 年，美国著名学者安德鲁·麦卡菲敏锐地捕捉到 Web 2.0 技术对于管理的价值，提出了“企业 2.0”（Enterpvise 2.0 简称 E 2.0）的概念，将其定义为组织利用自发社交软件平台（emergent social software platform，ESSP）实现目标。E 2.0 不单是一个技术名词，它代表了企业管理的未来。E 2.0 的目标是“展现真实的人性”。E 2.0 打破组织界限、消除等级结构，实现信息民主，扩大员工自主权，使企业的运营更加人性化。所以，E 2.0 模式并不只是产生信息，它最大的作用是帮助人们建立彼此间的联系。在管理理念上，E 2.0 不同于诸如 ERP、CRM 等缺乏灵活性的管理软件，E 2.0 要求企业在不设或少设前提条件的情况下，让人们彼此平等地创建和完善内容。即不预先规定工作流程、角色和职责，或者员工之间的依赖关系，而是让他们自己逐渐形成，让人们彼此平等地创建和完善内容，最终达到“自组织”和呈现“集体智能”的成效。

E 2.0 的主要特征如下：

（1）共同编辑和撰写。允许多人围绕某一集中储存的工作文件展开合作，共同创造内容并发布，使编辑和撰写成为一种公共行为。

（2）广播搜索。在公共空间发布询问可以了解远近联系人的动态，可以看到用户的每一次更新，实现协调对等性，将生产商、服务商和用户放在同一个平台上进行交流。

（3）集成智能。从分散的人群中获取决策和预测，将企业组织、企业文化、用户个性和市场环节结合。

（4）自组织。用户不依赖任何集中式系统的协调，具有自行建立社群和发布、收集信息资源的能力，企业能充分体现自治和互动特性，将企业业务流程与管理思想结合，并进一步创造价值。

11.2.2　E 2.0 应用实践

图 11-19 所示为企业注册登录平台。

图 11-19　企业注册登录平台

本节的体验介绍均以 E 2.0 体验平台 http://ty.diiposoft.com 为例，如图 11-20 所示，登录名为“肖总”，密码为 666666。

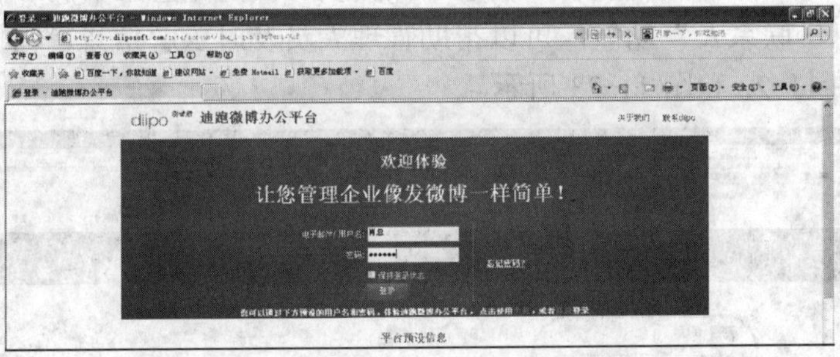

图 11-20　登录体验平台

1. 开放式的研讨

E 2.0 提倡开放式研讨。企业相关部门在项目实施过程中适用在线集体讨论，正式文档只是记录显性知识，更多的隐性知识则埋藏在员工的头脑中，博客或在线讨论帮助公司推动员工整理和显性化隐性知识，形成群体智慧。同时将企业与外部资源进行互动，有助于企业培育员工更多的能力以获取更多的机会。

体验 1

组织研讨：根据项目需要可跨部门、跨行业、跨地区邀请人员加入问题研讨，如图 11-21 所示，最大范围地整合团队智力资源，形成群体智慧。

图 11-21 开放式在线研讨

2. 用户的自服务

客户中心是解决产品使用中的问题和麻烦的传统方案，这种方法将电话转化为网站，基本上没有互动，收效甚微。E 2.0 利用论坛群荟解决用户互动的问题，用户可以搜索使用产品的相关问题，用户参与产品的服务之中并产生价值。用户除了解决问题，参与社区互动，实现个人专业知识的提升和职业生涯的发展，更重要的是，E 2.0 可以更深入、更全面地了解用户使用产品和服务中的问题，并在知识的分享和积累中与用户共同成长，在社区中积累的知识库可以为公司未来的服务和产品开发提供丰富的参考资料。

体验 2

分享互动：个人办公主页设有“动态、@提及、我的讯息、日历、待办、私信、任务、审批、消息、联系人”功能，可以帮助管理人员及时了解信息，与团队成员保持联系与互动，如图 11-22 和图 11-23 所示。

图 11-22 随时随地与联系人保持互动交流

图 11-23　及时获取相关信息

3．人力资源优化

企业内部的网络空间给人力资源的实施带来了平台和便利。员工的评价和晋升流程可以借助于 E 2.0 在员工内部进行评价和推荐，而无须管理者的参与。当然技术只是提供实践管理思路的前提，基于 E 2.0 的人力资源关键是公司管理的民主化程度，需要配套与 E 2.0 思想一致的人力资源管理思路和原则。

体验 3

优化资源：个人办公主页右侧设有“我的部门”栏目，根据管理者职位可组建或加入部门；“我的项目”栏目根据管理者所参与的项目进行设置，项目团队可共享信息资源，开展研讨；管理人员可根据业务的需要整合优化人力资源，灵活管理部门或项目团队，如图 11-24 所示。

图 11-24　灵活管理部门或项目团队

4．营销社会化

企业的目标实现主要依靠企业的营销。E 2.0 让公司的营销有了一个良好的生态模式，企业的社区或自发软件平台的用户就是企业的营销人员。ESSP 可以汇聚各种相关人群，打造以管理、服务和产品为核心的社会网络，进一步提升企业产品形象和实力，在此基础上发挥更大的社会影响力并发现企业未来的商机。

体验 4

有效管理：如图 11-25 所示，在公司首页上设有“部门”栏目，根据管理者权限可进入该部门的办公空间。企业管理者可根据公司的营销战略实施进程随时随地与相关部门进行沟通。同时，促进部门间的协同管理和相互配合，共同完成营销计划。

图 11-25　有效管理部门或项目团队

市场管理：如图 11-26 所示，在市场部工作空间设有“动态、任务、通知、问答、事件、会议、日历及 RSS 订阅”栏目。市场部团队成员可在此及时沟通信息，还能根据营销项目的进程订阅相关信息，以获取更多信息源推动营销项目。

图 11-26　管理市场营销部门及任务

本章小结

本章主要介绍了基于 Web 2.0 的营销方法及 E 2.0 的企业应用。在实践 Web 2.0 的营销方法时，以 http://qh.diipo.cn 为例，详细介绍了在社交平台开展博客/微博营销和 SNS 社交网推广的方法和步骤，包括用户注册、营造信息源、建立群荟和开展营销等环节。针对 E 2.0 的企业应用，以 http://ty.diiposoft.com 为例，详细介绍了 E 2.0 网站的各项功能及其应用。

核心概念：博客营销　微博营销　SNS 社交网推广　企业 2.0

本章习题

1. 访问迪跑网社交版（http://qh.diipo.cn），了解网站的主要功能和特色，建立自己的博客/微博，并创建微博群荟，完成信息源的营造。选择其中的一个信息源，建立合作群荟，练习合作编辑群荟，多人、多群共享群荟。

2. 访问迪跑网企业 2.0 体验版（http://t.diiposoft.com/applyadmin），了解该网站的主要功能和特色，以某企业为例，分析其具有哪些功能模块，可进行哪些应用，理解 E 2.0 的内涵及特征。

参 考 文 献

[1] 苟娟琼，郭春芳．电子商务导论[M]．北京：电子工业出版社，2009.10.
[2] ManuelCastells．网络星河[M]．北京：社会科学文献出版社，2007.6.
[3] GaryArmstrong．市场营销学[M]．北京：中国人民大学出版社，2010.9.
[4] 曹芳华．聚合营销[M]．北京：人民邮电出版社，2010.9.
[5] JudyStrauss．网络营销[M]．北京：中国人民大学出版社，2010.9.
[6] ThomasH．Davenport．信息技术的商业价值[M]. 北京新华信商业风险管理有限责任公司，译．北京：中国人民大学出版社，2001.3.
[7] 中国互联网络信息中心．互联网发展信息与动态（第 70 期）[EB/OL]．http://www.cnnic.cn/research/zx/qwfb/ 201110/t20111031_23238.html.
[8] 中国互联网络信息中心．2011 年上半年中国中小企业互联网应用状况调查报告[EB/OL]．http://www.cnnic.cn/research/ bgxz/bgxz_qybg/201110/t20111031_23240.html
[9] 中国互联网络信息中心．2011 年上半年中国中小企业网络营销调查报告[EB/OL]．http://www.cnnic.cn/research/ bgxz/bgxz_qybg/201110/t20111031_23239.html
[10] 艾瑞网．中国网民群落变迁研究报告[EB/OL]. http://news.iresearch.cn/Zt/151677.shtml.
[11] 张李义，李枫林．电子商务概论[M]．武汉：武汉大学出版社，2002.9.
[12] 兰宜生．电子商务基础教程[M]．北京：清华大学出版社，2003.1.
[13] 杨路明．客户关系管理[M]．重庆：重庆大学出版社，2004.8.
[14] 张朝晖. 以 CRM 为核心的直复营销博锐管理在线[EB/OL]．http://www.boraid.com/.
[15] 田同生．CRM 中的客户关怀与客户满意[N]．电脑商情报，2001-02-27.
[16] 朱建秋．数据集市与数据仓库[EB/OL]．http://www.e-works.net.cn.
[17] 罗树忠. 中国营销传播网家电行业电子商务策略探讨[EB/OL]. http://www.yesky.com/20001109/131366_2.shtml.
[18] CTI 论坛[EB/OL]．http://www.ctiforum.com/crm.html.
[19] 中国客户关系管理网[EB/OL]．http://www.crmchina.com.
[20] 上海安凌天网客户关系管理系统介绍[EB/OL]．http://www.anltech.com/pro/jieshao_22.html
[21] 中国博客网[EB/OL]．http://www.blogcn.com.
[22] 海慧科技在线[EB/OL]．http://www.szhaihui.net.
[23] 天宇呼叫中心[EB/OL]．http://www.skycomm.cn.
[24] 电子商务客户关系管理[EB/OL]．http://wenku.baidu.com/view/cda3e991daef5ef7ba0d3c57.html
[25] 陆川，孙建红．电子商务营销实务[M]．北京：对外经济贸易大学出版社，2008.10.
[26] 张杭烽. 电子商务营销顾问博客[EB/OL]. http://www.zhanghangfeng.cn/post/1703.html.
[27] 海尔客户服务中心[EB/OL]．http://www.haier.com/cn/services_supports/index.shtml.

[28] 高学军．现代客户关系管理全书[M]．北京：中国统计出版社，2001.9.
[29] 邬金涛，邵丹．客户关系管理的核心流程及应用：基于案例分析的视角现代管理科学[J]．现代管理科学，2008(2):54-56.
[30] 中国策划专业网[EB/OL]．http://www.china-ch.cn.
[31] 电子商务营销策划[EB/OL]．http://seo-consult.cn.
[32] 网络营销策划[EB/OL]．http://baike.baidu.com/view/677750.htm.
[33] 网络营销案例分析之 SNS 网络营销[EB/OL]．http://tieba.baidu.com/f?kz=822342549.
[34] 4C[EB/OL]．http://baike.baidu.com/view/287010.htm.
[35] 4V[EB/OL]．http://baike.baidu.com/view/1726152.htm.
[36] 4R[EB/OL]．http://baike.baidu.com/view/4740.htm.
[37] 刘向晖．电子商务营销导论[M]．北京：清华大学出版社，2009.06.
[38] 宋文官．电子商务营销[M]．北京：清华大学出版社，2008.10.
[39] 孙军，张英奎，管惠娟．电子商务概论[M]．北京：机械工业出版社，2009.4.
[40] 戴庚先．电子商务概论[M]．2 版．北京：电子工业出版社，2009.6.
[41] 宋培义．网络化企业运营与管理[M]．北京：机械工业出版社，2004.4.
[42] 孟丽莎．网络营销[M]．郑州：河南人民出版社，2005.2.
[43] 中国互联网络信息中心．第 27 次中国互联网络发展状况统计报告[EB/OL]．http://www.cnnic.net.cn/dtygg/dtgg/ 201101/t20110118_20250.html.
[44] 孟伟，李茜，曾波．电子商务平台建设与管理实验教程[M]．重庆：重庆大学出版社，2009.7.
[45] 文件格式大全[EB/OL]．http://i-math.sysu.edu.cn/multimedia/format/index-1.htm.
[46] 百度百科．图片格式[EB/OL]．http://baike.baidu.com/view/19666.htm.
[47] 百度百科．视频格式[EB/OL]．http://baike.baidu.com/view/2272.htm.
[48] 王长胜，许晓平．中国电子政府发展报告[M]．北京：社会科学文献出版社，2010.6.
[49] 2010 年中国政府网站绩效评估总报告[EB/OL]．http://2010wzpg.cstc.org.cn/fbh2010/pgbg/pgzbg/index.shtml.
[50] 《中国互联网状况》白皮书[EB/OL]．http://news.xinhuanet.com/politics/2010-06/08/c_12195221.htm.
[51] 网络信息采集软件功能[EB/OL]．http://www.boneb.com/.
[52] 网络信息采集专家[EB/OL]．http://www.boneb.com/Help/.
[53] 陈一鸣，黄卫，贾厚光．网络营销沟通的特点及应用[J]．企业经济，2005(06):73-74.
[54] 通用企业网站建设功能模块介绍[EB/OL]．http://dianyisheji.com/?helpview-28.
[55] 网站设计的标准时代[EB/OL]．http://dev.csdn.net/htmls/40/40544.html.
[56] 南京航空航天大学图书馆组．网络信息采集与应用[M]．北京：清华大学出版社，2005.9.
[57] 世界十大知名搜索引擎[EB/OL]．http://www.itbear.com.cn/ZiXun/2010-07/26854.html.
[58] 搜索引擎营销发展历程[EB/OL]．http://www.wm23.com/resource/R04/4028.htm.
[59] 百度百科．搜索引擎营销[EB/OL]．http://baike.baidu.com/view/521629.htm.

[60] 谷歌搜索引擎优化初学者指南[EB/OL]. http://www.google.com/intl/zh-CN/webmasters/docs/search-engine- optimization-starter-guide-zh-cn.pdf.
[61] AdWords 帮助[EB/OL]. https://adwords.google.com/support/aw/.
[62] 网络广告的分类[EB/OL]. http://news.iresearch.cn/0472/62203.shtml.
[63] 百度百科. 网络广告[EB/OL]. http://baike.baidu.com/view/9184.htm.
[64] 冯英健. E-mail 营销[EB/OL]. 北京：机械工业出版社，2003.6.
[65] E-mail 营销方法与技巧[EB/OL]. http://my.icxo.com/335843/viewspace-119187.html.
[66] E-mail 营销[EB/OL]. http://wiki.chinabaike.com/index.php?doc-view-54738.html.
[67] 殷俊，孟育耀. 微博的传播特性与发展趋势[J]. 今传媒，2010，(4):85-88.
[68] 微博营销[EB/OL]. http://baike.baidu.com/view/2939221.htm.
[69] 陈建凯等. 网络营销实验教程[M]. 重庆：重庆大学出版社，2007.
[70] Enterprise2.0 初探[EB/OL]. http://www.e-works.net.cn/report/Enterprise2.0/Enterprise2.0.htm.
[71] 实现 Enterprise2.0[EB/OL]. http://www.ibm.com/developerworks/cn/web/wa-enterprise20/.
[72] Wemecn 译. 十大值得关注的 Enterprise 2.0 新兴技术[EB/OL]. http://www.socialbeta.cn/articles/ten-enterprise2-0- technologies.html.
[73] 百度百科. Web 3.0[EB/OL]. http://baike.baidu.com/view/269113.html.
[74] 冯英健. 网络营销基础与实践[M]. 3 版. 北京：清华大学出版社，2007.
[75] 淘宝网：帮助中心[EB/OL]. http://service.taobao.com/support/help.htm.
[76] 廖以臣，等. 电子商务实验教程[M]. 武汉：武汉大学出版社，2008.6.
[77] 梁露，等. 电子商务网站建设与实践上机指导教程[M]. 北京：人民邮电出版社，2008.10.
[78] Google. 谷歌搜索引擎优化初学者指南[EB/OL]. http://www.google.com/intl/zh-CN/webmasters/docs/search- engine-optimization-starter-guide-zh-cn.pdf.
[79] 胡宝介. 搜索引擎营销（SEO）完全知识手册[EB/OL]. http://www.jingzhengli.cn/sixiangku/ebook/2005_hbj_ seo.htm.
[80] 网页布局设计中要注意 SEO 的细节[EB/OL]. http://www.webjx.com/webmanage/seo-504.html.
[81] 迪跑网[EB/OL]. http://diiposoft.com/.
[82] 姚年红. 构建基于 E2.0 的智能现代企业[J]. 中国科技信息，2010,(14):168-169.
[83] 金双林. E2.0 引领企业发展方向[J]. 企业管理，2010,(05):104-105.
[84] 曹鑫. 走入 Enterprise 2.0 企业如何拥抱社会化媒体[EB/OL]. http://wenku.baidu.com/view/190faa42336c1eb91a375d79.html.
[85] StephanHWissel.Implementingweb2.0intheEnterprise[EB/OL]. http://www.itsc.org.sg/pdf/synthesis09/Five_web20.pdf.

Learn more about it!

笔记栏

Learn more about it!

笔记栏